国家哲学社会科学成果文库

NATIONAL ACHIEVEMENTS LIBRARY
OF PHILOSOPHY AND SOCIAL SCIENCES

美国西部牛仔研究

周钢 著

人民出版社

周　钢（1945—　），山东省东营市人。首都师范大学历史学院教授，博士生导师。主要从事世界近代史、近代国际关系史和美国史的教学和研究工作。曾兼任中国国际关系史研究会理事，中国世界近代史研究会理事、副会长和顾问。1983—1985 年赴纽约州立大学柯特兰学院做访问学者，主修欧美史，获硕士学位。2009 年赴艾奥瓦州立大学"农业和乡村史研究中心"做美国西部牛仔研究。独自承担完成两项国家补科基金项目，一项北京市教委项目。著有《牧畜王国的兴衰——美国西部开放牧区发展研究》，合著《近代国际关系史》、《国际关系史》（第一卷）等。在《历史研究》、《世界历史》、《史学理论研究》、《中国社会科学文摘》、《求是》、《史学月刊》等刊物和《光明日报》等发表论文 40 余篇。参编、参撰著作、教材、教参、工具书和论文集等 10 余种。

《国家哲学社会科学成果文库》
出版说明

　　为充分发挥哲学社会科学研究优秀成果和优秀人才的示范带动作用，促进我国哲学社会科学繁荣发展，全国哲学社会科学规划领导小组决定自 2010 年始，设立《国家哲学社会科学成果文库》，每年评审一次。入选成果经过了同行专家严格评审，代表当前相关领域学术研究的前沿水平，体现我国哲学社会科学界的学术创造力，按照"统一标识、统一封面、统一版式、统一标准"的总体要求组织出版。

全国哲学社会科学规划办公室
2011 年 3 月

目　　录

CONTENTS

序

　　周钢教授推出的新著《美国西部牛仔研究》，是他 2006 年出版的《牧畜王国的兴衰——美国西部开放牧区发展研究》一书的姊妹篇。《牧畜王国的兴衰》由人民出版社出版后受到我国相关专家学者高度评价和读者的广泛欢迎。我国著名美国史专家刘绪贻教授在"序言"中指出，该书是周钢教授"刻苦钻研美国西部开放牧区发展史十余年，积累了大量的知识和资料，经过了缜密的思考"，所写出的"一本很有分量的非常扎实的专著"，不仅"填补了中国美国史研究的重要空白"，"进一步接近美国'牧畜王国'史的实际"，而且"对我国西部大开发的事业具有一定的借鉴作用"。应当说，书中对于美国牛仔的构成、牛仔的艰苦工作以及非洲裔牛仔等已有简要精辟论述。那么，为什么周教授还要不辞辛劳，不顾严重眼疾，在双眼几近失明的情况下，非要完成《美国西部牛仔研究》一书？作者写此书的目的何在？此书的价值何在？我们从书中会获得怎样的启示？当我迪读完全书，终于对上述问题有了清晰的答案，并对作者的学术见识和高度的责任感油然而生出一份敬意。我想借此机会写出以下几点感受，以期与各位读者分享。

　　一、自觉担负起历史工作者的责任，还被神化和偶像化的美国牛仔一个真实形象。

　　周教授指出，他"最初萌生研究美国西部牛仔的想法，是在研究美国西部牧区的过程中"。"在研究西部牧区开发时，其中每一个专题都离不开牛仔，也因此写过少许与牛仔相关的文章。因为当时研究的重点是美国西部牧区的经济、社会和环境等问题，所以没有时间去集中做牛仔研究。"但正是在研究美国西部牧区开发的过程中，他"既感受到了研究牛仔的重要性，又了解到国内少有人研究的现状"。他特别强调指出，如今在我国，从牛仔服、牛仔帽到牛仔歌曲、美国西部片和牛仔电视节目等等，多数人通过媒介了解到的牛仔形象并非美国历史上真实的牛仔，"而是被神化和偶像化的牛仔。牛仔成了媒体赚钱的工具和商业广告的代言人。为迎合观众和听众，在牛仔的影视、音乐作品中，编造了许多'英雄救美人'的爱情故事，渲染暴力色情"等等，这样的牛仔形象"不但严重歪曲了美国西部牛仔的历史，而且还会潜移默化地造成精神污染"。尽管"牛仔研究表面看似乎不如一些重大历史事件那么有影响，但各种媒体已把失真的牛仔在我国广为扩散，形成具有误导性的社会文化影响"。因此，把"牛仔的真实历史告诉人们"是他作为一个"史学工作者应尽的社会责任"。

正是强烈的社会责任感和敏锐的洞察力，使作者能够见微知著，抓住美国牛仔这一看似并非"重大历史事件"的课题进行深入研究，且克服常人难以想象的困难完成了这一课题。由此我想到，作为史学工作者，在充分发挥史学功能上我们有太多的事情应该去做。史学作为一门忠实记录历史事实和研究人类社会发展规律的学问，必须更好地为建设中国特色社会主义这个现实服务。然而，在当今市场经济条件下，一些人试图将历史单纯变为赚钱的工具。各种宫廷秘史之类的通俗读物到处泛滥，"戏说"之类的影视作品大行其道。长征、抗日战争和抗美援朝等等严肃历史被肆意歪曲甚至攻击。如此严重的问题不都是透过一个个看似"不起眼"的历史细节被歪曲放大的吗？"灭人之国，必先去其史"。如果我们处在历史科学第一线的史学工作者不能挺身而出，为捍卫历史真实性和科学性而斗争，还能指望谁来担负起这一重任?! 从这个意义上讲，周钢的新著为我们提供了切切实实的榜样。

二、从理论与实际的结合上揭示美国牛仔的真实身份

《美国西部牛仔研究》第一章"马背上的劳工"依据史实，开宗明义地辩驳了一个多世纪来，美国媒体制造的各种关于牛仔的神话，明确界定了美国"历史上真实的牛仔，只是牧场主雇用的马背劳工，他们的马背生涯是在'牧牛王国'里度过的"，从而使读者对这些美国牛仔的身份和地位有了清晰认识。

　　要做到这一点绝非易事。有关美国牛仔的英文论著，虽然多得不胜枚举，但要从中筛选出真实有用的记载却是一个巨大工程。看得出来，作者是如何不辞劳苦，耐得住寂寞，日积月累，终于提炼出最基本的事实，给牛仔一个令人信服的身份鉴定。这里除了反映出作者对历史资料的高度重视，还突出反映了作者对史料辨析的本领。

　　例如，周教授从卷帙浩繁的牛仔著作中，重点引用了其中一本经典之作《一个牛仔的日志：昔日牛道的故事》（安迪·亚当斯著，1903年出版）。正是这本著作讲述了从得克萨斯往蒙大拿赶牛的艰苦历程，使读者知晓美国西部史上的最壮丽篇章——长途赶牛是怎么回事。

　　又如，周教授充分运用了劳伦斯·L.塞德曼等多人的研究成果。塞德曼于1973年出版《马背生涯：1866—1896年的牛仔边疆》一书，书中使用了大量日记、报刊资料、回忆录等一手资料，详细描述了牛仔的艰苦劳作和生活。该书作者在赞扬牛仔们为美国"镀金时代"工业帝国的建立作出重要贡献的同时指出，牛仔作为被牧场主雇用的马背劳工，他们的艰苦劳作使牧场主聚敛了巨额财富，但自己却只能得到微薄的工资。正是基于此，作者纠正了过去一般美国西进论者把西部牧业边疆称为"牧场主的边疆"，把那个时代称之为"牧场主时代"的偏颇，而改称为"牛仔的边疆"和"牛仔的时代"。反映了作者对"牧牛王国"里基本劳动者"牛仔"的尊重和褒扬。有意思的是，塞德曼在肯定牛仔是马背劳工的同时，也探讨了为什么美国人民把牛仔作为民间英雄的某种原因。他说，"与镀金时代的贪婪、把人们禁锢在贫民区和工厂相比，牛仔是作为自由选择自己的命运和有个性的英雄人物出现的"，它反映了"美国人头脑中对一个把人变成机器并残酷地对他进行剥削的""厚颜无耻时代"的"厌恶情绪"。这段话只能是对当年美国资本主义残酷性深刻的揭露和讽刺。根据美国史书记载，从1865年南北战争后的重建到19世纪末，被马克·吐温讥讽为"镀金时代"的美国，一边是经济的迅速发展和资本主义向垄断的急剧过渡，一边是美国工人阶级遭受的盘剥和压迫空前加剧。资本家为了在竞争中取胜，尽量压低工人工资，延长工作时间。多数工人每日工作12小时，一周劳动7天。工伤事故层出不穷。当时美国是世界上工伤事故最多的国家，1880年至1900年，每年工伤致死者达 35，000 人，受伤者达 100 万人。大多数工人住在大工业城市的贫民窟地区。工人没有自由和安全，等等。（参见杨生茂、陆镜生：《美国史新编》，中国人民大学出版社 1990 年版，第 243—244 页）正是这样深刻的劳资矛盾和对立，造成了一部分美国人对西部牛仔的幻觉。然而，这除了留给人们一丝遐想，却改变不了作为"马背劳工"的牛仔的命运。塞德曼的研究成果和观点受到周教授的高度重视和肯定。他说，"在财富是如何产生的问题上，塞德曼的观点更符合历史唯物主义"。"马克思指出，'资本是死劳动，它像吸血鬼一样，只有吮吸活劳动才有生命，吮吸的活劳动越多，它的生命就越旺盛。'在美国西部牧区，牧场主用以购买廉价土地和牛群等投资是死劳动，而牛仔在牧场或牛道上的劳作是活劳动。牧场主就是靠剥削牛仔们的劳动创造出最大化的剩余价值，使其资本不断增加而发家致富的。首先，正是牛仔们的劳动，实现了资本的保值和增值，带来了财富的不断增加。如果没有牛仔们在牧场上放牧管理牛群，那么牛就会跑向荒野，变成无主的野牛。如果没有牛仔春秋两季的'赶拢'，那么几个牧场主的牛会混杂在一起，牧场主们便无法分割他们的财产。如果不是牛仔们把牛群从得克萨斯赶往牛镇出售，那么牛在当地就没有市场价值，即使牛再多也增加不了牧场主的财富。如果不是牛仔们在暴风雪中舍命保护和抢救牛群，那么牧场主们只能望着他们的牛变成僵尸。他们的财富怎能不断增加呢？正是牛仔们艰辛的劳动，保护了牧场主的财富，并创造了财富的不断增长。其次，剥削牛仔的劳动，只支付牛仔们低微的工资，也是牧场主们财富迅速积累增加的重要原因"。总之，"如果不是牧场主以其资本不断吮吸牛仔的劳动，他们就不会在牧牛业繁荣的年代暴富。牧场主们之所以与不同时代的'钢铁大王'、'石油大王'那样成为'牧牛大王'，是对牛仔长期艰苦劳动剥削的结果"。

如果我们从周教授上述精辟而生动的论述，再转回到全书，则会看到各种不同类别牛仔的艰苦劳作和困难境遇。其中包括非洲裔的"马背奴隶"，遭受白人种族歧视的少数族裔的骑马牧人，以及在西部牧区因"长途驱赶"牛群而葬身牛道的牛仔等等，更不用说牛仔们因不堪忍受剥削，在他们试图通过个人奋斗成为小牧场主的"美国梦"破灭之后，在劳资紧张关系日益加剧情况下，最终被迫举行罢工这一事实，都令人信服地说明，美国西部牛仔绝非被媒体神化和偶像化的那种形象，而只能是被雇用被剥削的"马背劳工"。看来，对美国西部牛仔这样明确定位和科学阐释，在我国相关著作中尚属首次。

三、以翔实史料为依托生动展现牛仔的独特贡献

本来，周教授把牛仔作为"马背劳工"的身份界定，已经从根本上肯定了牛仔在美国西部牧畜业发展中无可替代的作用和贡献。然而，正如周教授所言，在美国学者中，对西部牛仔始终存在着贬、褒两种截然相反的观点。最具代表性的持贬斥观点的是刘易斯·阿瑟顿。他在《牧牛大王》一书和相关文章中，以鄙夷的口吻武断地说，"牛仔作为被雇用的马背雇工，由于受低层次环境的拖累，他们在美国的历史进程中，难以发挥影响"。而"对美国历史进程和文化发展产生重要影响"的，只能是支配西部牧区的"牧场主"。

为了科学评价美国牛仔的作用，周教授不遗余力地旁征博引，以生动的叙述，一幕幕再现了美国西部牛仔的独特贡献。

周教授首先考察了美国西部牧区的早期开发者墨西哥骑马牧人、非洲裔马背奴隶和白人牛仔的劳作和生活，充分肯定了墨西哥骑马牧人在劳动实践中创立的在开放大牧场上骑马巡牧管理牛群的生产方式，在美国形成了独立的牧牛业行业。及至美国"南北战争"后30年间（1866—1896年）牛仔的鼎盛时期，牛仔们的贡献更是达到一个全新阶段。由于这一时期与美国自由资本主义向垄断资本主义的"镀金时代"的过渡时期同步，工业革命的深入和城市化的兴盛，对肉类产生了巨大需求，西部大平原上的牧牛业成为美国社会最赚钱的行业之一。"在短短20余年的时间里，数万名牛仔把牧区从得克萨斯扩展到美加边界。牛仔们以他们艰辛的劳作"，在占美国领土1/5、内战前还被称为"美国大荒漠"的大平原上，"创建了一个疆域辽阔的'牧牛王国'"。大平原各州因此成为美国重要的畜产品生产基地，其产牛量由1860年时的约400万头增至1880年的1，100万头（参见周钢：《牧畜王国的兴衰——美国西部开放牧区发展研究》，人民出版社2006年版，第27、486页），不仅满足了美国工业化和城市化对肉类的巨大增长需求，改变了美国人的饮食结构，还建成了世界上最大的肉类加工、包装、储运企业。而

这一切也就为牧场主和牧牛公司巨商创造了巨大财富。

正是这一部分，周教授通过大量的历史事实的回溯再现了马背劳工劳作的艰辛和危险。在经常遇到极端恶劣天气的牛道上，不少牛仔冻坏了双脚，很多人被冻死。至于说牛仔还经常遭遇到武装劫匪的劫掠、武装农场主的阻拦，等等，更是不胜枚举。许多牛仔在牛道上以身殉职。在长途驱赶中，对牧场主来说，牛群安全胜过牛仔生命，而且所有牧场主都付给牛仔尽可能低的工资，以最小代价获取最大的利润。值得一提的是，马背牛仔利用西部大平原自然条件的粗放经营，更形成了不同于东部养牛业经营方式的独特的牧业文化，对整个西部开发都产生了深远影响。

此外，周教授还辟专章阐述长期被美国史学界和作家们所忽视的非洲裔牛仔的贡献。在美国，对他们的研究比对白人牛仔的研究晚了半个多世纪，直到 20 世纪六七十年代才开始。周教授认为，虽然从人数上看，非裔牛仔不如白人牛仔多，但就职业道德素质、专业技术技能和独具的特长能力而言，他们的平均素质高于白人牛仔。他们担负了很多白人牛仔不屑于做和不敢做的工作。许多人成了顶尖的专业技术能手。非裔牛仔的音乐天赋和歌唱能力不仅减少了牛队的炸群事故，也帮助牛仔们借歌唱来缓解疲劳。而他们的合作共事精神一般也胜过白人牛仔，各种原因使非裔牛仔成为不可或缺的成员。然而，在种族主义盛行的当时条件下，他们很少得到升为"工头"和"道头"的机会，他们的贡献也长期被忽视。对非裔牛仔的研究，仍然是一个亟待深入的领域。

总体而言，美国牛仔的优秀品质和他们对美国西部开发的贡献是抹杀不了的。相反，19 世纪 80 年代牧场公司化后，牧场主和牧牛公司的经理已不再参与牧场上的劳作，更成为单纯靠剥削牛仔获取利润的资本家了。尽管我们不否认牧场主当年在开发牧区上的积极作用，但他们与牛仔的贡献相比，是不可同日而语的。

四、两点重要启示

通观全书，有两点是我获益至深的。第一，在资本与劳动这对矛盾中，劳动始终带有根本的、决定性意义。没有劳动，资本只能是僵死的东西。尽管与美国当年的牛仔时代相比，今天关于劳动的概念，包括体力劳动和脑力劳动，已远远超出人们当年的想象。但无论怎么变化，劳动的本质属性不会改变。世界上最值得重视和颂扬的东西就是劳动。从美国牛仔身上，我们自然会得出劳动光荣、劳动伟大、劳动神圣这样的结论。这些是永恒的真理。

第二，让美国牛仔身份回归真实，对我们历史工作者和文艺工作者都有重要启示作用。我们并不反对以文艺去反映和描写历史，但要真正做到让历史成为教育和激励人民的强大武器，就要尊重历史，力求告诉人们以真实的历史。习近平同志 2016 年 11 月 30 日《在中国文联十大、中国作协九大开幕式上的讲话》中深刻指出："历史给了文学家、艺术家无穷的滋养和无限的想象空间，但文学家、艺术家不能用无端的想象去描写历史，更不能使历史虚无化。文学家、艺术家不可能完全还原历史的真实，但有责任告诉人们真实的历史，告诉人们历史中最有价值的东西。戏弄历史的作品，不仅是对历史的不尊重，而且是对自己创作的不尊重，最终必将被历史戏弄。只有树立正确历史观，尊重历史，按照艺术规律呈现的艺术化的历史，才能经得起历史的检验，才能立之当世，传之后人。"我们中华民族有着五千年悠久的光辉历史，其中包含了无以计数的有价值的东西。传播好这些有价值的东西，把真实的历史告诉人民，这是我们历史工作者和文艺工作者义不容辞的共同责任，这里有我们大展宏图的舞台。

张宏毅

2017 年 1 月 16 日

前　言

　　这本书稿是国家社科基金项目"美国西部牛仔研究"结项成果的修改稿，也是我对美国西部牧区研究的进一步深化。2005 年，我承担的国家社科基金项目"美国西部开放牧区发展研究"结项。2006 年初，书稿《牧畜王国的兴衰——美国西部开放牧区发展研究》由人民出版社出版。在研究美国西部牧区的过程中，我感到应对牧区的开拓者——牛仔做专门的深入研究。2007 年，我申请的国家社科基金项目"美国西部牛仔研究"获准立项。在《美国西部牛仔研究》即将出版之际，我写下如下几点，作为书稿的前言。

一、研究的缘起

　　美国西部牛仔被美国人视为开发西部的英雄，是美国精神的象征。百余年来，"牛仔热"在美国经久不衰。牛仔的影响不仅在美国无处不在，而且几乎已遍及全球的各个国家和地区。牛仔文化已成为一种国际现象。在我国，如果说改革开放前我们只能偶尔在图书馆找到为数不多的牛仔历史或文学著作的话，那么改革开放以来，牛仔服饰、牛仔歌曲、牛仔影视作品和牛仔网络游戏等鱼贯而入，现在我们也处处感受到了牛仔的存在。我国改革开放以来，我们所见的牛仔元素虽越来越多，但对牛仔的研究却并不多，特别是对牛仔历史的研究就更少。

　　我最初萌生研究美国西部牛仔的想法，是在研究美国西部牧区的过程中。从 20 世纪 90 年代初，我开始了美国西部牧区开发的研究。为了这一研究，我着手在国内收集相关的图书资料，也积攒了一些与美国西部牛仔有关的论著资料。在研究西部牧区开发时，其中每一个专题都离不开牛仔，也因此写过少许与牛仔相关的文章。因为当时研究的重点是美国西部牧区的经济、社会和环境等问题，所以没有时间去集中做牛仔研究。正是在研究美国西部牧区开发的过程中，我既感受到了研究牛仔的重要性，又了解到国内少有人研究的现状。于是我便打算，如有机会，一定要进行美国西部牛仔的专项研究。我的美国西部牧区开发研究持续了十余年，到21世纪头十年的中期才基本结束。在这十余年的时间里，我一直没有放弃研究美国西部牛仔的想法。

国内图书馆有关牛仔的藏书越来越丰富与研究者甚少的不对称情况，进一步坚定了我研究美国西部牛仔的决心。在研究美国西部牧区开发的时间里，我一直关注国家图书馆和一些高校图书馆中与牛仔相关图书的入藏情况。我国改革开放以前，国家图书馆已有关于牛仔的藏书，但数量不多。20世纪80年代中期以后，国家图书馆中有关牛仔著作、音像资料的收藏逐年增多，其中关于牛仔论、著的收藏量之多，甚至超过对某些国家的藏书。一些高校的图书馆在改革开放前没有或少有关于美国牛仔的藏书，然而近年来，北京、上海、武汉、成都等许多高校都有了牛仔论著的藏书。这种研究资料不断增多的状况，并没有引起研究者的太多关注，丰富的藏书也未得到充分利用。到目前为止，国内只有少数学者对牛仔小说和牛仔影视作品进行了研究探讨，而研究牛仔历史的学者如凤毛麟角。故此，我想在这方面作些尝试。

我之所以要研究美国牛仔，还因为我深深地感觉到，把美国西部牛仔介绍给国内的读者是一个史学工作者应尽的社会责任。如今在我国，牛仔服饰甚为普及。小至幼儿园的稚童、中小学的少年，大到高校的本科生、研究生和职场白领，甚至60岁的老妇老翁，多数人都会有牛仔服、牛仔袜或牛仔靴帽。有钱者买高档名牌，求经济实用者在批发市场或早市的摊位上寻购。很多青少年更是耳听牛仔歌曲、目观美国西部片和牛仔电视节目，更有一些迷恋网络游戏的少年少女玩着牛仔的游戏。然而，要问问这些人是靠什么了解牛仔的？多数人的回答是通过上述渠道。多种媒介展示出的牛仔形象并非美国历史上真实的牛仔，而是被神化和偶像化的牛仔。牛仔成了媒体赚钱的工具和商业广告的代言人。为迎合观众和听众，在牛仔的影视、音乐作品中，编造了许多"英雄救美人"的爱情故事，渲染暴力色情，甚至把有争议的社会问题——"同性恋"也融入其中。这样的牛仔文学和影视作品不但严重地歪曲了美国西部牛仔的历史，而且还会潜移默化地造成精神污染。

在我国，大多数人对牛仔的了解不是其真实历史，而是在各种媒体传播的牛仔凶狠斗勇的负面形象。在李安的《断背山》于国内上映时，我曾对看过该电影的一些大学本科生和研究生作过调研。一些同学认为片中两个主人公的"同性恋"行为可以理解，说他们有选择自己幸福的自由。大多数同学反对片中两个"同性恋"者的行为，认为他们不应该为追求个人的自由而毁了已成立的家庭，抛弃了自己的孩子。这种状况表明，像这类所谓牛仔影片只能在观众中引发争议，制造矛盾。美国最高法院已于2015年6月作出判决，全美50个州同性恋者可以合法结婚，但要在心理上获得社会的普遍接受还需假以时日，分歧和争议并未消弭。《断背山》在美国上映后也引发争议，出现支持或反对的两类评论文章，还辑成了一本文集。我曾就牛仔的"同性恋"问题请教过几位讲授美国西部史和美国通俗文化的教授。他们的回答是，在所有关于牛仔的历史书中，从未见到牛仔的"同性恋"的记述，影视作品出现的这一问题，是编者们为商业目的把现今的社会问题强加进去的。我也曾问过一些喜欢从网上看牛仔影视作品和玩游戏的中学生和大学生，为什么不读一点牛仔的历史。他们说想读，但中文的这类书没有，英文的书则借着麻烦读着困难。牛仔研究表面看似乎不如一些重大历史事件那么有影响，但各种媒体已把失真的牛仔在我国广为扩散，形成具有误导性的社会文化影响。因此，作为历史学工作者有责任去将牛仔的真实历史告诉人们。我虽才疏学浅，在这方面愿尽绵薄之力。

以上三点是我决心研究美国西部牛仔的起因。感谢国家社科基金给了我立项研究的机会。

二、重要的牛仔论著

关于牛仔的英文论著，多得不胜枚举。美国学者开列的重要论著多则一二百本，少的也有六七十本。我在收集、阅读牛仔论著中，做了筛选，举其要者作简略介绍。

在美国，研究牛仔的学者把牛仔时代参与人的笔述和口述的回忆录作为他们所依靠的第一手资料。这方面最早的著作，当属约瑟夫·G.麦科伊在1874年出版的《西部和西南部牛贸易史略》①。麦科伊曾在美国牧牛业中扮演重要角色，他建起了美国西部牛贸易的第一个牛镇阿比林。他也是早期西部作家中重要的一员。麦科伊在其著作中，对西部和西南部的牛贸易做了乐观而谨慎的描述。麦科伊在书中把"普通的牧牛工"改称"牛仔"，此后这一术语逐渐被世人接受，并流传至今。麦科伊对牛仔的描述还被后来的学者作为一手资料收入资料汇编性的著作中。1904年和1905年出版的《美国家畜业散文诗歌集》（第1、2卷）②，含有相当数量的关于牧牛业的文章，这些文章也被视为一手资料。如关于牛仔"长途驱赶"的文章，就是根据大牧场主查尔斯·古德奈特的回忆整理成文的。在一些牛仔著作中，常引用古德奈特的回忆来讲述牛仔们在牛道上的艰险经历。

J.马文·亨特编的两卷本《得克萨斯的牛道赶牛人》③分别于1920年和1925年出版，后合成一卷本再版。该书由牛仔时代的数百位赶牛人和牧牛人写的自传性简述文章汇编而成。书中对于场面宏大的"长途驱赶"提供了大量的信息和资料，都是亲历者亲身经历和目睹的历史场景。很多重要的牛仔论著都从《得克萨斯的牛道赶牛人》中取材，作为阐释问题的一手史料。克里福德·P.威斯特迈耶收集了19世纪到20世纪早期报纸的原始报道资料，并编辑成章，每章都加了编者按语。1955年，威斯特迈耶把他编辑的报刊资料重新印刷出版，书名为《追踪牛仔：边疆记者笔下牛仔的生活与传说》④。这是有关牛仔的工作、生活、娱乐和劳资关系等方面的第一手记述，他收集的这些报刊资料提供了牛仔的另一个视角。

1974年，小威廉·W.萨维奇选辑出版了《牛仔生活：重建美国神话》

———————

　① Joseph G. McCoy, *Historic Sketches of the Cattle Trade of the West and Southwest*, Kansas City：Amsey Millett and Hudson, 1874; Ann Arbor：University Microfilms Inc., 1996.

　② James W. Freeman, ed., *Prose and Poetry of the Live Stock Industry of the United States*, Paver and Kansas City：Authority the Live Stock Association, 1904, 1905.

　③ J. Mar Hunter, ed., *The Trail Drivers of Texas*, Austin：University of Texas Press, 2000.

　④ Clifford P. Westermeier, ed., *Trailing Cowboy：His Life and Lore as Told by Frontier Journalists*, Caldwell, Idaho：Thecaxton Printers-ltd., 1955.

一书①。在该书中，萨维奇提供了对牛仔更新的一手描述和观点。这本书的选材较为广泛，其中包括约瑟夫·G.麦科伊和安迪·亚当斯等 15 位作者经典之作的节选。这些作者都是牛仔时代的亲历者。书中选取的部分描述简洁，可读性强。这本书展现了长期以来关于牛仔的态度和牛仔神话是如何演变的。萨维奇在书中写有长篇绪论，表明了他的观点和编辑该书的目的。书中附有与内容相关的近 50 幅牛仔插图。由于该书有重要价值，由理查德·W.斯莱塔举荐在 1993 年得以再版。再版的《牛仔生活：重建美国神话》有萨维奇写的简短前言和再版后记。

牛仔自己写的或口述的传记著作中，也讲述了他们的真实生活劳作状况。安迪·亚当斯于 1903 年出版《一个牛仔的日志：昔日牛道的故事》②。在卷帙浩繁的牛仔著作中，该书堪称值得信赖的经典之作。亚当斯在书中讲述了从得克萨斯往蒙大拿赶牛的艰苦历程，既有作者亲身经历的种种事件，也有他听老牛仔讲述的过往经历。该书风格朴素，简单明了，叙事生动逼真。读者可以从《一个牛仔的日志》中晓得美国西部史上的最壮丽篇章——长途赶牛是怎么回事。很多重要的牛仔著作都引用《一个牛仔的日志》所提供的史料。阿博特（"特迪·布卢"）和海伦娜·H.史密斯著的《我们指引它们向北：一个赶牛牛仔的回忆》③ 于 1939 年出版。这是一部传记性的著作，讲述了特迪·布卢从得克萨斯往蒙大拿赶牛的种种经历和他在沿途目睹的事情。他多次帮助掩埋遇险死去的同伴，在见到白人牛仔欺侮非裔牛仔时气愤不已而严厉制止。他还对非裔牛仔令人难忘的歌声表达了发自内心的赞美。阿博特最后留在了蒙大拿，成了大牧场主格兰维·斯图尔特的女婿。他以"最好的牛仔"闻名于蒙大拿牧区。《我们指引它们向北》中真实的讲述，常被一些牛仔论著引用。

著名的非裔牛仔纳特·洛夫于 1907 年出版了他的自传《纳特·洛夫的

---

① William W. Savage, Jr., *Cowboy Life*: *Reconstructing an American Myth*, Norman: University of Oklahoma Press, 1974.

② Andy Adams, *The Log of A Cowboy*: *A Narrative of the Old Trail Days*, Lincoln: University of Nebraska Press, 1903.

③ E. C. Abbott（"Teddy Blue"）and Helena Huntington Smith, *We Pointed Them to North*: *Recollections of a Cowpuncher*, Farrar & Rinchart, Inc., 1939; Norman: University of Oklahoma Press, 1955.

生活与历险》①。在书中，洛夫讲述了他从一个奴隶成长为一个优秀牛仔的经历。由于他勤学苦练骑马和使用套索的技能，成为了最优秀的骑手和套索手。在美国西部牧牛区，洛夫以戴德伍德·迪克而闻名，这是牧区人们对他的美称。洛夫的自传可以为研究非裔牛仔提供不少重要的资料。然而，由于美国的种族歧视，这一著作长期为美国学术界所忽视。直到20世纪中叶黑人民权运动兴起后，非裔牛仔研究成为美国牛仔研究的一个重要方面，洛夫的自传才得以再版。

埃默森·霍夫1897年出版的《牛仔的故事》② 是早期的牛仔史。这一著作面世后，吸引了当时的读者。因为霍夫是文史兼通的作家，且后来把主要精力放在小说创作上，所以他的小说吸引了更多的读者。如霍夫写的著名小说《北纬36度》③ 是很有影响的小说，并拍成了电影。故在一段时间内，人们对霍夫小说的关注多于他的《牛仔的故事》。然而，20世纪中期后，《牛仔的故事》受到研究者的重视。因为这一著作对牛仔在牧场和牛道上的劳作和生活等诸多方面进行了真实生动的描述。霍夫所写的长途驱赶比查尔斯·古德奈特的回忆还具体鲜活。《牛仔的故事》提供了丰富的一手资料，被后来的牛仔著作吸纳引用。

菲利浦·A. 罗林斯在1922年出版《牛仔：旧时牧区的非传统文明史》④。《牛仔》一书于1936年再版，作者在书后增加了索引。1997年，该书又依据1936年的版本出了修订版，理查德·W. 斯莱特加写了前言。罗林斯生活在怀俄明的牧场上，他是第一位试图把牛仔描述成历史人物而非浪漫人物的作者。罗林斯利用19世纪90年代的第一手资料，对早期的牛仔进行了全面描述，涵盖了他们的生活和工作的各个方面。他详细阐释了牛仔的服装、装备、劳作、社会生活、工作环境及使用的术语等等。《牛仔》一书是研究19世纪牛仔的最好的参考书之一。

---

① Nat Love, *The Life and Adventures of Nat Love*：*Better Known in the Cattle Country as "Deadwood Dick"*, *by Himself*, Los Angles：Wagside Press, 1907; reprinted, New York：Arno Press, 1968.

② Emerson Hough, *The Story of the Cowboy*, New York：D. Appleton and Company, 1897, 1930.

③ Emerson Hough, *North to 36*, New York：Crosset & Dunlop Publishers, 1923.

④ Philip Ashtion Rollins, *The Cowboy*：*His Characteristics*, *His Equipment*, *and His Part in the Development of the West*, New York：Charles Scribner's Sons, 1922; 1936, Norman：University of Oklahoma Press, 1997.

乔·B. 弗朗茨与小朱利安·欧内斯特·乔特合著的《美国牛仔：神话与现实》[①] 于 1955 年出版，1981 年再版。这是第一部关于牛仔神话和现实的严肃历史著作。作者认为美国牛仔有三种类型：历史的牛仔，一般的美国人感兴趣，但却了解甚少；小说中的牛仔，他不怎么受尊重，但却是大众人物；传说中的牛仔，是美国传说中的偶像人物。该书被认为是对美国西部牛仔综合研究的最好著作，书中的分析极为深刻，是任何想了解牛仔的人的首选之书。1958 年，费伊·E. 沃德出版了《牛仔的劳作：关于他所有的工作和他如何去做》[②]。沃德从加拿大到墨西哥，在牧区工作了 40 余年，他的著作是描述牛仔如何工作的。其内容充实，言简意赅，叙述精确，知识性强。沃德对套索的论述至今无人超越。他用了 30 页篇幅讲述了什么是套索、套索能做什么及牛仔怎样使用套索，其中关于使用套索的技巧的语言描述更是简洁易懂。书中还有 600 幅作者手绘的插画，进一步增加了著作的生动性。《牛仔的劳作》也许是迄今为止论述牛仔劳作最好的著作，是想了解牛仔这一行业的人第一本应选读的书。

劳伦斯·I. 塞德曼于 1973 年出版的《马背生涯：1866—1896 年的牛仔边疆》[③]，是为青少年读者写的简明读物。塞德曼使用了大量日记、报刊资料、回忆录、地图、绘画等一手资料，阐释了"牧牛王国"的兴衰，描述了牛仔的艰苦劳作和艰辛生活。作者赞扬了牛仔们为美国"镀金时代"工业帝国的建立所作出的重要贡献。塞德曼尖锐地指出，牛仔作为被牧场主雇用的马背劳工，他们的艰苦劳作使牧场主聚敛了巨额财富，但自己却只能得到微薄的工资。一般的美国西进史论著把西部牧业边疆称为"牧场主的边疆"，把那个时代称为"牧场主时代"。然而，塞德曼却称其为"牛仔的边疆"和"牛仔时代"。由此足见塞德曼对"牧牛王国"里的主要劳动者"牛仔"的尊重和褒扬。

---

① Joe B. Frantz and Julian Ernest Choate, Jr., *The American Cowboy: The Myth & the Reality*, Norman: University of Oklahoma Press, 1955; Westport, CT: Greenwood Press, 1981.

② Fay E. Ward, *The Cowboy at Work: All about His Job and How He does It*, Norman and London: University of Oklahoma Press, 1958.

③ Lawrence I. Seidman, *Once in the Saddle: The Cowboy's Frontier, 1866-1896*, New York: Alered A. Kinope, Inc., 1973.

唐·伍斯特的《奇泽姆小道：牧牛王国最好的通路》① 于 1980 年出版。"奇泽姆小道"是美国内战后从得克萨斯往堪萨斯长途赶牛的主要通道。书中对这条牛道的历史沿革、赶牛队的人员组成、牛仔在各个岗位的职责、赶牛中所遭遇的突发事件和凶险、牛仔的劳作和生活等方面都作了细致的描述。作者对"牧牛王国"的兴衰原因也作了深入的分析。书中提供了大量关于牛仔的真实资料。戴维·达里的《牛仔文化：五个世纪的传奇》② 于1981 年面世，1989 年再版。这是一本重要的学术著作。作者用大量一手资料，把美国西部牧牛业的起源追溯到西班牙殖民统治时期，论述了美国未兼并得克萨斯，未割取加利福尼亚、亚利桑那和新墨西哥之前，上述地区的牧牛业已经发展起来。英裔美国人移居西部后继承了西班牙和墨西哥的遗产，把牧牛业进一步发展起来。美国牛仔从墨西哥骑马牧人那里学会了骑马在开放大牧场上管理牛群的方式，学会了使用套索、赶拢和打烙印的技能。书中对美国内战后的长途驱赶、牛镇兴起、牧区扩及整个大平原、"牧牛王国"的兴衰、牧区风俗、牛仔的劳作和生活，都做了详细深入的阐释。

20 世纪 90 年代，重要的牛仔著作当属理查德·W. 斯莱塔的两本书。1990 年，斯莱塔出版了《美洲牛仔》③ 一书。这一著作采用比较史学的方法写成，成书的过程是在作者撰写《美洲牛仔百科全书》期间。作者在这期间到美国和拉美一些国家进行了考察和收集资料。因此，《美洲牛仔》是在丰富的一手资料的基础上写成的。书的内容涉及从野牛猎手到牛仔、美洲平原的边疆、牛仔在牧场的劳作、牧场主和牛仔、牛仔的牧场生活、牛仔的娱乐竞技活动及牛仔文化等诸多方面。《美洲牛仔》是对牛仔的起源、特点、装备、生活方式和神奇文化的严谨研究之作。1997 年出版的《比较牛仔与边疆》④ 是理查德·W. 斯莱塔的另一部重要著作。在该书中，斯莱塔把美国西部牛仔（Cowboy）与墨西哥牛仔（Charro）、骑马牧人（Vaquero）、南

① Don Worcester, *The Chisholm Trail: High Road of the Cattle Kingdom*, New York: Indian Head Books, 1980.

② David Dary, *Cowboy Culture: A Saga of Five Centuries*, Lawrence, Kansas: University Press of Kansas, 1981, 1989.

③ Richard W. Slatta, *Cowboys of the Americas*, New Haven, Connecticut: Yale University Press, 1990.

④ Richard W. Slatta, *Comparing Cowboys and Frontier*, Norman: University of Oklahoma Press, 1997.

美洲北部大草原牧民（Llanero）、南美大草原上的加马乔牧人（Gaucho）和美洲其他牧人（Herder）进行了比较研究。这一著作是作者近 20 年比较研究成果所汇成的严谨学术专著。每章正文前有作者加的简短内容提要，便于读者掌握其主要观点。

进入 21 世纪，重要的牛仔著作之一是约翰·R. 埃里克森的《现代牛仔》[①]。这一著作 1981 年初版面世，2004 年修订再版。修订版在初版基础上增加了新的章节，使内容、篇幅有较大扩充。埃里克森在著作中对现代牛仔的外貌、衣着、他们的妻子和家庭生活、一年四季的劳作、牛贸易的工具、牧场主和牛仔在现代经济中的作用、现代牛仔与开放牧场牛仔的异同、最后的牛仔等诸多内容都有详细的论析。作者对于与牛仔相关的报刊专章介绍。埃里克森介绍了一些他认为的关于牛仔的经典著作。这些著作有关于牛仔历史的，也有他喜爱的牛仔小说等。关于牛仔报刊和经典著作的部分是修订版新增加的章节。

与对白人牛仔的研究相比，美国少数族裔牛仔研究的成果要少得多。对美国非裔牛仔的研究是在 20 世纪中期黑人民权运动兴起时才开始受到重视。菲利普·德拉姆和埃弗里特合著的《黑人牛仔》[②] 于 1965 年出版。这是迄今为止第一部也是唯一一部关于美国非裔牛仔的综合性研究著作。在书中，两位作者阐释了非裔牛仔的劳作和生活状况，论述了非裔牛仔对美国西部牧牛业发展的贡献。两位英文教师是在资料有限的情况下做了大量艰辛工作，才完成了《黑人牛仔》这一著作。此后，非裔牛仔成为美国牛仔研究中的一个重要领域。半个多世纪以来，有一些传记性的著作、论文集和个人人物传记出版。后面有专门论析，在此不赘述。1985 年，杰克·威斯顿出版了《真实的美国牛仔》[③] 一书。他对牛仔进行了多角度的研究，认为牛仔是被压迫的劳工。书中有一章，题为"少数族裔牛仔和女性牛仔"。威斯顿对非裔和墨裔牛仔进行了很好的阐释。他还尝试解释牛仔神话存在的原因。1994

---

① John R. Erickson, *The Modern Cowboy*, Deaton, Texas：University of North Texas Press, 1981, 2004.

② Philip Durham and Everett L. Jones, *The Negro Cowboys*, Lincoln and London：University of Nebraska Press, 1965；First Vison Book edition, 1983.

③ Jack Weston, *The Real American Cowboy*, New York：Schocken, 1985.

年，彼得·艾弗森出版了《印第安人成了牛仔：原住民与美国西部的牛放牧》①。这一著作探究了在西南部和大平原上的原住民如何成为牛仔和牧场主这一问题。艾弗森阐释了"印第安人的男人"在牧场里和在牛道上劳作的状况，也探讨了有多少原住民成为了成功的牧场主。

在研究牛仔的论文集中，有两本较为重要。一本是迈克尔·S. 肯尼迪选编的《牛仔与牧场主》②，于 1964 年出版。文集中的 25 篇文章均选自《美国西部历史杂志》，选编者为论文集写了绪论。入选论文集的第一篇文章是刘易斯·阿瑟顿的《牧场主和牛仔：事实与幻想》，发表在《美国西部历史杂志》1961 年第 4 期上。该文是阿瑟顿同年出版的《牧牛大王》一书的第 12 章。阿瑟顿贬抑牛仔，褒扬牧场主。他认为对美国历史和文化的发展作出重大贡献的是牧场主而非牛仔。由此，刘易斯挑起了对"牛仔贡献"的论争。肯尼迪在论文集的"绪论"中并不赞同阿瑟顿的观点。肯尼迪选编的 25 篇论文包括对牛仔和牧场主的各方面活动的论述，其目的是让读者在阅读了这些论文后对阿瑟顿提出的问题作出分析判断。

另一本重要的论文集是由保罗·H. 卡尔森编的《牛仔之路：历史与文化的探研》③。该论文集于 2000 年出版，入选其中的文章有 16 篇。其中有 4 篇曾在《西得克萨斯历史学会年鉴》上刊出，在入选论文集时作了修改。其余 12 篇是新作。《牛仔之路》是关于牛仔的历史、牛仔的生活方式和牛仔偶像的文集。它也是一本关于牛仔从劳工成为美国的民间英雄、民族的象征和通俗文化的重要象征的研究性文集。在文集中，有对牛仔先驱"骑马牧人"、非裔牛仔、原住民牛仔等少数族裔牛仔的探讨，也有对法国和英国等外来牛仔的研究，还有对牲畜围栏牛仔、牛仔与牧羊人、牛仔罢工、牛仔与原住民关系等问题的阐释。对于牛仔服饰和装备、牛仔神话、牛仔幽默、牛仔竞技和牛仔术语的起源和应用等与牛仔文化相关的内容，文集中都有专门的论析。《牛仔之路》是从历史、文化等多角度对牛仔进行的全面论述。

---

① Peter Iverson, *When Indians Became Cowboys: Native Peoples and Cattle Ranching in the American West*, Norman: University of Oklahoma Press, 1994.

② Michael S. Kennedy, ed., *Cowboys and Cattlemen*, New York: Hastings House Publishers, 1964.

③ Paul H. Carlson, ed., *The Cowboy Way: An Exploration of History and Culture*, Lubbock: Texas Tech University Press, 2000.

论文集附有 16 位作者的简介，有编者开列的近 70 本重要的牛仔论著。《牛仔之路》为想了解美国牛仔的人打开了一个窗口。透过这个窗口，读者可以看到丰富的内容，被牛仔的历史和文化所吸引。

评论家的著作对于人们了解某一时期牛仔研究的状况和某部牛仔著作的学术价值很有帮助。在美国学者中，能坐上评论家头把交椅的当属弗兰克·多比，他对牛仔作家的作品的评论到处可见。多比一直为西南部评论杂志和得克萨斯民俗学会的出版物提供评论的稿件。他对特迪·布卢和海伦娜·H. 史密斯的《我们指引它们向北》曾予以辛辣的批评。多比的《西南部生活和文学指南》[①] 是一部评介性的著作。作者在书中介绍评论了各种类型的西南部文学。这一著作中，大多属于注释性的传记体，其中涵盖了山民、得克萨斯牧牛人、西班牙—墨西哥裔人文学和传说、黑人民歌等诸多方面。其中第 21—22 章，集中评介了牛仔。多比既是评论家，也是著述颇丰的研究型学者。他的研究兴趣除民俗和文学外，还有野牛、野马等野生动物上，牛仔只是他的研究兴趣之一。多比的重要代表作还有《长角牛》、《野马》和《一个灌木丛区的骑马牧人》[②]。前两部著作中都有些牛仔的活动。后一本著作是多比对骑马牧人约翰·杨讲述的记述和补充，其中有得克萨斯南部灌木丛地区牧牛业发展的历史，以及约翰·杨对牛仔知识了如指掌的讲述。

第二位评论家是道格拉斯·布兰奇，他的经典著作《牛仔与他的阐释者》[③] 于 1926 年出版。这部著作从问世直到 20 世纪中期，一直是研究牛仔与牛仔文化的标志性参考书。布兰奇认为欧文·威斯特的经典之作《弗吉尼亚人》不是牛仔小说，因为里边任何一个场景都是关于牧牛场的。对于安迪·亚当斯的《一个牛仔的日志》和埃默森·霍大的《北纬 36 度》等，布兰奇的评价甚高，认为它们都是关于牧场的最好的文学作品。在布兰奇的评论中，不论批评和称赞，立场都很坚定。布兰奇的著作对 1926 年前出版的关于牛仔的重要历史和文学作品都有评介。这一著作对我们今天研究牛仔

① 　J. Frank Dobie, *Guide to Life and Literature of the Southwest*, Rev. ed., Dallas: Southern Methodist University Press, 1952.

② 　J. Frank Dobie, *The Longhorns*, New York: Grosset and Dunlop, 1941; *The Mustangs*, Boston: Little Brown, 1952; *A Vaquero of the Brush Country*, Austin: University of Texas Press, 1929, 1957.

③ 　Douglas Branch, *The Cowboy and His Interpreters*, New York: Cooper Soujare Publishers, Inc., 1961. (1st ed., 1926.)

仍有参考价值。另外，乔·B. 弗朗茨和小朱利安·乔特的《美国牛仔：神话与现实》的后四章，也对牛仔进行了文学的论述，这可能是受到了多比和布兰奇的影响。

有些工具书也有助于对牛仔的研究。雷蒙·F. 亚当斯在 1944 年出版了《西部词汇：牧区放牧、牧牛营地和牛道词典》①。从这部工具书的副标题可以看出，它是关于牛仔生活和劳作环境的词典。因为牛仔有他们使用的专业术语、对一些事物的称谓和独特的语言，这些与牧区、牧牛营地和牛道有关的常用词语会在关于牛仔的历史和文学作品中出现。这些引用词语的确切含意是什么？雷蒙·F. 亚当斯的《西部词汇》能给予准确和清楚的解释。在牛仔的百科全书中，理查德·W. 斯莱塔 1994 年出版的《牛仔百科全书》②颇为重要。这不仅是因为这部牛仔百科全书出版的时间距现在较近，更重要的是它的学术性强。实际上，它不只是一部百科全书，而且也是一部学术著作。如前所述，斯莱塔为完成这部《牛仔百科全书》，到多国牧牛业地区考察牛仔的劳作和生活的历史以及牛仔文化的演进状况，收集了大量一手资料。书中多数词条都是在对这一问题主要研究成果的基础上撰写而成，还列出了主要参考资料和论著的出处。书后还附录了详尽的参考论著和目录索引，非常便于使用。可以说，斯莱塔的《牛仔百科全书》为了解和研究牛仔打开了一扇窗。

三、几点说明

对于《美国西部牛仔研究》，我想就其基本内容、研究的重点和难点、资料使用和少数族裔牛仔的称谓问题等作几点说明。

结项初稿的主要内容由四章构成。第一章"马背上的劳工"溯及美国西部牧牛业和牛仔的起源和艰辛的劳动生活。美国西部的牛马等家畜最早是由西班牙殖民者带到它的墨西哥殖民地的。在 19 世纪初美国开始西进运动和领土扩张，通过兼并或战争割取，先后把原先属于墨西哥的得克萨斯、亚利桑那、新墨西哥和加利福尼亚等并入了美国版图。上述被美国获取的地

---

① Ramon F. Adams, *Western Words*: *A Dictionary of Range Ranching*, *Cow Camp and Trail*, Norman: University of Oklahoma Press, 1944, 1946.

② Richard W. Slatta, *The Cowboy Encyclopedia* , Santa Barbara, California：ABC-CLIO, 1994.

区，在西班牙殖民统治时期牧牛业已经发展起来。特别是得克萨斯东南部地区，成为了美国在大平原地区建立"牧牛王国"的摇篮。移居得克萨斯的英裔美国人继承了西班牙和墨西哥的遗产，学会了墨西哥骑马牧人在马背上管理牛群和在开放大牧场上放牧的方式，牧牛业开始起步。从西班牙殖民者统治得克萨斯时期至美国内战前，是美国西部牧区开发的早期阶段。墨西哥骑马牧人、马背上的奴隶（非裔美国牛仔）和部分英裔美国白人牛仔，是内战后数万牛仔的先驱。正是牛仔的先驱者在极其艰苦的环境下的艰苦劳作，为美国内战后"牧牛王国"的兴起和发展奠定了基础。美国内战后的30年的时间，数万名不同肤色、不同族裔和不同国籍的牛仔，在牧场里艰辛劳作，在牛道上鞍马劳顿，把"牧牛王国"的疆界从得克萨斯扩展到美加边界，占据了大平原。"牧牛王国"的兴起，使内战前还被称为"美国大荒漠"的大平原成了美国新的畜产品生产基地。持续30年的"长途驱赶"把美国西部牧区与东部市场联系起来，为美国内战后工业化、城市化对肉类的需求提供了牛肉供应，改变了美国人的食物结构。牛仔们辛勤劳作创立起的"牧牛王国"，成为美国人在"镀金时代"创建的工业帝国的重要组成部分。很多牛仔在艰辛的劳作中以身殉职。

　　第二章"美国的非裔牛仔"集中论述了美国西部牧区的非裔牛仔历史概况。非裔牛仔是美国牛仔的重要组成部分，他们对"牧牛王国"的兴起和发展同样作出了重要贡献。他们在牧区分布广泛，无论是在牧场里还是在赶牛小道上，非裔牛仔都承担白人牛仔不愿干或干不了的工作。非裔牛仔在牧场里艰辛工作，在牛道上勇担凶险，他们能够胜任任何岗位上的工作。非裔牛仔有过硬的专业技术技能，具有歌唱、围拢和驯服野马的特殊技能等这些在牧区必不可少的技术专长，相比于白人牛仔，非裔牛仔更忠于雇主，更能与不同族裔的牛仔协作共事。正是因为非裔牛仔具备了这些优于白人牛仔的长处，他们得以在"牧牛王国"立足。虽然非裔牛仔的人数少于白人牛仔，但他们的平均素质高于白人牛仔。美国内战以后，很多不堪忍受南部的种族歧视的黑人逃往西部的"牧牛王国"，做了牛仔。然而，在"牧牛王国"里，非裔牛仔仍受白人的种族歧视，非裔牛仔的贡献并没有得到公正的对待。由于美国的种族歧视问题，使美国非裔牛仔长期被美国学者所忽视。直到20世纪中期黑人民权运动兴起，非裔牛仔才引起美国学者的重视。

美国学者对非裔牛仔的研究比对白人牛仔的研究晚了半个多世纪。对非裔牛仔的研究逐渐成为美国牛仔研究中的一个热点。正是对这一问题的研究，拓宽了美国西部史、美国黑人史和美国牛仔史的研究领域。

第三章"美国的牛仔罢工"论析了美国历史上爆发的两次牛仔罢工产生的经济、政治和社会等原因，详述了两次罢工的来龙去脉，从劳资双方的经济、政治、组织状况和媒体舆论导向等多方面，分析了两次牛仔罢工失败的原因，并对两次牛仔罢工在美国劳工史上的重要性作了阐释。在19世纪80年代以前，美国西部牧区的牧场多是个体或合伙经营，牧场主与牛仔的关系还较为缓和。牧场主还以少量的牛作为支付牛仔的部分工资，并允许牛仔在牧区放牧其少量的牛。牛仔们怀有成为小牧场主的梦想。"忠于"雇主成为牛仔不成文的信条。进入19世纪80年代，美国正经历着资本主义由自由向垄断的过渡，美国的工矿企业普遍公司化，被置于垄断资本的控制之下。在美国经济和社会转型期，美国西部的牧牛业成为当时最赚钱的行业之一。美国东部和欧洲把大量资本投入美国西部的牧牛业。美国西部的牧场经历着由个体或合伙经营向现代公司化运营转型，被置于垄断资本的控制之下。美国西部牧场公司化的过程中，牧场主禁止牛仔拥有自己的牛，使牛仔成了只挣微薄工资的马背上的雇佣工人。与美国工矿企业的劳工相比，牛仔的劳作生活条件更为艰苦。牛仔虽然为牧场主创造了巨额财富，但他们的生活状况和劳动条件并没有得到改善，牛仔与牧场主的关系恶化。于是19世纪80年代在美国西部牧区发生了两次牛仔罢工。1883年春季赶拢时发生在得克萨斯潘汉德尔地区的牛仔罢工，只是提出了增加工资的要求。1886年发生在怀俄明鲍德河地区的牛仔罢工，也只是为了不被减少工资。然而，由于劳资双方的力量对比相差过于悬殊，两次牛仔罢工均未成功。两次牛仔罢工虽然失败了，但在美国劳工斗争史上占有重要地位。牛仔罢工与美国工人运动的高潮同步，是第一产业最先发生的劳工罢工。牛仔罢工也从一个方面证实了美国垄断资本剥削的残酷性。

第四章"牛仔的历史评价与热点论题"主要概括和分析了牛仔的历史地位和贡献，并对当今牛仔学术研究中的几个热点论题予以评介和论析。在美国学术界，对西部牛仔存在着贬、褒两种不同的观点。本章一开始先对贬、褒牛仔的著作的主要观点进行了梳理归纳，对美国学者对两种不同观点的评论作了介绍。贬抑牛仔的代表人物是刘易斯·阿瑟顿，其代表作是《牧牛大王》。褒扬牛仔的代表是劳伦斯·I. 塞德曼，其代表作为《马背生涯：1866—1896 年的牛仔边疆》。在此基础上，我作了些论析，认为牧牛王国的产生、发展，西部牧业巨大财富的积累，正是广大牛仔群众辛勤劳动的创造结果，牛仔对牧牛王国作出了最大的贡献。美国内战后的 30 年间，是"牧牛王国"繁荣兴旺和牛仔的鼎盛时期。这个从 19 世纪 70 年代开始的时期也被一些美国学者称为"牛仔时代"。在"牛仔时代"，牛仔逐渐成为美国史学家、文学家和报刊记者编辑关注的对象。1890 年以后，牛仔的鼎盛时期已经过去，但美国学者对牛仔的研究热情却不见衰减。牛仔成了无人能够替代的美国西部边疆人物，成了美国人心目中的民间英雄。一个多世纪以来，美国人的"牛仔热"经久不衰。在进入 21 世纪的十余年里，仍然不断有研究牛仔的新论著出版。美国学者对西部牛仔的研究涉及问题广泛，研究方法多样，也有对"热点问题"的论争。美国牛仔和西部牧牛业的起源是学者争论的一个热点论题。一种观点认为美国西部牛仔和牧牛业源于西班牙和墨西哥的根基。另一种观点坚持西部牛仔和西部牧牛业源于英国和美国东部。两种观点的论争从 1931 年一直持续到进入 21 世纪。在 70 余年的论争中，大体经历了三个阶段。每个阶段中两种不同的观点都有主要代表人物的代表论著。另一个"热点"论题是对美国非裔牛仔的研究。美国学者对非裔牛仔的研究已经经历了半个多世纪，研究的基本走势是数量由少至多，问题由浅入深。论及的焦点主要涉及非裔牛仔的人数和他们在全体牛仔中所占比例、非裔牛仔是否受到种族歧视、历史地位与贡献等方面。非裔牛仔研究虽然具有重要的学术价值和现实意义，但要继续深入卜去也面临一些困难。本章在评介美国学者关于牛仔贡献贬褒之争时，比较详细地论析了非裔牛仔的贡献，意在申明作者并不是在简单地认同劳伦斯·I. 塞德曼的观点，而是在他和其他美国学者研究成果的基础上，将对该问题的研究进一步向前推进。

　　美国出版的牛仔论著，大多从 19 世纪 30 年代初英裔美国人移居得克萨斯写起。这并不符合历史真实。早在西班牙对墨西哥实行殖民统治时期，牧牛业已扩展到了得克萨斯。墨西哥共和国时期，得克萨斯的牧牛业又有了进一步发展。墨西哥骑马牧人、非裔骑马牧人和从美国移居得克萨斯的非裔马背奴隶，是早于美国白人牛仔的先驱者。本书在"美国西部牛仔的先驱"中用了较多篇幅，是为了阐释美国西部牛仔起源的真实历史。美国内战以后，是数万不同肤色的牛仔在牧场和牛道上的艰辛劳作，把牧牛业从美国西部"牧牛王国"的摇篮得克萨斯扩展到整个大平原。这个新兴的畜产品生产基地，满足了美国工业化和城市化深入发展中对肉类的巨大需求。牛仔这个社会群体对美国现代化的发展和西部开发作出了重要贡献。然而，一些保守的美国权威史学家，把"牧牛王国"的兴起归功于大牧场主和牧牛公司巨商，否认或贬低美国西部牛仔的贡献。由于美国种族歧视和白人至上观念的影响，在大量的牛仔论著中，又长期忽视"非裔牛仔"的贡献。为了展现历史真相，笔者在书中对牛仔们在牧区的劳作、关于牛仔贬褒的论争，以及非裔牛仔的贡献和境遇等，都做了充分论析。美国历史上的两次牛仔罢工，在多数论著中只是简单叙述罢工过程，对于罢工的起因、失败原因和历史地位则论述不多。之所以如此，是因为很多牛仔论著要把牛仔的历史写成浪漫传奇和"忠诚"于雇主的故事。牛仔罢工在美国劳工运动史上占有重要地位。两次牛仔罢工是在美国向垄断资本主义过渡时期发生的，是垄断资本对马背劳工压迫剥削的结果。罢工之所以失败，也是牧牛大王利用政治、经济、组织和舆论权势，对举事牛仔联合镇压所致。牛仔罢工从一个角度折射出美国向垄断资本主义过渡时期美国社会的真实状况。故此，笔者设专章对牛仔罢工作了较充分的论析。

美国少数族裔牛仔和美国的牛仔罢工，是本项研究的重点，也是难点。2007 年《美国西部牛仔研究》获得国家社科基金立项时，除了我手边有一本菲利普·德拉姆与埃弗里特·L. 琼斯合著的《黑人牛仔》外，在国内找不到任何关于非裔牛仔的资料和论著。关于美国原住民牛仔和墨裔美国牛仔的资料在国内更是无处寻觅。少数族裔牛仔是美国牛仔的重要组成部分，但在大多数关于美国牛仔的英文论著中，主要论述的是英裔美国白人牛仔。要想使美国少数族裔牛仔在书稿中得到真实的反映，必须收集更多关于少数族裔牛仔的资料和研究论著，才有可能使之有机融入《美国西部牛仔研究》中。美国历史上的两次牛仔罢工是我遇到的另一个重点难点问题。对于1883 年的牛仔罢工，我只能从戴维·达里的《牛仔文化：五个世纪的传奇》和劳伦斯·I. 塞德曼的《马背生涯：1866—1896 年的牛仔边疆》中见到简

单的记述。对于 1886 年的牛仔罢工，则在国内找不到任何资料和论著。而
这一问题又是研究美国牛仔无法避开的问题。牛仔罢工反映了美国由自由资
本主义向垄断资本主义过渡时期西部牧区劳资关系的急剧变化，表明了垄断
资本控制西部牧牛业使牧场公司化后牧场主对牛仔剥削的残酷性。西部牛仔
迫不得已举行了罢工，但他们的罢工又与美国其他工矿企业的工人罢工一
样，在垄断资本的镇压下而失败。2007 年，国内有些专家撰文，谈及我们
以往对外国劳工运动的研究大多集中在工人运动史上，而对其他劳工的研究
不够。他们还结合各自熟悉的国家，指出应该从哪些方面展开研究。美国牛
仔罢工便属于在国内尚未研究的问题。为了解决《美国西部牛仔研究》中
的重点和难点问题，2009 年我去艾奥瓦州立大学农业和乡村史研究中心进
行了三个月的研究，收集了大量文本和数据资料。在《美国西部牛仔研究》
的书稿中，牛仔的先驱、"牧牛王国"里的非裔牛仔和美国的非裔牛仔的研
究等部分，对墨裔牛仔、原住民牛仔特别是非裔牛仔设了专章论述。对于少
数族裔牛仔和牛仔罢工的论述比一般的牛仔著作要更为详细。

　　研究牛仔的历史资料不像研究美国经济史、政治史和外交史那样，有许
多统计数字、法律文件和国会议案等一手资料。牛仔留下的记述或由别人代
笔留下的回忆等，被美国学者认为是研究牛仔的一手资料。一些牛仔的传记
也含有一些重要的经历，被视为具有一手资料的价值。对此，前面的"重
要的牛仔论著"部分已介绍了一些，书稿中也引用了一些，用脚注注明。
另外，第四章第一节"西部牛仔的历史贡献"中，评及刘易斯·阿瑟顿贬
抑牛仔的著作《牧牛大王》和劳伦斯·I. 塞德曼襄扬牛仔的著作《马背生
涯：1866—1896 年的牛仔边疆》。这两本都是专著，然而，两书又是分析对
"牛仔贡献"否定和肯定观点的一手资料。再如第四章第二节"牛仔的起
源"中，认为美国牛仔和美国西部牧牛业源于西班牙和墨西哥的代表人物
及他们的代表作，以及认为牛仔和美国西部牧牛业源于英国、美国说的代表
人物和代表作，都属于学术专著，但这些著作又是论析"牛仔起源"之争
的一手资料。显然，在论述"牛仔贬褒"和"牛仔起源"中作为一手资料
的专著，不同于牛仔留下的日记、回忆文章和传记。故在《美国西部牛仔
研究》所列的参考书目中，尽管采用了目前国内流行的原始（一手）资料、
专著、论文的分类法，但其中的"原始资料"部分并不能涵盖所有实际应

该包含的一手文献。有些美国史的问题，如民权运动等，国内专家有论述的就采用他们的论著。《美国西部牛仔研究》所附参考论著，均系书稿中引用作脚注的论著。

对于美国少数族裔牛仔，书稿中使用目前不带种族色彩的称谓。书稿对"美国黑人牛仔"称"非裔美国牛仔"。由于美国长期存在的种族歧视，非裔牛仔长期被蔑称为"黑鬼"（Niggar）。这种带有种族歧视的侮辱性的称呼，充斥在各种书籍和美国人的生活中。1908 年，带侮辱性的"黑鬼"被禁止使用后，非裔牛仔又被冠以带有种族歧视残余的"黑人牛仔"（Negro Cowboy）。一直到 20 世纪 60—70 年代，"Negro Cowboy"仍在使用。到 20 世纪 80 年代，"黑色的牛仔"（Black Cowboy）这种不带种族歧视，只表明与白人牛仔肤色不同的称呼流行起来。到 20 世纪 90 年代，"非裔美国牛仔"（African American Cowboy）开始出现，至今使用更为普遍。在《美国西部牛仔研究》中，如系引用或转述英文论著，就保留英文原作的本称"Negro Cowboy"，但加引号标明，凡书稿的论述，则一律用"非裔美国牛仔"或"非裔牛仔"。美国的"原住民牛仔"（Native Cowboy），英文论著中称"印第安人牛仔"（Indian Cowboy）。美国的"原住民"认为"印第安人"是殖民者强加给他们的，这如同把"非裔美国人"叫"黑鬼"一样带有种族歧视，他们拒绝接受。故在书稿中用"原住民牛仔"。在引用著作或转述时，对"印第安人"、"印第安人牛仔"加引号标明。

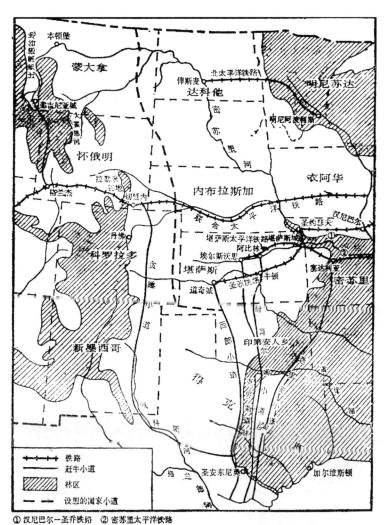

牧牛者的边疆

常见的几种牛仔工裤

得克萨斯形制的马鞍

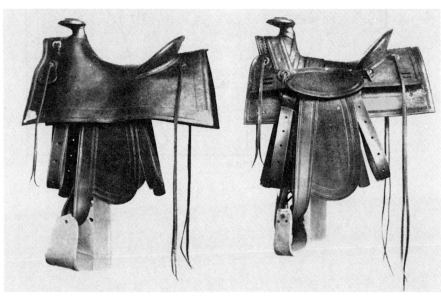

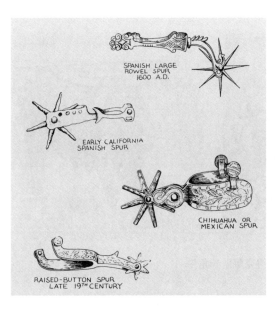

马刺的几种样式

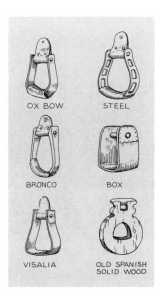

马镫的几种样式

牛仔帽的演变

得克萨斯长角牛

得克萨斯长角牛

打上烙印的公牛

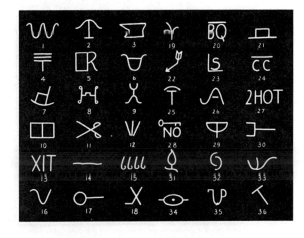

西南部牧区使用的烙印符号

劳作中的牛仔

MAVERICKS

套捕公牛

套捕牛群

蒙大拿草原上的流动炊事车

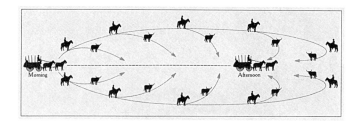

春季赶拢日间队形图

长途赶牛队队形图

第一章 马背上的劳工

一个多世纪以来，美国的各种媒体制造了一个持久迷人的牛仔神话，通过廉价小说、好莱坞电影、西部电视剧和商业广告等，编造了许多"牛仔英雄救美人"的浪漫传奇故事。这种虚构的"牛仔英雄"神话，掩盖了牛仔开拓美国西部的真实历史。历史上真实的牛仔，只是牧场主雇用的马背劳工，他们的马背生涯是在"牧牛王国"里度过的。

美国内战以后，在西部兴起了一个疆域辽阔的"牧牛王国"。它的兴起，经历了从殖民统治时期至内战前的早期开发，和内战后的牧牛业的繁荣兴旺两个时期。"牧牛王国"的兴起，使大平原成了美国重要的畜产品生产基地，不仅满足了美国工业化和城市化对肉类的巨大需求，改变了美国人的饮食结构，而且使美国西部成为欧洲市场的活牛和牛肉的重要供应地。在美国西部牧区开发的早期，最早的开拓者是牛仔的先辈们，他们是后来的美国牛仔的先驱。这些先驱者有骑马牧人、马背上的奴隶和白人牛仔。美国内战以后至19世纪80年代是"牧牛王国"繁荣的黄金时代，也是美国西部牛仔活动的鼎盛时期。这些被称为马背劳工的牛仔，是由不同种族、肤色和国籍的人构成的。鼎盛时期的美国牛仔对"牧牛王国"的形成、西部边疆的开发作出了重要的贡献。有的牛仔著作把美国西部边疆称为"牛仔的边疆"。

第一节 西部牛仔的先驱

由于白人至上主义的影响，多数美国牛仔著作对英裔美国人移居前的得克萨斯牧牛业发展及其早期开拓者少有论及。这些著作一般从 19 世纪 20 年代英裔美国人移居得克萨斯讲起，论及的主要是白人牛仔。实际上，这是不符合历史事实的。在西班牙殖民统治时期，牧牛业已从墨西哥的中心地带推进到格兰德河北部的得克萨斯，以及现在的新墨西哥、亚利桑那和加利福尼亚。得克萨斯东南部的菱形地区，成为后来美国"牧牛王国"兴起的摇篮。西班牙牧场主用他们带到墨西哥的黑人奴隶和墨西哥皈依了天主教的原住民（即殖民者称谓的"印第安人"①），为他们管理牛群。这些人被称为"骑马牧人"。1821 年墨西哥独立后，西班牙殖民者离开这个新生的共和国。得克萨斯独立后，特别是在 1845 年被美国兼并后，墨西哥牧场主退回格兰德河以南的墨西哥地区。然而，墨西哥骑马牧人却一直留在得克萨斯，成为了墨裔美国人。在英裔美国人移居得克萨斯时，他们带去的黑奴成为马背奴隶，为他们管理牛群。在美国内战前，也有一些美国白人被雇为牛仔。因此，骑马牧人、马背奴隶和这些白人牛仔，都是美国西部牧区的早期开发者，是西部牛仔的先驱。

一、骑马牧人的分布

美国西部牧牛业的起源可以追溯到克里斯托弗·哥伦布第二次航抵美洲，而美国最早的牛仔，要回溯到埃尔南多·卡尔特斯率领的西班牙殖民者征服墨西哥。1492 年 10 月 2 日，哥伦布的船队首抵巴哈马群岛的圣萨尔瓦多岛。他发现那里没有牛、马、羊等家畜，而这些都是西班牙殖民者征服美洲大陆必不可少的。马是殖民军的坐骑和运输工具，牛、羊为他们提供食品和生活制品。于是，在哥伦布的船队第二次驶向美洲时，装载了一些家畜。1494 年 1 月 2 日，他的船队抵达海地角附近的伊斯帕尼奥拉北岸。船员们在那里卸下经过远航存活下来的 24 匹雄马、10 匹牝马和一些牛。② 这是首批由西班牙运抵美洲的家畜。继哥伦布之后的殖民者不断把牛、马和羊等家

---

① "印第安人"是西班牙殖民者强加给美洲原住民的称谓。现今的美国，原住民认为"印第安人"是殖民者强加他们的带有种族歧视的称谓。这如同把非裔美国人称为"黑鬼"一样。他们强烈要求要称他们为原住民，而不是"印第安人"。在本书中，如有原住民部族名称的，以部族名称称之。因很多英文论著只称"印第安人"而无部族名称，笔者引用时，加引号以注明。

② Samuel E. Morison, *Admiral of Oceans*, Boston: Little, Brown and Company, 1942, pp. 49-50.

畜带到中、南美洲和北美洲。被带到新大陆的家畜不断繁衍后代，西班牙王室的牧场和私人牧场在征服的殖民地建立起来。

1519 年，埃尔南多·科尔特斯及其殖民军士兵抵达现今墨西哥城的中心地带。殖民军凭借原住民称为"大狗"的战马和先进武器，征服了阿兹特克人，尔后在城市废墟上建立起新的城市。1521 年，格雷格里奥·德·比利亚洛沃斯将牛从圣多明戈岛运输到墨西哥。这些牛很快在新环境中成长繁衍起来。① 西班牙殖民者的牛群先是被放牧在墨西哥城南部和西部的草地上，随着殖民者为寻找黄金不断拓展殖民区和传教地区的扩大，牧牛区不断向墨西哥的北部和西部推进。西班牙王室给殖民军的首领在墨西哥分封领地，每块领地包括其界内的原住民、所有的城镇和村庄的大地产。在埃尔南多·科尔特斯的领地内，有 22 个西班牙殖民定居点，包括 2.3 万原住民。② 西班牙殖民者强迫墨西哥的原住民皈依天主教，传教士也不断拓展他们的传教区。随着西班牙殖民扩张的深入和传教区的扩大，在 16 世纪终结时，牧牛业已经在墨西哥牢固地建立起来。到 17 世纪 90 年代，牛群已被放牧到格兰德河岸边的灌木丛地区。从那里，牧牛业逐渐向得克萨斯拓进。到 18 世纪早期，人们已经可以在得克萨斯看到大量的牛群。17 世纪，西班牙殖民者进入现今的新墨西哥和亚利桑那，随后牛马等家畜也被带入那里。1769 年，西班牙的传教士又把牛、马带进加利福尼亚。③ 从 1786 年至 19 世纪 20 年代早期，西班牙国王颁授 20 块私人领地，用以放养牛群。④ 许多西班牙殖民军的军官、士兵和传教士等，成了在墨西哥拥有大量土地的牧场主。在牧场上为他们骑马放牧管理牛群的人被称为"骑马牧人"（Vaquero）。这些"骑马牧人"便是最早的"牛仔"（cowboy）。

最初，西班牙殖民者让他们的奴隶照料牛群。埃尔南多·科尔特斯的一名受了洗礼的"半摩尔人"（或称"摩尔人"）奴隶，可能是在北美洲的第

---

① Fay E. Ward, *The Cowboy at Work*, Norman and London: University of Oklahoma Press, 1958, p. 4; Don Ward, *Cowboys and Cattle Country*, New York: American Heritage Publishing Co., Inc., 1961, p. 12.

② Russell Freedman, *In the Day of the Vaqueros: America's First True Cowboys*, New York: Clorion Books, 2001, p. 4.

③ Sydney E. Fletcher, *The Cowboy and His Horse*, New York: Grosset & Dunlar, Inc., 1951, p. 61.

④ David Dary, *Cowboy Culture: A Saga of Five Centuries*, Lawrence: University Press of Kansas, 1981, 1989, pp. 51-52.

一个骑马牧人。很多"半摩尔人"黑奴从北非被贩卖到西班牙，他们又被西班牙殖民者带到北美去为主人照料牛群。这些"半摩尔人"在北非时就会放牧牛群。因为西班牙殖民者不允许北美的原住民学习骑马，所以在北美洲牧牛业的初期，只有"半摩尔人"黑奴才是那里的首批骑马牧人。[①] 这些"半摩尔人"牧牛人，白天把主人的牛赶到草地放牧，夜晚把牛圈在牛栏里。西班牙殖民者是不允许墨西哥原住民拥有马和掌握骑马技术的，因为在卡尔特斯征服墨西哥时，马是西班牙殖民军最重要的武器。卡尔特斯认识到，马背上的"印第安人"将成为难对付的敌人。这一点在 16 世纪末得到了证实。为了把马严格掌握在西班牙殖民者的手中，法律规定禁止"印第安人"、印白混血人、黑人拥有马匹。[②]

由于墨西哥牧场的不断增加、牧区不断扩大以及一些特殊原因，殖民者不得不改变禁止原住民骑马照料牛群的做法。这些变化之一是牧场上的牛越来越多，其二是牧区的偷牛贼也越来越多。在这种情况下，西班牙牧场主仅靠他们的"半摩尔人"奴隶已无法管理四处漫游的牛群和防止牛丢失。这种状况使西班牙牧场主不得不去照料他们的牛群。然而，绝大部分西班牙人及其在墨西哥出生的后代"克里奥尔人"（即土生白人），耻于做管理牛群的工作。甚至一些拥有自己牛群的神父也是如此，这些"上帝之子"不喜欢在马背上照料牛群。为解决牛数量不断增加和缺少牧牛人的矛盾，西班牙牧场主就让皈依了天主教且顺从的"印第安人"和非西班牙裔的有色人种的人，学习骑马和在马背上管理照料牛群的技术。于是墨西哥骑马牧人便慢慢产生了。[③] 那些被称为"半摩尔人"的黑人奴隶，可能是骑马管理牛群技术的传授者。墨西哥原住民中的第一批骑马牧人是在传教区的牧场上产生的。神父们为了规避不准"印第安人"骑马的法律，给他们的"印第安人"仆人配备了长矛和刀，让他们到外面猎牛。于是，骑马牧人，即最初的墨西哥原住民牛仔便诞生了。从一开始，骑马牧人就是杰出的骑手。他们到开放

---

① Lawrence Clayton, *Jim Hoy and Jerald Underwood*, *Vaqueros, Cowboys and Buckaroos*, Austin: University of Texas Press, 2001, p. 7.

② David Dary, *Cowboy Culture: A Saga of Five Centuries*, p. 22.

③ Ibid., p. 13.

的牧区巡牧管理变野的牛，也发展了放牧工具和牧牛技能。①

　　1546 年起，墨西哥骑马牧人的数量开始大量增加。这是因为是年西班牙殖民者在萨卡特卡斯发现了银矿，矿业营地需要大量的牛肉供应。在那里，牛可以高价卖出。于是成群成群的牛被赶往北部，进入矿区。在中部高原的新牧区，牛迅速繁衍，需要大量骑马牧人放牧照料。② 采矿业衰落之后，牧牛业在墨西哥变得更为重要起来。西班牙牧场主依靠牛增加财富，且凭借经营大牧场提高他们的社会地位和扩大政治权力。因此，放牧区不断向北、向西扩展。神父加西亚·德·圣弗朗西斯科在靠近格兰德河南岸的地方，建立传教区。这是通往得克萨斯的第一个传教区。在当地"印第安人"的帮助下，传教区内用木头和灰泥建了一个教堂和其他住所，室内的墙壁还刷了石灰。后来一些传教区的教堂也都沿袭了这种风格。加西亚神父还与当地的"印第安人"有了交往，而其他西班牙人则晚至 1680 年才开始与"印第安人"交往。尽管西班牙王室在此前十年就宣布了对现今得克萨斯的占领，但殖民者真正开始占领得克萨斯的计划，却是在谣传法国人在那里建立了一个定居点以后。③

　　最先把牛马带进得克萨斯的是科阿韦拉的长官阿隆索·德·莱昂上校和神父达米安·马桑纳特。1689 年初，他们被派往得克萨斯调查法国人定居点的情况。回到科阿韦拉后，两人向西班牙王室报告说法国人已进入得克萨斯地区。西班牙王室于是决定派他们带领一支探险队去该地区，调查法国人是否还在那里建立了其他定居点，并要他们同时在得克萨斯"印第安人"中间建立一个传教区。1690 年初，神父圣弗朗西斯科·德·约斯在现今得克萨斯东部的韦奇斯西北的圣佩罗河边建立了得克萨斯传教区。马桑特神父和莱昂上校在给这个新传教区送供应品时，第一次把牛带进了现今的得克萨斯。莱昂上校从科阿韦拉带去了 200 头牛和 400 匹马。然而，他在新传教区仅留下了 20 头母牛、2 头公牛和 9 匹马，并把其余的牛马在返程时带走。在返回科阿韦拉的途中，他每过一条河就留下一头母牛和一头公牛、一匹母马和一匹公马。后来，还有其他的西班牙探险队把牛带进得克萨斯东部的传

① Russell Freedman, *In the Day of the Vaqueros*: *America's First True Cowboys*, p. 6.
② David Dary, *Cowboy Culture*: *A Saga of Five Centuries*, p. 15.
③ Ibid., p. 36.

教区，并有一些牛散落在途中。到 18 世纪早期，得克萨斯牛的数量剧增，传教区的牧场和私人牧场里还出现了不少大牛群。1767 年，有人在得克萨斯传教区还发现许多无主的公牛。① 牛马数量的快速增加，一方面是它们自然繁衍增长的结果，另一个更主要的因素，是莱昂及继他之后的其他西班牙传教士和探险队把大量的牛马带进了得克萨斯。

西班牙传教士最初使得克萨斯原住民皈依天主教的努力并不成功。18 世纪，得克萨斯一些传教区的西班牙方济各会的教士们就规劝教区内原住民信仰天主教，并传授管理牛的技术，却遭到很多原住民部族特别是阿帕切族和科曼切族的拒绝。灰衣教士们还发现，在这两个部族中间建立的传教区根本发挥不了什么作用，如圣萨巴传教区便是例证。1757 年 4 月，圣萨巴传教区在现在得克萨斯州的圣安吉洛东南约 50 英里处建立，位于科曼切族和阿帕切族居住区的中心。数周乃至数月过去，没有一个"印第安人"住进这个新传教区，只是时有少数"印第安人"来这个传教区拜访。他们喜欢方济各会教士们的款待，但拒绝留下来。②

西班牙传教士改变对教区内敌对的"印第安人"的态度，是在他们雇用了一些法国人之后。这些法国人使西班牙传教士与得克萨斯的"印第安人"的关系得到了改善，渐渐地，越来越多的人愿意皈依天主教。西班牙传教士便选择了一些皈依归顺的"印第安人"当骑马牧人。在对这些被选为骑马牧人的原住民传授管理牛群的经验时，传教士们将个人的经验与格兰德河以南传教区骑马牧人的经验结合起来。传教士们还把南部牧区的马鞍等带到了得克萨斯，可能也有一部分马鞍在新传教区内被制作成。因为得克萨斯的"印第安人"骑马牧人很少，那里牧场的发展受到制约。这种状况一直延续到 19 世纪初。

西班牙从法国手中夺取了路易斯安那后，从 1765 年开始在那里施行管理权。为了掌控对路易斯安那的牛贸易和对得克萨斯的牧牛业征税，以及加强对得克萨斯和其他北部省的控制，西班牙王室将得克萨斯、亚利桑那、新墨西哥和墨西哥的一些北部省合并为因特纳斯省，由西奥多·德·克鲁瓦管

---

① David Dary, *Cowboy Culture：A Saga of Five Centuries*, pp. 37, 38.
② Ibid., p. 38.

理。该省的情况由他直接向西班牙国王汇报。随后不久，克鲁瓦开始视察北部边界地区。

在得克萨斯，克鲁瓦作出三项决定：其一是将包括在传教区牧场上没有打上烙印的无主牛归王室所有；其二是对将野牛、野马围捕变为家畜的人征税；其三，对丢失的牲畜和对牲畜盗贼的处理做了规定。从这些措施来看，在1778年以前，西班牙王室并没有打算在得克萨斯建立"牧主公会"。定居点建立也较缓慢。1778年，到得克萨斯境内的定居者只有3,000人。一些人定居在圣安东尼奥以南的圣安东尼奥河到拉巴尼亚一带，另一些人定居在格兰德河至努埃西斯河谷和得克萨斯东部的纳科多奇斯周围地区。到1780年，得克萨斯境内共有牛10万头，而传教区内的牛为2.5万头。[①] 由此来看，到1780年，得克萨斯的私人牧场拥有牛的数量超过了传教区内牧场的存牛量。所有的牛都由墨西哥骑马牧人放牧管理。这些墨西哥骑马牧人有的是随西班牙传教士和探险队从格兰德河南岸地区进入得克萨斯定居的，他们之中有皈依了天主教的墨西哥原住民和西班牙殖民者的非裔奴隶，也有一些骑马牧人是得克萨斯境内皈依了天主教的原住民。

在得克萨斯的墨西哥骑马牧人中有一些来自非洲的黑人。1580—1650年，一些非洲黑人奴隶被贩卖到西班牙的墨西哥殖民地，他们之中有少数人被主人带到了得克萨斯的边界地区。在18世纪，第一批非裔血统的人已在圣安东尼奥的拉巴伊亚和纳科多奇斯定居点的牧场上放牧牛群。[②] 到18世纪末，在得克萨斯从事牧牛业的大多数是墨西哥原住民骑马牧人。相较之下，非裔骑马牧人较少，他们多是以奴隶的身份在其主人的牧场上照管牛群。

17世纪，西班牙殖民者向得克萨斯西部的新墨西哥和亚利桑那进发。西班牙对新墨西哥的统治始于16世纪，胡安·德·万特在征服这一地区时还带去了牛。1630年，约有50名传教士进入新墨西哥的50个传教区传教。然而，在17世纪那里的牧牛业发展缓慢，没有得到大范围的扩展。原住民阿帕切族的袭击、旱灾以及西班牙政府、教会和官员的争斗，制约了新墨西

---

① David Dary, *Cowboy Culture: A Saga of Five Centuries*, pp. 39, 40.

② Alwyn Barr, "Introduction", Sara, R. Massey, *Black Cowboys of Texas*, College Station: Texas A & M University Press, 2000, p. 3.

哥牧牛业的发展。特别是新墨西哥的自然条件，更适合养羊，而不适合养牛。所以到 19 世纪以前，新墨西哥的牧牛业一直发展缓慢①，那里成为美国西部"牧羊帝国"崛起的发源地。

在亚利桑那，牧牛业的起步发展则较为顺利。1687 年，神父欧塞维奥·弗朗西斯科·基诺在希拉河南部河谷的原住民地区尝试养牛。基诺神父在皮马族和尤马族地区建立了很多传教区。据说，他曾为 4,000 名皈依者洗礼。基诺神父曾是一个有经验的牧场主，他在旧墨西哥的第一个传教区里建了一个养牛牧场。从那里，他把数百头牛、一些羊和套索、皮鞭、马鞍和烙铁等骑马牧人用的工具带到他所在的亚利桑那传教区。基诺神父教信徒们如何繁殖和照料牛，并教会皈依的骑马牧人使用这些工具的方法。他在亚利桑那"印第安人"中获得的成功，远比 17 世纪晚期传教士们在得克萨斯的成绩要大得多。到 1711 年基诺神父去世，他一直在亚利桑那持续不断地进行传教和促进传教区牧牛场的发展，取得了很大成绩。历史学家赫伯特·E. 博尔顿高度评价了基诺神父的贡献，他称基诺神父"很轻而易举地成了当时他所在地区的牧牛大王……15 年前在圣克鲁斯和圣佩德罗河谷就建起了养牛业。现在地图上有大约 20 个畜牧业发达的地方，最早都是由他创立的"②。基诺神父去世后，在长达 20 余年时间里，西班牙殖民者在亚利桑那的牧牛业陷于停滞。其主要原因是西班牙士兵的暴行、后来传教士的谋私与不和、殖民政策多变等等。其结果导致亚利桑那的原住民越来越独立，越来越轻视西班牙殖民当局和宗教生活。19 世纪初，墨西哥爆发了反对西班牙殖民统治的独立革命。亚利桑那政局动荡，税收失控，阿帕切族对殖民者更加敌对。那里的牧牛业全面停滞下来。直到 19 世纪晚期，亚利桑那的牧牛业才得以恢复。

最早把牛马等家畜带入加利福尼亚并在那里建立传教区的，是神父胡尼佩罗·塞拉。从 1769 年在圣迭戈开始建立第一个传教区，到 1784 年去世前，塞拉神父指导方济各会的传教士们，在加利福尼亚沿海岸建立了九个传教区。③ 为了防止俄国人从阿拉斯加、英国人从加拿大进入加利福尼亚，西

---

① David Dary, *Cowboy Culture: A Saga of Five Centuries*, p. 42.

② Ibid., pp. 42, 43.

③ Richard W. Slatta, *Cowboys of the Americas*, New Haven and London: Yale University Press, 1990, p. 22; David Dary, *Cowboy Culture: A Saga of Five Centuries*, p. 45.

班牙王室决定派遣远征军到加利福尼亚建立军事要塞和传教区。加斯帕·德·皮托拉上校被任命为下加利福尼亚长官。他奉命在下加利福尼亚建起军事要塞，并向北沿加利福尼亚建立传教区。远征队于1769年初启程，分陆路和海路两部分同时向加利福尼亚进发。陆路探险队从距下加利福尼亚最南端200英里的洛雷托定居点出发。因为牛、马和骡子在加利福尼亚非常短缺，探险队必须带去家畜。这些家畜都是北进沿途的传教区提供的，有200头牛，主要由母牛及它们的牛犊组成，还有45匹马，140头用作坐骑和驮载的骡子。在陆路探险队起程的同时，两艘船也起航向北驶去。其中一艘船装载了六七头牛前往加利福尼亚。其他的牛和首次进入加利福尼亚的马等家畜，被赶着穿越了沙漠和崎岖的山路地区，行程达600英里。陆路探险队于1769年5月抵达圣迭戈，与那些经海路早已到达的人会合。

随西班牙远征队前往圣迭戈的牛、马、骡等家畜究竟有多少活着抵达目的地，今天已无法知晓，但确定的是，有些家畜经过长途跋涉后活了下来，这从后来加利福尼亚牧牛业的发展可以得到佐证。远征队中赶牛北上的骑手和一些骑马牧人是志愿参加远征的。西班牙远征队到达圣迭戈不久，就在那里建立了第一个要塞。传教士们在塞拉神父的指导下，建立了一个传教区。到1773年，在加利福尼亚共建立了五个传教区和四个要塞。每个传教区的牛不足50头，有少量牛是为要塞的军官和士兵提供食品用的。加利福尼亚牛的总数很少。

三年后，加利福尼亚的牛增长了一倍多。那是在胡安·比亚蒂斯塔·德·安萨率领的240人远征加利福尼亚之后。这些殖民者中的许多人都是从索诺拉和锡那罗亚招募来的，他们带了350头牛和约700匹马前往加利福尼亚。这次陆路远征从现今亚利桑那的图森南面的图巴克要塞启程。[①] 1775年和1776年，安萨带着定居者赶着家畜，从亚利桑那前往蒙特雷，而后抵达圣弗朗西斯科。这条路线实现了基诺神父从亚利桑那往加利福尼亚供应家畜的宏愿。[②]

塞拉神父对加利福尼亚牧牛业的发展作出了重要贡献。他建议在两要塞

---

① David Dary, *Cowboy Culture：A Saga of Five Centuries*, pp. 44, 45, 46.

② Richard W. Slatta, *Cowboys of the Americas*, p. 22.

间建立连续的传教区，解决交通不便的问题。为此，他提议建立 21 个方济各会传教区，从圣迭戈连续延伸到索诺马。这些传教区每 30 英里设置一个，是根据骑马约行走一天的路程划分的。这样，通过这些相衔接的传教区，既可以把距离较远的两个要塞联系起来，又可以扩大传教区的规模和影响力。然而，在他 1784 年去世前，塞拉神父只建成了九个传教区。塞拉神父做的另一件事是把农业种植和牧业生产的技术传入到加利福尼亚[1]，使当地皈依了天主教的原住民学会了骑马管理牛群的技术。

在加利福尼亚传教区的牛马数量不断增多的情况下，传教士们才不得不把骑马管理牛群的技术传授给皈依天主教的原住民。在第一批西班牙殖民者远征队进入加利福尼亚之前，那里的原住民从未见过马。在西班牙殖民者进入加利福尼亚定居后，他们仍然坚守不让当地原住民骑马或拥有马匹的法律。最初，随远征队赶着牛、马进入加利福尼亚的骑马牧人，能较容易地管理他们带来的驯化的家畜。这些数量不多的牛，白天放牧到传教区的牧场上，夜里被圈围入栏，照料起来比较容易。然而，随着牛马数量的不断增加，传教区的放牧场地便难以容纳过多的家畜。大量的牛马被赶到能提供充足牧草的开阔地上去放牧，其结果是造成传教区缺乏足够的人手去照料那些在野外放牧的牛马，很多降生在野外草地上的牲畜也因无人管理而变野。在此情况下，传教士们不得不将皈依了天主教的原住民中的一些人训练为新的骑马牧人。骑马和管理牛群的技术，是由随探险队而来的有经验的骑马牧人传授的。随后，西班牙当局也不得不废弃了不准殖民地原住民骑马的法律。[2]

骑马牧人的工作特点，是要到远离传教区和传教士监控的地方放牧牛群，所以值得信任尤为重要。在加利福尼亚传教区，传教士们便从新入教的原住民中选择那些顺从的人，将其训练成骑马牧人，并不断考验这些新信徒的可靠程度。加利福尼亚传教区的牛马数量开始增加时，西班牙王室为那里的畜群提供了大片放牧地。到 1800 年，传教士们在加利福尼亚已经获得了放牧牛群的专利权。由于养牛是该地区的唯一产业，故传教士们也就控制了

---

①　David Dary, *Cowboy Culture: A Saga of Five Centuries*, pp. 35, 47.

②　Ibid., p. 47.

那里的经济。然而，由传教区单独控制加利福尼亚牧牛业的局面并没完全持续下去。①

1786 年后，加利福尼亚发展起了私人大牧场。是年，西班牙王室将大地产授予一些在加利福尼亚的殖民军官或官员遗孀的儿子们。于是，在加利福尼亚便出现了私人牧场。一些私人牧场的面积多达 7.5 万英亩，甚至 15 万英亩。在这 15 万英亩的私人牧场上，放牧的牛马非常多，牛多达 1.5 万—2 万头，甚至更多。有的私人大牧场主对其牛马疏于管理，任由没打烙印的牲畜到处乱跑。他们对怀孕的母马也不围拢，产下的马因而变成了野马。其结果致使在平原上有成千上万的野马四处奔驰，对传教区和其他较小私人牧场的牲畜造成极大危害。为此，西班牙王室又对私人大地产主经营的大牧场作出了远离水源、牧场、树林和村镇的限制，并要求他们使用更多的骑马牧人对其牲畜加强管理。总体来说，到 19 世纪 20 年代以前，加利福尼亚的私人牧场发展比较缓慢，对那里的经济没有产生实质性的影响。传教区的牧场对加利福尼亚经济的影响仍然巨大。

在墨西哥推翻西班牙殖民统治宣布独立之前，劳作在传教区牧场上的都是骑马牧人。不论是格兰德河以南辽阔的墨西哥土地上，还是河以北的得克萨斯、新墨西哥、亚利桑那和加利福尼亚等墨西哥的领土上，都是墨西哥骑马牧人在传教区的牧场或私人牧场上为牧场主放牧管理牛群。这些墨西哥骑马牧人包括西班牙殖民者带到墨西哥的非裔奴隶（"半摩尔人"）、被西班牙殖民者称为"印第安人"的墨西哥原住民，还有白黑混血、白印混血和印黑混血的后代等。牧场主则是西班牙殖民者及其在墨西哥出生的后代（即土生白人）和传教士等。②

墨西哥革命期间及其独立后的一些重大政治事变，使原本属于墨西哥的领土被美国兼并或割走。很多墨西哥骑马人成了美国人。1821 年 2 月 21 日，墨西哥宣布脱离西班牙独立，墨西哥新政府建立，成立墨西哥共和国。新政府要求前殖民政府官员和教职人员宣誓反对西班牙，在得克萨斯的传教士们拒绝宣誓，离开了墨西哥。英裔美国人利用墨西哥共和国鼓励移民和土地赠

---

① David Dary, *Cowboy Culture：A Saga of Five Centuries*, p. 52.

② Richard W. Slatta, *The Cowboy Encyclopedia*, Santa Barbara：ABC-Clio, Inc., 1994, p. 381.

与政策，大量涌入得克萨斯。到 19 世纪 30 年代中期，得克萨斯的人口达到
3 万人（不包括原住民），其中美国移民占 2/3，他们有很多人从事牧牛业，
成了牧场主。当时得克萨斯的墨西哥人约有 4，000 人，绝大多数人是骑马
牧人。① 因为美国移民占得克萨斯人口的多数，他们自称"得克萨斯人"。
美国为得到得克萨斯，于 1835 年底策动了反叛墨西哥的所谓"革命"。得
克萨斯于 1836 年宣布独立，成立"孤星共和国"。1845 年，美国兼并了得
克萨斯。在"孤星共和国"的 10 年间，得克萨斯人一直同墨西哥人进行边
界拉锯战争。处于劣势的墨西哥牧场主最终不得不放弃格兰德河北部的牧场
和牛群，退回现今墨西哥境内。得克萨斯人乘机占据了墨西哥人丢弃的牧
牛区。

　　加利福尼亚的重大事变是在墨西哥独立革命期间发生的。墨西哥革命爆
发后，西班牙殖民当局派曾为其工作的墨西哥军官阿古斯丁·德·伊图尔维
德率远征队前去。伊图尔维德不但没镇压反抗，反而做了反抗者的领袖，并
使墨西哥获得自由。一些有影响的加利福尼亚人于 1826 年要求新政府将 21
个传教区的土地作为公有地产，几经更迭的墨西哥政府最终同意了私人求地
者的要求。1833 年，墨西哥新政府宣布了"世俗法"。该法宣布了传教士拥
有财富的时代的终结。墨西哥政府将 21 个传教区拥有土地作为公有土地，
以满足私人牧场主对土地及教区牛群的要求。然而，1833 年的"世俗法"
到 1836 年才正式实行。传教士们在墨西哥独立后就开始大规模地杀牛谋皮，
一场宰杀以最快的方式展开，传教士们尽其所能从牛身上夺取财富。到
"世俗法"实行时，几乎没有什么牛可分了。② 这无疑会对加利福尼亚牧牛
业的发展造成极为不利的影响。

　　美国在兼并得克萨斯后的次年又发动了侵略墨西哥的"美墨战争"
（1846—1848 年），获胜后迫使墨西哥签订和约。和约规定以格兰德河为墨
西哥与得克萨斯的边界，借此从墨西哥割取了加利福尼亚和新墨西哥（包
括今亚利桑那的大部分）。③ 在美国割占加利福尼亚之前，并没有大量的英

---

　　① David Woodman, Jr., *Guide to Texas Emigrant*, Waco：Texan Press, 1974, p.119.

　　② David Dary, *Cowboy Culture：A Saga of Five Centuries*, pp.52, 53.

　　③ Henry S. Cornmager, ed., *Documents of American History*, New York：Appleton‐Century‐Crofts,
1963, Vol.1, pp.313~314.

裔美国人移居那里，只有少数美国商人从那里把牛赶到俄勒冈贩卖。

　　1849 年的加利福尼亚"淘金热"吸引了约 10 万人涌进金矿营地，其中大部分是东部美国人。到 1852 年，加利福尼亚的居民增至 25 万人，原住民还不包括在内。[1]"淘金热"的兴起，改变了加利福尼亚主要以牧牛业为主的经济特点。矿区需要大量的肉类和粮食供应。因为"淘金热"前的牛皮和牛脂贸易，加利福尼亚的牛被大量屠杀，已无法满足矿区的需求。大量拓居者的涌入，使加利福尼亚的土地被采矿营地和农田分割，牧场与野牛消失。因此，加利福尼亚对牧牛业的发展没有产生持续的影响[2]，但它作为重要的肉类需求市场，却极大地推动了得克萨斯的牧牛业发展，得克萨斯的牧牛业开始占据优势。得克萨斯的赶牛人开辟多条赶牛路线，把大量得克萨斯牛赶到加利福尼亚的金矿营地。"淘金热"过后，一直到美国内战爆发，得克萨斯一直持续不断地为加利福尼亚供应牛。内战结束后，得克萨斯人又抓住了美国工业化和城市化的历史新机遇，通过长途驱赶，不但把数百万头牛经铁路运往东部市场，而且把大量牛群赶往大平原西部和北部新的牧区，促使一个疆域辽阔的"牧牛王国"迅速兴起。

　　骑马牧人与美国牛仔是什么关系？不同作者的表达略有差异，但基本观点相同。唐·瓦尔德认为："美国的第一个牛仔是'印第安人'。他能整天骑在马上，好像他是体形矮小的马的一部分……这个富有色彩的人物是由西班牙人训练的墨西哥以及加利福尼亚的骑马牧人。他们是骑在马上照料大量牛的印第安人。"[3] 理查德·W. 斯莱塔认为："骑马牧人是在墨西哥的传教区和牧场上劳作的牛仔……越来越多的放牧需要，以及西班牙精英对体力劳动的厌恶，使印第安人、黑人和西班牙人与印第安人的混血儿开始骑马"[4]。对于骑马牧人的构成及其产生的原因，斯莱塔的表述较为全面，而对骑马牧人的劳作方式，瓦尔德描写得更为具体。

　　从上面表述中，我们可以得出这样几点结论：

---

　　[1]　Howard R. Lamar, ed., *The Reader's Encyclopedia of the American West*, New York：Thomas Y. Crowell Company, 1977, p. 448.

　　[2]　Don Ward, *Cowboys and Cattle Country*, p. 20.

　　[3]　Ibid., p. 10.

　　[4]　Richard W. Slatta, *The Cowboy Encyclopedia*, pp. 380 - 381；Richard W. Slatta, *Comparing Cowboys and Frontiers*, Norman and London：University of Oklahoma Press, 1997, p. 74.

第一，骑马牧人是在传教区的牧场和私人牧场上骑马巡牧、管理牛群的最早的牛仔，他们都是墨西哥人。很多著作中都把他们称为"墨西哥骑马牧人"。第二，"墨西哥骑马牧人"有黑人，他们是前面论及的"半摩尔人"，是西班牙殖民者带到墨西哥的非裔奴隶；有墨西哥的原住民，即"印第安人"，还有在墨西哥的混血人。第三，在美国获得的墨西哥领土上的墨西哥骑马牧人及其后代，是美国西部最早的牛仔先驱。自墨西哥独立到美墨战争期间，先是西班牙殖民者及传教士离开墨西哥，后是墨西哥牧场主们退回到现今墨西哥境内。只有不同族裔不同肤色的墨西哥骑马牧人，留在了并入美国的得克萨斯、加利福尼亚、新墨西哥和亚利桑那。正如劳伦斯·克莱顿所言："在美国有黑色骑马牧人、白色骑马牧人、红色骑马牧人（即'印第安骑马牧人'——笔者注），或墨西哥骑马牧人。"[1] J. 弗兰克·多比在讲述骑马牧人亨利·布克维斯时写道："作为黑人，但他有印第安人、墨西哥人和白人的血统。"[2] 因为前面论及的原因，得克萨斯成为美国西部"牧牛王国"兴起的"摇篮"，和向美国东部城镇和大平原新牧区输出牛源的"大本营"。骑马牧人成为美国西部牧区最早的牛仔先驱。他们向随美国南部一些奴隶主移居得克萨斯的非裔马背奴隶和英裔美国牛仔，传授了在开阔大牧场上骑马巡牧照料管理牛群的技术、方式和使用各种牧牛工具的技巧。

二、骑马牧人的艰辛

牧牛业从墨西哥中心地带扩展到现今美国的得克萨斯、加利福尼亚、新墨西哥和亚利桑那的过程中，一代代骑马牧人用他们不断改进的工具和生产技能艰苦劳作在辽阔开放的牧场上。在开拓新牧区的漫长赶牛途中，在为牛皮和牛脂贸易而进行的围捕屠杀野牛的活动中，会遇到许多凶险。骑马牧人的居住和生活条件简陋而艰苦。除了劳作和生活艰辛外，骑马牧人还遭受西班牙人和英裔美国人的种族歧视。

骑马牧人巡牧管理牛群的工作极为劳累。不论是在传教区的牧场上，还是在私人大牧场上，骑马牧人都是主要的劳动力。他们的劳作非常劳累，首

---

[1] Lawrence Clayton, *Jim Hoy and Jerald Underwood*, Vaqueros, Cowboys, and Buckaroos, p. 2.

[2] J. Frank Dobie, *The Longhorns*, New York：Grosset Dunlap, 1941, p. 324.

先是因为牛马非常难以管理。这是由于大量牛马都变得野性十足，成了"野牛"（wild cattle）和"野马"（wild horse）。西班牙殖民者最初带到墨西哥的牛马都是饲养的家畜。牛是西班牙南部安达卢西亚饲养的"安达卢西亚黑牛"，马是西班牙的纯种马（Mustang）。这些牛马都是摩尔人在8—13世纪从北非带到西班牙的非洲牛马的后代。西班牙殖民者把牛马带进墨西哥后，它们又被称作"西班牙牛"、"西班牙马"，或"墨西哥牛"、"墨西哥马"。① 由于北美草原辽阔的自然条件为牛马提供了更大的奔跑空间，加之因牧牛业发展迅速而在一段时间内骑马牧人不足等原因，很多牛马跑到开放的公共区变野。这些变野的牛马自然繁衍的后代野性更大，安达卢西亚黑牛的后代成了极为好斗、野性十足的西班牙公牛，在加利福尼亚的西班牙马因为一直在外散养，繁衍成数量惊人的、危害极大的野马群。

骑马牧人整天骑在马上为传教区的神父和私人牧场主照料牛群。他们不但劳累，而且时常面临危险。在西班牙，因为草地面积小，道路窄，管理牛群用的工具简单。骑马牧人用的是带一个锐利尖头的长杆或带尖头的棍子，用这样的工具就可以使牛慢慢行走。最初，骑马牧人也采用这种工具来掌控牛群。然而，无论是墨西哥还是现今美国的得克萨斯和加利福尼亚，草地巨大而开阔。骑马牧人不能用尖杆把牛群围拢起来，不得不天天骑马照料牛群。骑马牧人在管理牛群的时候，常常要捉住一些牛，用烧热的烙铁给它们打上烙印，但公牛性情暴烈，常常引发各种状况，要么是公牛脱逃而走，要么是它在挣扎中伤及到人。

为了减少危险、提高效率，骑马牧人必须改造掌控牛马的工具。有一天，一个名叫何塞的骑马牧人想出一个好主意。他在长绳子的末端结了一个牲口套去套住小牛，这个方法很成功。此后不久，所有的骑马牧人都开始使用绳索，即现在人们说的"套索"去套牛马。在另一名叫胡安的骑马牧人身上发生的事，使得他决定对何塞的套索加以改进。这位壮汉在套牛时，被套住的公牛会暴怒地挣扎，将绳索从自己手中挣脱而逃走，并且还会因此伤

① Howard R. Lamar, ed., *The Reader's Encyclopedia of the American West*, p.514; Robert G. Terris, *Prospector*, *Cowhand*, *and Sodbuster*: *Historic Places Associated with the Mining*, *Ranching*, *and Farming Frontiers in the Trans-Mississippi West*, Vol.11, Washington: United States Depart of the Interior, National Park Service, 1967, pp.42, 44.

及手和胳膊的皮肤。胡安觉得,如果把套索缠绕在某种固定物件上,就会避免这样的情况发生。于是,他在他的马鞍桥前装了一个小圆柱(或称为鞍角)。他把套索的末端在鞍角上系牢,把绳子盘起来挂在上面。在套牛时,就把盘绕的套索取下放在手中,顺着牛的方向把套索抛出。① 这样,骑马牧人可以借助坐骑的力量把被套住的牛紧紧拖住,并把它拉倒在地。最初的套索是骑马牧人用晒干的牛皮切细条搓成的绳子制成,粗如人的小手指。骑马牧人在劳作中不断改进套索的长度。最初套索只有15—20码长,后来多数骑马人喜欢使用85英尺的套索,抛出的距离以35英尺为最佳。再后来又有了65—105英尺的套索。制作套索的材料也因地区不同而异,如在加利福尼亚,骑马牧人会剪母马的马尾和鬃毛制作套索。② 在劳动实践中,骑马牧人都熟练地掌握了使用套索的技术,很多人成为善于套牛马的套索手。

为了使骑乘的烈马驯服,骑马牧人还改进了马具。他们改造皮鞭,在皮鞭的木把中灌铅,以增加重量。这样的皮鞭在危急时可以当棍子使用。在加紧赶路时,骑马牧人会扬鞭使马加速。马鞍是骑马牧人从墨西哥传到美国西部的。③ 马鞍最早由西班牙殖民者带到墨西哥,因为殖民者骑马只是行军作战,马鞍的前桥较小,两桥间距也较短。骑马牧人使用马鞍是为了当劳作的"平台",西班牙马鞍不便于骑马牧人在上面使用套索,因此他们对旧鞍进行了改进,将马鞍前桥加大、加高,将前后两桥间距加宽。这种新马鞍遂成为"墨西哥马鞍"。骑马牧人把墨西哥马鞍带到加利福尼亚和得克萨斯后,又根据当地情况加以改进,出现了"加利福尼亚马鞍"和"得克萨斯马鞍"。④ 马鞍不断得到改进,是为减少长时间骑乘的疲劳,更便于骑马牧人的劳作。

骑马牧人是在马背上从事艰苦劳动的,离开坐骑,他寸步难行。马是骑马牧人进行任何艰苦劳动的主要帮手,也是他在艰险的环境中相依为命的伙伴和忠实朋友。因此,选择好坐骑对骑马牧人十分重要。早期,骑马牧人主要骑未阉的西班牙雄马。这种雄马半带野性,有耐力,不容易被偷。骑马牧

---

① Sydney E. Fletcher, *The Cowboy and His Horse*, pp. 17-18.

② David Dary, *Cowboy Culture*: *A Saga of Five Centuries*, pp. 21, 34, 64.

③ Ibid., p. 156.

④ Ibid., pp. 50, 244.

人根据积累的经验，选马时主要凭它睾丸的大小和嘶鸣声的高低，来判断它是否强壮。这些经验传到19世纪后半期的牛仔时，他们会根据用途选择、驯养不同类型的马①，例如"巡边"用的快速烈马，放牧和长途驱赶时用的加鞍备用马等等。选择好而适用坐骑的经验，是由骑马牧人传承下来的。

在牧场上，比巡牧管理牛群更劳累危险的是赶拢牛群、围捕野马和防范猛兽侵犯等。在英裔美国人还没有移居得克萨斯之前，骑马牧人就开始了围拢牛群打烙印的活动。因为不论是拥有大牧场的西班牙殖民者，还是拥有传教区牧场的神父们，都想让牛群扩散到他们所占的整个地区。被放出的牛群四处漫游，相邻牧场的牛都混杂在了一起。不同牧场的骑马牧人必须定期把散布荒野且与其他牧场的牛混在一起的本牧场牛找出来。骑马牧人把挑出来的本牧场的牛进行登记分类，对新出生的小牛，要给它们打上表明牧场主所有权的烙印。一些分离的成龄牛被宰杀，为的是取其皮、油脂和肉。这样的围拢牛群和打烙印的活动一年要进行一两次。② 早期围拢牛群打烙印的工作很艰苦和危险。牛在荒野牧区变得野性十足，在套索发明之前，骑马牧人只靠矛棍基本无法接触到牛并把它制服，也就难以把它从混杂的牛群中分离出来。在骑马牧人双手抓绳索套牛时，常常发生绳索被牛猛拉脱落和伤人的事。只有在套索不断改进并把末端固定在马鞍架上后，骑马牧人才少了些危险。在劳动实践中，骑马牧人使用套索的技能日益娴熟，围捕牛群打烙印的工作才慢慢顺利起来。英裔美国人移居得克萨斯后，学习骑马牧人的经验，才逐渐在辽阔的大平原牧区形成了每年春秋两季进行的"赶拢"制度。

牛皮和牛脂贸易时期，围捕屠杀牛的活动更充满危险性。1845年之前，虽然牧场主们拥有很多的牛，但很难使活牛快速变成金钱。这是因为美国西部的铁路未修起来，牧场主们很难把他们的牛大量送到美国东部的市场或养牛的买主手里。当时只有少量牛被赶到路易斯安那出售，但受到种种限制。牧场主们为了尽快把大量的牛转化成金钱，就让骑马牧人围捕和宰杀大量的牛，屠宰取皮和脂肪，进行牛皮和牛脂贸易。墨西哥独立到美墨战争期间，加利福尼亚就发生过对牛群的"大屠杀"。最先是西班牙传教士在离开加利

---

① David Dary, *Cowboy Culture: A Saga of Five Centuries*, p. 17.

② Russell Freedman, *In the Day of the Vaqueros: America's First True Cowboys*, p. 5.

尼福尼亚前通过大量宰杀牧场的牛，使带不走的牛群转变成能带走的金钱。后来，在私人牧场上也发生了同样惨烈的景象。在对牛进行宰杀时，骑马牧人要把牛赶到靠近小河或树林的集中地。一个骑马牧民用套索把一头公牛的一条或两条后腿套住，把它拉倒在地，用两条绳子从相反的方向把它捆住。另一个骑马牧人用余下的绳头把它的两只前蹄和两只后蹄分别捆绑起来，再把四蹄攒系在一起。最初套公牛的套索被取下后，会有一个人拿一把刀，捅进牛脖子，把它杀死并放血。等它的血流尽后，两个骑马牧人开始剥皮，用不了半个小时，整张公牛皮就被熟练剥下。随后，他们将剥下的牛皮撑开在太阳下晒干。一头牛被剥皮后，骑马牧人会接着割取皮下的牛脂和肥肉，每头牛能达到大约 75—100 磅，放到巨大的金属容器里熬化，再装入大皮袋子中储存。这些牛脂除部分留作烹饪用油，其他的就成了贸易产品。最后，骑马牧人从那头被宰杀的牛身上割下 200 磅左右的好肉，用这些肉去制作牛肉干。至此，一头牛的宰杀才基本完成。当时，每次这样的宰杀活动要杀掉 50—100 头公牛。[1] 宰杀工作如果连续进行数日，骑马牧人是非常劳累的。特别是宰杀传教区牧场的公牛时，还会遇到更多危险。因为这些公牛在荒野中从不圈围，几乎成了野牛。它们凶狠好斗，连灰熊也不惧怕。骑马牧人在劳累的情况下套捕这种半野的公牛，稍有不慎就可能会受到严重伤害。

来自波士顿的商船满载牧场主们喜欢的商品，停靠在加利福尼亚沿海岸的港口，进行让骑马牧人劳累至极的牛皮和牛脂的贸易。一个牧场主从一个船长那里获得他要的东西后，便承诺在 1—2 个月后用牛皮和牛脂偿还。成交后，这艘船便驶向下一个停靠地，等牧场主备好牛皮和牛脂后再来取货。于是这个牧场的骑马牧人就开始到牧场各地搜寻牛群，进行 1—2 个月的围捕屠宰活动。在加利福尼亚沿岸港口，停泊着很多商船，船长们都同牧场主们进行着同样的交易。有几次围捕屠杀牛的活动时间持续得更长。一些波士顿商船一直等到无货可以运回时才返航。加利福尼亚因牛皮贸易导致的屠牛运动比得克萨斯早了 50 年左右，直到 1848 年才终结。[2] 有数字表明，1830 年加利福尼亚的 21 个传教区至少拥有 53.5 万头牛；1834 年有 42.3 万头牛；

---

① David Dary, *Cowboy Culture: A Saga of Five Centuries*, pp. 54, 155.

② Sydney E. Fletcher, *The Cowboy and His Horse*, pp. 66, 67.

1842 年仅剩 2.822 万头牛。在牛皮、牛脂贸易中，超过 39.4 万头牛被屠杀。另一个数字是到加利福尼亚定居的美国人威廉·H. 戴维斯提供的。他称：1831—1848 年间，大概有 125 万张牛皮和超过 6，250 万磅牛脂被从加利福尼亚运往了波士顿和其他新英格兰港口。倘若戴维斯的数字是准确的，每张牛皮以 2 美元计算，那么 18 年间牛皮贸易总计可达 250 万美元。① 在这种以牛皮作为流通货币的贸易中，获利的是牧场主，经受长时间围捕宰杀之劳累和危险的是骑马牧人。

骑马牧人劳作时离不开马，但他们的坐骑是围捕驯服的野马。在牧场主们看来，马没有牛有价值。故在加利福尼亚的牧场上没有马厩，马被散放在牧区，任凭它们自然繁衍，变成了野马，马的数量也增加得很快。随着牧牛业的迅速发展和牧场规模的扩大，在某个牧场需要更多坐骑和备用马时，骑马牧人就得去围捕野马，把它们驯化后使用。围捕野马的活儿根据需要随时进行，不像牛的赶拢要在春秋两季进行。在围捕野马时，由十几个有经验的骑马牧人到荒野中去，找到一个野马群。随后，他们对野马群形成一个包围圈，骑马牧人撺动野马在包围圈内奔跑，而不让它们冲出去。经过几周，等野马精疲力竭时，再把它们引进事先准备好的围栏中。被关进栏里的野马会拼命反抗，试图冲出去。骑马牧人们严加防范，不给野马草吃。饿过数日后，野马会稍微平静一些。随后，骑马牧人就开始驯服野马的工作。他们用套索套住一匹野马，把它拉倒在地，拖出围栏，给它带上马笼头、马嚼子，拴上约 20 英尺的马缰绳。骑马牧人把被束缚的野马拴在柱子上，被拴住的野马会前踹后踢，高声嘶鸣，拼命挣扎反抗，想伺机逃跑。骑马牧人在旁看守，不让它逃脱，也不给它喂草。这匹野马挣扎反抗数日后，到完全精疲力竭时才垂下头。直到它脖子疼得抬不起时，这场"人与马"之战才算结束驯马的头一个阶段。②

接着骑马牧人会给这匹暂时表示"屈服"的野马备上马鞍，开始骑乘驯服它。备了马鞍的野马摆脱了拴马桩的牵制，又会开始新的反抗。它不让骑马牧人骑乘，甚至想把骑手从马背上摔下来。这个阶段对骑手是很危险

---

① David Dary, *Cowboy Culture：A Saga of Five Centuries*, pp. 53，54.

② Ibid., p. 61.

的。一旦骑手不慎被野马抛到地上，会被摔伤或遭马蹄踩踏。这时，骑马牧人不能让马完全吃饱，每天骑着它跑很长的距离。经过数十日后，一个优秀骑马牧人凭他精湛的驾驭马的技术，会把野马驯化成一匹强壮而驯服的马。有一些骑马牧人成了优秀的驯马师。① H. T. 利普克兰茨是加利福尼亚的早期骑马牧人，曾驯服了无数野马。②

　　骑马牧人还要防止猛兽袭击牛群。加利福尼亚屠宰牛的现场给灰熊残留了丰盛的美食，灰熊聚集到牛群附近，把这里当成了过"饱食无忧的轻松生活"的场所。到19世纪中期时，加利福尼亚每20平方英里的范围内就有5只灰熊。在靠近海岸的峡谷和周围地区，聚集了1万只灰熊。19世纪的头10年中，骑马牧人说这些大灰熊太多，他们抱怨这些灰色的家伙会把牛杀死吃掉。一个骑马牧人亲眼见到一只灰熊咬死了5头骡子和7头牛。19世纪30年代初，骑马牧人进行了捕杀灰熊的活动。唐·何塞·若阿金·埃斯图迪略和10个曾做过骑马牧人的士兵，在圣弗朗西斯基托的丛林里套捉并杀死了40只灰熊。此地是圣克拉拉教区中的众多牧场之一，捕熊者们用经过训练的马轮番与熊周旋，这些马对捕熊很在行。骑马牧人在马背上用套索一人套住熊头，另一人套住熊腿，然后驱马向相反的方向拉，直到这个可怜的家伙被完全制服。捕杀灰熊的活动会一直持续到次日天明，捕熊者已经完全疲惫不堪。只有到了这时，他们才去清点一夜捕杀的猎物。在屠宰场，四五个骑马牧人会合伙把来觅食的灰熊捉住，让一头公牛与它打斗，并把它杀死。有时，一个骑马牧人也能成功套住捉到一只灰熊。

　　骑马牧人参与的长途驱赶牛群，主要是随西班牙殖民探险队去开辟新的殖民点，或是跟着传教士们去拓展新传教区。从17世纪末到18世纪中期，长途驱赶牛主要是从现今墨西哥境内到现今美国的得克萨斯、新墨西哥、亚利桑那和加利福尼亚。长途驱赶牛群一路困难重重，历尽艰险。如前所述，这样的长途驱赶路途遥远。一次长途赶牛有数百英里，甚至更远。沿途路况复杂，要涉过河流、穿越沙漠、翻过高山。那时没有装运工具、食品和卧具的炊事工具车，一队人员的食品全由骡子驮着。食物吃完了，就得在途中去

① David Dary, *Cowboy Culture：A Saga of Five Centuries*, p. 48.
② Ibid., pp. 64, 66.

找寻。当时的公牛都不阉割，它们性情狂暴。遇到突然袭击和恶劣天气，难管控的公牛会搅得整个畜群四处逃散藏匿，骑马牧人要把畜群归拢起来极其费力。因为探险队和传教团的畜群要穿越原住民住区，占有他们的狩猎场所和家园，所以也会引起部族的强烈反抗和袭击。

　　在早期赶牛时，骑马牧人没有后来的美国牛仔那样的枪支，他们随身携带的只有长矛和砍刀。[①] 长矛用来对付野兽和驱赶围拢畜群，砍刀用来对付响尾蛇等。17世纪末到18世纪初，西班牙士兵和传教士们第一次把家畜带入得克萨斯时，士兵们左手牵着马，右手握着长竿上装"U"形的两个金属尖的矛枪，保护着牛群和移居者的安全。[②] 骑马牧人带的唯一武器是"鲍伊刀"。这种刀的刀片长9英寸，刀尖和刀片两边都磨得很锋利，刀片后有一个手握的刀把。第一把"鲍伊刀"是由一个在得克萨斯的非裔奴隶打制的。后来，这把刀被密西西比的詹姆斯·鲍伊上校看到，他喜欢上这把刀，并复制了几把。这种刀就由此被命名为"鲍伊刀"。在长途驱赶牛群的沿途，有很多对人畜危险极大的响尾蛇，有时响尾蛇甚至能爬到马背上。在此危急时刻，骑马牧人可以用"鲍伊刀"给蛇致命一击，将它杀死。有时没有了食物，骑马牧人们不得不杀死一头小公牛充饥，"鲍伊刀"便成了杀死小公牛、剥去牛皮和切成牛排的得力工具。[③] 在早期的长途赶牛中，骑马牧人并没有枪支可带，他们的"鲍伊刀"既是保护自身和家畜的武器，又是生活中离不开的工具。

　　骑马牧人是在艰苦的生活条件下去完成上述艰苦且危险的工作的。他们的住处简陋。16世纪骑马牧人的居住生活状况，没有留下文字记载。有学者根据一个世纪后骑马牧人的生活状况推断，他们过着非常原始的生活。在17世纪，牧场里也没有骑马牧人的住房。骑马牧人在巡牧照料牛群时就睡在星光之下，或在靠近水边或树林边，搭建一个天然的斜棚子栖身。这样的棚子是将两根带枝杈的棍子在地上竖立起来，再将另一根棍子架在竖起棍子的枝杈上。然后，用其他的棍子斜搭在架起的横杆上，并让它们底端埋进地

---

　　① David Dary, *Cowboy Culture: A Saga of Five Centuries*, p. 66.

　　② Sandra L. Myres, *The Ranch in Spanish Texas, 1690–1800*, The University of Texas at EL Pasa: Texas Western Press, 1969, p. 22.

　　③ Ibid., pp. 23, 22.

里，禾秆或是草铺在松软的地上。用牛皮、禾秆从棚顶遮盖下来，或是用木板放在斜立的木棍上。于是，骑马牧人便建成了一个简陋的棚子。如果能找到可以利用的石头，就拿来堆砌成墙。棚子背对强风吹袭，骑马牧人们在棚前生火做饭。在无牛肉或野味时，他们只能吃玉米粥。① 到 18 世纪早期，在墨西哥北部、得克萨斯南部和加利福尼亚南部，牛群和马群已普遍存在。管理畜群的墨西哥骑马牧人生活贫困②，他们和家人的住处简陋，劳作时，他们就栖身野外。③ 1821 年墨西哥独立后，牧场主通过债务劳役控制着骑马牧人。骑马牧人住在靠近牧场主牧屋的简陋小屋内，或者是成排用土坯建的小间住处里，这有利于牧场主监控整个牧场的骑牧牧人。牧场主要求骑马牧人对他们忠诚。④

　　18 世纪早期的骑马牧人在劳作时穿什么样的衣服，并没有留下记述。根据美国牛仔在 19 世纪 60 年代后期才有了正规的牛仔服饰的情况推断，早期的骑马牧人还没有统一的工装，基本是每个人有什么衣服就穿什么衣服。在 18 世纪晚期，加利福尼亚传教区的神父们为了使当地原住民皈依天主教，成为为他们放牧牛群的骑马牧人，便向新教徒配发毯子和做衣服的布料。被培训为骑马牧人者，每人可获得一条毯子。如果一年内毯子丢失或被撕破、用烂，那么此人可再获得一条。获得毯子的男人还可得到一块遮盖下身的围腰布和一件斜纹布短上衣。⑤ 墨西哥独立后，原来传教区牧场上的骑马牧人许多被转到私人牧场上，成为以劳役抵债的劳动力。假以时日，到 19 世纪上半期，加利福尼亚骑马牧人的衣着大体趋于一致。他们绕头系一块方围巾，上戴宽沿、低顶的帽子，用以遮挡骄阳和抵挡倾泻而下的热带暴雨。长及膝盖的裤子边缘装有纽扣，穿的内长裤掖在低后跟的鹿皮鞋里。一把长刀插在系在他右腿吊袜带上的刀鞘内。牛皮套索松松地系在马鞍角上。颜色鲜亮的披肩用以抵御恶劣的天气。大张的牛皮悬挂在马鞍角上，以便在穿过灌木丛和荆棘时顺手拉过来盖住双腿，防止骑马牧人被刺伤。套索是骑马牧人

---

① David Dary, *Cowboy Culture：A Saga of Five Centuries*, p. 15.

② Lawrence Clayton, *Jim Hoy and Jerald Underwood*, *Vaqueros, Cowboys and Buckaroos*, pp. XV, XVI.

③ Russell Freedman, *In the Day of the Vaqueros：America's First True Cowboys*, p. 20.

④ Ibid., p. 23.

⑤ David Dary, *Cowboy Culture：A Saga of Five Centuries*, p. 48.

的主要武器和工具，被用来套住拉翻一头野公牛或人类的其他敌人。① 从对骑马牧人装备的这段记述看，他们在早期的衣着极其简朴，甚至没有上衣，仅用大披肩来遮风挡雨。到 20 世纪初，骑马牧人虽有了紧身短夹克，但上衣是用粗糙的布料缝制的。② 概言之，骑马牧人的住处简陋，衣着简朴，武器和工具简单。他们的衣食住行都较原始，生活贫苦。

虽然骑马牧人承担着牧场的所有繁重工作，但他们却一直遭受白人的种族歧视。先是西班牙殖民者，后是英裔美国人，都把骑马牧人视为不值得信任的人，把他们当作奴隶，甚至像罪犯一样对待他们。骑马牧人是牧区社会最底层的、蒙受耻辱的贫穷社会阶层。

西班牙殖民者和他们在墨西哥出生的白人后代"克里奥尔人"，对骑马牧人充满种族偏见。骑马牧人的后代甚至从一出生就受到歧视。因为骑马牧人多是墨西哥原住民或有肤色的混血人，所以他们被牧场主作为聚敛财富的劳动力使用。埃尔南多·卡尔特斯征服墨西哥后，把许多原住民俘虏为他的奴隶。这些被俘者的脸颊上被烙上了西班牙语"战争"（guerra）的第一个字母"G"，以此表明他们是"战俘"。随着墨西哥牧牛业的发展，科尔特斯将一些"战俘"卖到西班牙人的牧场上做了骑马牧人。颇具讽刺意味的是，这些"战俘"牧人竟先于牛被打上了"烙印"。③ 这既是历史的讽刺，也是西班牙殖民者实行残暴殖民统治的实证。高傲的西班牙殖民者，因牧牛业的快速发展不得不让皈依了天主教的原住民学会骑马去为他们管理牛群时，又在法律上严禁骑马牧人拥有马匹。1574 年，殖民者又修订法律条文，严禁各种混血和"印第安"骑马牧人拥有马。违者要受到严惩，初犯者要被鞭打 100 下，再犯者再加 100 下鞭打，并被割掉双耳。④ 在传教区里，神父要原住民接受天主教教义。归顺的新教徒像仆人一样去为传教士们建教堂、盖学校、管果园和种庄稼，并为神父们放牧管理牛群。反叛者要受到掌握行政和司法权力的神父们的惩罚。在大领地内的原住民要像奴隶一样为领主无偿充当各种劳动力。如有人试图逃跑，西班牙士兵就会派侦探去追捕

① Don Ward, *Cowboys and Cattle Country*, p. 10.

② Richard W. Slatta, *Cowboys of the Americas*, p. 41.

③ Don Ward, *Cowboys and Cattle Country*, p. 10.

④ David Dary, *Cowboy Culture: A Saga of Five Centuries*, p. 23.

他，被抓住后会遭受鞭刑。①

　　骑马牧人经常负债。如在 1800 年前，在新墨西哥以劳役抵债是很普遍的。在墨西哥，整个 19 世纪都是如此。弗雷德里克·雷明顿注意到大多数骑马牧人都是抵债奴隶，他们无望偿还其主人的债务。骑马牧人的主人用暴力驱赶所有男人进入牧区，再迫使他们返回。在 20 世纪早期，骑马牧人每月可以得到 8—12 美元的工资。骑马牧人也受到英裔牧场主（即移居到得克萨斯的美国牧场主）的种族歧视。如在"斯科特—拜勒牧场"，英裔牛仔的工资是每月 20 美元，但给骑马牧人的报酬只有每月 10—12 美元。只有成为熟练驯马师的骑马牧人才能每月得到 20 美元。②

　　可悲的是，整个 19 世纪和 20 世纪早期，英裔美国人对待骑马牧人的方式带有强烈的种族歧视色彩。英裔美国人对骑马牧人普遍使用的形容词是"不可信任"、"懒惰"、"酗酒"和"堕落"。素有"牛仔总统"之称的西奥多·罗斯福被认为是保留着盎格鲁—撒克逊人优越感的典型人物。1884 年，政治上失意的罗斯福去了美国西部牧区。他在达科他过了两年经营牧场和狩猎的生活③，也写了一些关于大平原牧区的文章，后被集成《牧场生活和狩猎小道》一书出版。书名来自他在 1888 年写的文章《牧场生活和狩猎小道》的标题，该文表达的白人"种族优越"和对骑马牧人的种族歧视非常典型。罗斯福写道："一些牛仔是墨西哥人，他们通常适合做实际工作，但他们不可靠；另外，在一个牧场里，他们总是被得克萨斯人作为不喜欢的人对待，在他们中间，不容忍划分等级的精神非常强烈。南部出生的白人不愿意在他们的指导下工作，他们蔑视黑人和混血儿。一年春天，我和我的马车路过一个普弗布洛村落，一个印第安人是优秀的骑手和套索手，但他酗酒、无信、懒惰，并且是个恶棍"④。

　　罗斯福的论述中提到的墨西哥牛仔，就是我们前面论及的在现今美国得

　　① Russell Freedman, *In the Day of the Vaqueros*: *America's First True Cowboys*, pp. 4, 5.

　　② Richard W. Slatta, *The Cowboy Encyclopedia*, p. 384.

　　③ Paul O'neil, "4/The Cowboy President", Paul O'neil, *The End and the Myth*, Alexandria, Virginia: Time-Life Books, Inc., 1979, pp. 122-159.

　　④ Theodore Roosevelt, "Ranch Life and the Hunting Trail", Theodore Roosevelt, *Ranch Life and the Hunting Trail*, Reprinted from first edition published in 1888, Lincoln and London: University of Nebraska Press, 1983, p. 11.

克萨斯的墨西哥骑马牧人。直到 19 世纪 70 年代，在得克萨斯南部和西南部，骑马管理牛群的人仍被称为"骑马牧人"（Vaquero），改称"牛仔"（Cowboy）是 19 世纪 70 年代中期以后。到 19 世纪末 20 世纪初，"牛仔"一词才流行通用起来。对于这种演变，笔者在后面会进一步阐释。罗斯福提到的"印第安人"骑手则是由原住民骑马牧人转化的牛仔。虽然罗斯福在论述中不得不提一下墨西哥骑马牧人"适合做实际工作"，但他笔锋一转，却全是对他们贬低和歧视。因为英裔美国牧场主在得克萨斯、尔后在大平原采用的在开放大牧场上由牛仔在马背上巡牧管理牛群的方式是从骑马牧人那里学来的，非裔马背奴隶和英裔美国牛仔的骑马、使用套索、赶拢和打烙印的各种技能是由骑马牧人传授的，因此，罗斯福才承认骑马牧人"适合做实际工作"。然而，他却又随之历数骑马牧人的劣迹："不值得信任、懒惰、酗酒和堕落"等等；强调在"美国南部出生的白人"，即得克萨斯人不愿意在骑马牧人的指导下干活。理查德·W. 斯莱塔认为，罗斯福的这一论述是维护"盎格鲁—撒克逊种族优越"的典型言论。[1]

三、马背上的奴隶

墨西哥共和国和孤星共和国时期（1836—1845 年），得克萨斯的牧牛业得到进一步发展，牧场的非裔马背奴隶不断增加。这是由于在 1821 年墨西哥独立后，其政府采取了鼓励移民、增加定居点的政策，使更多的移民从墨西哥其他省、美国和欧洲移居得克萨斯。在 19 世纪 20 年代，墨西哥地区的牧牛人在马丁·德·勒松的带领下移居得克萨斯，使牧牛业扩展到爪达卢佩河和里奥格兰德之间的地区。这些新移入的墨西哥人包括黑白混血和黑人。他们中的很多人在得克萨斯的新牧区为他人放牧牛群。[2] 相比之下，英裔美国人移居得克萨斯则是在斯蒂劳·奥斯汀经过多年交涉，使墨西哥政府于 1825 年通过新移民法之后。按墨西哥政府规定，这些来自美国的新移民定居在得克萨斯的东部和东南部的森林地带。如果新定居者准备做农场主，他可以在得克萨斯得到 227 英亩土地，准备养牛者最多可得到 4,338 英亩土

---

① Richard W. Slatta, *The Cowboy Encyclopedia*, p. 382.
② Alwyn Barr, "Introduction", Sara, R. Massey, *Black Cowboys of Texas*, pp. 4-5.

地，两者兼营则可得到4，615英亩地。① 因此，来自美国的移民很多人经营牧场，或农牧业兼营。来自美国南部一些州的移民，不但举家迁往得克萨斯，而且带着他们的奴隶和家畜同往。这些移居得克萨斯的美国人让他们的一些非裔奴隶从墨西哥骑马牧人那里学会了骑马巡牧管理牛群的技术，成为在主人牧场上劳作的马背奴隶。由于移民的不断增加，得克萨斯的人口到19世纪30年代中期超过了3万人，其中2/3是美国移民。然而，在圣安东尼奥、戈利亚德和纳科多奇斯等墨西哥人定居点的人数总计不到4，000人。另外，在其他移民居住点中还散居少量墨西哥人。② 得克萨斯的墨西哥人绝大部分饲养家畜，也有一些人为美国牧场主放牧牛群，至于务农和从事其他行业的人较少。在19世纪20年代到19世纪30年代早期，移居得克萨斯的美国非裔奴隶远远多于自由黑人。到1836年，得克萨斯的美国非裔奴隶迅速增长到约5，000人③，已超过墨西哥人的数量。一些美国非裔奴隶成为牧场上的马背奴隶。由此可见，到19世纪30年代中期，在得克萨斯的白人移民及其奴隶已占人口的多数，墨西哥人退居少数。

在"孤星共和国"的10年间，得克萨斯的牧牛业发生了新的变化。其一是得克萨斯人与墨西哥人经长期拉锯战的"边界战争"，迫使后者放弃了在格兰德河北部的牧场和牛群，退回到现今墨西哥境内。其二是得克萨斯人逐渐放弃原先在农场和小型牧场养牛的方式，接受了墨西哥骑马牧人骑马在没有围栏的开放大牧场放牧牛群的方式。其三是得克萨斯人把他们从美国带入的东部牛与大量的西班牙牛杂交，到19世纪40年代培育出了新牛种——"得克萨斯长角牛"。这种长角牛成为美国内战后从得克萨斯向大平原各新牧区输送的主要牛源。其四是"孤星共和国"允许美国南部州的英裔美国人带着他们的奴隶移居得克萨斯。由于这些变化，10年间，移入得克萨斯的非裔美国人进一步增加，牧场中有了更多的马背奴隶。

19世纪20—40年代是得克萨斯牧牛业进一步发展的时期和美国西部牧区开发的早期阶段。移居那里的少量自由黑人、更多的美国非裔马背奴隶、

---

① David Dary, *Cowboy Culture*：*A Saga of Five Centuries*，p. 68.
② 在墨西哥人聚居区圣安东尼奥约有2，500人，戈利亚德约800人，纳科多奇斯有500人，其余的墨西哥人散居在得克萨斯的各居民点中。David Dary, *Cowboy Culture*：*A Saga of Five Centuries*，p. 75.
③ Alwyn Barr, "Introduction", Sara, R. Massey, *Black Cowboys of Texas*，p. 5.

墨西哥骑马牧人,是英裔美国牧场主牧场上的主要劳动力。他们共同开启了美国西部的牧牛业。由于美国的种族歧视,我们找不到这个时期非裔美国人在得克萨斯牧牛业中从业人数的历史记载,但有些个案载入了史册。历史著作中记载了一些马背奴隶的典型个案,证实了他们对得克萨斯牧牛业的发展作出了重要贡献。诸如彼得·马丁、亨利埃塔·威廉·福斯特和阿伦·阿什沃恩等人,都是美国西部牛仔的先驱。

彼得·马丁随他的主人怀利·马丁移居得克萨斯后,成了本德堡县有名的养牛人。1822 年,怀利·马丁在美国西北边境的美军退役,决定移居得克萨斯。他于 1824 年在现今的布拉佐里亚县得到 4,438 英亩草地,建立了家畜农场。彼得为主人管理照料牛群。亨利·琼斯的种植园和牧场发展更迅速。琼斯与怀利家关系密切,彼得又与琼斯的一个女奴成婚。由于这些原因,彼得不但管理着主人怀利的牛群,也参与琼斯牧场的工作,并通过琼斯的女儿彼莉而参与她丈夫赖斯家的养牛工作。彼得虽然没有自己的放牧地,但他可以在主人怀利的牧场以及琼斯控制的 1.5 万英亩土地上放牧自己的牛。到 1845 年,彼得拥有了 200 头牛,远远多于当地每个白人家庭平均的 127 头。由于彼得和其他 16 名非裔奴隶的努力,本德堡县拥有牛的数量高居得克萨斯州的第五位。①

被称为"鲁蒂姑姑"的亨利埃塔·威廉斯·福斯特,是得克萨斯沿海地带的"牧牛女郎"。她生于密西西比州的福斯特,在 18 岁时(另一说 12 岁)被卖到得克萨斯沿海地带的维多利亚西边的一个牧场,成为牧场主伊萨克·牛顿·米切尔的女奴。"孤星共和国"时期,除了极罕见的例外,妇女是不与牛打交道的。黑人妇女一般也仅限于在个人土地所有土的农田里和家中劳作。然而,福斯特在她那个时代和男人一样放牧牛群,并和他们干相同的工作。她同男人们一起骑不备鞍的马去牧牛营地,与不同的牛群打交道,娴熟的骑马技术胜过男人。福斯特成了得克萨斯沿海牧区的传奇人物。②

1833 年移居现今得克萨斯杰斐逊县的自由黑人阿伦·阿什沃恩到 1850

---

① Michael Rugeley Moore, "Peter Martin: A Stockraiser of the Republic Period", Sara, R. Massey, *Black Cowboys of Texas*, pp. 39, 40, 42

② Louise S. O'Cornnor, "Henrietta Williams Foster, Aunt Ruttie: A Cowgirl of the Texas Coastal Bend", Sara, R. Massey, *Black Cowboys of Texas*, pp. 67-69.

年拥有了 2，570 头牛。阿什沃恩的牛群在他所在的县是最大的。他拥有六名非裔奴隶，并为他的四个孩子雇了一个白人教师。[①] 阿什沃恩在牧牛业上取得较大发展是他与六名马背奴隶在近 20 年共同辛勤劳作的结果。[②]

从 19 世纪 20 年代到 19 世纪 40 年代中期，非裔美国人为得克萨斯牧牛业的发展作出了重要贡献。在此期间，移居得克萨斯的美国非裔奴隶超过了自由黑人。"孤星共和国"时期，美国南部州的更多奴隶主带着奴隶举家迁入，非裔美国人参与牧牛业的人数进一步增加。有些奴隶主甚至卖掉一些奴隶，购买牛群，经营牧场。如前所述，在 19 世纪 30 年代中期，牧区的非裔美国人数量已超过墨西哥人。得克萨斯独立后，来自美国的移民占据了格兰德河沿岸原先墨西哥牧场主的牧场和牛群。[③] 其结果使在得克萨斯境内的墨西哥人进一步减少。美国移民在得克萨斯的东部和南部从事养牛业，主要是非裔马背奴隶劳作在奴隶主牧场上。美国非裔马背奴隶在美国西部牧区的早期开发中作出了贡献。

美国内战前的 20 余年，是得克萨斯牧牛业迅速发展而至繁荣的时期。美国非裔马背奴隶是促成这种繁荣的重要力量之一。1845 年美国兼并得克萨斯后，越来越多的美国人移入这个新州。得克萨斯原有 3.5 万非裔奴隶，1850 年奴隶的人数上升到 5.8 万人，至 1860 年，奴隶人数则达到 18.2 万多人，约占全州总人口的 1/3。[④] 在牧场上劳作的非裔马背奴隶的人数进一步增加。下面有一些具体事例。

1848 年 11 月 7 日，N. M. 丹尼斯和乔·丹尼斯离开了阿肯色州麦迪逊县，举家迁往得克萨斯，并带去了一名非裔奴隶。[⑤] 1852 年，18 岁的比尔·巴特勒跟随父母，从密西西比州斯科特县迁居得克萨斯的圣安东尼奥河

---

① Andrew Forest Muir, "The Free Negro in Jefferson and Orange Counties, Texas", Journal of Negro History, Vol. 35, No. 2, 1950, pp. 94–95.

② Phillip Durham and Everett L. Jones, "The Negro Cowboy", American Quarterly, Vol. 7, No. 3 (Autumn, 1955), P. 17.

③ David Dary, Cowboy Culture: A Saga of Five Centuries, pp. 80–81.

④ T. R. Fehrenbach: Lone Star: A History of Texas and Texans, New York: Wings Book, 1990, p. 314; Richard W. Slatta, Cowboy of the Americas, p. 167; Alwyn Barr, "Introduction", Sara, R. Massey, Black Cowboys of Texas, p. 6.

⑤ J. Frank Dobie, A Vaquero of Brush County, Dallas: the Southwest Press, 1929, p. 41.

地区养牛。他家带去了七名非裔奴隶。[1] 有些移居得克萨斯的奴隶主靠出卖女奴筹得经营牧牛业的投资。1847 年从亚拉巴马州移居得克萨斯的 B. W. 雷诺一家，最终在斯蒂劳县定居养牛。雷诺从他人手中购买了一大群牛，用一个非裔女孩作价 1,000 美元抵了部分付款。[2] 乔治·F. 海因兹 1855 年随父母移居得克萨斯的考德威尔县。他父亲为了养牛卖掉了一名非裔妇女。[3] 由于大量美国人移居得克萨斯投身养牛业，放牧区迅速从墨西哥湾沿岸平原地区扩展到该州的南部和中部内地的草原地区。牧场上使用非裔奴隶的数量也在增加，他们的绝大多数集中在得克萨斯东部以及特里尼蒂河至路易斯安那州边界之间的地区。在这些地区，全由非裔马背奴隶组成的放牧队是很常见的。在得克萨斯北部与俄克拉荷马相邻地区和"印第安人五个文明部落"，也有一些非裔美国人从事牧牛业。美国内战以前，得克萨斯和"印第安人五个文明部落"中，有数千名非裔美国人学会了骑马、使用套索和给牛打烙印的技术，劳作在牧场上。他们中的绝大部分是马背奴隶，也有一些是自由黑人。[4] 在得克萨斯的牧场上劳作的非裔美国人的数量超过了墨裔骑马牧人的数量。

　　1865 年以前，非裔美国马背奴隶逐渐成为得克萨斯牧区的重要力量，并为那里牧牛业的发展作出了重要贡献。特别是在四年内战期间，非裔美国马背奴隶成为得克萨斯牧场的主要劳动力和牛群的主要管理人。因为在内战期间，得克萨斯站到了南部同盟一边，包括牧场主在内的白人加入同盟军去同联邦军作战。牧场上的牛群只能由非裔马背奴隶、老人和小孩去照料。

四、英裔美国牛仔

　　19 世纪 30 年代中期，在得克萨斯出现了一批被称为"牛仔"（cowboy）的猎牛退伍士兵。这些猎牛者的出现基于两个原因。其一是当时得克萨斯有大量野牛。其二是因为得克萨斯无力给其军队提供足够的军需供应。一部分

---

[1] John Marvin Hunter, *The Trail Drivers of Texas*, Austin: University of Texas Press, 2000, pp. 715, 479.

[2] John Marvin Hunter, *The Trail Drivers of Texas*, p. 671.

[3] Ibid., p. 821.

[4] Phillip Durham and Everett L. Jones, *The Negro Cowboy*, pp. 17-19.

被裁减退伍的士兵就以猎捕野牛为生，并想以此发财致富。

从墨西哥 1821 年独立到宣布"孤星共和国"成立，得克萨斯的存牛量迅速增加。1830 年时，得克萨斯有 10 万头牛。其中 80% 是西班牙牛，约 20% 是美国移民带入的美国牛，还有少量法兰西牛。这些牛绝大部分是野牛。这是因为墨西哥牧场主遗弃在得克萨斯境内的牛无人管理，成为四处游荡的野牛。西班牙牛与美国牛杂交，产生了一个新的牛种，被称为"得克萨斯长角牛"（Texas Longhorn）。这种杂交的得克萨斯长角牛保留了西班牙牛野性十足的特点。它们在野生的环境中变得更充满野性和危险性。绝大部分野牛活动在占现今得克萨斯面积 4/5 的格兰德与雷德河之间的地区，分成小群出没，白天匿身灌木丛之中，夜晚才出来活动。① 这些野牛成为退伍士兵"猎手"的围捕对象。

"孤星共和国"成立后，退伍的得克萨斯士兵成了围捕野牛的"牛仔"。1830 年后，英裔美国移民占据得克萨斯人口的绝大多数，这些一直想摆脱墨西哥共和国管辖的"得克萨斯人"（Texans），于 1835 年底发动了所谓的"独立革命"。在得克萨斯与墨西哥交战的过程中，因为双方军队都缺乏足够的供应，士兵们不得不屠杀野牛作为食品。率领得克萨斯军队的萨姆·休斯顿将军命令士兵把牛都赶过萨宾河，作为他的军队的供应品。1836 年 4 月 21 日，得克萨斯军队战胜了墨西哥的军队。当日，得克萨斯"孤星共和国"成立。新成立的"孤星共和国"除了牛以外，在经济上一无所有，无力提供维持军队的经费。在此情况下，休斯顿不得不把军队人数从 3，500 人缩减到 600 人。② 被裁减的士兵又回到家中，他们之中有很多人在入伍前就是养牛人。这些人退伍后重操旧业，去围捕四处逃散的牛。得克萨斯独立后，在格兰德河北边的许多墨西哥牧场主放弃了家园。他们跨过格兰德河，回到墨西哥境内。被遗弃的牛只能自找生路，很多变成了野牛。得克萨斯人在 1836 年 4 月 21 日取得圣哈辛托大捷后不久，新政府立即向这个地区派去了 100 人组成的一队人马。他们的任务是猎捕野牛，为得克萨斯的军队充军粮。这些人把猎获的很多野牛赶到戈利亚德。在那里，野牛被关进用雪松木

---

① David Dary, *Cowboy Culture: A Saga of Five Centuries*, p. 71.

② Ibid.

和生牛皮建成的大围栏里。不久后，在边界地区，得克萨斯人也用普通材料修建类似的牛围栏。得克萨斯军队裁员后，一些没有回家的士兵留在了边界地区。他们开始以个人赢利为目的猎牛，以便把这些"四腿牲畜"作为战利品带回家。①

在得克萨斯"革命"期间，一些得克萨斯人闯入墨西哥牧场主所在的菲戈、马塔莫罗斯北部、拉斯阿尼马斯、圣罗斯和沿格兰德河的所有地区。在上述地方，得克萨斯人围捕被遗弃甚至变野的牛群。有"里普"之称的约翰·S. 福特上校在其回忆录中说，这些得克萨斯人以"牛仔"（cow-boys）而闻名。这一称呼"并不意味着是一个耻辱的术语。在墨西哥与得克萨斯处于战争中时，'牛仔'们的所作所为被认为是合法的"②。得克萨斯与墨西哥的战争结束后，那些退伍的士兵成为"孤星共和国"时期的"猎牛人"（cow hunters）。最初的英裔美国"牧牛人"就是19世纪30年代在得克萨斯的猎牛者。因为他们多是青少年，所以后来被称为"牛仔"（cowboys）③。

尤恩·卡梅伦就是一个组织退伍士兵猎牛的人。19世纪30年代初，英格兰人卡梅伦到了美国。尔后，他加入了"肯塔基志愿者"，为得克萨斯"革命"服务。在战时，卡梅伦可能与别的得克萨斯人袭击了沿格兰德河一带的墨西哥牧场主，并抢走了他们的牛。退伍后他留在了那里。卡梅伦组织起一帮退伍士兵，围捕在努埃西斯河到格兰德河之间的野牛。1932年，民俗学家J. 弗兰克·多比撰文，称这些人为"牛仔"（cow-boys）。他们采用墨西哥骑马牧人用了数十年的技巧围捕野牛。要猎牛，首先是找到野牛。围捕活动通常是在有月光的晚上进行，这时，野牛好动。猎牛者要搅动它们惊跑起来。卡梅伦与同伙便赶着它们向东，朝着远离墨西哥的方向奔走，直到它们减慢速度，变成小步跑或慢走。这种由受惊狂奔到慢下来的过程要经过24小时。因为长角牛素以耐力好著称，故一旦它们慢下来，牛仔们就会搅动它们继续奔跑。一两天后，疲惫不堪的野牛就会变得像驯养的家牛一样。当然，牛仔们在这个过程中也是非常疲劳的。他们经常一直把牛群赶到戈利亚德或是努埃西斯河东部建有围栏的定居点，才停下来。在那里，他们或者

---

① David Dary, *Cowboy Culture：A Saga of Five Centuries*, p. 82.

② Ibid., p. 80.

③ Sydney E. Fletcher, *The Big Book of Cowboys*, New York：Grosset & Dunlap, Inc., 1973, p. 3.

把牛卖掉；或者休息几天后继续赶牛群上路，抵达得克萨斯中部的定居点，把牛卖给那里的买主。当地人买牛是为了取肉谋皮，或者作为繁殖牛的种畜。有时，一些牛也会被驱赶着穿越整个得克萨斯，到路易斯安那出售。得克萨斯人并不认为猎捕这些野牛有什么过错，反而认为其所作所为都是合法的。这样做是在取得被墨西哥人遗弃的财产，而按照墨西哥法律，这些野牛属于公共财产；他们也把这些牛视为对他们被毁财产的补偿，或者是把这些牛当作墨西哥军队撤出得克萨斯时未支付的战争赔偿。①

在得克萨斯牧区，有些杀人越货的盗贼也被称为"牛仔"。早期得克萨斯的"牛仔"控制的是无人定居的荒凉地带。墨西哥宣称努埃西斯河是其国界线，得克萨斯人则坚持以格兰德河为界。在两河之间这一极具自然状态的地区，吸引了美国各州来的一些有"冒险精神"的人，其中亦有逃犯和海盗等。这些人在格兰德河两岸不断袭击牧场和定居点，掠走牛群、马匹和骡子，其中一些人以维多利亚为根据地。得克萨斯人和墨西哥人一样，成了这些"牛仔"的受害者。虽然这些盗贼谎称，他们"只盗取敌人（即墨西哥人——笔者注）的牛群"，但确切的事实表明，他们在"盗取得克萨斯人的牛群时，毫不心慈手软"。一位驻维多利亚的美军军官在信中说，在这个边界地区，"我肯定有不少于 300 或 400 人在干这一罪恶勾当"②。在这些盗匪中，有"野马"（Mustang）之称的马布里·格雷就是一个臭名昭著的盗猎"牛仔"团伙的首领，涉嫌参与了一起杀死七名墨西哥人的谋杀案。另一个有名的凶犯被称为"大"布朗，最后在得克萨斯被处决。其他围猎野牛的"牛仔"群体都与格雷、布朗及其团伙没有关系。③

---

① David Dary, *Cowboy Culture*：*A Saga of Five Centuries*, p. 82.

② Francis L. Fugate, "Origins of the Range Cattle Era in South Texas", *Agriculture History*, Vol. 35, No. 3, 1961, p. 157.

③ 约翰·格雷 1835 年从南卡罗来纳州去了得克萨斯。据，传，格雷有一次与朋友们去猎捕野牛，他却丢了自己的坐骑。他孤零零地被围困在了荒野之中，离任何一个居民点都相隔数英里。他想办法杀死了一头受伤的野牛，用剩下的牛皮做了一个套索。然后他爬到水洞边的一棵树上。等到野牛群跑到水洞边喝水时，格雷套住了一匹雄野马。他驯服了那匹野马，骑着它返回了朋友们的营地。格雷因此得了"野马"的绰号。后来，他统领的那个盗猎"牛仔"团伙遂被称为"野牛帮"（Mustangs）。1842 年，格雷涉嫌参与了一件谋杀案。七名墨西哥人被允许参观维多利亚附近的一个牧场，结果惨遭杀害。绰号叫"大"布朗的人，无人知道他的真实姓名。相传这名凶犯从密苏里州到了得克萨斯，后被枪决。很少有人知道上述两名凶犯及其他团伙的情况。See David Dary, *Cowboy Culture*：*A Saga of Five Centuries*, p. 84.

移居得克萨斯的英裔美国人，有的先是当"牛仔"，后来成了大牧场主。埃布尔·黑德·皮尔斯便是典型例证。皮尔斯生于罗得岛，只受过几年的学校教育。皮尔斯焦躁不安的天性，使他离开家乡，来到得克萨斯南部。到那里，他有了"尚海"的称号，人称"尚海"·皮尔斯。他19岁时先在马塔戈达县为 E. A. 戴明打工，劈木头做围栏。不久，他到了沿海地区，在牧场主 W. B. 格兰姆斯的牧场上当了"牛仔"。[1] 格兰姆斯的牧场靠近帕拉金斯。1853年，19岁的皮尔作为"布朗科马"（bronc）的驯马师，每月得到15美元的工资。[2] 1855年，21岁的皮尔斯成了格兰姆斯的赶牛队的道头（trail boss）。在他所管的牛仔中，有几名非裔美国奴隶。内战爆发后，皮尔斯加入南部同盟的"得克萨斯第一骑兵队"。战后，皮尔斯要格兰姆斯付所欠的500美元工资，但只得到毫无价值的300元同盟币。从此两人分道扬镳。皮尔斯开始创立他的"牧牛帝国"。他的兄弟乔纳森也在内战前移居得克萨斯。到1871年，他们拥有10万头牛，扩散在数英里范围内的草场放牧区。赶拢时有多达50名牛仔参加。然而，这一年"尚海"·皮尔斯的第一个妻子去世了，丧妻之痛使皮尔斯把他的牛变卖成了黄金，前往堪萨斯城待了18个月，但最终，他还是再次返回牧区。"尚海"·皮尔斯返回得克萨斯后，皮氏两兄弟与丹尼尔·沙利文开始合伙购买霍顿县和马塔戈达县的土地。不久以后，他们的公司拥有50万英亩的土地，其中包括 W. B. 格兰姆斯放牧牛群的土地。他们把成千上万头牛通过赶牛小道，送到铁路站点装运出售。"尚海"·皮尔斯是沿海地区无可争议的"牧场主之王"。[3]

综上所述，我们可以看出，19世纪30年代中期以后，得克萨斯的英裔"牛仔"涵盖人群广泛。其中既有围猎墨西哥牧场主遗弃的牛群、占据他们家园的得克萨斯人；也有得克萨斯与墨西哥交战时猎捕野牛的士兵和战后退伍的得克萨斯士兵；又有闯入得克萨斯牧区的盗牛团伙；还有在牧场上为牧场主放牧牛群而成为牧场主的英裔美国牧牛人。这些身份各异的人都是英裔

① Kitty Henderson and Charlie Woodson, "Neptune Holmes: A Lifetime of Loyalty", Sara R. Massey, ed., *Black Cowboys of Texas*, p. 117.

② Phillip Durham and Everett L. Jones, *The Negro Cowboy*, p. 17.

③ Kitty Henderson and Charlie Woodson, "Neptune Holmes: A Lifetime of Loyalty", Sara R. Massey, ed., *Black Cowboys of Texas*, p. 118.

美国人，是白人。"牛仔"这一称谓最初在得克萨斯使用时，并没有贬义，可能是要借此与不同肤色、不同种族和不同文化背景的"骑马牧人"加以区分。然而，"牛仔"这一术语在早期的使用中，包含了进入得克萨斯牧区各种不同类型的英裔美国人，既有守法的放牧者，又有偷盗凶杀之徒。其结果使得"牛仔"的指代义变得混乱庞杂。

　　"牛仔"（cowboy）一词是两个英文词"牛"（cow）和"仔"（boy）的自然组合。它既不是埃文·卡梅伦所造，也非源于得克萨斯。它大概在公元1，000年左右最早出现在爱尔兰。那里的骑手和牧人都被称为"牛仔"（cowboy）。在17世纪，英格兰人纷纷移居美洲殖民地时，一些爱尔兰牛仔受到他们的英国统治者的迫害。一些不愿在本土坐牢的牛仔去了美洲。在那里，他们与农场主签订了工作和留下来的契约。在殖民地，这些饲养家畜的人回避"牛仔"的称号。在他们往市场赶牛时，更愿意用英文词"赶牲畜的人"（drover）作为对其职业的称呼。有时候，殖民者将养牛者称为"护牛人"（cow-keeper）。在美国革命期间，并未抑制住对"牛仔"一词的高度关注。因为亲英的"效忠派"游击队成员自称为"牛仔"。这些"效忠派"偷了农场主的牛后，再转手卖给着红装的英国士兵。"牛仔"一词被"效忠派"弄得声名狼藉。养牛人不愿意人们再称他们为"牛仔"也就不足为奇了。埃文·卡梅伦可能有苏格兰的背景，其他一些得克萨斯人则可能来自英格兰。得克萨斯还有一些爱尔兰人的殖民点，这些得克萨斯人了解"牛仔"这个术语，并能联想到它的含义。得克萨斯革命后期，得克萨斯人在墨西哥边界地区的所作所为与爱尔兰、英国"牛仔"的早期活动极其相似。有鉴于此，"牛仔"便在得克萨斯被使用。19世纪30年代末，"牛仔"一词在得克萨斯初次使用。[1]

　　让其他得克萨斯人也用"牛仔"来形容牧牛人却颇费周折。实际上，从19世纪30年代末至60年代末，得克萨斯人，甚至在得克萨斯南部灌木丛地区居住的定居者，仍然用西班牙语"骑马牧人"（Vaquero）来指代与牛打交道的人。[2] 因为这个词不带任何种族色彩。它由西班牙词"牛"（vaca）加后缀"ero"合成。其意是"忙于被给予管牛工作或活动的人"[3]。

---

①　David Dary, *Cowboy Culture：A Saga of Five Centuries*, p. 83.

②　J. Frank Dobie, *A Vaquero of Brush County*, p. 5.

③　Ramon Adams, *Western Words*, Norman：University of Oklahoma Press, 1944, p. 172.

直到内战后得克萨斯人赶牛北上堪萨斯的铁路沿线售牛时，"牛仔"这一术语还没有用来称呼管理牛群的人。甚至在长途赶牛开始后，"牛仔"有时还被用来指代"偷牛贼"。19世纪30年代，"牛仔"一词在得克萨斯出现，到60年代末，它所指代的对象多与"暴力"联系在一起。1867年，年轻的肉商约瑟夫·G. 麦科伊在堪萨斯铁路线上建了第一个牛镇阿比林，作为牛群出售装运的集散地。1874年，麦科伊出版了他的经典著作《西部和西南部牛贸易史略》。他从有利于北方读者理解和接受的角度考虑，在书中"把普通的牧牛工称作了'牛仔'（cow-boy）"[1]。到1900年左右，绝大多数作者在拼写"cow-boy"这个词时，取消了中间连接的"-"，写作"cowboy"。[2]自麦科伊的著作出版以后，"牛仔"才逐渐流行起来，并初被世人接受。现今，"牛仔"取代"骑马牧人"，在世界广为流传，而"骑马牧人"除了在美国西南部之外，几乎被人淡忘了。

直到美国内战前，牧区的生活条件仍然是艰苦的。到19世纪40年代早期，养牛人住的大部分房子仍然是用圆木建造的。这种房子与移民初到得克萨斯定居时的住处没有多大改善。那时，男人和男孩都穿鹿皮裤、猎衫和无后跟的鹿皮软鞋。家制皮革随处可见，不管是带沿还是无沿的帽子，都用毛皮制作。这些"再加一件家纺布做的衬衣就是他们每天的穿戴"。家纺布"很粗糙"，但"经久耐用"。[3] 1871年春，"尚海"·皮尔斯和他的50名牛仔从格兰德河出发去围捕300匹野马。非裔厨师为他们准备的饭有未生育的小母牛肉和玉米面面包、糖浆蜜和黑咖啡等。[4] 按照美国西部牧区的习惯，只有牛仔们有重大活动时，伙食才比平日劳作时改善一些。在如每年持续数十日的围拢牛群和给牛打烙印的春秋季"赶拢"、围捕野马等这样重大的活动时，牛仔们才能吃到牛肉。平日里，牛仔们的肉食只能吃到一点咸猪肉。到19世纪70年代，牛仔们的膳食比19世纪前半期还是有了些许改善，但仍然比较简单。可见，早期的牧区生活是艰苦的，衣食住行都是简单和粗放的。

① Joseph G. McCoy, *Historic Sketches of the Cattle Trade of the West and Southwest*, Kansas City: Amsey, Millett, and Hudson, 1874, p. 11; Joseph G. McCoy, *Cattle Trade of the West and Southwest*, Ann Arbor: University Microfilms Inc., 1996, p. 11.

② David Dary, *Cowboy Culture: A Saga of Five Centuries*, p. 83.

③ Ibid., p. 85.

④ Charles A. Sirrngo, *A Cowboy Dective*, New York: J. S. Orgilive Publishing Company, 1912, p. 8.

五、几点浅见

综观美国西部牧牛业的起源和早期开发的历史，笔者有以下几点粗浅的看法。

首先，美国西部牛仔的先驱包括骑马牧人、马背奴隶和英裔美国牛仔。墨西哥骑马牧人是美国西部最早的真正的牛仔先驱，其后是美国非裔马背奴隶，再后是英裔美国牛仔，即美国白人牛仔。

美国西部牧区的早期开发是由牛仔的先驱者们进行的。从现今美国的得克萨斯、加利福尼亚、新墨西哥和亚利桑那被西班牙殖民统治时期，就有墨西哥的骑马牧人劳作在这些地区的牧场上。他们在劳动实践中创立了在开放大牧场上骑马巡牧管理牛群的生产方式，使放牧区不断扩大。西班牙殖民统治时期，骑马牧人已经在后来被美国占取的墨西哥领土上的牧场里劳作了一个多世纪。在墨西哥独立到美国内战前的 30 余年间，随着西班牙殖民者和墨西哥牧场主（克里奥尔人）相继离开得克萨斯等地，原先的墨西哥骑马牧人留了下来，成了墨裔骑马牧人。上述祖祖辈辈的骑马牧人是美国西部牧区最早的牛仔先驱。

从 19 世纪 20 年代中期至美国内战前，随美国南部英裔美国人移居到得克萨斯的非裔奴隶，也是美国西部牛仔的先驱之一。有些美国非裔奴隶在移居得克萨斯前，曾在种植园里为奴隶主管理过牛。他们会骑马，也有骑马去为主人围拢牛群的经历。所不同的是，美国南部养牛的规模小，也不是用骑马巡牧的方式放牧管理牛群。这些非裔奴隶到得克萨斯后，从骑马牧人那里学会了在开阔牧区骑马巡牧管理牛群的方式和各种技术。他们劳作在主人的牧场上，成为马背上的奴隶。很多马背奴隶先于一些英裔美国牛仔到了得克萨斯。有的马背奴隶还向美国白人牛仔传授了技术。如内普丘恩·霍姆斯是牧场主 W. B. 格兰姆斯的非裔奴隶，他教会了"尚海"·皮尔斯骑马、围捕野马和驯马的技术。得益于霍姆斯的帮助，皮尔斯成了驯马师。不仅如此，霍姆斯还对皮尔斯一生"忠诚"相助。[1] 大多数英裔牛仔是在 19 世纪

---

[1]　Kitty Henderson and Charlie Woodson, "Neptune Holmes: A Lifetime of Loyalty", Sara R. Massey, ed., *Black Cowboys of Texas*, p. 118.

30 年代中期后才到得克萨斯。被称为"牛仔"的英裔美国人还鱼龙混杂。其中也有一些人像皮尔斯一样，从牛仔做起，不断创业。因此，在内战前劳作于牧场上的一些美国白人牛仔也是美国西部牛仔的先驱之一。

其次，英裔美国牧场主也像西班牙殖民者一样，对少数族裔牛仔先驱实行种族歧视。

如上所述，西班牙殖民者和他们的土生白人后代对非西班牙裔的少数族裔骑马牧人是实行种族歧视的。这些骑马牧人像奴隶一样为牧场主劳作，甚至劳不抵债，还要遭受严酷的刑罚。英裔美国人移居得克萨斯后，对少数族裔的牛仔先驱实行的也是种族歧视。原先美国南部的非裔奴隶随主人移居得克萨斯后，其"奴隶"身份并未改变，只不过变成了在牧场上劳作的马背奴隶。对于留在得克萨斯的墨西哥骑马牧人和当地的原住民骑马牧人，美国白人牧场主也以种族歧视相待。移居得克萨斯的英裔美国人虽然从墨西哥骑马牧人那里学习了很多东西，但他们并不喜欢墨西哥人。这些自称"得克萨斯人"的美国白人，更不喜欢对他们的新家园拥有管辖权的墨西哥共和国政府，所以他们进行了脱离墨西哥的"得克萨斯革命"。这些美国移民的文化与墨西哥人和得克萨斯原住民的文化不同。英裔美国移民把不同的语言、生活方式、宗教信仰、价值观念以及各自的梦想和野心带到了得克萨斯。他们不想把美国文化与墨西哥文化、原住民文化相融合，而是坚持"白人至上"论和"盎格鲁—撒克逊"种族优越论。他们坚信"白种人优于包括棕色的墨西哥人在内的有色人种"[①]。正是这种种族偏见，使早期移居得克萨斯的英裔美国人不可避免地与墨西哥和原住民骑马牧人发生了许多冲突，乃至战争。正是这种种族偏见，使白人牧场主在主宰了得克萨斯乃至整个大平原牧区后，对墨裔牛仔、原住民牛仔和非裔牛仔实行歧视政策。在美国西部牧区，一些白人牛仔可以成为牧场主甚至牧牛大王。然而，少数族裔牛仔能成为牧场主的，几乎是凤毛麟角。

最后，牛仔先驱们共同创造了美国内战前得克萨斯牧牛业的繁荣。这种繁荣除了放牧区扩展到得克萨斯大部分草原地区和从业人数不断增加之外，还有两个明显的特点。

---

① David Dary, *Cowboy Culture: A Saga of Five Centuries*, p. 78.

第一，养牛业在得克萨斯已成为一个独立行业，并形成独立的从业群体。在 19 世纪 20 年代，英裔美国人是把养殖业和种植业结合在一起的。这种两业融为一体的农场经营方式被美国南部诸州的移民带入得克萨斯。因为种植业和养殖业对这些早期移民来说都很重要，也是他们习以为常的经营方式。故早期英裔美国移民养牛的规模并不很大。后来，美国移民慢慢接受了墨西哥骑马牧人在辽阔的大牧场上骑马放牧牛群的方式，使养牛业从种植和养殖为一体的农场或种植园中独立出来。牧牛业遂成为独立的行业。到 19 世纪 40 年代末，不但在得克萨斯，而且在与其接壤的部分地区，都采用在开阔大牧场上骑马牧牛的经营方式。在英裔美国牧场主经营方式的转变中，墨西哥骑马牧人是生产方式、生产技能的传授者，马背奴隶和白人牛仔是学习实践者。[1] 这些牛仔先驱是美国内战前得克萨斯牧区的主要劳动力，并成为独立的从业群体。

第二，得克萨斯的产牛量迅猛增加。到 1860 年，得克萨斯的产牛量多达 300 万—400 万头。[2] 这一数字比 1830 年的 10 万头猛增了 30—40 倍。到美国内战前，牧牛业已被公认为得克萨斯的象征。

美国内战前得克萨斯牧牛业的繁荣，是墨西哥骑马牧人、当地原住民骑马牧人、美国非裔马背奴隶和美国英裔牛仔共同创立的。正是他们的共同努力，使得克萨斯成了内战后美国"牧牛王国"兴起的"发源地"。得克萨斯也成了向新牧区和东部市场输送牛源的"大本营"。牛仔先驱们为"牧牛王国"的兴起创立了生产方式、开拓技巧，培养了未来的"美国牛仔"。虽然"英裔美国牛仔与骑马牧人并没有任何血缘关系"，但他们"承袭了骑马牧人的善骑能射的尚勇与开拓精神"。因而，"从职业技能上可以见到这种精神的渊源"。[3]

第二节　牛仔的马背生涯

虽然美国西部牛仔的起源可以追溯到西班牙统治得克萨斯时期的骑马牧

---

① David Dary, *Cowboy Culture: A Saga of Five Centuries*, p. 80.

② T. R. Fehrenbach, *Lone Star: A History of Texas and Texans*, p. 556.

③ J. Frank Dobie, *Guide to Life and Literature of the Southwest*, Dallas: Southern Methodist University Press, 1952, p. 80.

人，但其鼎盛时期却是在美国内战后的 30 年间（1866—1896 年）。在此期间，"牛仔"这一术语被美国人广泛接受，也向世界范围传播。有数万名不同肤色、不同族裔和不同国籍的牛仔投身美国西部牧区。牛仔的鼎盛时期与美国从自由资本主义向垄断资本主义过渡的"镀金时代"同步。内战后随着美国工业革命的深入和城市化的兴起，对肉类产生了巨大需求，这一需求和美国当时的肉类生产能力严重失衡。为解决这种供需矛盾，美国亟须在西部大平原上建立起大规模的畜产品生产基地。牧牛业成为美国内战后最赚钱的行业之一，许多想发财的东部美国人都到西部建立牧场。欧洲资本也投资大平原的牧牛业。牧场主和牧牛公司的巨商雇用牛仔，为他们在牧场上放牧牛群，把牛群长途驱赶到铁路沿线的牛镇上出售。在短短 20 余年的时间里，数万名牛仔把牧区从得克萨斯扩展到美加边界。牛仔们以他们艰辛的劳作，在占美国领土 1/5 的大平原上，创建了一个疆域辽阔的"牧牛王国"。① 无论是在牧场上巡牧管理牛群，还是经过漫长的"赶牛小道"，把牛群赶往牛镇和新牧区，牛仔们必须骑在马背上才能控制野性未脱的"得克萨斯长角牛"。牛仔的劳作艰辛危险，食宿条件艰苦简陋，他们其实就是牧场主和牧牛公司巨商雇用的马背劳工。

一、牧场上的马背劳工

在美国西部牧区，牛仔们终年劳作在大牧场上。19 世纪 80 年代以前，美国西部牧区遍布的多是无围栏的开放牧场。每个牧场的面积小则数万英亩，多则可达数十万英亩②，得克萨斯西部的"XIT 牧场"占地甚至高达300 余万英亩。牧场主对其牛群采取原始的散放方式，任其在天然的草场上四处漫游。为照料呵护牛群，每个牧场的牛仔被分派做不同的工作，一年四季都不得闲。

"走马巡边"是牧场的一项日常工作。担任这一工作的牛仔骑在马背上日复一日地重复着巡边的苦差，生活过得非常枯燥、单调和孤独。因为相邻

① Lawrence I. Seidman, *Once in the Saddle: The Cowboy's Frontier, 1866-1896*, New York: Alfred A. Knopf, Inc., 1973, p. 13.

② J. Evetts Haley, *The XIT Ranch of Texas and the Early Days of the Uano Estacado*, Norman: University of Oklahoma Press, 1953, p. 49.

的牧场没有围栏相隔，所以几个不同牧场散放的牛经常混杂在一起。巡边牛仔的任务是在本牧场的边界骑马巡视，把其他牧场越界的牛赶走，并把本牧场将要出界的牛赶回牧场中心地带。骑马巡边的牛仔两人成一组，两组间相隔20英里。每日清晨，每个组的两名牛仔离开巡视点骑马相背而行。他们边骑行边驱赶越界的牛，直到与下一组的一名巡边牛仔相遇。然后，他们折返回到其巡视点。这样重复往返，直到夜幕降临。把越界混在一起的牛分开并赶向它们各自的牧场绝非易事，因为"得克萨斯长角牛"桀骜不驯。干旱季节给巡边牛仔带来了更大的困难，遇到本牧场的水源枯竭时，巡边牛仔很难把为寻找水源而出走的牛再赶回来。"走马巡边"的工作一年四季都要进行。巡边牛仔不但工作劳累单调，而且枯燥。更难耐的是，除了同组伙伴和骑行相遇的另一组的一个骑手外，有时他在茫茫草原上好几天都遇不到其他的人。如果偶尔有一辆装有杂货的车子经过，巡边的牛仔就会与赶车人交换一支雪茄或一袋烟草。这便是巡边牛仔当时或一周内日常生活中的"大事"。①

　　19世纪80年代中期以后，大平原上的大多数牧场都建起了带刺铁丝围栏。然而，牧场仍需要牛仔巡边。这是因为许多牧场面积巨大，且牧区存在"筑篱"与"毁篱"的严重冲突。在19世纪70年代中期，大平原上单位面积达2万英亩的围栏牧场有约1,000个，面积为10万英亩的有262个。这些牧场大多数分布在得克萨斯、新墨西哥和亚利桑那。② 占地300万英亩的"XIT牧场"修筑了6,000英里的围栏。③ 由于牧牛场主、牧羊主和拓荒农场主都想用围栏占据更多的土地，他们之间常引发"筑篱"与"毁篱"的激烈冲突。各牧牛场不得不派出一些牛仔，沿围栏巡查，阻止外来的毁篱者，并及时修补被砍断的围栏。

　　与"巡边牛仔"相比，牧牛队的牛仔因人多，少了一点孤独，但更多

---

　　① Ray Allen Billington, *Western Expansion: A History the American Frontier*, Fourth Edition, New York: Macmillan Publishing Co., INC. 1974, p. 592; David Dary, *Cowboy Culture: A Saga of Five Centuries*, p. 311.

　　② Joe B. Frantz and Julian Ernest Choate, Jr., *The American Cowboy: The Myth & The Reality*, Westport: Greenwood Press, Publishers, 1981, pp. 68-69.

　　③ Cordia Duke & Joe B. Frantz, *Six Thousand Miles of Fence: Life on the XIT Ranch of Texas*, Austin: University of Texas Press, 1961, p. 6.

蒙大拿牧场上的围栏

蒙大拿牛仔在放牧牛群

暴风雨将至,
牛群开始骚动

风雪中的牛仔

牛仔生活中充满危险

熊等野兽也是骑马牧人和牛仔需要经常面对的危险

长途驱赶途中遭遇印第安人

N-Bar牧场牛群横渡鲍德河

得克萨斯长角牛经齐泽姆小道被赶往北方

东蒙大拿N-Bar牧场长途赶牛队(1890年)

牛镇与牛道

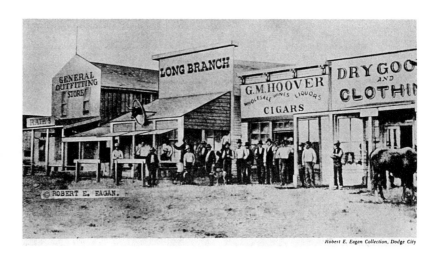

道奇城——牛道的终点

牛仔群像(一)

牛仔群像(二)

了些艰辛和危险。除冬季外，一些大牧场组成牧牛队到远离本场的牧区或公共牧区放牧牛群。牧牛队一般由 10 余人组成，由工具车车头（wagon boss，多为白人）负责，他实为牧牛队队长。队中有一名厨师、一名看马人和多名牛仔。看马人和厨师多由非裔或墨裔牛仔担任。牧牛队备有一辆炊事工具车，里边备有一个月的食品。餐具、防野兽的枪支弹药、简单的安营工具和牛仔们自备的简单卧具也装在车里。一个牧牛队放牧的牛群有千头以上，多的则达两三千头，有时甚至更多。牧牛队还为牛仔准备了 6—8 匹换乘的马匹。位于得克萨斯杰克县内的"HL 牧场"，10 人的牧牛队放牧 5,000 头牛。厨师是非裔美国人萨姆，牧场主的两个儿子也在这个放牧队中。[1] 牛队到放牧区逐水草而牧，设临时放牧营地。牧牛队晨起而牧，日落收工。夜晚，看马人去夜牧牛仔们骑乘过的马，牛仔们则轮流值班守护牛群，防止野兽的攻击和盗贼的偷盗，并随时提防和阻止牛因受到意外惊扰而炸群逃散。一旦发生夜间牛群受惊逃散的事件，所有牛仔都要立即起身，跃上马背，去追赶拦截四处逃散的牛，直到把牛群围拢起来赶回牧牛营地。在惊牛之夜，牛仔们根本得不到仟何休息，而在次日，他们还不得不拖着疲劳的身躯继续新的放牧。

在牧牛营地，牛仔们最怕的是突遭暴风雨的袭击。有时，疲劳过度的牛仔们会在熟睡时被突然灌进帐篷内的大雨淹湿卧具而惊醒。有时，猝然降临的暴雨霹雳会使牛仔们来不及躲避就有人遭电击而死。

牧区"赶拢"是牛仔们承担的最繁重艰苦且危险的工作。因为"走马巡边"不能从根本上解决不同牧场的牛混杂的问题，所以牧场主们便以春秋两季"赶拢"的方式来分离混杂的牛群。"赶拢"的方式，是将辽阔牧区上混杂在一起的牛群驱赶到中心地，围拢起来，按各牧场打在牛身上的烙印把它们分成小牛群，再给新生的小牛打上与生它的母牛身上相同的烙印。"赶拢"是分工细密、组织严谨、工作紧张劳累、持续时间长的劳动过程。在每个"赶拢区"，牛仔们往往要一直连续不断地工作一个到一个半月。W. L. 多布斯第一次参加"赶拢"时只有 12 岁，但他随牛仔们一直连续工

---

[1] Jim Lanning and Judy Lanning ed., *Texas Cowboys*: *Memories of the Early Days*, College Station: Texas A&M University, 1984, p. 5.

作了三个月。"赶拢"的第一步是把散落在牧区各处的牛赶到中心集合地。每天凌晨，负责到赶拢区四处搜寻的牛仔分成若干赶牛小队。每个小队的牛仔们在队长的指挥下，骑马穿越荒野，涉过河流，翻越山岭，把匿身灌木丛中、散落在山脚下或河溪边的牛找到，驱赶回"赶拢"的中心集合地。赶牛队歇马不歇人，因过度劳累而不能奔跑的马由备用马换下，但疲劳不堪的牛仔却不能休息，在换乘新马后就继续去搜集和驱赶牛群。到近午时，赶拢中心已聚集了数千头牛。

"赶拢"的第二步，赶拢工头指挥着把数千头牛分成小牛群。他让参加赶拢的各牧场的牛仔依次骑马穿行大牛群中，把属于各牧场的母牛分别赶出。它们所生的未打烙印的小牛也会尾随其母。很快，分出来的牛会形成若干个分属不同牧场的小牛群。紧接着第三步是打烙印。牛仔们按照赶拢工头的命令，顺次从小牛群中将未打烙印的小牛用套索一头头套出，拉倒在地，拖到烧着烙铁的火堆前。两名牛仔用力把一头小牛压住，另一名牛仔从火堆中取出带有所属牧场印记的烙铁，往其身上相应部位用力一压。随着小牛的一声惨叫，它身上就打上了与其母相同的"身份"烙印。打过烙印后，牛仔还要割掉小牛的长角，以防它与其他牛抵撞相残或伤人。如果被打印的是一头小公牛，牛仔还要对它进行阉割，以使它长膘快些。在每个赶拢现场，每天要给两三千头小牛打上烙印，任务非常繁重。夜幕降临后，每个牧场被打过烙印的小牛要安排牛仔值班看守，以防它们再逃往四野。从早至晚，牛仔们每天要连续工作 12—15 个小时，有时多达 18—20 小时。[1] 日复一日连续高度紧张、极度疲劳的超时劳作，使牛仔们精疲力竭。

在赶拢的每个环节，都会有危及牛仔生命的突发事件发生。在牛仔们驱赶牛群时，不愿顺从的大公牛会用长长的尖角抵撞他。在牛仔套住小公牛时，它会拼命反抗，用力把他拽下马，把他拖拉甚至踩踏而死。不堪烙铁烧烫之苦的公牛，也会拼命挣脱按压它的牛仔，疯狂伤人。1879 年，得克萨斯的报纸曾报道过牛仔在赶拢现场丧生的不幸消息。虽然牛仔的伤亡事故在赶拢中不断发生，但美国西部牧区的赶拢仍然年年进行。[2] 因为赶拢是牧场

---

[1]　Walter P. Webb, *The Great Plains*, Waltham, Massachusetts: Blasdell Publishing Company, 1959, p. 258.

[2]　Ibid., p. 259.

主们分割财富的"庆典",一心想尽快发财致富的牧场主们从不真正关心牛仔们的生命安危。

　　牧场的牛仔还要承担追踪、围捕和驯服野马的工作。因为牛仔的劳作多是在马背上进行,所以每个牛仔要有完成各种任务的多匹备用马。牛仔骑乘的马大多是驯化后的野马。各牧场组织有经验的牛仔追踪围捕野马群,把被拖得疲惫不堪的野马引进设好的围栏中。然后通过驯马人反复骑乘围栏中的野马,到基本把它驯服后再分配给其他牛仔使用。因为追踪、围捕和驯服野马既辛劳又危险,白人牛仔都不愿意干,牧场主就专门雇来很多非裔牛仔做这一最艰苦的工作。著名的非裔牛仔纳特·洛夫最擅长使用巧计圈围野马。他与其他牛仔用一个月的时间,把60匹野马圈在不断缩小的圆圈内,把它们全部捕获。① 另一个非裔牛仔鲍勃·莱蒙斯具有把自己及其坐骑完全融于野马群的能力。借此,他能最终取得牝马的信任,取代统领马群的雄马,而把整群野马引领进事先设好的围栏中。②

　　牛仔们还要承担牧场的各种杂活。春季里,他们四处把陷在泥沼中的牛救出。夏季,牛仔们要在草地上挖多道防火线,以防草原火灾毁了牛群的天然牧场。秋季,牛仔们要为牛群贮备冬饲料。冬季,虽然牧场主辞退了多数牛仔,但留场的少数常年雇工的任务也很繁重。他们要修补畜栏,收集取暖的柴草,干一些铁匠活,和防止狼群袭击伤害牛群。留在牧场过冬的牛是最好的牛,主要是为来年繁育小牛保留的母牛和强壮公牛。对留场的少数牛仔来说,他们承担的最艰巨的任务是要保证牛在严冬季节不被饿死或冻死。③

　　为了保护牛群,许多牛仔付出了生命代价。1886年的暴风雪始于1885年最后一天的下午,冻雨夹着暴雪突然而至。这天夜里,堪萨斯州道奇城的积雪便已厚达24英寸。次日夜里,暴风雪更加猛烈。道奇城的风速达每小时40英里④,

　　① Philip Durham, Everett L. Jones, *The Negro Cowboys*, Lincoln and London: University of Nebraska Press, 1965, p.200.

　　② J. Frank Dobie, *The Mustangs*, Boston: Little, Brown and Company, 1952, pp.239-240.

　　③ Fay E. Wand, *The Cowboy at Work: All about His Job and How He Does It*, pp.12-15.

　　④ Harry S. Drago, *Wild, Wooly & Wicked: The History of the Kansas Cow Towns and the Texas Cattle Trade*, New York: Clarkson N. Porter Inc./Publisher, 1960, p.340.

气温骤降至-65℃①。连续三天三夜，从南北达科他到得克萨斯，都遭受了这场历史上罕见的暴风雪的袭击。火车和邮政被中断。② 从 1886 年 10 月至 1887 年 2 月，从美加边界到得克萨斯的美墨边界，整个大平原牧区又遭受了另一次美国历史上罕见的暴风雪袭击。③ 在近五个月的时间里，暴风雪几乎天天不断，导致数百万头牛因冻饿而死。④ 牧场主们自己沮丧无奈地躲在温暖的室内，却让牛仔们顶着烈风，冒着暴雪，在深雪覆盖、遍布危险的旷野中搜寻大小牛群，再设法把它们带到能暂避风雪的地方。在 1886 年的暴风雪中，美国西部牧区有 300 人丧生，仅堪萨斯州就有 100 人，死者中多数是牛仔。⑤ 在 1887 年春天，堪萨斯西部又有 38 人为救牛丧生。⑥

　　牛仔们不但劳作艰辛、危险，而且他们的食宿等生活条件极差。他们的一日三餐简单粗糙、重复乏味。他们的住所简陋破旧，很多情况下都是在荒野中露宿。

　　牧场主允许厨师采买的食材都是最基本最简单的，主要是玉米面粉、豆子咸猪肉、咖啡、糖、盐等。⑦ 如 1882 年，"T5 牧场"雇用的厨师奥利弗·纳尔逊在工棚兼厨房里为牛仔做的第一顿饭，只有面包、咸肉、加面粉的肉汁和一杯糖水。因为纳尔逊用车拉回牧场的食材就是 20 磅公牛肉、几小盒糖果、100 磅糖、一盒 160 磅重的生咖啡、500 磅的咸肉、20 包面粉、200 磅豆子、50 磅苹果干、一盒苏打和一包盐。⑧ 巧妇难为无米之炊，用这样简单的食材，厨师即使有再高的厨艺，也很难花样翻新。在牧牛营地的牛仔，伙食更差。他们的供品每月由牧场本部配送一次，主要是豆子和面粉等，肉

① Thomas A. Bailey, David M. Kennedy, *The American Pageant*: *A History of Republic*, Vol. 2, 7th Ed., Lexington, Massachusetts·Toronto: D. C. Heath and Company, 1983, p. 530.

② Laurence I. Seidman, *Once in the Saddle*: *The Cowboy's Frontier, 1866-1896*, pp. 130-131.

③ Robert S. Fletcher, "That Hard Winter in Montana, 1886-1887", *Agricultural History*, Vol. 4, No. 4, 1930, p. 125.

④ Thomsa A. Bailey, David M. Kennedy, *The American Pageant*, *A History of the Republic*, Vol. 2, p. 530.

⑤ Lawrence I. Seidman, *Once in the Saddle*: *The Cowboy's Frontier, 1866-1896*, p. 135.

⑥ J. Frank Dobie, *The Mustangs*, p. 294.

⑦ Edward E. Dale, *Frontier Ways*: *Sketches of Life in the Old West*, Austin: University of Texas Press, 1959, pp. 29, 32.

⑧ Angie Debo, ed., *The Cowman's Southwest*: *Being the Reminiscences of Oliver Nelson*, Lincoln and London: University of Nebraska Press, 1986, p. 98.

类就只是咸猪肉，连牛肉都见不到。有的牧牛营地早饭中甚至都没有咖啡。[1] 缺少鲜肉，尤其缺少新鲜蔬菜，如此糟糕的饮食，用不了三天就会使牛仔们大倒胃口。然而，每天繁重艰辛的劳作又迫使他们不得不坚持吃下这单调乏味的三餐。

牛仔们的居住条件极为艰苦。在早期的牧场里，"巡边"的牛仔只能住在极其破陋的"边界营地"。他们可能住破旧的窝棚或帐篷，冬天则只能像草原鼠一样躲在阴冷的地穴里。19世纪70年代后期以后，一些较好的牧场才给牛仔们提供了工棚。这种工棚多是牧场早期牧场主居住的破旧单间"牧屋"。有些牧场的牧屋、厨房和食堂都在一间屋内，有的牧场会把厨房和工棚分开。在南部牧区的牛仔工棚中，有一个火炉，冬天用来烧水取暖。旁边有一张作为牛仔餐桌的桌子和几把椅子。北部牧区的工棚比南部的要暖和一些，有冬季取暖的火炉。不论南北牧区，牛仔们的工棚里都没有床铺，牛仔要睡觉只能打地铺。他们的卧具是自备的两条被称为"热卷"的厚毯子。有些不关心雇工死活的牧场主连工棚也不为牛仔提供，这些牧场的牛仔只能住在窝棚或边界营地的洞穴里[2]，他们称之为简陋"狗窝"、"下等酒吧"和"垃圾堆"等。在牧牛营地，牛仔们仍然住在帐篷里。在春天赶拢的数个月中，牛仔们都在炊事工具车周围露宿荒野。在北部牧区，工棚中取暖所需的木柴，要到50英尺外的木堆中去取。遇到大雪天气，出门取柴的牛仔会因迷失方向而跌落进坑洞或山下，有去无回。所以，不能一个人离开工棚去取木柴。[3] 总体来看，牛仔在牧场的居住条件是很艰苦的。

牛仔们在牧场上终年艰辛劳作，但他们的巨大付出却只能得到微薄的工资报酬。美国内战结束时，大平原南部牧区一个普通牛仔的月工资为15美元；19世纪60年代末至80年代，其工资略有增加，涨到20—30美元；19世纪90年代达到45美元。一个有经验的头等牛仔每月可比普通牛仔多得5—10美元。厨师的工资是普通牛仔的两倍，或与头等牛仔相当。大平原北部牧区的牛仔一般比南部牧区的同行月工资多5—10美元。墨裔牛仔的月工

① Ross Santee, *Cowboy*, New York：Grosset & Dunlep, 1928, p. 46.

② David Dary, *Cowboy Culture：A Saga of Five Centuries*, p. 284.

③ Philip A. Rollins, *The Cowboy：An Unconventional History of Civilization on the Old-Time Cattle Range*, Norman：University of Oklahoma Press, 1997, pp. 14, 211.

资只有 20—25 美元，是白人牛仔的 1/2 到 1/3。[①] 尽管牛仔工资很低，但他们还得自付伙食费、自备卧具、工装，还要自购马鞍、鞍垫和马刺等马具。[②] 去掉这些支出，牛仔每月的工资已所剩无几。

总之，牛仔们在牧场的劳作艰辛而危险，食宿等生活条件艰苦而简陋，工资微薄。牧场主和牧牛公司的巨商通过他们的工头掌控牛仔，把他们分派在牧场的各个工作岗位上。牧场的各种工作都离不开牛仔，牛仔是牧场主和牧牛公司雇用的马背劳工。正是靠着牛仔们的艰辛劳作，牧场主和牧牛公司巨商们的牛群才不断增加，牧场规模才不断扩大。没有数万名牛仔的艰辛劳作，就没有美国"镀金时代"西部大平原上牧牛业的繁荣。

二、牛道上的赶牛仔

牧区"赶拢"只是确定了每个牧场主每年增加的新生牛数量，而要真正使牛变成财富，必须经过"长途驱赶"（Long Drive），把牛群销售到东北部市场。最初的长途赶牛是从得克萨斯牧区开始的。美国内战结束后，得克萨斯经济凋敝，除了四处漫游的数百万头长角牛外别无所有。长角牛在当地没有市场，只有把牛赶到东北市场出售才能重振得克萨斯经济。[③] 内战后不久，恰逢美国工业化和城市化的勃兴，出现了对肉类的巨大需求市场。而此时，仅靠东部地区农场饲养的家畜已无法满足美国人对肉的需求，得克萨斯成了新的肉类供应地。美国东部城市不仅迫切需要得克萨斯的牛肉，甚至需要整个西部大平原发展成新的畜产品生产基地。在此形势下，得克萨斯的牧场主开始长途赶牛到东北部市场或新牧区出售。得克萨斯的长途赶牛始于 1866 年。大规模的长途驱赶持续了 20 余年。在大平原牧区交通尚不发达的情况下，"赶牛小道"（Cattle Trail，又称牛道）是把牧区和市场连接起来的唯一通道。牧场主雇用牛仔组成赶牛队，通过"赶牛小道"把牛群赶到西

---

① Kenneth W. Porter，"Negro Labor in the Western Cattle Industry，1866-1900"，*Labor History*，Vol. 10，No. 3，1969，p. 363.

② Walter P. Webb，*The Great Plains*，pp. 254-255.

③ 美国内战中得克萨斯站在南部同盟一边。牧场主与白人到前线与联邦军作战，牧场疏于管理，牛大量走散。全州境内有存牛 500 万头。牧场主从前线回到家园后，雇用牛仔猎牛往外出售。后来由猎牛发展到牧区赶拢。See David Dary，*Cowboy Culture：A Saga of Five Centuries*，pp. 137-138，158-159.

部最近的铁路站点出售,或装火车东运。这些踏上牛道的牛仔被称为"赶牛仔"(Cowpuncher)。只有牧区中最优秀的牛仔,才能踏上长途驱赶的牛道。

每个牧场主把牛运往市场出售前,先要做充分的准备工作。因为牛道沿途的自然环境更加恶劣,气候条件多变,牛仔的劳作比在牧场上更加艰辛、持续时间更长和更加危险。这些准备工作包括组成赶牛队,购买炊事工具车,准备牛仔的伙食食材、骑乘的马匹,以及挑选出准备出售的牛群等等。在长途赶牛早期,个体牧场主常亲自带着本牧场的牛仔踏上牛道,赶着牛群前往出售的牛镇。"长途驱赶"经常化以后,牧场主多是让牧场工头或他最信任的优秀牛仔带领赶牛队,进行长途赶牛。外地到得克萨斯买牛的买主主要是招雇牛道的引领者(或称"道头"①)和牛仔,组成赶牛队,把他买的牛群赶到需要到达的目的地。

赶牛队人员的多少主要是根据要出售牛的数量而定。通常的比例是一个赶牛仔要负责 175 头牛。一个有 3,000 头牛的牛群需要有 16—18 名牛仔组成赶牛队驱赶。每个牛仔需要准备 8—10 匹骑乘的马。②赶牛队由一名道头(多由白人担任)、一名看马人(多由非裔或墨裔牛仔承担)和一名厨师(多由过了骑行年龄的优秀非裔牛仔承担)。其余的牛仔,由道头根据他们的经验和能力分派到指定岗位。道头由最有经验的头等牛仔担任。能力一般的牛仔被分在牛队的两侧,担任"巡游人"。最缺乏经验的年轻牛仔则被派在牛队尾部,做"殿后人"。被分配在不同岗位上的牛仔两人成对,各司其职。赶牛队成员以白人牛仔居多,也有少数非裔、墨裔或原住民牛仔。赶牛队在道头的指挥下,实行准军事化管理,组织纪律严密。在道头的统一指挥下,牛仔们紧张有序地进行起程前的准备工作。厨师整理炊具、厨具、餐具和食材等,这些要装在厨事工具的相应地方。他还要备好拉车的公牛或骡子。看马人清点为牛仔骑乘的加鞍备用马和夜用马。牛仔们将选出准备出售的牛围拢成群,打上准备出售印记的烙印。他们还要修理马鞍、套索等马具,准备个人简单的卧具和随身携带的衣物等。一切准备就绪后,道头便选

---

① "trail boss",直译为"牛道老板",是在"长途驱赶"中牧场主雇佣或指定的赶牛队首领,译为"道头"更为妥当。

② Walter P. Webb, *The Great Plains*, p.262.

择一个好天的凌晨，率牛队起程上路。

踏上牛道的牛队由各个岗位上的牛仔严加管控。牛不是成群地在牛道上行走，而是随牛道走势形成一支蜿蜒的长队。厨师赶着炊事工具车，靠牛道左边先行。马队追随其后，与工具车拉开一段距离，一匹匹地跟行。看马人骑最后一匹马，照看前行的马队。牛道右边是牛队行进的位置。指挥牛队的道头在牛队起程之初，骑行在队头引领。他的位置比左边的炊事工具车稍错后一点。随后，道头根据牛队行进的情况，骑巡到各个岗位上查看。待牛队行进平稳后，他要策马前行，到前面找好中午时牛下道吃草的地点。牛仔们在那里轮流吃午饭。如果是一支由 12 人组成的赶牛队，除道头、厨师和看马人外，其余 9 名赶牛仔被分派在牛队两侧和尾部不同的位置上。左右两名引路人由有经验的优秀牛仔担任。他们负责引领牛队前进的方向，控制领头牛行进的速度，不让它们因奔跑过快拉散了牛队。牛队两侧的"巡游者"和"压阵人"由普通牛仔担任。左右两名"巡游者"在"引路人"后面拉开一段距离骑行。他们前后骑行，察看牛队行进的状况。左右两名"压阵人"与前面的"巡游者"拉开一段距离骑行。他们掌管牛队的长度和密度。其余 3 名骑行在牛队尾部的"殿后人"由最缺乏经验的年轻牛仔承担。他们负责不让体弱和年幼的牛掉队。骑行的牛仔们在牛队的两侧和尾部形成一条包裹住的"口袋"，使牛不能向左右和后面掉头，只能前行。[1] 骑行在牛队两侧的压阵牛仔靠调整与牛队的疏密距离，使牛队行进的长度和速度适度。如果两人离牛队太近，牛会快步行走，甚至小跑起来，纵队就会拉成有缺口的直线。如果他们远离牛队，牛便会放慢脚步，纵队就会变短变宽，甚至拥挤成堆。正常情况下，1,000 头的牛队长 1 英里合适[2]，而 2,000—3,000 头的牛队以长 2—3 英里为宜[3]。为什么赶牛队组织这样严密、分工如此明确？这是因为牛仔们在牛道上比在牧场里的劳作更艰辛劳累。他们会面对更多突发事件和凶险。

首先，牛仔们在牛道上旷日持久地鞍马劳顿，每天都严重睡眠不足，致

---

① William H. Forbis, *The Cowboys*, New York, Time-Life Books, 1973, p. 142.

② Ray Allen Burlington, *Westward Expansion: A History of the American Frontier*, Fourth Edition, p. 584.

③ Joe B. Frantz and Julian Ernest Choate, Jr., *The American Cowboy: The Myth & The Reality*, p. 41.

使他们极度疲劳。大平原上的条条牛道路途遥远。从得克萨斯的圣安东尼奥抵达堪萨斯的牛镇阿比林，如果顺利尚需三个月[1]，而到北部的高平原地区则需半年的时间[2]。"XIT 牧场"是得克萨斯最大的牧场，它的各分场常从潘汉德尔地区往该牧场在蒙大拿的放牧场赶牛。赶牛队走"北小道"（North Trail），路程超过千余英里。[3] 有的赶牛队穿越科罗拉多、怀俄明和半个蒙大拿，行程达 1，600 英里。[4] 在这些牛道上，牛们要骑行更长的时间。

在漫长的牛道上，野性未脱的得克萨斯长角牛十分难以掌控。踏上牛道最初的几天，长角牛因"眷恋"出生的牧场和熟悉的牧区而不愿前行，最易炸群往回逃窜。最初四天，赶牛队要牛每天行进25—30 英里[5]，为的是把它们拖得疲累至极。这样牛在夜宿时才能安睡，不易炸群。在最初的几个夜晚，除道头、厨师和看马人外，其余的牛仔要分成两班守护牛群，防止牛群炸群逃散。值班的牛仔，在卧地的牛群外绕圈骑行。不值班的牛仔，不脱衣服和靴子，马缰绳拴在手腕上。他们全副武装地躺在地上休息，以备发生牛群惊逃的突发事件时能立即醒来，并能立即翻身跃上马背，去追堵牛群。[6] 这样几天下来，牛自然被拖得疲惫不堪，牛仔们也已极度疲劳。如果不发生牛炸群的情况，牛仔们还能睡上几个小时。可实际情况往往并非如此。踏上牛道的最初几天，牛因"思乡"，夜里常常炸群逃散。一旦这样的事件发生，全队的牛仔都要纵马去堵截牛群。有的赶牛队的牛仔们会连续几天夜晚都不能休息。这样没日没夜的连续劳作，使得他们在起程的最初几天就被拖得疲劳至极。

待到牛群被赶出了它们熟悉的牧区，牛队就开始了漫长的每日行程。牛仔们的辛苦虽略有缓解，但每天依然睡眠不足。牛队经过最初几天的长距离跋涉后，进入正常的行进阶段，每天的行程减少到 10 英里、12 英里或 13

---

① Walter P. Webb, *The Great Plains*, p. 263.

② Joe B. Frantz and Julian Ernest Choate, Jr., *The American Cowboy: The Myth & The Reality*, p. 46.

③ J. Evetts Haley, *The XIT Ranch of Texas and the Early Days of the Llano Estacado*, p. 136.

④ Cordia Duke & Joe B. Frantz, *Six Thousand Miles of Fence: Life on the XIT Ranch of Texas*, p. 140.

⑤ James W. Freeman, ed., *Prose and Poetry of the Live Stock Industry of the United States*, Daver and Kansas City: Authority of the Live Stock Association, 1904 and 1905, p. 532.

⑥ James W. Freeman, ed., *Prose and Poetry of the Live Stock Industry of the United States*, p. 533.

英里。① 每支赶牛队每日前进的距离，要视牛队的组成情况以及天气状况和路况等因素而定。全是阉牛组成的牛队，行进速度较快。由小牛组成的牛队，每天行走不超过 12 英里。② 由母牛、公牛和小牛组成的混合牛队行进速度能稍快一些，但较难管控。如果遇到恶劣的天气和难行的路段，牛的情绪不好，也很难达到每天预计的行程。

　　不论牛队每天的行程有多远，牛仔们都十分劳累、紧张和疲倦。每天凌晨 3：30—4：00，厨师就得起身准备早饭。看马人随后去为牛仔们准备好上午骑乘的马匹。最后一班守护牛群的牛仔开始换班上岗。厨师在准备早饭的过程中叫牛仔们起床。牛仔们起来后，只有半个小时的时间整理卧具，装上工具车。殿后的牛仔去负责看护牛群吃草，其他牛仔开始吃早饭。待牛仔们轮流吃完早饭，厨师随即整理洗刷餐具。天刚拂晓，道头就令牛队起程上路。到上午 11 点左右，牛队抵达道头选定的午休地。牛仔们分批轮流吃午饭。第一拨牛仔吃完饭后，去换回照看牛群的人回来吃饭。待牛吃草 2—3 个小时后，看马人为牛仔们准备好下午骑用的马。牛队又继续前行。

　　牛队再上牛道后，道头离队快马向前，去选夜晚的宿营地。厨师赶着炊事工具车，看马人赶着马队，也前往宿营地。牛队在黄昏时抵达临时宿营地。太阳已经西沉。厨师在炊事工具车附近燃起了篝火，做好了晚饭。牛仔们先是把牛队带下牛道，赶牛到水源地饮水。然后，他们赶牛到附近的草地上吃草。看马人把牛仔们下午骑乘的马牵去饮水吃草。少数牛仔留下照顾牛群，其他大多数人围到篝火边吃晚饭。先吃完的人去换照看牛群的牛仔回来吃饭。至晚上 9 点，牛仔们开始把牛赶到夜宿地。有经验的道头为牛选择平坦开阔的宿营地，这样牛卧地时相互间有较大距离，不会因个别牛相互间的小碰撞而引起整个牛群受惊炸群。看马人去为值夜班的牛仔准备好夜用马。在无意外情况时，牛仔分成两人一组，轮流在牛群外骑马绕行。他们边骑行边对着牛群唱歌，为的是安抚牛尽快卧地入睡。每组牛仔值班两个小时，依次上岗，直达次日凌晨。③ 值班的牛仔必须高度警觉，既要防止狼等猛兽对

　　① James W. Freeman, ed., *Prose and Poetry of the Live Stock Industry of the United States*, p. 532.

　　② David Dary, *Cowboy Culture：A Saga of Five Centuries*, p. 192.

　　③ Don Worcester, *The Chisholm Trail：High Road of the Cattle Kingdom*, New York：Indian Head Books, 1980, pp. 36, 37.

牛群的侵扰攻击，又要警惕盗贼的偷窃，还要防牛群炸群惊逃。牛仔们每日工作时间将长达 18 个小时。[①] 如果一切安稳，值班牛仔能睡上三个多小时。[②] 如果发生牛群炸群逃散的事件，牛仔们甚至连一个小时都不能睡。然而，夜间牛群受惊逃跑却是牛道上的高概率事件。在牛道上，牛仔们白天骑行十几个小时，精神高度集中地驱赶着牛队，夜间又得不到充分的休息。每日里精神紧绷，防范牛群炸群逃窜。他们日复一日，长期疲劳过度，睡眠严重不足。有的赶牛队在连续发生几个夜晚的惊牛事件后，集中牛群重新上路，有的牛仔因无法控制瞌睡而从马背上跌落下来。可以说，每次长途驱赶都是对牛仔生理极限的挑战和考验。

其次，牛道沿途的自然地理条件十分复杂，气象状况多变，牛仔们劳作和生活的自然环境险恶。牛仔们在牛道上要翻山越岭，渡过急流，穿过森林和沙漠地带。他们时常受到猛兽毒蛇的侵袭。牛道沿途气候变化剧烈，经常要遭受暴风雨和暴风雪的袭击。

主要的"赶牛小道"都穿越大部分或整个大平原地区，地理状况极其复杂。美国大平原实际上是被草地覆盖的干旱高原。内布拉斯加中部以南被 19 世纪的牧场主和牛仔称为南部平原，北部为北部平原。短草覆盖的南部平原虽然地势较为平坦，但也有河流、峡谷和孤山。北部平原更加起伏，常有山脉、峡谷中断了连续的平原。直到美国内战前，大平原还被称为美国的"大荒漠"[③]。大平原上的每条"赶牛小道"都有其特殊的难行路段。内战后头两年，赶牛队主要走"锡达利业小道"。这条能使得克萨斯长角牛到达密苏里州的牛道，最难通过的是"欧扎克森林"。习惯于在开阔放牧地行走的长角牛不愿意进入这个森林覆盖的丘陵地区，一旦进入后就到处乱窜，有的牛隐匿林中丢失。这条路不但树木多，山路也多，牛蹄子被坎坷坚硬的路面磨得又累又疼。抵达市场时，牛都掉了很多膘，牧场主损失很大。[④] 赶牛队走得最多的"奇泽姆小道"，被多条东西或东南流向的河流阻断：在得克萨

① Walter P. Webb, *The Great Plains*, p. 268.

② Don Worcester, *The Chisholm Trail*: *High Road of the Cattle Kingdom*, p. 38.

③ David Dary, *Cowboy Culture*: *A Saga of Five Centuries*, pp. 227, 228.

④ Ray Allen Billington, *Western Expansion*: *A History the American Frontier*, Fourth Edition, p. 584; David Dary, *Cowboy Culture*: *A Saga of Five Centuries*, p. 182.

斯境内有科罗拉多河、布拉索斯河和雷德河;通过俄克拉荷马有加拿大人河、北加拿大人河;进入堪萨斯后,还要涉过阿肯色河才能抵达出售和装运牛群的牛镇。[1] 赶牛群渡过水流湍急的河流是极其困难的。"古德奈特—洛文小道"经过一段 96 英里的无水平原地区,必须畜不停蹄、人不下马地用至少 30—40 个小时才能穿越。[2] 可见,"赶牛小道"沿途的自然地理环境极其复杂,牛道甚是崎岖而多险阻。

　　大平原上除有羚羊、野兔、野牛和"草原狗"等食草动物外,还有对牛仔和牛马造成极大伤害的狼、郊狼、熊等猛兽和毒蛇。[3] 在牛道沿途,有很多对牲畜造成很大危害的狼和郊狼。[4] 赶牛队在夜宿时点燃篝火,一方面是为了在寒夜中取暖,另一方面也是为了威慑企图袭击牛群的狼群。1870年,有"迪克"之称的理查德·威瑟斯,先是与其父和其他赶牛人把一大群牛从得克萨斯赶到了堪萨斯的阿比林。随后,年轻的威瑟斯和比尔·蒙哥马利带领赶牛队从阿比林起程,把牛赶往爱达荷。牛队抵近落基山脉时,还是 10 月的好天气。但在翻山时,在山里过的第一夜就突遭暴风雪,牛群被完全打散。牛队行进到索尔特谷,威瑟斯先是派三个牛仔返回山中,找回了300 头丢失的牛,由蒙哥马利带领牛队继续前行。然后,威瑟斯与另一人再次返回山区,继续寻找逃散的牛。当他们完成搜寻,继续追赶前行的牛队时,在一个大湖边夜宿。次日醒来,在离他们夜宿地十码远的地方发现了大灰熊的足迹。威瑟斯认为,是因为他们在睡觉时把头都盖住了,熊没有闻到人的气息,他们才幸运地躲过了一劫。[5]

　　除猛兽外,毒蛇是牛仔们从牛道起点至终点遇到的另一严重问题。得克萨斯南部有响尾蛇,得克萨斯北部和俄克拉荷马的响尾蛇更多,沿科罗拉多河和布拉索斯河还有很多水生毒蛇。每次牛道赶牛都会有一位牛仔讲述遭毒

① Joe B. Frantz and Julian Ernest Choate, Jr. , *The American Cowboy: The Myth & The Reality* , p. 44.
② Don Cusic, *Cowboys and Wild West: An A-Z Guide from the Chisholm Trail to the Silver Screen*, New York: Facts on File, Inc. , 1994, p. 166.
③ Walter P. Webb, *The Great Plains*, pp. 33-34.
④ Kenneth W. Howell, "George Adams: A Cowboy All His Life", Sara R. Massey, ed. , *Black Cowboys of Texas*, p. 168.
⑤ Richard (Dick) Withers, "The Experience of An Old Trail Driver", J. Marvin Hunter, ed. , *The Trail Drivers of Texas*, pp. 308-310.

蛇咬的糟糕经历。牛仔和他的马遭毒蛇咬后，几乎是没有药物可医治的。[1]

在 1883 年大平原上的数百万头野牛被屠杀殆尽之前，经常有大大小小的野牛群南北奔袭。在野牛群活动的地区，有时野牛会使牛队受到惊扰而炸群。一些牛会被野牛群裹挟而去。[2] 牛仔们必须提防牛队受到野牛群的冲击。大平原上的地松鼠因向地下打洞而被人们称为"草原狗"（prairie dog）。这种连草根都吃的灰色"草原狗"对牛队会造成极大的危害。它们成群结队地活动，在得克萨斯平原的圣安吉洛至克拉伦登之间，挖成了一个方圆 2.5 万平方英里的"草原狗镇"（prairie dog town）。[3] 里面约有 4 亿只"草原狗"。春天赶牛时，正值得克萨斯的雨季。在"草原狗"活动区，牛马踏上雨水渗过的巨大坑洞，极易陷于其中。特别是夜间牛群炸群逃窜时，一些牛和追堵它们的牛仔会因陷入坑洞中而伤亡。总之，牛道沿途的毒蛇猛兽和"草原狗"等使牛队面临许多无法预测的凶险。

在牛道上，牛仔们常遇到极端恶劣的天气。大平原虽然干旱少雨，但春季赶牛时却是南部平原的雨季。赶牛队从得克萨斯起程，一路北去，经常会遭遇暴风雨、高温天气和暴风雪的袭击。春天，赶牛队从得克萨斯踏上牛道，牛马经常在雨天踩着泥泞的道路行走。然而更令牛仔们猝不及防的是，在春季多雨的得克萨斯南部，5 月末还会遇到暴风雪的袭击。[4] 乔治·C. 达菲尔德在日记中记载了 1866 年从得克萨斯的奥斯汀往艾奥瓦的赶牛经历。在 4—5 月，他的牛队遭遇了三次暴风雨，7—8 月又经历了一次大雨和一次暴风雨，有时暴风雨还伴有雷电。每次暴风雨都发生牛群炸群惊逃事件，牛仔们必须冒雨去堵截牛群，寻找丢失的牛，但有的牛再也找不回来了。有时，牛道上的天气变化剧烈。达菲尔德在 8 月 6 日的日记中记下了牛队在多山的草原上行进的经历。那天，天气非常炎热，草被太阳晒干了，就像是着了火。然而，次日却变得天凉刮风。[5] 这种迅速变化的极端天气对牛队的行

---

[1]　John H. Fuller, "Ben Kinchlow: A Trail Driver of the Chisholm Trail", Sara R. Massey, ed., *Black Cowboys of Texas*, p. 111.

[2]　J. Frank Dobie, *Up to the Trail from Texas*, New York: Random House, Inc., 1955, p. 71.

[3]　Walter P. Webb, *The Great Plains*, p. 39.

[4]　William H. Forbis, *The Cowboys*, p. 144.

[5]　David Dary, *Cowboy Culture: A Saga of Five Centuries*, pp. 177-181.

进极其不利。

在牛道上，突降的暴风雪和雹暴会给赶牛队造成更大损失。1870 年 10 月，理查德·威瑟斯和比尔·蒙哥马利的赶牛队抵达落基山脉时，天气很好。然而，在牛队翻越一座山时突遭暴风雪，有 25 匹马被冻死。在山区买不到马，威瑟斯他们只得从矿工那里买了 8 头美国骡子，但骡子不能爬山。最终他们好不容易从矿工那里买了几匹马。他们又花费了 10 余天找到丢失的 300 头牛，然后才继续上路。① 1880 年，G. W. 米利斯引领赶牛队行至离堪萨斯的道奇城不远处。7 月 4 日夜里 2 点，人们从未见过的、最可怕的雹暴骤然而至。冰雹像来复枪射击一样把杰克兔击死，一些一岁幼龄的羚羊被雹子砸死，很多羚羊疾驰逃生。次日清晨，草地被 4 英寸的冰所覆盖。尽管牛仔们差点被冻死，但他们仍必须坚守各自的岗位。② 牛道沿途各种各样的突发极端天气常给牛队造成重大损失。

赶牛队在牛道上还经常遭遇很多人为的凶险。这些人为的社会障碍是武装劫匪的劫掠、武装农场主的阻拦以及与原住民的冲突等。

1866 年春夏两季，从得克萨斯赶往堪萨斯和密苏里的 26 万头牛，到达目的地的不足半数。因为在这两个州的边界地区，有一伙全副武装的强盗对赶牛队进行追踪抢劫。这伙强盗称赶牛人为"入侵者"，他们常一起出动，包围一个赶牛队的宿营地，挑起事端，杀死赶牛人，把牛群赶走。③ 在赶牛队北进的沿途，常会受到拓荒农场主的阻截。因为得克萨斯长角牛身上带有引起发热的扁虱，被称为"得克萨斯热病"，长角牛自身具有免疫力不会发病，但它们可以把这种热病传染给沿途农场饲养的牛，造成当地牛的死亡。如果越来越多的赶牛队在沿途更大范围内放牧长角牛，"得克萨斯热病"的威胁就会更大。拓荒农场主促使一些州和领地政府通过更加严厉的检疫法，不准长角牛进入。随着大量拓荒农场主挺近大平原定居，特别是带刺铁丝发明以后，他们在自己的农场筑起围栏阻断牛道，使牛队无法通过。还常有

① Richard (Dick) Withers, "The Experience of An Old Trail Driver", J. Marvin Hunter, ed. , *The Trail Drivers of Texas*, p. 309.

② G. W. Mills, "Experience 'Tenderfeet' Could Not Survive", J. Marvin Hunter, ed. , *The Trail Drivers of Texas*, pp. 239-240.

③ David Dary, *Cowboy Culture: A Saga of Five Centuries*, pp. 174, 176.

15或20名持枪农场主禁止赶牛队经过他们农田附近，或要求补偿损失。[1]

赶牛队在牛道沿途还常与大平原上的原住民发生冲突。牛群趟过雷德河，就抵达了"印第安人五个文明部落"保留地俄克拉荷马的边界。纷至沓来的牛群第一次打破了五个部落与世隔绝的状态。因为他们的大部分财产是草地和牛群，如果允许赶牛队在他们的土地上无限制地放牧，那将是对其利益的最大伤害。大多数赶牛队都希望在青草茂盛的土地上多停留几日，结果冲突不可避免，导致原住民各部落联合起来抵制赶牛队。按照《1834年印第安人法令》的规定，他们有权把牛群赶出他们的土地，或是得到罚金。除部落机构可能会收费外，原住民也可以自己设岗收费和处置这些费用。1867年12月，切罗基族委员会规定，所有经过其地区的牛每头须交10美分，其他部落纷纷效仿。[2] 这些措施迫使赶牛队必须沿着规定的路线前进。任何偏离和无限期的逗留行为都被认为是对原住民部落的侵犯。牧场主并不想付补偿费。赶牛队或与原住民周旋，乘他们防范不备穿越其领地；或绕道而行，躲避盘查。随后，"古德奈特—洛文小道"，即从得克萨斯潘汉德尔地区到堪萨斯的道奇城的牛道，成为了赶牛队最常走的路线之一。[3] 赶牛队把沿途的原住民视为"障碍"。原住民视牛队经过和在他们的领地放牧为"入侵"，双方常发生武装冲突。赶牛队装备了优良的现代武器，在冲突中屡占上风，但原住民誓死保卫自己家园的勇气和精准的箭法，有时也会使赶牛队严重受挫。以"古德奈特—洛文小道"为例，1867年大牧场主查尔斯·古德奈特往科罗拉多赶牛时，赶牛队与原住民发生冲突，原住民的羽箭射中了一个牛仔的脖颈。同年7月末，奥利弗·洛文引领的赶牛队在佩科斯河附近遭到科曼切人的袭击，有两人受伤，洛文自己也负了重伤，不久殒命。[4]

牛道沿途自然生态环境和社会环境的严酷与不可预测性，使牛队随时会

---

① Ernest S. Osgood, *The Day of the Cattleman*, Chicago and London: University of Chicago Press, Fifth Impression, 1968, pp. 36, 37.

② Ernest S. Osgood, *The Day of the Cattleman*, p. 35.

③ Ibid.

④ Bruce M. Shack Elford, "Bose Ikard: Splendid Behavior", Sara R. Massey, ed., *Black Cowboys of Texas*, p. 136.

遭遇凶险。特别是赶牛群涉过河水暴涨的河流、在烈日下穿越干旱的无水区和追堵炸群逃窜的牛群时，都是极其困难和危险的。赶牛队要遭受巨大的损失，乃至付出生命的代价。

对牛仔们来说，把牛赶过急流汹涌、河水涨满的大河极其困难。春季赶牛时，正是大平原南部的雨季。落基山脉冰雪融化，过量的雨水和雪水注入河道，导致一条条在旱季低水位甚至干涸的河流水流暴涨，漫过河堤。习惯于在开阔草地上奔走的长角牛，面对滔滔急流，就是不肯下水。有些牛被赶下水后，它们不是游向对岸而是往回游。为了赶牛过河，有的牛仔在河岸上驱牛下水，有的牛仔要骑马下水，引领着下水的领头牛带领牛群游向对岸。被赶到河中的牛极易受惊，流水狂奔的巨响、上游冲下的断树或巨石撞到牛身上，都会使牛受惊，乱作一团。有时，数百头牛会被河中的漩涡困住，被卷得团团打转，不得向前。引领牛群过河的牛仔必须掉转马头，冒着生命危险去打散漩涡，奋力把牛群引向对岸。然而，不幸的事件经常发生，一些年幼和体弱的牛还未等到牛仔的救助就被漩涡吞没，或是被急流冲卷到下游而丧生。

雷德河是造成人畜死亡最多的一条河。1871 年赶牛季节，雷德河洪水泛滥成灾，有 30 支赶牛队的 350 名牛仔和 6 万头牛在河的南岸被拦了一周多，无法过河。多数赶牛队被迫掉头回撤 40 英里，少数赶牛队冒险赶牛下河，结果牛群被激流冲得乱作一团，不但未能过河，而且有两名牛仔被洪水吞没。[1] 1882 年，安迪·亚当斯所在的赶牛队在过雷德河时，幸遇洪水已泄去，得以顺利过河。然而，亚当斯看到河边有五个坟堆，其中有一个是不足 10 天的新坟。[2] 1900 年赶牛季节，理查德·墨菲等七名牛仔赶着有 700 头（匹）母牛、小公牛和马组成的混合畜群，从圣安东尼奥踏上"西小道"（Western Trail）前往在新墨西哥的"T 菱形牧场"。畜队抵达雷德河时，恰逢河水暴涨，水流湍急。为了不被延误 10 余天和避免与紧随其后的另一支赶牛队的牛混杂在一起，墨菲所在的赶牛队决定立即过河。牛仔约翰尼·弗

---

① Bart MacDowell, *The American Cowboy in Life and Legend*, Washington, D. C. National Geographic Society, 1977, pp. 83, 84.

② Andy Adams, *The Log of A Cowboy: A Narrative of the Trail Days*, Lincoln: University of Nebraska Press, 1903, p. 121.

朗西斯负责引领马匹先过河，其他牛仔随后引牛群过河。弗朗西斯骑马刚下河，他与坐骑便被急流冲向下游，其他马也被急流向下游卷裹而去，牛群也随流而下。弗朗西斯被冲到下游离水较远的一块沙洲时，停了下来。他还没有来得及上岸，就被紧跟着冲到沙洲上的牛马踩踏而死，与他一起丧命的还有七匹马和五头牛。① 除雷德河外，加拿大人河和锡马龙河等河流也夺去了一些牛仔和不少牛马的生命。

对牛仔们来说，天气酷热时赶牛穿越无水地区是最可怕的经历。从南孔乔河上游到佩科斯河途径的斯泰克德平原，有百英里长的无水区。② 查尔斯·古德奈特的赶牛队第一次穿越这一无水地区损失了 300 头牛。他后来改为半夜赶牛起程，次日午前 11 点让牛吃草休息，到晚上再起程赶路，直到第三天午前停止。夜晚不断兼程，直到把牛群赶到佩斯河。古德奈特事先计划好夜间行进的里程，让牛能抵达有水的地方喝水。在白天最热的时间段，他让牛休息、吃草，以便它们恢复体力继续行进。牛仔们在连续夜间赶牛实在困倦时，就稍作停顿，喝点浓咖啡提提神，再继续赶路。③ 虽然牛仔们疲惫不堪，但可以使牛少受损失。

1882 年，迪安·亚当斯是"圆圈点牧场"（Circle Dot Ranch）的牛仔。他所在的赶牛队在穿越无人区时，牛群完全失控。已经三天没有喝到水的牛到第三天夜晚宿营时变得焦躁不安。它们在营地不停地跑动，就是不肯卧地休息。靠着牛仔们的全力防范守护，才没有发生牛炸群逃窜事件。好不容易熬过了一个不安之夜，第四天凌晨起程时，又是闷热的天气。牛队行进了两个小时，天已热得人畜难以忍受。牛都变得焦躁不安，难于驾驭。领头牛好几次无目的地掉头乱撞，牛队乱作一堆，冲下了牛道。牛仔们费了两个小时的周折，好不容易把牛赶回牛道。然而，牛队向前行进了不到一英里，领头牛又一次回折，牛队又乱作一团。这已经是第四天断水了，所有的牛因干渴而哞哞吼叫，在草地上团团打转。在半英里的距离内，散乱不堪的牛一会儿涌向这边，一会儿又涌向那边。牛仔们费了几个小时，每个人都竭尽全力，

① Jim Lanning and Judy Lanning ed.，*Texas Cowboys*：*Memories of the Early Days*，pp. 66，67.

② Walter P. Webb，*The Great Plains*，p. 266.

③ James W. Freeman，ed.，*Prose and Poetry of the Live Stock Industry of the United States*，Vol. 1，p. 536.

但牛群已难以控制。他们把绳索扔到牛脸上，或在近得能烧焦领头牛头上毛发的地方用六响枪开火，它们都没有反应。这些牛踏起的巨大尘烟漫过了骑手，遮蔽了牛群的前沿。在正午烈日焦烤下，牛对牛仔的任何举动视若无睹，疯狂的公牛甚至故意向牛仔的坐骑冲击。牛因四天断水和强光的照射而失明了，所有的牛都一次次地拒绝前行。无奈之下，引领赶牛队的工头吉姆·弗拉德不得不作出痛苦的决定。他要牛仔们用一天半的时间把牛队赶回到几天前最后饮水的地方，解决牛的干渴问题。虽然牛有五六天没有喝到水了，但它们身体还强壮。特别是它们急于朝记住的饮水地奔去，回撤较为顺利。在第二天的半夜，牛队回撤到此前饮水的水洞前。极度疲惫和干渴的牛，或20头或50头不等，到水洞边饮水。喝足水的牛不但体力得以恢复，视力也慢慢复原。[①] 因为果断地后撤，使数天干渴难耐的牛得以饮水，避免了一次灾难。

"圆圈点牧场"的赶牛队要把牛赶往蒙大拿的布莱克"印第安人代办处"，这要穿越大夏延河南支流至鲍德河之间80英里干旱缺水的地区。鉴于此前在斯泰克德平原的教训，弗拉德要牛仔们在月光下赶牛。他要求牛队每天行进25英里。这对牛仔和牛马而言，是过去从未有过的，也是不得已而为之的唯一办法。牛队抵达南支流时，水已断流，只剩下几个水坑。牛队过南支流前，行进了四五英里，时已中午。弗拉德下令赶牛队下道休息。牛队停止前进后，牛仍可随意吃草，直到卧地休息。牛午休两个小时后，牛仔们让它们慢慢吃草前行。厨师赶着炊事工具车，看马人赶着备用马，前行三英里去安排夜晚营地。待牛吃完草三个小时后，牛仔们赶着牛队上路。待到牛队抵达宿营地时，已是黄昏时分。牛仔们轮流照看牛群，换班吃饭。晚饭过后，牛仔们熄灭篝火，赶牛队上路，在月光下夜行。

赶着得到充分休息和饱腹的牛在夜间上路比较容易。在牛队前头的引路人和后面的殿后者手里，各有一盏提灯。通过前后提灯的晃动，向牛仔们说明牛队行进的状况。道头要求前面的两名引路人适当压住阵脚，让牛队长度保持在半英里之内。他又不时到不同岗位的牛仔处巡察，要两侧的牛仔来回察看，不要让牛从牛道两边挤出牛队。他让殿后的牛仔赶牛往前走，不要掉

---

① Andy Adams, *The Log of A Cowboy: A Narrative of the Trail Days*, pp. 62–65.

队。引路的牛仔晃动提灯，殿后的牛仔摇灯作答。殿后者还唱起了这样的歌谣："咿——哎——啦——噢，小孤犊向前走；不用多久，你会变成一头大肉牛。"[1] 在北部平原月光照耀下的七月寂静之夜赶牛，对"圆圈点牧场"赶牛队的牛仔来说，是第一次新奇的经历。骑行在牛队一侧的安迪·亚当斯能听到传来的引路和殿后牛仔的低语声，拖着沉重物品的工具车的嘎吱声。看马人对马队发出的口哨声也清晰可闻。骑行在牛队两侧的牛仔，由于前后距离拉得较长，根本无法彼此交谈。然而，每当一支歌唱起而向前向后传去时，好的、坏的各种嗓音都会杂七杂八地加入进去。牛队规矩地向前行进，弗拉德几乎忘了时间。午夜过后，歌声停止了。牛仔们开始在马鞍上打盹。此时，前面的提灯才猛烈晃动起来，让牛仔赶牛下道休息。牛仔们只用了半个小时，就让牛群在牛道边几百米的范围内卧地了。第二天，牛队仍如前一天的方式行进。有了前一天的夜行经历，第二天夜晚牛队的行进更加顺利。"圆圈点牧场"牛队的牛仔们，靠着月夜赶牛行进，顺利地穿越了80英里的干旱缺水的地区，抵达了鲍德河。[2]

对牛仔们来说，最危险的是在极端天气下发生牛炸群滞逃的事件。漆黑之夜，狂风暴雨或雪暴的突袭，都会使神经极度过敏且野性十足的长角牛受惊，炸群逃散。一些踏上牛道的牛仔在回顾往事时提到可怕的经历。漆黑之夜，被风吹起的一棵干草、一段枯枝落在尚未睡熟的牛身上，或巡夜牛仔点烟划火柴的一点闪光，都会使焦躁难眠的牛受到刺激。特别是暴雨之前的电闪雷鸣，更易使牛群惊恐。牛会迅速从地上站起来，在地上盲目地走动，团团打转。牛角和牛角互相碰击，发出刺眼的火花。牛蹄互相踩踏，使一些起身晚的牛伤残。牛的身体互相挤压，牛身上的毛皮发出难闻的焦臭味。数千头牛在草地上团团打转，乱作一团。如果不能立即使它们停止跑动，随时都有牛炸群逃往茫茫荒野的危险。值班巡视和已经休息的牛仔都要立即行动起来，阻止牛群逃散。最好的方法是在牛团团打转时把它们稳住，使它们慢慢停止下来。此刻有的牛仔要冒着生命危险驱马进入混乱的牛群中，制止牛乱转乱撞。进入牛群中的牛仔和坐骑，很可能被牛角刺伤，或遭遇被牛撞倒遭

① Andy Adams, *The Log of A Cowboy: A Narrative of the Trail Days*, pp. 309-313.

② Ibid., pp. 314, 317.

牛蹄踩踏而死伤的危险。其他牛仔要在乱作一团的牛群四周守护，防止牛群突然从一个方向冲出逃离宿营地。

有时，仅仅靠十几名牛仔很难制止数千头牛炸群惊逃。牛一旦炸群逃窜，其奔跑速度快得可怕。然而，对力图堵住牛群逃散的牛仔来说，抢先占据奔逃牛群前面的位置非常重要。因为只有在那里才能把牛群赶回头。尽管这样做十分危险，但牛仔们会奋力去抢到这个位置。在此危险时刻，骑手与马是合为一体的。这样的结合能做成在普通环境下完全不能做到的事。抢在牛群前面骑行的牛仔会引领牛群向前，其他牛仔骑行在牛的两边。狂奔的牛群使大地都抖动起来，牛身上散发的热浪使骑行在牛群两边的牛仔脸上起了水泡，牛蹄撞击后发生的难闻气味使牛仔们难以忍受。如果牛群突然掉头向左，骑行在左侧的牛仔就要向后退，把牛群向左方引领，原来在牛群右侧骑行的牛仔就成了断后者。如果牛群突然掉头向右冲，那么牛仔们位置的变化则与前者相反。总之，牛仔们要在牛群的左右冲撞中不断变换骑行的位置。如果牛仔们能成功地使炸群奔逃的牛群慢慢停下来，险情便得以解除。此时，"牛仔真是世界上最快活的人了。他们的喊声和笑声飘荡在大草原的上空，远在数英里外也能听到"[1]。然而，在各种极端天气的夜晚，牛仔们要想制止牛炸群惊逃极其困难。一旦牛仔们围堵不住惊逃的牛群，它们就会冲出宿营地，奔向辽阔无垠的荒野。顷刻间，宿营地的数千头牛便荡然无存。

发生牛群炸群逃窜时，牛和牛仔都要付出惨重的代价。一些牛在逃窜时落在悬崖之下，被随后跌落的牛挤压而死。一些牛想跃过河岸，却坠入暴涨的河中溺水而死。也有一些牛散落在乡野四处。在夜间堵截和追赶惊逃的牛，牛仔们已疲惫不堪，次日拂晓，他们还要出发去搜寻散落的牛和寻找失踪的同伴。牛仔们发现，一些牛在深谷中死去，一些牛伤残甚重，已无法再踏上牛道。他们也会发现一个同伴摔死在坑洞中，或一个同伴连人带马坠崖身亡。[2]

一次长途驱赶中，牛仔会遇到多次难以预料的突发事件。1870年，理查德·威瑟斯所在的赶牛队在渡过河水暴涨的雷德河时，有116头牛溺水而

① James W. Freeman, ed., *Prose and Poetry of the Live Stock Industry of the United States*, Vol. 1, p. 534; Walter P. Webb, *The Great Plains*, p. 265.

② Lawrence I. Seidman, *Once in the Saddle: The Cowboy's Frontier, 1866-1896*, p. 77.

死。牛队行进到老移民前往加利福尼亚的"销魂岩"和"鬼门"时,厨师把牛轭弄断了。牛仔们不得不宿营,用钝斧头砍了一棵小木棉树新做了一根轭,又用火烧热工具车的大螺钉,在新做的轭上钻孔固定。为了钻六个孔,理查德·威瑟斯一整夜都在火堆中烧大螺钉。随后,牛队在翻越落基山的头一夜,又遭遇突降的雪暴,酿成马匹死亡和牛群逃匿山中的悲剧。① 1877年,埃利森和理查德·威瑟斯要把他们的1.5万头牛从得克萨斯赶往堪萨斯的奥加拉拉。为此,他们雇了六支赶牛队。每支赶牛队都有各自的牛道道头、一名厨师、一名看马人和八名牛仔,负责驱赶2,500头牛。② G. W. 米尔斯讲述了在这次赶牛中遭遇的多次危险,其中有两次牛群惊逃事件、两次涉过河水暴涨的河流。他们还遭遇了伴有雷电暴风雨的惊心动魄经历。

当年4月1日,米尔斯所在的赶牛队离开洛克哈特,踏上了"奇泽姆小道"。牛队行至奥尼昂支流宿营当夜12点,突降的雹暴引发已安睡的牛炸群惊逃。它们从百码之外直向炊事工具车冲击而来。睡在工具车附近的牛仔被牛群踏地的深重蹄声惊醒,有人在惊恐之中爬上了工具车。道头急忙要牛仔下车,立即上马追堵奔逃的牛群。牛仔们不顾雹子砸在身上,追出一英里才把牛围住。这一夜他们再也没能睡觉。第二次惊牛发生在雷德河的奥尼昂支流宿营地。因为雷德河河水暴涨,阻止了数支赶牛队过河。米尔斯所在的赶牛队便在奥尼昂支流择地宿营,等待河水泻落。安营后,厨师屠宰了一头一岁小牛,把牛肉挂在一棵小树和工具车之间拴的绳子上。当晚12点,在一个值班的牛仔到工具车附近唤醒第三组值班的人换班,在此时,他见到一只美洲豹的两只后脚站立起来,把挂在绳上的牛肉咬了下来,而牛仔们就睡在对面不远处。那个牛仔见此危险状况,立即向豹子开枪。被枪声惊醒的牛仔以为盗马贼前来袭击营地,一些人拿了枪支,一些人备马。杂乱声使安睡的牛受惊炸群逃散,牛仔们在漆黑之夜追堵了一整夜,只围拢了小部分牛。次日晨,牛仔们在离宿营地五英里的雷德河谷,找到大部分牛。经清点后,牛仔们把牛群赶回了宿营地。为了防止牛再被惊扰得炸群溃逃,牛仔们在白天

---

① Richard (Dick) Withers, "The Experience of An Old Trail Driver", J. Marvin Hunter, ed., *The Trail Drivers of Texas*, pp. 307, 309.

② G. W. Mills, "Experience 'Tenderfeet' Could Not Survive", J. Marvin Hunter, ed., *The Trail Drivers of Texas*, p. 230.

也在牛群周围严加守护。牛仔们被拖得疲惫不堪。①

　　鉴于牛随时都有炸群的危险，赶牛队便冒险强渡河面已宽达 300 码的雷德河。上午 10 点，米尔斯所在的牛队先下水，其他四支牛队随后跟着。这样多的人、马和牛同时过河既困难又危险。牛仔们和坐骑必须游泳，引领牛过河。为了到对岸能安全着陆，牛仔还得冒险跳到一头带野性的小公牛背上，才能在对岸安全上岸。面对这种险情，一个牛仔和他的坐骑就是不肯下水。沃希托河虽然河面窄，但却水深流急。牛队也须游泳过河。G. W. 米尔斯的靴子和袜子被急流冲掉。几棵散开的榆树在米尔斯前。在他看到靴子浮起时，见到一个身高 6.5 英尺的原住民在一棵榆树后，一支长来复枪立在他前面。米尔斯被吓得头发都立了起来。那人是一个原住民部落的酋长。上岸后，米尔斯见过河的炊事工具车和牛群已被 15 名原住民围住。酋长向赶牛队索要牛，如要求得不到满足，他们便不放行。道头为了减少麻烦，让牛仔们挑了四五头牛给他们。原住民还要更多牛，道头谎称后面来的赶牛队更多，会有更多的牛给他们。费了很多口舌后，米尔斯所在的赶牛队才得以继续前行。在穿越俄克拉荷马时，经常是几支赶牛队结伴行进，为的是有更多的人应对原住民的阻拦。米尔斯所在的牛队遇到的最后一次凶险是在索尔特福克，牛队在那里遭遇了雷电大作的暴风雨。牛队行至此处时，恰逢闪电击中一个小山的一侧，像炸弹一样在地上炸出了数个大坑洞。有七八头牛被电击而死，两匹马被击出了马队。米尔斯所在的赶牛队一路经历了太多的凶险，历时四个月，到 8 月 1 日才抵达奥加拉拉。② 很多牛仔在牛道上都有难忘的历险经历。

　　概而言之，牛仔在牛道上比在牧场里更艰辛危险。在牛道上，牛仔们的食宿条件比在牧场牧牛营地的生活状况更差。在牧牛营地，虽然牛仔们每日的伙食单调粗糙，但牧场每月都能送来一次供应品。在牧牛营地，牛仔们虽然在野外宿营，但大多数牧牛队会有一顶遮风挡雨的帐篷。在牛道上，赶牛队基本上没有帐篷。不论在什么恶劣的极端天气下，牛仔们靠自带的简单卧具在荒野中露宿。

---

　　① G. W. Mills, "Experience 'Tenderfeet' Could Not Survive", J. Marvin Hunter, ed., *The Trail Drivers of Texas*, pp. 231-233.

　　② Ibid., pp. 233-235.

由于炊事工具车要装载很多东西，留给装食材的地方有限，只能运载最简单的必备品。大部分食品要靠在牛队途经的农场或城镇购买。牛队起程时，炊事工具车上只能装载易保管和不易变质的粗玉米面、豆子、腌猪肉、糖浆和咖啡等常备食材。偶尔车内有番茄罐头和水果干等奢侈品。[1] 用这样的食材，厨师只能做出玉米面面包、煮豆子、煎咸猪肉、煮咖啡和糖水等。[2] 牛仔的主食是面包，厨师把面包做得又干又硬，以便能保存数月、一年，甚至更长的时间。牛仔们吃着这样的面包都难以下咽。咖啡是牛仔每日三餐的必备饮品，为的是提振精神，解除过度的疲劳。然而，很多赶牛队厨师煮的咖啡质量极差。他随意把两磅咖啡倒入壶中，加入一加仑水煮两个小时。如果咖啡不沉底，他就把一个马掌扔进壶里，尔后便毫不吝惜地往里加水。[3] 这样的"好咖啡"不但起不到提神解乏的作用，而且牛仔们喝着也索然无味。一日三餐，只有早晚两顿饭牛仔们能吃到热饭菜。午餐厨师准备的是冷快餐，主要是又干又硬的面包。[4] 在牛道上，一年当中不分季节，不分地区，牛仔一日三餐的食谱都是如此。[5] 虽然天天吃这样重复不变的简单粗糙的三餐很倒胃口，但为了承担每日的艰辛劳作，牛仔们不想吃也得吃。

在牧牛营地，过一段时间牛仔们能吃上一两顿鲜肉，但在牛道上，他们都难有这样的口福。只有在特殊的情况下，牛仔们才偶尔可能吃到鲜肉。一种情况是牛仔偶尔猎杀一头野牛或鹿等野味。[6] 另一种情况是在断粮时，牛仔们不得不杀一头小公牛充饥。在牛道上，牛仔们断粮时有发生。达菲尔德所在的赶牛队在 1866 年 4 月 5 日离开得克萨斯，到 5 月 16 日他们就什么吃的东西都没有了。6 月 14 日那个暴风雨之夜，牛仔们能吃的东西只有牛肉和面粉。[7] 1874 年，阿萨·道迪引领的牛队在横渡加拿大人河的索尔特支流

[1] Don Worcester, *The Chisholm Trail: High Road of the Cattle Kingdom*, p. 71.

[2] J. Frank Dobie, *Up to the Trail from Texas*, p. 106.

[3] Jack Bryant, Clay Dahlberg, et al, *The American Cowboy*, Birmingham: Oxmoor House, Inc., 1975, p. 63.

[4] J. Frank Dobie, *Up to the Trail from Texas*, p. 63.

[5] Joe B. Frantz and Julian Ernest Choate, Jr., *The American Cowboy: The Myth & The Reality*, p. 37.

[6] Ibid.

[7] David Dary, *Cowboy Culture: A Saga of Five Centuries*, pp. 178-179.

时突发意外。两辆炊事工具车刚过河驶过对岸，河水突然暴涨，漫过这条支流的两岸。水面迅速扩展至一英里宽，阻止了 24 名牛仔和牛群过河。在此后的七天时间里，牛仔们除了吃无盐的肉之外，没有其他可吃的东西。① 这些牛仔虽偶得吃鲜肉的机会，可连续数日只有这些无盐味的肉可食，他们又怎能吃得下去呢？由于赶牛队在牛道上遭遇各种预想不到的突发事件，厨师不能按预定的计划到经过的城镇去购买补给品。加之随着农牧矛盾的日益尖锐，沿途的农场主还会武装起来阻止牛队经过他们定居的地区，赶牛队更难以从农场上买到食品。因为这两方面的原因，赶牛队时有食品用尽而断炊的情况。

牛队遭遇突发事件，牛仔们会几十个小时甚至数天吃不上饭。在突降伴有雷电的暴风雨或暴风雪的极端天气下，厨师根本无法生火做饭。在发生牛炸群或涉过急流时，牛仔们常难得吃饭。达菲尔德所在的赶牛队在 1866 年6 月 2 日牛群受惊逃散，牛仔们在马背上追寻牛群，等找到 195 头牛时，他们已经有 60 个小时没有吃一点东西了。牛仔们忍着饥饿和疲劳，又骑行 14 英里，到夜里 12 点，他们才把找到的牛赶回宿营地。② 1874 年，乔·查皮曼所在的赶牛队在过雷德河时恰逢河水暴涨。他在河中赶牛游泳过河时，被巨浪从马背上拍落河中。幸好他抓住了马缰绳的绳头，才被拖拉到对岸。在那儿，查皮曼待了 24 小时，没有一点吃的东西。③

除了食物匮乏、伙食差之外，赶牛队的厨具、餐具也不足。炊事工具车能带厨具和餐具的数量有限。在渡河水暴涨的河流时，为了减少危险，厨师不得不减轻工具车的载重量。为此，他不得不扔掉一些炊具和餐具。如达菲尔德所在的赶牛队在 1866 年 5 月 14 日过布拉索斯河时，丢掉了咖啡壶、一些杯子、盘子和水壶等。④ 该牛队的牛仔们在吃糟糕的三餐时，只能忍受缺少餐具的无奈，甚至连喝咖啡都成了问题。

与牛仔们粗劣的三餐相连的，是他们在牛道上险恶的住宿条件。他们的简单卧具和着装，是难以应对牛道沿途的极端天气的。炊事工具车主要用来

① Charles A. Sringo, *A Texas Cowboy*, New York: William Sloane Associates, 1950, pp. 77-78.

② Dee Brown, *Trail Driving Days*, New York: Bonanza Books, 1952, p. 40.

③ Bart MacDowell, *The American Cowboy in Life and Legend*, p. 83.

④ David Dary, *Cowboy Culture: A Saga of Five Centuries*, p. 177.

装载的食品、炊具、餐具、工具和枪支等，留给牛仔们装卧具和衣物的容积有限，所以每支赶牛队只许每个牛仔带简单的卧具和随身穿的衣物。卧具是被称为"热卷"的两条毯子，一条油雨布只能放在马鞍后面。除了简单的卧具外，牛仔们没有帐篷和其他任何能遮风挡雨的东西。[①] 在大平原上，因为自然地理环境复杂和气候多变的原因，一次长途驱赶可能要经过由初春至严冬的不同季节。赶牛队会遭遇伴有雷电的暴风雨、雹暴或席卷整个平原的暴风雪。在牛道上，牛比人重要。赶牛队要以有利于牛群吃草、饮水和夜宿来选择行进路线和宿营地。在靠近水源的草地，或在山脚下，都以牛群的需要选定。因此，牛仔们的简单卧具和单薄着装难以抵御不同地区极端天气的伤害。在春寒料峭的南部草原、寒冷的山区、冰封雪盖的北部牧区，或在暴风雨、暴风雪之夜宿营时，牛仔们的宿营条件还不如沿途的飞禽走兽。在遇到极端恶劣的天气时，飞鸟可以飞进灌木丛中匿身，野兽可以钻入洞穴躲避，牛仔们却只能在荒野中靠单薄的卧具和衣物保护自己。有时，他们被午夜突降的伴有雷电的暴风雨惊醒淋湿。有时，他们在寒冷的北部山区宿营，近旁就有狼、熊出没。在灰熊因为害怕严寒而不愿袭击牛群时，牛仔们还要在营地值班守夜，看护牛群。[②] 他们只能以身体和精神的力量，来抵御极端天气带来的巨大伤害。在暴风雨或暴风雪之夜，牛仔不仅无法在宿营地休息，还要舍生忘死地去围堵追踪炸群逃散的牛。有时，他们要付出生命的代价。

虽然牛仔们在牛道上的工资比在牧场里稍多一些，但与他们付出的辛劳和承受的艰险相比，仍然是薪不抵劳。在牛道上，牛仔的工资比通常在牧场时要略高一些。特别是有经验的顶级牛仔每月会得到双倍的工资，达到 60 美元，甚至偶尔得到 75 美元。厨师的工资比最好的牛仔多 5—10 美元。道头的工资为 100—150 美元，与牧场工头相当。然而，一个看马人的工资却很低，仅有 5—7.5 美元。[③] 因为地区不同，每次赶牛的距离和牛的数量不

①　Dee Brown, *Trail Driving Days*, p. 36.

②　Emerson Hough, *The Story of the Cowboy*, New York and London: Appleton and Company, 1930, p. 183.

③　Louis Pelzer, *The Cattleman's Frontier: A Record of the Trans - Mississippi Cattle Industry, 1850 - 1900*, Glendale: Arthur H. Clark Company, 1936, pp. 166, 246.

同，赶牛队的工资都有些差别。如"马刺牧场"，在19世纪80年代付给道头的月工资为50—60美元，厨师的工资与顶级牛仔相同，为40—45美元。[1]再如1884年，圣安东尼奥的牧场主艾克·T.普赖尔从得克萨斯南部赶了15群牛，每群为3,000头。他共雇了165人，用了约1,000匹马。他把每11人组成一支赶牛队，其中包括一名厨师和一名道头。普赖尔付给他们的月工资除道头为100美元外，其余10人（包括厨师）每人为30美元。普赖尔为一支赶牛队购置装备、付出工资和牛群一路的花费仅占3万头售出价钱的3%。[2]他是以"最小的代价"把大量的牛驱赶到蒙大拿、达科他和怀俄明等北部牧区的。

在长途驱赶中，所有的牧场都付给牛仔尽可能低的工资，牧场主以最小代价去获取最大的利润。到1882年，因为美国市场对牛肉需求的锐增，得克萨斯的牧场主便把二年前买的牛卖到北部市场，这样可以获得300%的利润。[3]在19世纪80年代，牧场主把3,000头牛从得克萨斯赶到北部市场出售，可得到1万美元的纯利。[4]与牧场主获得的巨额利润相比，牛仔们的工资极其微薄。一个普通牛仔一次长途赶牛的工资所得仅有100美元，这些钱只够买一顶新帽子和一双精美的靴子。[5]对初次赶牛的"放青"男孩来说，其收入就更是微不足道。牛仔G.O.伯罗斯在牛道上度过了18—20年的时光，然而，高筒靴、条纹工装裤和价值4.8美元的衣服竟只是他所有财产。[6]牛仔们在长途赶牛中，其工资与牧场主获得的巨额利润相比，简直微不足道。

概言之，被招雇进赶牛队的牛仔月工资虽然比在牧场劳作时要高一些，但牛道沿途的自然生态环境和社会环境更严酷多变。牛仔们在牛道上劳作的

---

① William C. Holden, "The Problem of Hands on the Spur Ranch", *Southwestern Historical Quartelry*, Vol. 35, No. 3, 1932, pp. 197–198.

② Col. Ike T. Pryor, "The Cost of Moving A Herd to Northern Markets", J. Marvin Hunter, ed., *The Trail Drivers of Texas*, p. 367.

③ Walter P. Webb, *The Great Plains*, p. 235.

④ Martin Ridge & Ray A. Billington, ed., *America's Frontier Story: A Document History of Western Expansion*, New York. Chicago: Holt Rincent Winstoy, 1969, p. 610.

⑤ William H. Forbis, *The Cowboys*, pp. 142–143.

⑥ G. W. Mills, "High-Heeled Boots and Striped Breeches", J. Marvin Hunter, ed., *The Trail Drivers of Texas*, p. 120.

时间比在牧场上更长，睡眠时间更少。遇到突发事件时，牛仔们甚至几十个小时都不得休息。他们常有断炊无食的时候，还要忍饥挨饿地驱赶、呵护牛群。对牧场主来说，牛群安全胜过牛仔的生命。为了把牛群平安赶抵目的地，一些牛仔付出了生命的代价。在20余年的长途赶牛中，牧场主以数万赶牛仔为廉价劳动力，聚积了巨额财富。

通过对美国牛仔的历史考察，史实充分表明牛仔们承担了牧场上的一切劳作，使在内战前还被称为"美国大荒漠"的大平原成了疆域辽阔的"牧牛王"；他们所进行的艰苦卓绝的长途驱赶，把美国西部牧区与美国东部乃至欧洲市场紧密地联系起来，在美国历史上留下了壮丽篇章。数万名牛仔是美国西部牧区的主要开发者和牧牛业繁荣的主要创造者。牛仔的真实历史身份是被牧场主或牧牛公司雇用的马背劳工。在美国自由资本主义向垄断资本主义过渡时期，牛仔和美国工矿企业的工人一样，都是受垄断资本剥削的雇佣劳工。所不同的是，与美国其他行业的劳工相比，牛仔的劳动、生活环境更加恶劣，劳动时间更长，劳作更加艰辛危险。他们要受到牧场的严苛限制。绝大多数牛仔是10余岁和20多岁的青年男子。他们不能在牧场结婚，甚至连对牧场主的女眷说句恭维的话也不允许。[1] 这些就是美国牛仔的真实历史。然而，一个多世纪以来，在美国人心目中根深蒂固的牛仔形象不是历史上真实的牛仔，而是一种想象的人物。在全球范围内广为传播的牛仔也是历史失真的虚构的偶像。

三、以身殉职的牛仔

在美国西部牛仔五个世纪的历史演进中，内战以后的30年是其"黄金时代"和鼎盛时期。数万名牛仔在牧场上艰辛劳作，在赶牛小道上鞍马劳顿。由于他们的开拓进取，把内战前还被称为"美国大荒漠"的大平原，开发成美国新的肉类和畜产品生产基地。一个疆域辽阔的"牧牛王国"在大平原上勃然兴起。牛仔拓建"牧牛王国"的历史充满了艰辛、劳累和凶险。数万名牛仔拓建"牧牛王国"的真实历史并不像美国文学作品和西部影视片所渲染的那样浪漫。很多牛仔在牧场里和牛道上舍生忘死地保护牛

---

[1] David Dary, *Cowboy Culture: A Saga of Five Centuries*, p. 279.

群，以身殉职。由于牧场主视牛群安危比牛仔的生命更重要，故至今没有西部殉职牛仔的数字统计，有的殉职牛仔甚至连姓名也没有留下。笔者只是把散见在牛仔论著中的零散记载收集起来，撰写成文。

（一）牧场劳作中殉职

在大平原南部牧区，最易给牛仔造成致命伤害的是在牧牛营地突遭暴风雨的袭击。在得克萨斯西部，伴有雷电的暴风雨会酿成使牛仔丧生的悲剧。一天，W. L. 多布斯所在的牛队在克洛厄尔西部的四五英里处，牛仔们刚把1，500头牛围拢成群，暴风雨猝然而至。闪电像箭一样迅速地掠过牛群周围，把四五头牛击倒在地，有三头牛被电击而死。一个在牛群边骑行的牛仔与其坐骑被击倒，也失去了知觉。另一个骑行的牛仔在同一时间同一条路的东头，被这次闪电击死。①

在冬季严寒的北部牧区，突然袭来的暴风雪会使很多保护牛群的牛仔丧生。1886年和1887年美国历史上罕见的两次暴风雪就是如此。牛群被狂风暴雪席卷着从北向南漂泊而去，数百万头牛因冻饿而死。为了减少损失，牧场主们要求牛仔们冒着暴风雪去追踪牛群，把牛群引领到能暂避风雪的地方。在茫茫荒野之中，除了被暴风雪席卷着向南而去的大小牛群外，就是跟随着牛群并尽力把它们赶到较安全地方的牛仔们。为此，很多牛仔付出了生命的代价。②

有的牛仔甚至是与牛群在一起被厚重的冰雪罩住而憋死的。埃默森·霍夫在他的著作中讲述了两个牛仔以身殉职惨烈死去的故事，这两位牛仔和他们要保护的牛群一起，在厚厚的冰雪盖帐中丧生。当时，他们所驱赶的牛群被暴风雪推着缓慢向前移动，两名牛仔骑行在被冰雪覆盖的牛群边缘处。落在牛身上的雪变成一层厚重的冰，大雪又使冰层不断加厚。在整群牛上面，不断落下的大雪形成了一块厚重的冰雪白毯。白毯四周边缘，因牛身上的热量而融化了一部分。这些融化的冰块开始慢慢往下流水，经狂风一吹，先是形成冰柱，而后形成不断增厚增长的冰雪幔帐。盖在牛群身上的冰雪毯子逐渐成为一个把牛全罩起来的盒子。如果不是暴风雪的推拥，牛群几乎难以移

① Jim Lanning and Judy Lanning, ed., *Texas Cowboys Memories of the Early Days*, p. 51.
② 前面对两次历史上罕见的暴风雪导致很多牛仔以身殉职已有述及，在此不再重复。

动。两名随这群牛骑行的牛仔意识到了事态的严重性：如果不从边缘处驱赶牛快速跑动起来，撕裂冰雪盖帐，那么整群牛就会被冻闷而死。为了救牛群，两个牛仔催马沿着白幔弯曲的边缘快速奔跑起来。他们试图引领两边的牛也跑动起来，撕开厚厚的冰雪毯子，但毫无用处，因为白幔关闭得太严。他们又被尖利的冰刺伤眼睛，挡住视线，随后两人就不能自由呼吸了。他们先是以呼喊保持联系，随着呼喊声越来越弱，他们只能靠打枪作为相互联络的信号。到最后连枪声也没有了。两位牛仔和他们要保护的那群牛一起，在厚厚的冰雪盖帐中丧生。① 这是两位没有留下姓名的殉职牛仔。

在大平原牧区的赶拢季节，牛仔以身殉职的事故也经常发生。赶拢区的范围规模巨大，一个赶拢区四五千平方英里乃至更大。②赶拢持续时间长且极具危险，一个赶拢区的工作要持续进行一个半月的时间。牛仔工作的紧张程度、劳动强度和疲劳程度便越来越大。到牛仔们难以承受时，就极易发生意外事故，他们有时要付出生命的代价。牛仔约翰·杨记得，约在 1879 年，得克萨斯的报纸曾经报道在赶拢现场牛仔丧生的消息。一个星期日，位于泰勒县境内布拉索斯的克利尔支流的辛普森牧场正进行赶拢。离此约 30 英里处，年轻的弗兰克·谢利让他骑的马超过一头一岁口的小公牛时，坐骑把他头肩着地摔到地上。谢利因颈部折断而失去知觉，次日 1 点死去。③ 牛仔特迪·布卢曾亲眼目睹过牛仔在赶拢中丧生的悲剧。1883 年某日中午，特迪·布卢所在的赶牛队行进到里帕布利克河的弗伦斯岔口，一个放牧队的牛仔们正在此地赶拢。戴维斯和另一名牛仔追赶一头烙印模糊的公牛，试图把它套住。追至河岸的 30 英尺断口处，两名牛仔的坐骑已超过了那头公牛。戴维斯的套索因受到公牛冲击而落在地上，正当他俯身试图捡起套索时，那头公牛飞奔而来，将他撞入汹涌澎湃的激流中。戴维斯被那头公牛所害身亡。④

（二）殉职于牛道沿途

在美国西部牧区，还有更多的人在长途驱赶牛群的牛道上丧生。美国内

---

① Emerson Hough, *The Story of the Cowboy*, p. 187.

② Walter P. Webb, *The Great Plains*, p. 256.

③ J. Frank Dobie, *A Vaquero of Brush Country*, Dallas: The Southwest Press, 1929, p. 105.

④ E. C. Abbott ("Teddy Blue Smith") and Helena H. Smith, *We Pointed Them North: Recollection of a Cowpuncher*, Norman: University of Oklahoma Press, 1939, p. 38.

战以后持续了 20 余年的"长途驱赶",是美国历史上最富传奇色彩的壮丽篇章。数万名牛仔相继踏上条条"赶牛小道",把数百万头长角牛长途驱赶到堪萨斯、密苏里和科罗拉多的铁路装运站,输往美国东部市场;或把牛群赶至大平原西部和北部的新牧区。在当时美国西部交通尚不发达的情况下,"赶牛小道"是把西部牧区和东北部市场联系起来的唯一途径。然而,由牧区通往遥远市场的牛道走起来极为艰辛危险。因为条条"赶牛小道"不仅路途很长,而且自然地理环境十分复杂,沿途气象条件变幻莫测。走最重要的"奇泽姆小道",从得克萨斯到堪萨斯的阿比林等牛镇,要经过 2—4 个月,而到蒙大拿或科罗拉多则需要 6 个月。[①] 每支赶牛队的一次长途赶牛要越过多条河水暴涨的河流、经过深山峡谷,遭遇暴风雨雪等严酷自然环境的阻碍,承受毒蛇猛兽的侵扰和面对各种人为的凶险。12 人组成的赶牛队要把 3,000 头牛平安赶到出售地有很大损耗和风险。[②] 在牛道上,牧场主视牛群比牛仔的生命更重要。牛仔们必须舍生忘死地保护好牛群。在各种突发危险出现时,常常会有牛仔为保护牛群而殉职。

在赶牛群渡过河水暴涨的河流时最易发生牛仔溺水死亡的不幸事件。从得克萨斯通往市场或新牧区的牛道基本上是南北走向,要经过多条东西流向的河流或支流。每年春季赶牛时,落基山脉融化的雪水和天降的雨水会使条条河流暴涨淹没堤岸。即使在前一年旱季枯水断流的河道,在春季赶牛时河宽很快变得目不可及,水深难以触底。在涨水期,一条水深仅有 6 英寸的河在一天的时间内竟上涨到 25 英尺高。大水还把大段的牛道淹没。[③] 赶下水的牛困在河水中挣扎而精疲力竭,被漩涡吞没。并不是每个牛仔都是游泳能手,有的人甚至还不会游泳。然而,为了使牛脱离被漩涡吞没或被激流冲走的危险,牛仔们都不顾个人安危,奋力在激浪中搏击。有的牛仔被突来的巨浪拍下马,有的牛仔在混乱中随牛被激流冲走,再也不能生还。[④] 1866 年 5 月 29 日,乔治·道菲尔德所在的赶牛队渡雷德河时,就有一个牛仔被

① Laurence I. Seidman, *Once in the Saddle: The Cowboy's Frontier, 1866-1896*, p. 81.
② Joe B. Frantz and Julian Ernest Choate, Jr., *The American Cowboy: The Myth & the Reality*, p. 44.
③ William H. Forbis, *The Cowboys*, p. 144.
④ Laurence I. Seidman, *Once in the Saddle: The Cowboy's Frontier, 1866-1896*, p. 78.

淹死。①

在很多关于牛仔的著作中留下了牛仔赶牛群渡河时以身殉职的记载。1871 年赶牛季节，雷德河洪水泛滥，洪流把百英里宽范围内的一切植物连根拔掉，沉重的灌木丛、折断的树和其他漂浮物伴着奔流激荡的轰鸣向东滚滚而去。少数赶牛队道头要牛仔们冒险赶牛下水，结果人、马、牛被激流冲得混乱不堪。一个正在赶牛过河的墨裔牛仔因其坐骑突遭一块浮沉的木头撞击而把他抛入水中，另一个牛仔想救那个墨裔牛仔失败，结果两人都被洪水吞没。② 几年中雷德河使赶牛人溺水而死的人数之多超过了其他所有河流之和。③ 使牛仔丧生的不只是雷德河，加拿大人河曾使一个道头溺水而死。亚当斯记载，一支赶牛队在一个雨天强渡河水暴涨的加拿大人河，激流把道头掀下马，导致他落入水中溺水而死。④ 有鉴于多条河水暴涨的河流吞噬了很多牛仔的生命，有的著作称河流成为他们的真正敌人。⑤

围堵追踪炸群逃散的牛群也易使牛仔以身殉职。野性十足的得克萨斯长角牛是极易神经过敏的牛种，一旦受到惊扰，长角牛就会炸群四处逃散。即使在明亮而宁静的夜晚，诸如一声狼嚎、一声马嘶，或一只野兔和一头鹿的蹦跳，甚至炒锅的响声等微不足道的小事，都会使已卧地休息的牛群突然受惊站起。炸群的牛四处逃散。有一个牛仔口袋中散出的一点烟叶碎末掉到一头小公牛的眼睛上，这头受惊小公牛乱撞，使整群牛失控逃散，结果导致两个牛仔丧生和 400 头牛丢失。⑥ 至于在无月光的漆黑之夜或闪电雷鸣交加的暴风雨之夜，牛群受惊逃散的事情则更易发生。牛群先是因恐惧不安而乱走乱撞，随后狂乱的牛群在黑暗中疯狂冲出宿营地，向四野奔去。发生这种情况，牛群与牛仔都要付出生命的代价。牛仔在追赶堵截逃散的牛群时，他们的坐骑会因蹄陷鼠洞或泥坑中而摔倒，马和它的主人极易被后面逃散的牛无意中踩踏而死。第二天，宿营地会留下一个牛仔的新坟。⑦

① David Dary, *Cowboy Culture*, *A Saga of Five Centuries*, p. 178.
② Bart McDowell, *The American Cowboy in Life and Legend*, pp. 83–84.
③ Andy Adams, *The Log of A Cowboy*: *A Narrative of the Trail Days*, p. 121.
④ Caleb Pirtle, ed., *The American Cowboy*, Birmingham: Oxmoor House, Inc., 1975, p. 69.
⑤ Joe B. Frantz and Julian Ernest Choate, Jr., *The American Cowboy*: *The Myth & the Reality*, p. 46.
⑥ William H. Forbis, *The Cowboys*, p. 160.
⑦ Dee Brown, *Trail Driving Days*, p. 41.

　　在很多情况下，悲剧是由雷电引起的。1876 年 7 月初，约翰·弗莱彻所在的赶牛队经道奇城前往怀俄明。离开道奇城几天后，赶牛队路遇一匹遭雷电击杀的马尸，旁边就是那匹马骑手的坟墓。在三年之内，那条牛道沿途有四名牛仔遭遇雷电击中而丧命，其中三人还被严重烧焦。① 1876 年，年仅 15 岁的特迪·布卢第一次加入赶牛队，任务是将约翰·莱特尔出售的 500 头母牛从林肯赶往布卢里弗。在抵达布卢里弗附近宿营的那天夜晚，赶牛队遭遇了可怕的暴风雨。特迪·布卢与莱特尔的三个牛仔虽然尽力守护牛群，但最终牛还是受惊逃散。他们奋力去追堵牛群，后来发现少了一人。次日清晨，布卢等人找到了那个骑手的尸体，倒在巨大的洞坑中，摔在地的六响枪枪柄让布卢认出死去的骑手就是他们的同伴。② 布卢还记得，一个经常与他一起唱歌的牛仔在 1885 年赶牛时被雷电击死。③ 在短短几年的赶牛中，特迪·布卢就帮助他所在的赶牛队用薄土掩埋了三个因追堵惊逃牛群而丧生的牛仔。④ 1882 年的一天，M. A. 威瑟斯与 G. B. 威瑟斯和格斯·约翰逊一起骑行时，突遭雷电袭击。约翰逊的衬衣下部着火，一直被烧到头部而丧生。G. B. 威瑟斯则被雷电击瞎了一只眼睛，M. A. 威瑟斯头戴的棉帽顶被烧燃，灼烧到他的头顶而受了轻伤。⑤

　　在牛道上，突降的雹暴也会使一些牛仔丧生。1874 年，利奥·图克所在的赶牛队行进到"赫尔·罗灵支流"附近，遇到了雹暴。那天夜晚也是他感到最寒冷的一夜，地上的冰层达 1.5 英尺厚。与图克的牛队相近而行的博伊斯·麦克科拉布和阿尔·菲尔兹两支赶牛队的马全都被冻死。索尔·威斯特引领的赶牛队损失最严重，在向前骑行了 5 英里后，该牛队的一些马和它们的骑手却被冻死。⑥

　　在牛道上，生病的牛仔还因得不到医治而死亡。后来成为牧场主的非裔牛仔丹尼尔·韦伯斯特·华莱士，曾亲手埋葬了一位在牛道上因病致死的年

---

①　William H. Forbis, *The Cowboys*, p. 162.

②　E. C. Abbott（"Teddy Blue Smith"）and Helena H. Smith, *We Pointed Them North：Recollection of a Cowpuncher*, p. 37.

③　Ibid., p. 223.

④　Ibid., p. 36.

⑤　J. Marvin Hunter, ed., *The Trail Drivers of Texas*, p. 103.

⑥　Sara R. Massey, ed., *Black Cowboy of Texas*, p. 109.

轻牛仔。有一次他所在的赶牛队刚准备起程，一名年轻的牛仔下腹疼痛难忍。厨师见年轻人无法骑马，就让他上了炊事工具车。这个牛仔得的是阑尾炎，因为得不到医治，他痛得哭爹喊娘，死在了牛道上。他被用毯子裹尸葬在了茫茫的草原上，连姓名也没有留下。[①]

（三）以身殉职的原因

在美国西部牧区，导致很多牛仔以身殉职的原因是多方面的。既有劳作生存自然环境的险恶、劳作强度过大导致的极度疲劳，管理的牛群和骑乘的马匹野性未脱等客观原因，又有"忠于职守"的牛仔准则的主观因素。

牛仔们生活在极易造成伤亡事故的严酷恶劣的自然环境中。被牛仔开发为"牧牛王国"的大平原，实为干旱、半干旱的高原，在内战前还被称为美国的"大荒漠"。其地理结构复杂，气候条件多变。大平原南部多为无树、少树的平坦草地，间有丘陵山脉。北部平原多高山峻岭和幽深峡谷，把草原隔断。还有多条东西走向的大河把条条南北走向的牛道截断。大平原也有一些沙漠地带是牛道必须穿越的地区。大平原的天气更是变化莫测。在得克萨斯南部牧区，有时在 5 月末还会被来自北方的大雪袭击。[②]至于北部牧区更是暴风雪频发，是冰雪世界。与暴风雪相比，大平原上伴有雷电的暴风雨更多。暴雨加上春季洛基山脉的雪水使河水暴涨，急流滚滚的江流给牛仔和牛群带来极大的凶险。

在平原上还有伤害牛仔和牛群的毒蛇猛兽，以及给人畜制造丧命陷阱的"草原狗"。从得克萨斯南部踏上牛道直至终点，毒蛇经常威胁着牛仔。从得克萨斯到俄克拉荷马境内，毒蛇很多，沿科罗拉多河和布拉索斯河有水生毒蛇。牛仔和他的马常受到毒蛇致命的伤害。[③] 大平原有大量的郊狼和狼等猛兽，尤其是个头较大的灰狼专门袭击牛群和伤害人。在"古德奈特—洛文小道"上赶牛时，从黄昏到次日天亮，有多只狼一直跟随着比尔·威尔逊。他疲惫至极，躺在了牛道上，被狼叫声惊醒，看见多只狼已把他围起来。他只能用一根棍子轰打着狼，为自己开路。[④] 年轻的牛仔杰克骑马到远离牧场

① Sara R. Massey, ed., *Black Cowboy of Texas*, p. 184.

② William H. Forbis, *The Cowboys*, p. 144.

③ Sara R. Massey, ed., *Black Cowboy of Texas*, p. 111.

④ J. Frank Dobie, *Up to the Trail from Texas*, pp. 153-154.

的地方搜寻走失的牛，亲眼看到一大群狼轮番向聚集在一起的 18—20 头牛冲击，直到把一头肥壮的母牛咬死。杰克纵马到离狼群 100 码处开枪射击，狼群才散去。① "草原狗"虽不是食肉的猛兽，但它对人畜造成的致命伤害更大。这种鼠类在干燥的大平原上数量极多，据估计，"草原狗"在得克萨斯就有 8 亿只之多。"草原狗镇"就位于得克萨斯的圣安吉洛与克拉伦登之间。占得克萨斯 1/2 的"草原狗"占据方圆 2.5 万平方英里的地盘，它们与牲口争草，在得克萨斯，它们消耗了约 312.5 万头牛的牧草。② "草原狗"吃草不仅食叶，还挖根吃，破坏根茎，因此打了很多大深洞。很多牛马和牛仔跌入"草原狗"打的巨大坑洞中丧命。总之，大平原险恶的自然环境有很多使牛仔受伤亡的自然因素，造成许多牛仔在劳作中遇险殉职。

　　得克萨斯长角牛与牛仔骑的马都带有野生动物的兽性，有时也会伤害牛仔的生命。得克萨斯长角牛是西班牙牛与美国东部牛杂交繁衍的后代。在 19 世纪 20—30 年代，大量疏于管理的西班牙牛变成了野牛。西班牙野牛遗传基因使得克萨斯长角牛野性十足。美国内战期间，牛群在四年的时间内少有人管理。战后数百万头长角牛大多成了野牛。内战结束后，牧场主和牛仔就是把野性十足的得克萨斯长角牛围拢成群，赶往东部市场和大平原的新牧区的。得克萨斯长角牛的公牛异常暴烈，最轻微的刺激也会使它成为最具攻击性和最危险的猛兽。即使稍微驯服的母牛，为保护幼犊，也像公牛一样凶猛和危险。③ 得克萨斯长角牛的野性和暴烈使得牛仔们必须骑在马背上，使用套索和六响枪才能放牧、围捕和驱赶。即使在这种情况下，受到惊吓的长角牛也会对骑手进行疯狂的攻击或穷追不舍。牛仔们管理长角牛骑乘的马匹，也都是由野马驯服后使用的。这些马也是由殖民者带到美洲大陆的西班牙马的后代。到美国内战后，在得克萨斯草原已繁衍大量的野马。各个牧场使用的骑乘马多是把野马驯服后使用的。因为每个牧场的牛群数量很多，使用管理牛群的马数量也很多。特别是在赶拢季节围拢牛群和踏上牛道上长途驱赶时，每个牛仔需要有多匹备用马。因此，很多野马并未完全被驯服就得

　　① George B, Grinnell, *Jack The Young Cowboy: an Eastern Boy's Experience on a Western Round-up*, Frederick A. Stokkes Company, 1913, pp. 133-135.

　　② Walter P. Webb, *The Great Plains*, p. 39.

　　③ David Dary, *Cowboy Culture*, *A Saga of Five Centuries*, pp. 71-72.

投入使用。大多数供牛仔骑乘的备用马还都是半带野性的烈马。[①] 牛仔们在驯服野马的过程中，经常被从马背上摔下。牛仔们管理的牛群和骑乘的马匹在受到意外刺激时会变得像野兽一样凶猛疯狂，牛仔稍有不慎，就要付出生命的代价。对此前面已有例证说明。

　　牛仔们终年过度疲劳而得不到很好的休息也易酿成伤亡事故。在牧区放牧时，牛仔们日出而作，日落而息，夜间还需轮流值班守护牛群。在春秋赶拢季节，牛仔们更是数月连续作业，四处转战。在 19 世纪 80 年代，牛仔每周的工作时间高达 105 小时，远远高于其他行业工人的每周 60—72 小时。[②] 在牛道上长途赶牛，牛仔们更加劳累艰辛。在不发生任何意外的日子里，牛仔每天要工作 18 个小时，夜晚只能睡 5—6 个小时。[③] 如果遇到暴风雨雪等恶劣天气发生牛群炸群惊逃事件，牛仔们要围堵和到荒野中寻找丢失的牛，他们会连续几天不能休息。在牛道上，牛仔们还要在月光下赶牛，走过沙漠地带。不论是在牧牛营地、赶拢现场还是在牛道上，牛仔们都在荒野露宿。从大平原南部牧区到北部牧区，不论是春寒料峭还是秋风萧瑟，也不论是酷暑严冬，还是突遭雷电交加的暴风雨或狂风怒号的暴雪之夜，牛仔的卧具只有几条粗线毯。他们只能以草地为床，任凭风吹雨打、暴雪肆虐，没有任何其他遮蔽物。牛仔们在终年超时、超忍耐极限地艰苦劳作着，根本得不到很好的休息和充足的睡眠。他们都疲惫不堪。牛仔们在极度疲劳和工作高度紧张的状态下，恶劣严酷的自然环境和野性十足的牛马更易对他们造成致命的伤害。

　　牛仔们能勇于面对各种凶险，以至不惜以身殉职的更重要原因，是他们"忠于职责"的职业操守。这种职业操守，在骑马牧人时代就逐渐形成，并沿袭下来。在 1821 年墨西哥推翻西班牙殖民统治宣布独立时，牧牛业在现今美国的得克萨斯南部地区已经历了一个多世纪的发展历程。在此期间，代代骑马牧人是传教区和私人牧场上的主要劳动力。无论是随西班牙殖民时期

---

　　① Cordia B. Duke and Joe B. Frantz, *Six Thousand Miles of Fence: Life on XIT Ranch of Texas*, pp. 116, 127.

　　② John Parkins, "What Cowboy Ever Wished to Join a Union? Wild West Industrial Relations before 1914", *The Journal of Industrial Relations*, Vol. 36, No. 3, 1994, p. 324.

　　③ Walter P. Webb, *The Great Plains*, p. 268.

从格兰德河南部进入得克萨斯的墨西哥骑马牧人，还是得克萨斯的原住民，他们必须是皈依了天主教且顺从的教民，才能被允许骑马管理牛群。一代代的骑马牧人必须对牧场主"忠诚"，否则他们会受到严厉惩处。内战前随主人迁居得克萨斯的马背奴隶也必须"忠诚"于主人。这种"忠诚"雇主的思想一直影响到白人牛仔。"忠诚于雇主"遂成为美国西部牛仔不成文的准则。牧场主要求牛仔们必须保护好牛群，并使牛的数量不断增加。在 19 世纪 70 年代以前，美国西部牧区的自然环境仍然是蛮荒之地，牛仔们巡牧管理的长角牛又野性未脱。在此情况下，管理好牛群困难和危险很多。牛仔们不论被分配在什么岗位上，不论劳作在牧场里还是骑行在牛道上，他们都必须苦练劳动技能，不断改进工具，恪尽职守，才能呵护好牛群。

在美国西部牧区，一个人一旦当了牛仔，"忠于职守"便成了他始终坚守的信条。在牧场或在牛道上，牛仔们都要尽职尽责地保护好牛群。草原火灾和暴涨的河流，频发的牛群炸群逃散，暴风雨、雪，伤人致死的烈马和好打斗的长角牛，置人畜于死地的巨大鼠洞，陷奔跑的牛马于险境的森林，暴徒、劫匪和原住民的拦截等等，这些都是牛仔每日劳作和生活中必须面对的一切。有些牛仔会在这些险境中殉职。牛仔手中套索、马鞭和缰绳的偶尔失手脱落，也会使他付出生命的代价。然而，不论一个单独骑行的牛仔还是一个放牧队或赶牛队群体，他们能坦然面对随时随地遇到的危及生命的险情。尽管如此，却没有牛仔在经历生死之险和同伴丧生后放弃自己的职务。牛仔们之所以舍生忘死地保护牛群而不惜以身殉职，是因为在他们的观念中有"根深蒂固"的"忠诚规则"。①

---

① J. Frank Dobie, *The Mustangs*, p. 324.

非裔牛仔 Nat Love

"黑鬼鲍伯"在XIT牧场

非裔牛仔Bill Pickett

非裔牛仔Jim　Perry

非裔牛仔Bronco　Sam

非裔牛仔Daniel Webster Wallace

非裔牛仔George Glenn
(1870年曾驰骋于齐泽姆小道)

非裔牛仔Bose Ikard

非裔牛仔Mary Fields

赶牛的非裔牛仔

Bill Pickett咬牛唇

牛道上的非裔厨子

《黑人牛仔》封面

非裔牛仔登上了廉价小说的封面

第 二 章

美国的非裔牛仔

非裔牛仔是美国牛仔这个特殊社会群体的重要组成部分。在非裔牛仔中，主要是内战后获得自由的非裔马背奴隶，也有一些不堪忍受美国南部种族歧视而逃到西部牧区的非裔美国人。非裔牛仔同白人牛仔、墨裔牛仔和原住民牛仔一样，在辽阔的牧区骑马放牧、看护牛群。他们被招雇进赶牛队，从得克萨斯踏上"赶牛小道"，把牛群赶到东北的市场、小牛育肥地和新牧区。许多非裔牛仔在牧场里艰辛劳作，在牛道上勇对凶险。多数非裔牛仔有良好的职业操守，能与不同肤色的人协作共事。他们对美国"牧牛王国"在西部辽阔大平原上的兴起和繁荣献出了毕生的精力，有人甚至付出了生命的代价。然而，美国对黑人的种族歧视政策，使"牧牛王国"里的非裔牛仔长期被美国的史学家和作家们所忽视。直到 20 世纪中期民权运动兴起，非裔牛仔的研究才受到美国学术界的关注。

第一节　非裔牛仔概况

纵览美国学者对非裔牛仔的研究，大量论著集中在著名非裔牛仔的个案研究上，而对这个独特的社会群体在牧场和牛道的劳作状况以及他们能在美国"牧牛王国"立足的原因和境遇的论述似显薄弱。本节分别从非裔牛仔的构成和地区分布、在牧场的艰辛劳作、牛道和牛镇生活和具体个案等方面，对美国西部非裔牛仔的基本情况加以概述，并作出初步论析。史实表明，非裔牛仔身处严酷的自然和社会环境中，对"牧牛王国"的兴起作出了重要贡献。

一、非裔牛仔的构成和地区分布

非裔牛仔的构成和他们在美国西部不同牧区的活动受到史家的关注。研究者认为，非裔牛仔由两部分人员组成。他们之中最大的一部分是得克萨斯牧场上以前的奴隶，其余的是来自美国南部州的黑人，他们是为反对那里的种族迫害和歧视而移往西部牧区的。[①] 这一点已成为史家共识。

关于非裔牛仔在牧场劳作的地区，学者们认为他们中的大多数人主要在得克萨斯及其北部与它相邻的俄克拉荷马，只有少数人在其他牧区。直到美国内战前，在得克萨斯，非裔牛仔是以"马背奴隶"的身份劳作在牧场上。在得克萨斯北部的"印第安人"领地俄克拉荷马五个"文明部落"里，也有少数黑人奴隶放牧牛群；而在北部的堪萨斯，直到发生"流血事件"的1860 年，牛都是圈养在农场里，不需要骑马放牧，也没有非裔牛仔出现。[②] 内战以后，非裔牛仔参与长途驱赶牛群，从得克萨斯把牛群赶往北部和西部牧区。向北非裔牛仔到了怀俄明、南北达科他，甚至远到加拿大；向西他们到了新墨西哥、亚利桑那，乃至加利福尼亚和俄勒冈。他们之中的大多数人返回了得克萨斯，少数人留在了当地，成了牧场的牛仔。[③] 在新墨西哥，被称为"黑鬼弗兰克"的非裔牛仔一生都为牧场主约翰·奇苏姆放牧马群。在新墨西哥牧区的其他非裔牛仔，也为牧牛业中的每个人所熟知。在 19 世纪 70—80 年代，非裔牛仔也骑行到了怀俄明，但大多数人在把牛群赶到那里后，只停留数日便返回了新墨西哥或得克萨斯，只有一些人留在了当地牧区。通常，在蒙大拿牛仔的回忆录和故事中，也提到少数非裔牛仔。[④]

有的研究还以黑人人口的统计数字，说明非裔牛仔在不同牧区的分布情况。《黑人牛仔》中提供了一组数字，得克萨斯在 1845 年并入美国时有 3.5

---

① Howard R. Lamar ed. , *Reader's Encyclopedia of the American West*, New York：Thomas Crowell Company，1977，p. 268.

② Phillip Durham & Everett L. Jones, *The Negro Cowboy*, p. 18.

③ Kenneth W. Porter, "Negro Labor in the Western Cattle Industry, 1866 - 1900", *Labor History*, p. 348.

④ Phillip Durham & Everett L. Jones, *The Negro Cowboy*, pp. 109, 134, 143.

万个黑人奴隶，到 1861 年内战前夕，该州的黑人奴隶增加到 18.2 万人。相比之下，北部牧区居住的黑人极少。如蒙大拿在 1870 年只有 186 名黑人，到 1880 年才上升到 346 人。[①] 斯莱塔也转引了《黑人牛仔》中的数字，借以说明大多数非裔牛仔主要在得克萨斯参与牧场经营，而留在北部牧区的非裔牛仔极少。[②] 这些研究表明，非裔牛仔的大多数受雇于得克萨斯牧区，与它北部相邻的俄克拉荷马的非裔牛仔也较多。其他西部和北部牧区虽然也有受雇的非裔牛仔，但人数甚少。

因为得克萨斯是大平原牧牛王国兴起的"摇篮"和大本营，那里的非裔较其他牧区参与早而人数多，所以该州的非裔牛仔成为史家研究的重点。

《黑人牛仔》一书用两章的篇幅，阐释了得克萨斯的非裔牛仔。美国内战以前，一些黑人奴隶被奴隶主从密苏里和阿肯色等州带到得克萨斯。在一些奴隶主开始经营牧牛场后，他们的一些黑人奴隶被训练成能骑马照料牛群的"马背奴隶"，成为最早的美国非裔牛仔。大量的非裔牛仔在得克萨斯东部。在特里尼蒂河和路易斯安那边界之间，全是非裔牛仔的牧牛队也很常见。美国内战前，得克萨斯有数千名非裔牛仔学会了骑马、使用套索和打烙印技术。他们绝大多数人是奴隶，少数是自由人。[③] 内战爆发时，在得克萨斯牧区放牧的牛群已达约 400 万头。[④] 因为得克萨斯站到南部同盟一边，白人牧场主参军对联邦军作战。牧场无人管理，很多牛逃离牧场变成了野牛。战后，在得克萨斯牧场主的猎牛队中，也有非裔牛仔参与。此后，随着牧牛区在得克萨斯向西部和北部扩展，被解放的马背奴隶和从南部迁移来的黑人，很多人也加入牛仔队伍。他们走出灌木丛地区和沿海平原，向西骑行到佩克斯河，向北驰骋在俄克拉荷马和新墨西哥之间的桩形平原地带。[⑤] 由此可见，在整个得克萨斯牧区，到处可以见到非裔牛仔的身影。

萨拉·R. 马西编的《得克萨斯的黑人牛仔》，是一本由 24 篇研究文章汇成的论文集。全书由早期牛仔、赶牛的牛仔和 20 世纪牛仔三部分组成。

---

① Phillip Durham & Everett L. Jones, *The Negro Cowboy*, pp. 15, 143.

② Richard W. Slatta, *Cowboys of the Americas*. p. 168.

③ Phillip Durham & Everett L. Jones, *The Negro Cowboy*, pp. 15−19.

④ Charles Siringo, *Riata and Spurs*, Boston: Houghton Mifflin Company, 1931, p. 150.

⑤ Phillip Durham & Everett L. Jones, *The Negro Cowboy*, pp. 29−30.

论文集覆盖了从西班牙殖民统治时期至 20 世纪各个阶段、得克萨斯不同地区、牛道、竞技表演等各个方面非裔牛仔的活动。其中第一部包括非裔牛仔在得克萨斯的早期生活、共和国时期的家畜饲养者皮特·马丁、得克萨斯滨海地带的"牧牛女郎"（cowgirl）"里蒂姑姑"亨利埃塔·威廉斯·福斯特、由猎野牛士兵转为牛仔的爱德华·"乔桑"·莫兹奎等六篇文章。除第一篇文章是几位非裔牛仔在得克萨斯牛仔生活的回忆外，其他每篇都研究一个人物在某个方面或某地区的活动。[①] 这些研究比《黑人牛仔》一书中关于非裔牛仔在得克萨斯牧区活动的阐释更加具体、广泛和深入。特别是关于非裔"牧牛女郎"的论述是此前所未有的。关于妇女参与牧区活动的研究多在 20世纪 80 年代以后，但所论及的"牧牛女郎"基本上是白人妇女。《得克萨斯的黑人牛仔》一书论述了非裔"牧牛女郎"，这无疑是一个进步。

二、非裔牛仔的牧场生活

美国西部的牧牛区在内战以后迅速从得克萨斯向西向北拓展，在 20 余年的时间里，大平原上兴起了一个辽阔的"牧牛王国"。"牧牛王国"的疆界南起格兰德河，北抵美加边界，东起密苏里河，西抵落基山脉脚下，约占美国陆地面积的 1/5，覆盖 10 个州和领地的草原。"牧牛王国"的兴起，主要是由于美国内战后工业化和城市化对肉类巨大需求的推动，同时也是数万名牛仔艰辛开拓西部牧业边疆的结果。数万名牛仔作为牧场主和牧牛公司巨商的马背劳工，日夜在牧场上放牧照料着牛群。在数万名牛仔中，有万余名非裔牛仔[②]，

---

① Sara R. Massey, *Black Cowboys of Texas*, pp. 23-91.

② 关于美国西部牛仔的数字没有确切的统计资料记载。对于踏牛道长途赶牛的牛仔数字，乔治·桑德斯提供的是在 1868—1895 年有 3.5 万人踏上牛道；《美国牛仔：神话与现实》一书称 1870—1885 年有 4万名牛仔参与赶牛。《马背奴隶》一文认为美国内战前有数千名黑人作为马背奴隶劳作在得克萨斯和俄克拉荷马的牧场上。对于踏上牛道的非裔牛仔，《黑人牛仔》一书认为有 5,000 人，肯尼思·W. 波特的文章认为有 8,000—9,000 名非裔牛仔踏上了牛道。又有文章指出，至 19 世纪 60 年代末，西部牧区约有 1万—1.5 万名非裔牛仔。以上论著提供的牛仔总数与非裔牛仔的人数极不一致。故本节对牛仔总数和非裔牛仔人数采用数万和万余的约数。See Joe B. Frantz and Julian Ernest Choate, Jr., *The American Cowboy: The Myth & The Reality*, p. 34; J. Marvin Hunter, ed., *The Trail Driver of Texas*, p. 453; Philip Durham & Everett L. Jones, "Slave on the Horseback", *Pacific Historical Review*, Vol. 10, No. 3, 1964, p. 409; Philip Durham & Everett L. Jones, *The Negro Cowboys*, p. 45; Kenneth W. Porter, "Negro Labor in the Western Cattle Industry, 1866-1900", p. 373; R. I. P., *Black Cowboys*, http://www.vincelwis.net/blackcowboys.html.

其中既有内战前就劳作在得克萨斯牧区的马背奴隶，也有战后逃离美国南部到西部投身牧牛业的黑人。在"牧牛王国"里，非裔牛仔和其他少数族裔牛仔（墨西哥人和原住民）一样，要比白人牛仔付出更多的辛劳。

在大平原牧区，牧场的各个工作岗位上都有非裔牛仔，但通常他们承担的是白人牛仔不愿意干、最危险和最困难的工作。诸如地位最低的看马人、常遭牛仔们不满的厨师以及最具危险的围捕和驯服野马等工作，大多由非裔牛仔去做。

在牧牛营地，牧场主常雇用非裔牛仔（有时也有墨裔）当看马人。其工作主要是照料那些不立即使用的马。牛仔在干不同的工作时，要骑乘不同的马。在辽阔的无围栏牧场走马巡边时，他们骑被驯服的快速幼龄烈马；在放牧或围拢牛群时，他们则换乘较为温顺的马；夜间值班守护牛群时，牛仔们又骑乘夜用马。因此，每个牛仔可以从牧场工头那里领到8—10匹归他使用的不同加鞍备用马和一匹夜用马。在通常情况下，一个放牧队要有100—125头马匹。① 这样多的马组成马群，由看马人照看。每匹马都有自己的名字，看马人不但要熟记每匹马的名字，而且知道它们各自的用途，哪些马归哪个牛仔使用。在夜晚，除了挑山值夜班的牛仔骑的夜用马外，其余多数马要集中起来，由看马人照料。

看马人的工作非常辛苦。每天早晨、白天和夜晚，看马人要根据牛仔们干不同活的需要，随时挑出适合他们骑乘的马。看马人在马群中也能很快把难于驾驭的烈马挑出来。如果有一匹马丢失，看马人只要把马群环视一圈，就会知道是哪匹马。也许，某一天看马人离开马群数小时，等他回来时，所有的马可能都还老老实实待在一起；而有时，也许他仅仅离开马群20分钟，所有的马就可能都逃失了。② 因此，看马人几乎每时每刻都要与马群待在一起，看护马吃草。中午看马人带它们去饮水，并随时准备挑出牛仔们换乘的备用马。由于看马人日夜都要看护好马群，所以在一个牧牛营地里通常有两个看马人，轮班值守。夜里值班的看马人更辛苦，因为马群只是圈在用绳子

① Ross Santee, *Men and Horses*, New York and London：Century Co. , 1926, pp. 85, 86.
② Ibid. , p. 85.

简单拉成的围栏里，他要时刻提防着不要让马匹丢失。[1]

看马人除照看好马群外，还要帮助厨师干些杂活，如协助他运回木料，有时还要按厨师要求准备咖啡和冷肉排等。[2] 在牧牛队里，看马人与头等牛仔的关系同餐馆中"洗碗工与厨师长的关系极其类似"[3]。看马人是最低级的工种。[4] 非裔牛仔詹姆斯·凯利、弗兰克等人最初都是牧牛营地的看马人。他们不仅能挑出马群中干各种活的马，而且是懂马的人，有很高的识别、辨别马的能力，还能为马匹治病和处治伤害。[5]

一些过了骑行年龄而经验丰富的非裔牛仔常被牧场主雇为厨师。在牛仔群体中，厨师是地位较高的职位，仅位居牧场工头和牧牛营地的老板之下，高于其他岗位上的牛仔。尽管一些白人拒绝听命于黑人厨师，但很多牧场主对厨师的选择"总是喜欢黑人"。究其基本原因，在牛仔中"黑人比较好的平均数高于白人"[6]。在很多情况下，一个牛仔选择加入哪个牧牛队，取决于该队厨师的名誉。在厨师履职的竞争中，只有少数人能够胜任这一职务，其中不乏非裔厨师。

一些非裔厨师能够在牧区获得好的声誉，取决于他们能保证在任何困难的条件下为牛仔们准备好一顿饭的能力。牧场的厨师通常只是管好厨房和看好牧屋，而在牧牛营地，厨师要掌管好炊事工具车周围 60 平方英尺的地盘。[7] 相较而言，牧牛营地的厨师比牧场的厨师要面对更多的困难。在北部牧区，牧场厨师在一间大牧屋的后部掌管火炉。南部牧区牧场的厨房则是与牧屋相连的单独房间。至于牧牛营地（还有赶牛队的）的厨师，除了在荒野之中的炊事工具车外，没有厨房和任何遮蔽物。[8] 牧牛营地的厨师必须有驾驭骡子或公牛拉炊事工具车渡过河水暴涨的河流和穿过任何难行地段的能

---

[1]　Douglas Branch, *The Cowboy and His Interpreters*, New York：Cooper Souare Publisher, Inc., 1961, p. 42.

[2]　Ross Santee, *Men and Horses*, pp. 83, 85.

[3]　Ibid., p. 83.

[4]　Douglas Branch, *The Cowboy and His Interpreters*, p. 10.

[5]　Kenneth W. Porter, "Negro Labor in the Western Cattle Industry, 1866-1900", *Labor History* p. 349.

[6]　Ibid., pp. 355, 356.

[7]　Ibid., p. 355.

[8]　Douglas Branch, *The Cowboy and His Interpreters*, p. 27.

力，必须能在暴风雨雪等恶劣的天气下为 11—12 名艰苦劳作的牛仔做好一日三餐。① 与白人厨师相比，非裔厨师具有更强的能力管理炊事工具车和在困难条件下的烹饪能力，部分原因是他们曾有过这方面劳作的经历。强加给黑人的种族歧视，使非裔厨师在未成年时，就被迫在种植园或牧场的厨房或马厩里干活，因而早早就学到了一些烹饪知识和骑马技术，成就了他们后来能胜任厨师的职务。② 少年时期没这种经历的白人牛仔，在年长后当厨师时，便缺乏烹饪和管理炊事工具车的能力。

一些非裔厨师的厨艺在牛仔中赢得了赞誉。牧牛队牛仔每日三餐的饮食粗糙单调，厨师用的食材主要是装在工具车上的面粉（多是玉米面）、豆子、咸猪肉、水果干、糖和咖啡等，最初一两天偶尔有点牛肉。面包是厨师自制的。主食不是玉米饭就是玉米面面包。菜不是切成厚条的咸猪肉煮豆子，就是把咸猪肉煎一煎。饮料主要是咖啡。③ 牛仔的一日三餐基本就是这些单调乏味的东西，用不了几天就会让牛仔们腻烦。④ 一些优秀的非裔厨师总是会想方设法来改变令牛仔们生厌的食谱。他们会在早午两餐的间隙，用炊事工具车上带的防护武器去打些飞禽走兽之类的野味，来改善伙食。如在佩科河一个牧场，非裔厨师杰克用他打的鹿和野火鸡来丰富牛仔们的食谱。1878 年，在皮斯河的一支放牧队的非裔厨师萨姆更是充分展示了他的精湛厨艺，为牛仔们准备了一顿丰盛晚宴。其中有满烤箱的野牛排、烤熊肉，它们味道都比猪肉好；煎锅里火鸡胸脯肉浸泡在用水、面粉和油脂熬成的灰色汤汁中；一根棍子上架烤着羚羊的肋条。直至数年后，还有人津津乐道地称那顿饭是他们"从未享受过"的"最美味"的饮食。萨姆有时会在坑中烧熟一只带毛的火鸡，也会焖熟野李子，做成厚厚的水果饼。在牧牛区，萨姆只是出众厨师的一个代表。其他非裔厨师也用他们打的鹿、火鸡和其他猎物来改善牛仔们单调的食谱。他们每人各有专长，如烤出桃子馅饼、"钟形饼干"等等。⑤

---

① Don Worcester, *The Chisholm Trail: High Road of the Cattle Kingdom*, New York: Indian Head Books, 1980, p. 59.

② Kenneth W. Porter, "Negro Labor in the Western Cattle Industry, 1866-1900", *Labor History* p. 359.

③ Ibid., pp. 29, 32.

④ Edward E. Dale, *Frontier Ways: Sketches of Life in the Old West*, pp. 29, 32.

⑤ Kenneth W. Porter, "Negro Labor in the Western Cattle Industry, 1866-1900", *Labor History* pp. 356, 358.

在牧牛队遇到危险时，非裔厨师们经常独自奋力保护炊事工具车和车里装载的食品、炊具等。在放牧区扩展的过程中，经常侵占原住民（"印第安人"）的土地，这必然引发他们的反抗和袭击。1877 年，一支放牧队在得克萨斯科尔县放牧牛群，突然遭到了原住民的袭击。四个白人牛仔和三个非裔牛仔躲进了一个洞里。只有非裔老厨师安迪独自躲在炊事工具车后，用枪击退了袭击者，保住了炊事工具车和供应品。① 炊事工具车是牧牛队牛仔们赖以生存的"城堡"，他们每日三餐的食品、炊具和夜宿的"热卷"（卧具）、工具和武器等都在炊事工具车中。牛仔们的食宿都围绕着这个中心。每有突发事件，非裔厨师都会冒着生命危险为牛仔们固守"城堡"。②

一些非裔厨师还有为人称赞的多方面才能。非裔厨师萨姆不仅有烹饪野味的特殊才能，而且是位好骑手。萨姆高大强壮，经他训练骑术的人可以学到驾驭烈马的本领。③ "XIT 牧场"最好的厨师黑人吉姆·佩里被白人牛仔W. T. 布朗称为他所生活那个时代最好的骑手。④ 非裔牛仔吉姆·辛普森是19 世纪 80 年代随赶牛队从得克萨斯到怀俄明后留在新牧区的。他一直是怀俄明牧区最优秀的套索手之一，到过了骑行年龄后才被雇为赶拢时的厨师。⑤ "布洛克圈"（Blocker loop）是美国西部牧区著名的套牛马的方法之一。在一个助手对这种套法的精准性表示怀疑时，布洛克让绰号为"山羊"的非裔厨师拿来一条套索并拉出一匹矮种马。布洛克骑在马上，在一头母牛从栏门刚迈出时，他用套索抛出了一个规范的"布洛克圈"，套住了母牛的两只前脚，把它拉倒，而坐骑还停在原地。接着布洛克让"山羊"用同样的方法套住第二头母牛。然后，两人交替着套，直到套了 20 头而无一失手。⑥ 事实上，许多非裔厨师都是著名的骑手和套索手，以至于他们成为某方面专长的象征性人物。有些非裔厨师有多方面的才能。人称"老李"

---

① J. S. Hart, "Jesse Hart, Callahan Country Pioneer", *Frontier Times*, 1953, June, p. 86; Kenneth W. Porter, "Negro Labor in the Western Cattle Industry, 1866–1900", *Labor History*, p. 356.

② Don Worcester, *The Chisholm Trail: High Road of the Cattle Kingdom*, p. 69.

③ J. Frank Dobie, *A Vaquero of the Brash Country*, pp. 137–138.

④ Cordia Duke & Joe B. Frantz, *Six Thousand Miles of Fence: Life on the XIT Ranch of Texas*, p. 176.

⑤ Floyd C. Bard, *Horse Wrangler: Sixty Years in the Saddle in Wyoming and Montana*, Norman: University of Oklahoma Press, 1960, p. 67.

⑥ J. Evetts Haley, *The XIT Ranch of Texas and the Early Days of the Uano Estacado*, pp. 77–78.

(Old Lee) 的非裔厨师被认为像一个"方便的上衣口袋"，他几乎能做任何事情。从烹饪到驯马、缝补马鞍和靴子等，他都在行。被称为老巴特（Old Bat）的黑人约翰·巴特维亚·欧诺特的主要身份是厨师，但他又是牧场的头等牛仔，有经验的赶牛人、猎手和赶车人。"老巴特"被认为是非裔厨师中最多才多艺的人之一，是牧场主斯特劳事业发展中最有用的人。[1] 非裔厨师正是靠他们多方面的才能在牧区获得了好声誉。

非裔厨师愿意用"家制药"代替购买的药品，用他们过去的传统方法做一些特殊的医疗服务。在 1895 年赶拢时，年轻牛仔巴德因"喝了碱性水而感到不舒服"。非裔厨师吉姆·辛普森让他从一件油布雨衣中取来一个西红柿罐头，打开倒一些在水中和食物中，让巴德服下。西红柿的酸性中和了巴德胃中的碱性。辛普森还告诉巴德，今后感觉胃不舒服时就去用一点西红柿罐头。[2]

非裔厨师能让牛仔们在艰苦的劳作之余享受欢乐，因为非裔厨师大多是歌手、乐手，甚至有人是作曲家。夜晚不肯休息的牛群需要用歌声安抚。尽管厨师每天的工作非常劳累，但他们是牧牛队中唯一能携带乐器并能演奏的人，上面论及的多位非裔厨师都有很高的音乐天赋。"老巴特"能拉小提琴和吹横笛，吉姆·佩里是最好的小提琴手[3]，吉姆·辛普森是星期六之夜舞会上固定的小提琴手[4]。佩科斯河那个牧场的厨师杰克不仅能唱歌和弹吉他，还为赞扬牧牛生手骑上了难驯服的野马的歌曲《泽布拉·唐》谱了曲。[5] 能做出味美晚宴的厨师萨姆在牛仔们用餐时，总有"祝贺词"或一首"祝福歌"。他会弹班卓琴并能唱歌。直到一天晚上有人踏着节拍，带着一伙人给萨姆一把买来的小提琴时，他便改用它演奏出诸如"青玉米，青玉米，拿到台上来"之类的歌曲。[6] 在美国西部牧区产生更大影响的是非裔厨

① Kenneth W. Porter, "Negro Labor in the Western Cattle Industry, 1866-1900", *Labor History*, pp. 358, 359.

② Floyd C. Bard, *Horse Wrangler: Sixty Years in the Saddle in Wyoming and Montana*, p. 82.

③ Kenneth W. Porter, "Negro Labor in the Western Cattle Industry, 1866-1900", *Labor History* p. 358.

④ Floyd C. Bard, *Horse Wrangler: Sixty Years in the Saddle in Wyoming and Montana*, p. 102.

⑤ John A Lomax, *Cowboy Songs and Other Frontier Ballads*, New York: Macmillan Publishing Co., 1918, pp. XXIV-XXV, 154-157.

⑥ J. Frank Dobie, *A Vaquero of the Brash Country*, pp. 137, 138.

师戈登·戴维斯，他曾骑在拉炊事工具车的左边的公牛上，用小提琴演奏着《野牛加尔斯》，穿过了道奇城。戴维斯由此被称为"公开登上牧区舞台的出色的黑人厨师音乐家"①。

非裔牛仔被牧场主们雇用，是因为他们在围捕和驯服野马方面具有特殊的能力和极高的天赋。在美国西部牧区，牛仔所有的劳作都在马背上进行。内战后的 20 余年，随着牧牛区从得克萨斯扩及整个大平原地区，仅靠牧场饲养的马已无法满足牧业蓬勃发展的需要。因此，很多牧场必须围捕大量漫游在大平原上的野马，把它们驯化后作为牛仔的坐骑。因为围捕驯服野马颇具危险，很多非裔牛仔被牧场主雇为野马猎手和驯马人。围捕野马非常困难。因为由一匹雄马统领多匹母马和幼马组成一个关系紧密的野马马群，能在一个方圆 25 英里的地区迅捷地驰骋移动，人们很难摸清其活动规律。②围捕野马通常是由能力很强的非裔牛仔去找寻、追踪野马群。牛仔们通过与野马群的百般周旋，才能把马领进事先筑好的围栏中，进行驯化。

非裔牛仔鲍勃·莱蒙斯独具取代野马群中雄马被牝马视为统领的本领。莱蒙斯从准备寻找野马群开始，便断绝与人的交往。他不换衣服，不换坐骑，把带的食物放在树上风干，使之失去人的气味。他能很快地找到一群野马。在第一周，莱蒙斯只是远远尾随野马群。在追到一块小牧区时，他开始被野马群接受为其中的一员。第二周，莱蒙斯赢得群马的信任，被牝马们接受为统领，取代了领群的种马。在野马群毫无察觉的情况下，他把马群带到了一个陌生的地方。一路上，除了不吃草外，莱蒙斯已俨然成了"野马群中领头的马"③。最后，他把野马群引领进了围捕它们的围栏里。

著名的非裔牛仔纳特·洛夫则是用挑选精干的牛仔组成包围圈的方式猎捕野马。一次，洛夫精选了 20 名牛仔，把 60 匹野马围在了一个 10—15 英里方圆的包围圈里。牛仔们被分在包围圈固定点上。在被围住的野马发疯似的狂奔时，牛仔们则绕圈慢慢骑行。用这种方法，牛仔每人每天只骑行 10 英里，而野马群则在包围圈内奔跑 60—70 英里。10 余天后，疲劳使野马的奔跑速度迅速减慢，牛仔们的包围圈则逐渐缩小。30 天后，累得精疲力竭

---

① Kenneth W. Porter, "Negro Labor in the Western Cattle Industry, 1866-1900", *Labor History* p. 358.

② J. Frank Dobie, *A Vaquero of the Brash Country*, p. 243.

③ J. Frank Dobie, *The Mustangs*, pp. 239-240.

的野马群便被牛仔们捕获入栏。①

被围捕的野马入栏以后，非裔牛仔又承担起更困难的驯马任务。圈在围栏里的野马在种马的引领下，时刻想撞毁围栏逃回荒野草原。如果有200—300匹野马组成的大马群被赶入围栏，就极易发生崩栏群逃事件，或因马匹互相践踏造成伤残、死亡的事故。在此情况下，非裔牛仔要冒着个人受伤的危险进入大围栏，把一些健壮的幼龄马用套索套住，从大围栏拉出，关入一个小围栏中，准备驯服，再将其他马放掉。在驯马的最初几天，牛仔不给围栏中的野马喂草，并搅动马群，让它们不停地跑动。直到野马因过度疲劳和饥饿变得老实起来，驯马人才用套索套住一匹马的前蹄，用力把它拉倒在地，顺势给它戴马勒或笼头，再给它拴上缰绳，缰绳的另一头牢牢地拴在结实的木桩上或一棵树上。被拴住的野马会暴怒地嘶鸣，使出浑身解数前踢后跳，不停地挣扎反抗，企图挣脱逃走。两天过后，疲劳过度且饥饿难耐的野马才暂停抗争，驯马人便就势从侧面给它备上马鞍。之后，这匹饥饿过度的野马才被允许吃草，并让它一口气吃到过饱且胃胀难受时为止。因为暴怒的野马在驯马的任何一个环节都可能对人造成伤害，这个过程多由驯马技能高超的非裔牛仔去完成。备了马鞍的野马紧接着要交由数名牛仔天天轮流骑乘。经过数天骑乘，那匹马将野性尽去，完全听从骑手的命令，不再挣扎反抗，只是平静地低头向前奔跑。到这时，才算初步将它驯服。②

有的雄野马凶如野兽，即使是有经验的非裔牛仔有时也难以把它驯服。非裔牛仔乔治·亚当斯受雇于"7D牧场"时，是最杰出的骑手和套索手，堪称"7D牧场"地区的传奇人物。即便如此，他在驯服一匹诨名叫"草莓男人"的雄马时，几乎遭到致命的伤害。因为"草莓男人"过于暴烈，亚当斯和另一名牛仔一起驯它。在两人给它加上马鞍后，亚当斯骑了上去，他在马鞍上刚刚坐定，"草莓男人"就猛地跃起，把他高高抛离马鞍，摔在地上，马蹄迅疾向他身上狠狠踏去。亚当斯敏捷地躲开。在"草莓男人"掉转头时，亚当斯又跃上马鞍。这匹马又故伎重演，又蹿又蹦，就是不让亚当斯骑。最后他们两人只得把它拉到可以俯视佩科斯河的高悬崖上，消磨它的

---

① Philip Durham & Everett L. Jones, *The Negro Cowboys*, pp. 199–200.

② John H. Moor, *The Cheyenne*, Cambridge: Blackwell Publishing, 1996, p. 44.

斗志。他们两人同另一名守护野马的牛仔与"草莓男人"整整周旋了一天，但它仍猛蹿狂跳，就是不让人跃上马鞍。当亚当斯再次被从"草莓男人"的背上甩抛下来时，狭窄的悬崖上几乎连他落地的地方也没有，差点丧命。为防止"草莓男人"跃入河中游到对岸逃跑，亚当斯等人只得把它拖回牧场，关进七英尺高的围栏里。次日凌晨，亚当斯等人再去查看时，"草莓男人"已在夜间跃出高围栏，逃归荒野。① 如果不是亚当斯有出众的驯马技术，他可能被"草莓男人"多次伤及生命了。

除野马外，非裔牛仔也要驯服像布朗科马那样饲养的烈马。被人们称为阿德的非裔牛仔艾迪生·琼斯具有令人吃惊的不寻常的套马技能。他把套索的绳头系在自己的臀部，在围栏里或在开阔的草地上引出一匹未驯服的烈马。在烈马全速向阿德冲撞时，他立即抛出套索，套住马的脖子，然后以超人的技巧和十足的力量把马拉倒在地，再迅速给它加戴各种马具。此后，他对这匹马再进行多次骑乘，直到把它驯服。这样降服烈马的方法是有生命危险的。如果是一个力量较小的牛仔，他会被暴怒的烈马拉倒在地，拖拉致死。阿德每天做的工作就是从挑出烈马开始到骑乘驯服烈马结束。他每天早晨要骑乘数匹烈马，直到它们变得温顺后，再交其主人使用。在佩科斯地区，阿德是最好的驯马高手之一。②

绰号为"博内斯"的非裔牛仔先驱马修·胡克斯是由布朗科马骑手、驯马人而成为专业驯马师的。他第一次在得克萨斯北部骑野马时只有 12 岁。15 岁时，博内斯以最好的布朗科马骑手而名扬得克萨斯博内斯县牧区。在 1886—1887 年那个可怕的寒冬，博内斯在得克萨斯潘汉德尔地区是看马人、布朗科马驯马人，并成了驯马师的先驱者。③

在驯马人中也有黑人妇女。1857 年（或 1858 年）出生于墨西哥的约翰娜·朱莉是一位典型的代表人物，她具有黑人与西米诺尔人（居住在美国佛罗里达州和俄克拉荷马的原住民）血统。约翰娜一家在 19 世纪 70 年代初

---

① Kenneth W. Howell, "George Adams: A Cowboy All His Life", Sara R. Massey, ed., *Black Cowboys of Texas*, p. 164.

② J. Evetts Haley, *George W. Little Field, Texan*, Norman: University of Oklahoma Press, 1943, pp. 181-186.

③ Bruce G. Todd, *Bones Hooks: Pioneer Negro Cowboy*, Gretna: Pelican Publishing Company, 2005, pp. 11, 12.

移居得克萨斯南部。她从小就跟父亲学习了养马、放牧山羊和牛等家畜技术，后来成为侦探的亚当·威尔逊教会她骑备了女用马鞍的马。在10多岁时，约翰娜养马和骑马的技能都已经非常出色。当时，得克萨斯南部仍然沿袭墨西哥骑马牧人从西班牙殖民者那里学到的残暴的旧驯马方式。约翰娜却以女性的天性和实践经验，创造了不同于旧习俗的轻柔驯马方法。她在下格兰德洗澡时带几匹马入水。在深水处，马害怕得不得了，完全失掉了野性。约翰娜向上游时，只要骑在马上抓住马鬃往上提，马也昂头向上游，不会前倾把她摔下来，因为在深水中马是不想往前倾的。在水中驯马可以不对马施暴，也能减少驯马人被马伤害的危险。然而，马在水中的态度是顺从还是反抗，取决于水的深度。如果马发现它站在浅水中，便会载着年轻的约翰娜狂奔起来，甚至有把她摔下地的危险。马和轻柔的驯马方法成了约翰娜生活的年代驱赶和观察马群活动中的一部分。她在父亲去世后，还向年轻的男女牛仔们传授过驯马和养马的技术。[1]

　　除史上留名者外，还有很多骑驯布朗科马的非裔牛仔并没有留下他们的名字。在19世纪80年代美国西部牧区向公司化牧场转型的时期，随着牧场规模的扩大和牛群的增多，需要有更多的马为牛仔提供坐骑。"XIT牧场"在19世纪80年代拥有15万头牛、300多万英亩土地、1,000多匹马和150名牛仔，驯马成为该牧场一项重要的工作。刚到"XIT牧场"的新手练习骑马时一天都要被摔到地下两三次，以至于他们都叫嚷"干不了驯马这活"[2]。一些初进牧场的白人牛仔不敢给烈马佩戴马具和骑驯它们，所以这种最困难和最危险的驯马工作大多由非裔牛仔承担。一个非裔牛仔在每天早饭前要挑出六匹未被驯服的马去骑乘，直到它们变得温顺以后，再交给白人牛仔使用。[3]

　　笔者在上面较详细地论析了非裔牛仔在美国西部牧区干白人牛仔最不想干的看马人、驯马人和厨师等工作。看马人在牧区地位最低，白人中只有极

---

　　① Jim Coffey, "Johanna July: A Horse-Breaking Woman", Sara R. Massey, ed., *Black Cowboys of Texas*, pp. 75, 76, 77.

　　② Cordia Duke & Joe B. Frantz, *Six Thousand Miles of Fence: Life on the XIT Ranch of Texas*, pp. 4, 8, 129.

　　③ Kenneth W. Porter, "Negro Labor in the Western Cattle Industry, 1866-1900", *Labor History* p. 352.

少数未成年的孩子或年老牛仔在不得已的情况下才去承担。围捕野马和驯马多有危险，因此驯马人的工作多数白人牛仔都不想干。厨师工作繁杂而劳累，被年轻气盛的牛仔们视为"老妇女"（Old Woman）或"老夫人"（Old Lady）。① 过了骑行年龄的白人牛仔都不甘心成为厨师。然而，上述白人牛仔不想干的又是牧区不可或缺的工作岗位，如果缺少了这些从业人员，牧场经营就难以顺畅进行。事实上，非裔牛仔不仅能很好地承担上述三种白人牛仔不愿干的工作，而且他们几乎能胜任牧场的任何工作。上面论及的非裔厨师，他们都曾是美国西部牧区著名的骑手、套索手和全能型人才，并有很高的音乐天赋。在 E. J. 莫利斯的牧场上劳作了 20 多年的非裔牛仔查利·威利斯不但是驯马人，而且能干牧场牛仔干的所有活。他还是一个会唱歌的牛仔。②

在牧场上劳作的还有被称为"牧牛女郎"（cowgirl）的非裔女牛仔。生于密西西比州的亨利埃塔·威廉斯·福斯是个女奴隶。她 18 岁时被卖往得克萨斯南部的沿海地带，成为那里牧牛业开发的先驱者之一，赢得了"里蒂姑姑"的赞誉。"里蒂姑姑"和男人们一起管理牛群，骑马不备马鞍。她是当时唯一一个与男人一起在牧场上劳作的妇女，能赶不同的牛群在不同的牧场往来。③

非裔牛仔绝大多数劳作在得克萨斯牧区，少数人去了大平原的新牧区。在牧牛业起步早的得克萨斯南部海湾地区，非裔牛仔的数量特别多。在努埃西斯河东部沿海的灌木丛区、布拉索斯河河口、休斯敦以南和原住民保留区俄克拉荷马部分地区的一些牧场上，非裔牛仔是唯一的劳动力。④ 美国内战以后，在"牧牛王国"由得克萨斯向大平原北部和西部扩展时，一些优秀的非裔牛仔在向新牧区赶牛后留在了当地的牧场。他们把在开放大牧场管理牛群的方式带到了新牧区。一些非裔牛仔成了当地的技术能手。虽然非裔牛

① Emerson Hough, *The Story of the Cowboy*, New York and London: D. Appleton Company, 1897, 1930, p. 138.

② Jim Chilcote, "Charley Willis: A Singing Cowboy", Sara R. Massey, ed., *Black Cowboys of Texas*, p. 174.

③ Louise S. O'Cornnor, Henrietta Williams Foster, "'Aunt Ruttie': A Cowgirl of the Texas Coastal Bend", Sara R. Massey, ed., *Black Cowboys of Texas*, pp. 68, 69.

④ Kenneth W. Porter, "Negro Labor in the Western Cattle Industry, 1866–1900", *Labor History*, p. 348.

仔的数量不及白人牛仔多，但他们在牧场付出的辛劳和经受的危险多于白人牛仔。非裔牛仔是促成美国"牧牛王国"兴起发展的重要力量。

三、长途驱赶中的非裔牛仔

在"赶牛小道"上"长途驱赶"牛群，是美国西部牧区的一大奇观。"长途驱赶"规模巨大，场面壮观，持续了20余年，在美国的经济腾飞中产生了重要影响，是美国西部开发史上最富传奇色彩的事件，成为史学家和文学家竞相著书立说的主题。甚至有写牛道"长途驱赶"的专著。[①] 有数千名非裔牛仔加入了长途赶牛者的行列中。他们在牛道上的经历和在牛镇的活动亦应是史家研究的重要问题。然而，令人遗憾的是，大量论著集中讴歌的都是白人牛仔，非裔牛仔或被忽视或被湮没。

德拉姆和琼斯的《黑人牛仔》一书改变了牛道上对非裔牛仔不屑一顾的状况。他们用了近半的篇幅，写了数千名非裔牛仔从得克萨斯加入赶牛队，参与长途赶牛的活动。内容涉及每个赶牛队中非裔牛仔的人数，被指派的除赶牛道头外的各种岗位，以及他们忠于职守和具备的特殊技能等诸多方面。书中也论及他们到达多个牛镇、东北部以及北部和西部新牧区的长途艰辛。非裔牛仔往往被分派担当在急流险滩中游泳驱赶牛群渡河、围堵惊逃狂奔的牛群等最艰苦和最危险的工作。[②] 因为《黑人牛仔》一书主要是从以往的牛仔论著中搜集资料，所以对于非裔牛仔在牛道上活动的论述尚不够具体。《得克萨斯的黑人牛仔》弥补了这方面的不足。

《得克萨斯的黑人牛仔》的第二部分"赶牛的牛仔"，是全书三部分中篇幅最多的。11篇文章论及11名不同的非裔牛仔，他们是：奇泽姆小道的赶牛人本·金克洛、一生忠诚的内普丘恩·霍姆斯、牛仔乔治·梅克多、品行出众的鲍斯·伊卡德、参与多次长途赶牛的詹姆斯·凯利、驱赶牛群到北部怀俄明牧区的比尔·"泰格"·埃弗利、牛仔乔治·亚当斯、唱歌的牛仔查利·威利斯、最著名的"黑人牛仔艾迪生·琼斯"、成为巨大的"XIT牧场"雇工的吉姆·佩里和15岁就在"奇泽姆小道"上赶牛并成为得克萨

[①] Don Worcester, *The Chisholm Trail: High Road of the Cattle Kingdom*, New York: Indian Head Books, 1994; Harry Sinclair Drago, *Great American Cattle Trail*, New York: Dood, Meard & Company, 1965.

[②] Phillip Durham & Everett L. Jones, *The Negro Cowboy*, pp. 32-171.

斯西部牧场主的丹尼尔·韦布斯特·华莱士。①　与《黑人牛仔》相比，《得克萨斯的黑人牛仔》具有不同的特点。前书是在讲述牛道长途赶牛的历史中阐释了非裔牛仔的参与；后者是选取了 11 名参与长途驱赶的不同类型的非裔牛仔，论述他们具体的活动和作用，有的典型人物是前书没有论及的。因此，《得克萨斯的黑人牛仔》比《黑人牛仔》在论述非裔牛仔在牛道活动方面更为具体和深入。

　　牛镇是很多赶牛队长途驱赶的终点。非裔牛仔在牛镇的活动也为研究者所关注。据《不少一个男人：1867—1886 年黑人牛仔在牛镇道奇城》一文估计，在每年夏季赶牛的季节，6—8 月份大约有 325 名非裔牛仔在道奇城停留。他们也像白人牛仔一样到一切娱乐活动场所。装在非裔牛仔口袋中数月积攒的工资对道奇城的经济繁荣是一个重要因素。非裔牛仔也想光顾旅店、餐馆、酒吧、赌场、舞厅、妓院等场所。然而，他们在用餐、喝劣质威士忌时，必须与白人分开。白人舞女和妓女拒绝为非裔牛仔服务。后来，道奇城有了为非裔牛仔服务的旅店、舞厅和妓院，服务者也都是黑人。在牛镇娱乐场所，非裔牛仔也会与白人产生冲突，甚至发生暴力行为。②　从非裔牛仔的感受来说，与牛镇之旅相比，他们更喜欢艰苦的牛道长途驱赶和返回牧场的生活。③

　　非裔牛仔不但在"牧牛王国"的牧场里艰辛劳作，而且在把牛群从得克萨斯赶往东北部市场和大平原新牧区的"长途驱赶"中勇对各种凶险。"长途驱赶"是通过"赶牛小道"把牛群从牧场赶往最近的铁路站点或前往新牧区。在铁路没有通到得克萨斯前，"长途驱赶"是把牧区和市场联系起来的唯一可取的经济运营方式。"长途驱赶"也是顺应美国内战结束后工业化、城市化迅速兴起的一种经济活动。东部农场饲养的牲畜不能满足东部城市人口需要的大量肉食供应。得克萨斯牧区却四处漫游着当地卖不出去的500 万头长角牛。美国东部的城市居民渴望吃到"长角牛"的牛肉。与此同时，美国西部的开发伴随第二次现代化浪潮的勃兴迅速展开。横贯大陆铁路

　　①　Sara R. Massey, *Black Cowboys of Texas*, pp. 99-213.
　　②　C. Robert Haywood, "'No less a Man': Blacks in Cow Town Dodge City, 1876-1886", pp. 170-182.
　　③　William L. Katz, *The Black West*, p. 147.

的修建、矿业开发、农业开发同步进行，更多的联邦军队进驻西部，都需要大量的肉类供应。为了解决美国肉类市场的供需失衡，不但需要把得克萨斯现有的牛群销往东部市场，而且更需要建立新的牧区，在大平原上建立庞大的畜产品生产基地。在此背景下，大规模的"长途驱赶"从1866年持续到1885年。此后，西部牧区零散的长途驱赶活动到1895年终止。[1]

长途驱赶牛群的赶牛队是由不同肤色的牛仔组成的，有很多非裔牛仔被雇用。"长途驱赶"是与西部牧区春秋两季的"赶拢"紧密相连的经济活动。得克萨斯的牧场主们在赶拢之后，从牧场选出2，000—3，000头牛组成牛群，根据牛的数量，招雇由8—20人构成的赶牛队。[2] 赶牛队把牛群赶往牧场主要求前往的目的地。在相当多的赶牛队里，至少有1名或1/3乃至更多的非裔牛仔。[3] 每个赶牛队由一名道头负责，成员有一名看马人、一名厨师和多名被分派在牛队各个岗位上的牛仔。道头基本上是白人，只有在极特殊的情况下才由非裔牛仔担任。其他成员白人牛仔居多，并有非裔或墨西哥人，看马人和厨师常用非裔牛仔（或墨裔牛仔）担任。

在"赶牛小道"上，非裔看马人比在牧场更为辛劳。在漫长的牛道上，一个牛仔有10匹换乘马。每个赶牛队要为牛仔们准备数十匹至百余匹的换乘备用马和多匹夜用马。看马人的主要工作就是管理、放牧马群。每日凌晨赶牛队起程前，看马人要为每个牛仔挑出他选骑的马。牛队行进时，他赶着马群随炊事工具车骑行在牛队前面。到牛队停下让牛吃草时，看马人要放牧马群，并为牛仔们选好换乘的马。在近黄昏时，看马人要赶着马群随炊事工具车前往临时宿营地。晚间，他要夜牧下午骑乘的马，并为每班守夜看护马群的牛仔选好夜用马。牛道沿途没有畜栏。夜里，看马人还要看护好马群，防止盗贼偷盗和野兽的袭击，也要防止有马逃离。看马人还要为马医治伤病。只有保护好马群，才能保证牛仔们经过漫长的骑行把牛群赶抵目的地。黑人阿列克·格罗斯多次加入阿伯·布勒克尔领导的赶牛队当看马人。直到

① William H. Forbis, *The Cowboys*, New York: Time-Life Books, 1973, p. 136; Richard W. Slatta, *Cowboys of the Americas*, New Haven and London: Yale University Press, 1990, p. 168.

② Richard W. Slatta, *The Cowboy Encyclopedia*, Sarta Barbara, California: ABC-CLIO, 1994, p. 371.

③ Kenneth W. Porter, "Negro Labor in the Western Cattle Industry, 1866-1900", *Labor History*, p. 347.

他成了"白头"老人时仍在赶牛队中，牛仔们都尊称他为"阿列克叔叔"。①

在早期的赶牛队中，很多厨师都是美国内战前的黑人奴隶（或墨西哥人）。② 在"赶牛小道"上，做一名好厨师更为困难。厨师是每天赶牛队里起得最早睡得最晚的人，天没有亮他就起床。夏天时，在凌晨3点，厨师就起来做早饭。然后，他叫醒牛仔们起床。待牛仔们依次吃完早饭以后，他洗完餐具后装上工具车。天还没有亮，厨师就赶着炊事工具车先行，提前赶到前面牛仔们吃午饭处去准备午餐。牛仔们轮流吃过午饭后，厨师又得先于牛队起程，赶往道头选好的宿营地，去准备晚餐。看马人帮助厨师挖一道2米长、6—10英寸深的槽沟，用来安放锅、壶等炊具，点火做饭，并燃起篝火。在牛仔们赶着牛队到宿营地时，篝火已经燃起。赶牛队抵达宿营地把牛和马群安顿好后，牛仔们才围着篝火吃晚饭。待吃过晚饭，牛仔们陆续睡觉后，厨师还要洗炊具餐具。如果备好的面包已吃完，厨师要马上做烤面包的发面。在寒冷之夜，厨师还要把面盆放在篝火上或烧水的壶上加热，以便不误了次日早餐时让牛仔们吃上面包。如果是在酷热的夏夜，厨师得把发面盆放在炊事工具车尾部底下的地上，利用地面降温，为的是不让面发过头。有时气温过高，发面不敢存放过夜，他还得当夜就烤制第二天的面包。碰到这种情况，厨师就得一直工作到午夜。次日，他仍必须最早起床。在数个月的牛道生活中，厨师几乎天天这样周而复始地劳作。

为了保证牛仔们的食宿，厨师要克服许多困难。在牛道沿途，获得做饭和燃篝火的烧柴也很困难。在很多情况下，厨师要在看马人的帮助下，在沿途草地上寻找燃料。草原上很难找到木头，他们只能收集被称为"草原上的煤"的野牛粪和牛粪做燃料。如果找不到足够的干牛粪，厨师还要焙干湿牛粪。厨师必须保证有充足的燃料，因为在寒冷之夜，只有保证篝火整夜烧着，才能使睡在炊事工具车附近的牛仔稍稍增点暖意。缺水也是厨师必须克服的困难。牛队穿越沙漠或干旱地区时，炊事工具车上的储水罐只能保证做饭用。用过的餐具只能先用沙子或青草擦一擦，再用抹布抹抹干净。厨师还必须保证在任何恶劣的条件下为牛仔们准备一日三餐。在狂风大作的天气

---

① J. Frank Dobie, *Up the Trail from Texas*, New York：Random House, Inc. , 1955, p. 115.

② Don Worcester, *The Chisholm Trails：High Road of the Cattle Kingdom*, p. 72.

里，他必须精神专注，防止灶具被风掀倒或壶盖等被风卷走。在大雨使水漫营地时，厨师必须挖泥堆成高过水面的泥堆，在上面生火做饭。在炊事工具车上的储备食材用完而得不到及时补充时，厨师必须去打野牛、野火鸡和野兔等野味，或杀一头疲弱的小牛，来保证鞍马劳顿的牛仔们不至于挨饿。

无论在任何困难的情况下，厨师必须守护好牛仔的"家园城堡"——炊事工具车。在赶牛途中，赶牛队每天都要在不同的地方宿营，炊事工具车周围就是牛仔们的"临时家园"，是他们食宿的地方。为了炊事工具车的安全，厨师不允许任何牛仔骑马进入车周围 60 英尺地盘以内。除道头外，厨师不准任何人把马拴在工具车上。有时在牛队行进途中遇到河水暴涨，河面会增宽 5—6 英尺。厨师必须使炊事工具车能安全过河。[①] 如果炊事工具车受到损坏，整个赶牛队的行程都要受影响。在牛道上，做一个好厨师是如此不易，难怪很多白人牛仔即使过了骑行的年龄，也不愿意干这份工作。

在数千名投身于"长途驱赶"队伍的非裔牛仔中，被雇为看马人和厨师的只占少数，他们中的大多数人被道头依其能力和经验分派在赶牛队的其他岗位上。在前面引领牛队前进的"道头"虽然多数由白人牛仔担任，但一些优秀的非裔头等牛仔也被委此重任。作为引路的道头，他必须防止排在牛队前头的强壮小公牛向前狂奔，以免它拉乱了队形。被分派在牛队左右骑行的牛仔多是普通牛仔，其中也有非裔牛仔。他们既要阻止牛队挤成一团，又要防止牛队拉成稀稀拉拉的长线。他们骑行在牛队左右两侧，通过调整坐骑离牛队的距离远近来保持牛队行进的快慢。刚加入赶牛队经验匮乏的牛仔被分派到牛队尾部殿后压阵，其中也有非裔牛仔。殿后的牛仔主要负责照看体弱跛足的牛，避免它们被强壮的牛冲倒踏死或掉队。这些刚出道的殿后牛仔天天都要吸食整个牛队踏起的尘土。[②] 在一支赶牛队里，非裔牛仔往往可以胜任任何岗位的工作。在漫长的"赶牛小道"上赶牛队遇到突发事件时，非裔牛仔不论在哪个岗位上，都会挺身而出，把保护好牛群放在首位。为

① J. Frank Dobie, *Up the Trail from Texas*, pp. 99, 100, 102; Don Worcester, *The Chisholm Trails: High Road of the Cattle Kingdom*, pp. 71, 72; John K. Rollinson, *Wyoming: Cattle Trails*, Idaho Caldwell: The Caxton Publishing Company, 1948, pp. 39, 40, 173.

② Charles A. Siringo, *Riata and Spurs: The Story of a Lifetime Spent in the Saddle as Cowboy and Ranger*, Boston: Houghton Mifflin, 1931, p. 27.

此，非裔牛仔勇于面对凶险，不惜以身殉职。

在赶牛队遭受恶劣天气的摧残时，一些非裔牛仔总是让道头、队友到安全的地方而不顾自己的安危。1881 年，被称为"泰格"的非裔牛仔比尔·埃弗利随一个赶牛队往蒙大拿赶牛。赶牛队在内布拉斯加境内沿普拉特河行进时，遭遇到暴风雪的袭击。当时温度骤降到零度以下，道头下令让牛群跑动起来，奔向南方躲避风雪，让牛仔们钻进铺盖中御寒。埃弗利打开自己的铺盖给年轻的道头盖上，道头拉他一同钻进了铺盖。虽然牛队的马全都冻死了，但赶牛队的成员都活了下来。[①] 还有一名没有留下姓名的非裔牛仔，在牛队遭遇寒冷北风的袭击时，他自己让其他人躲进工具车里藏身避寒，自己只穿着很少的衣服而被冻死在马鞍上。[②]

在难以防范的牛马群炸群四散的突发事件中，非裔牛仔总是冒着生命的危险堵截守护畜群。1872 年 3 月 28 日，詹姆斯·凯利引领的赶牛队从得克萨斯踏上了"奇泽姆小道"，向北行进。在第一个星期的每个夜晚都有牛群炸群逃散的事件发生。凯利是这个赶牛队的道头兼看马人，他不仅要领着所有的牛仔拦截四处惊逃的牛群，而且还要平息个别白人牛仔制造的事端。[③]1867 年，大牧场主查尔斯·古德奈特赶的牛群经历了一个可怕的暴风雨之夜。一些受惊吓的牛离群，搅动整个牛群狂奔。在危险时刻，牛队中最优秀的骑手黑人鲍斯·伊卡德从夜里 1 点直到凌晨，一直追随着牛群，直到把所有的牛稳定下来。[④] 1868 年 3 月 15 日，J. M. 汉金斯所在的赶牛队在锡沃罗河和瓜达卢普河之间行进时，夜雨使牛群受惊逃散。直到雨停，狂奔的牛群才停了下来。此前非裔牛仔拉尼·芬特雷斯一直骑行在前面，引领着惊恐的牛群。待牛群停止奔跑后，芬特雷斯迎着随后追来的牛仔们。他告诉骑行在

---

① 在暴风雪之夜，非裔牛仔埃弗利不顾个人有被冻死的危险，把自己的卧具盖在道头身上，以及道头拉他一起同盖过一床被的历史事实，是一个在极度天气下不同肤色的牛仔共渡难关的感人例证。然而，这并不等于在牛道上就没有白人对黑人的种族歧视。笔者在后面还要叙及白人牧场主歧视非裔牛仔的事例。See Lawrence Clayton, "Bill 'Tige' Avery", Sara R. Massey, ed., *Black Cowboy of Texas*, p. 155.

② J. Frank Dobie, *A Vaquero of the Brush Country*, Dalas: The Southwest Press, 1929, pp. 100–101.

③ 詹姆斯·凯利是牧场主普林特·奥利夫的看马人、枪手和保镖。凯利多次随普林特·奥利夫长途赶牛。有时，奥利夫不参加赶牛时，让凯利引领赶牛队。See James Smallwood, "James Kelly", Sara R. Massey, ed., *Black Cowboy of Texas*, p. 145.

④ Bruce M. Shackelford, "Bose Ikard", Sara R. Massey, ed., *Black Cowboy of Texas*, p. 136.

前头的汉金斯，让牛群停在前面稍远的地方。[1] 由志愿厨师助手升为厨师的黑人"多克"·利特尔在牛群炸群的突发事件中，依旧是个好牛仔，总是第一个跃上马背。斯特劳的非裔厨师"老巴特"在 500 匹马炸群惊逃时，毫不犹豫地跃上马背颠簸骑行，带头把马群拢住。[2] 上述例证表明，在牛马发生炸群惊逃时，非裔牛仔不论在什么岗位上，他们总是率先去追堵畜群，并总是与牛马待在一起。

赶牛群渡过暴涨而湍急的河流比牛群炸群更具危险性，但一些非裔牛仔在危急关头不仅显示了他们的胆量，而且具有化险为夷的智慧和能力。尤其在落基山脉冰雪融化和暴风雨频发的春天，牛道沿途条条河流河水暴涨。河流变得河面宽广，河水极深且急流翻滚。要把牛群赶过这样的河流是极其困难和危险的。牛群面对奔腾咆哮的激流，不是吓得止步不前就是掉头逃跑。每当赶牛队面临这种窘境，非裔牛仔会想各种办法，试着帮助牛群过河。1877 年的一天，阿比·布洛克所赶的牛群行进到普拉特河边。此前从未见过横跨河面的软桥的长角牛，拒不从桥上过河。一位非裔牛仔见此情景，建议让牛群游过河。这一建议被采纳后，牛仔们让一头名为"比利"的老公牛先下河引游，那些领头的小公牛在老公牛之后跟游。整群牛就这样跟着过了普拉特河。[3] 1884 年，S. B. 布赖特所在的赶牛队抵近加拿大人河边时，正赶上河水暴涨。在赶牛群过河时，一匹系在工具车上的马溺水而死。一名非裔牛仔引牛过河，他的马在游到河中间时沉没，那名非裔牛仔被留在了沙洲上。等到所有牛全部过河后，那个非裔牛仔跟随在布赖特骑的马后，抓着马尾游过河。[4] 1895 年，R. F. 加尔布雷恩随一支赶牛队往怀俄明赶牛。在过雷德河时，加尔布雷恩和另外两个白人牛仔乘渡船过了河。非裔牛仔托尼·威廉斯骑着一头骡子，引导着牛群游泳过河。高大的巨浪把威廉斯从骡子上冲下卷走。正当加尔布雷思叹息威廉斯不能生还时，不一会儿他们看到

---

[1] J. M. Hankins, "Reminiscences of Old Trail Driving", J. Marvin Hunter, ed., *The Trail Drivers of Texas*, p. 112.

[2] Kenneth W. Porter, "Negro Labor in the Western Cattle Industry, 1866-1900", *Labor History*, pp. 357-358.

[3] J. Frank Dobie, *The Longhorns*, New York: Grosset & Dunlap, 1941, pp. 246-247.

[4] S. B. Brite, "A Thorny Experience", J. Marvin Hunter, ed., *The Trail Driver of Texas*, pp. 47-48.

他紧紧地抓住一头公牛的尾巴浮出了水面，并一直随公牛游上了岸。① 事实证明，在赶牛群渡过水流湍急的大河出现险情时，非裔牛仔总是承担最危险的引领牛群过河的工作。他们靠自己的能力保全生命，并和同伴共同设法把牛群赶过河继续向前行进。

在漫长的牛道上，非裔牛仔能勇敢地面对人为因素引发的突发事件。这种突发事件主要是赶牛队与原住民和拓荒农场主的武装冲突。原住民的保留地俄克拉荷马是通向北部牛道的必经之地。在长途赶牛的 20 余年间，原住民赖以为生的野牛基本上被开发者屠杀殆尽，他们因此而面临生存危机。与此同时，数万名牛仔踏上牛道，牛群经常穿越俄克拉荷马，破坏了原有的生态环境，扰乱了原住民部落的传统生活。原住民为了生存，便向赶牛队索要牛作为过路费。很多赶牛队恃强拒付，与原住民频发冲突，乃至流血事件。在这类事件中，非裔牛仔为保护牛群往往不顾个人安危。前面述及的鲍斯·伊卡德就是突出的一例。在那个暴风雨之夜，牛群发生两次炸群。第一次伊卡德奋不顾身地飞马在前，帮助古德奈特把牛群截住。第二次伊卡德尾随牛群追赶，以防止原住民在天亮时乘牛群炸群前来偷袭，因为在牛群雨夜炸群前他们的赶牛队已与原住民发生了一次冲突，一个牛仔的脖子被箭射中。② 牛道沿途各州和领地的农场主都非常仇视牧场主。大量牛群踏上牛道，不但会毁了农田和庄稼，而且农场主饲养的牛也会被"长角牛"传染上"得克萨斯热病"而死亡。因此，牛道沿途的农场主会制造各种麻烦，甚至武装起来阻截赶牛队，不许牛群过境。在赶牛队受到原住民攻击或与农场主发生冲突时，非裔牛仔乔治·麦克道总是第一个自愿站出来去抗击敌对者。③

加入赶牛队的大多数牛仔只有一两次长途赶牛的经历，但也有一些非裔牛仔已有多次牛道赶牛的经验。从 1866—1869 年，非裔牛仔鲍斯·伊卡德一直追随古德奈特骑行在"古德奈特—洛文小道"上。四年中，伊卡德从

---

① R. F. Galbreath, "Got a Trail - Hold and Held On", J. Marvin Hunter, ed., *The Trail Driver of Texas*, pp. 987–988.

② Bruce M. Shackelford, "Bose Ikard", J. Marvin Hunter, ed., *The Trail Driver of Texas*, p. 136.

③ Ira Lott, "George McDow: A Black Cowboy", J. Marvin Hunter, ed., *The Trail Driver of Texas*, pp. 127, 129.

得克萨斯经新墨西哥至科罗拉多的长途赶牛中多次历险。[①] 1871—1872 年，得克萨斯的大牧场主"尚海"·皮尔斯每星期往古巴出口 500 头牛，这些运往古巴的牛以"海狮"而闻名。从皮尔斯的牧场把牛赶往墨西哥码头和装船的人员中很多是黑人，非裔牛仔内普丘恩·霍姆斯是赶牛队中的重要成员。到 19 世纪 80 年代，皮尔斯又往奥加拉拉和堪萨斯城赶牛。在多次长途驱赶中，霍姆斯成了皮尔斯在辽阔、开放草地上的"牛海狮"的守护人。[②] 非裔牛仔本·金奇洛在 1871 年加入了索尔·韦斯特领导的赶牛队，踏上了"奇泽姆小道"。韦斯特共进行了 12 次长途驱赶，把牛群从得克萨斯赶往科罗拉多、堪萨斯和内布拉斯加，金奇洛参加了所有这些长途驱赶。[③] 事实证明，很多非裔牛仔之所以多次加入赶牛队，是因为雇主看重他们的能力和工作态度。

"长途驱赶"是美国西部开发史上最富传奇色彩的壮丽篇章，而这一历史奇迹正是由包括非裔牛仔在内的数万名牛仔组成的赶牛队所创造的。为了把牧区和市场联结起来，在 20 余年的时间里，有 3.5 万名牛仔从得克萨斯踏上了"赶牛小道"，其中非裔和墨裔牛仔占到了 1/3。[④] 在所有参加"长途驱赶"的牛仔中，白人约占 63%，非裔占 25%，墨西哥人占 12%。[⑤] 跻身赶牛队中的非裔牛仔有 5,000 余人[⑥]，甚至达到 8,000—9,000 人之多[⑦]。非裔牛仔的人数超过了墨裔牛仔。数万名牛仔踏上漫长的"赶牛小道"，数百万头的长角牛从得克萨斯赶往东北部市场和新的牧区，使牧牛业扩展到整个大平原，形成疆域辽阔的"牧牛王国"。"牧牛王国"成为美国新的畜产

---

① Paul W. Stewart and Wallace Yvonne Ponce, *Black Cowboys*, Colorado, Denver: Black American West Museum and Heritage Center, 1986, p. 16.

② Kitty Henderson and Charlie Woodson, "Neptune Holmes: A Lifetime of Loyalty", Sara R. Massey, ed., *Black Cowboys of Texas*, p. 119.

③ John H. Fuller, "Ben Kinchlow: A Trail Driver of the Chisholm Trail", Sara R. Massey, ed., *Black Cowboys of Texas*, pp. 108-109.

④ George W. Saunders, "Reflections of the Trail", J. Marvin Hunter, ed., *The Trail Driver of Texas*, p. 453.

⑤ Kenneth W. Porter, "Negro Labor in the Western Cattle Industry, 1866-1900", *Labor History* p. 347; Richard W. Slatta, *Cowboys of Americas*, p. 168.

⑥ Philip Durham & Everett L. Jones, *The Negro Cowboys*, p. 3.

⑦ Kenneth W. Porter, "Negro Labor in the Western Cattle Industry, 1866-1900", *Labor History*, p. 373.

品基地。"长途驱赶"的规模之巨大、场面之恢弘，超过了大平原历史上的野牛群大迁徙。

"长途驱赶"在美国历史上占有重要地位，产生了深远影响。它使因内战而崩溃的得克萨斯经济得以恢复，保证了美国西部的矿业开发、铁路修筑、原住民保留区和联邦驻军的肉类供应，满足了美国工业化、城市化对肉类的大量需求。因"长途驱赶"在铁路沿线兴起的许多牛镇，成为美国西部城镇化的一种模式。"长途驱赶"促进了美国西部肉类加工、包装和运输业的兴起，使芝加哥成为世界上最大的肉类加工、包装和运输业的中心。①"长途驱赶"使"赶牛小道"和牛仔成为美国文学、影视、音乐和绘画等作品长期讴歌颂扬的主题，由此产生的牛仔文化成为美国大众文化的奇葩，并广泛传播到世界各地。

作为马背劳工的牛仔与同时代美国工矿业的劳工相比，他们骑行在牛道上，食宿在荒野中，其劳作更加劳累、艰辛和危险，经受着人类生存极限的考验。在20余年的"长途驱赶"中，非裔牛仔成为不可或缺的力量。这不是因为非裔牛仔在赶牛队中占有较大比例，而是因为在很多情况下，他们往往要承担更困难更危险的工作任务。在危急关头，非裔牛仔敢于挺身而出，不顾个人安危，守护牛群。在"长途驱赶"中，非裔牛仔发挥的重要作用足以使他们彪炳史册。

四、非裔牛仔个案

非裔牛仔的个案研究很受美国学者的重视，其中尤其对以"戴德伍德·迪克"而闻名的纳特·洛夫的研究为多。竞技表演者比尔·皮克特和非裔牛仔的先驱者博内斯·胡克斯的传记也已经出版。《得克萨斯的黑人牛仔》则是一本个案研究的论文集。在非裔牛仔研究中，一些杀手和不法之徒也受到了关注。

关于纳特·洛夫，《黑人牛仔》一书专写了"戴德伍德·迪克"一章，论及奴隶出身的洛夫在西部当牛仔的经历。内容浓缩概括了纳特·洛夫在

---

① Robert E. Riegel, Robert G. Athearn, *America Moves West*, New York, Chicago: Holt, Rinehart and Winston, 1971, fifth edition, p. 480.

1907 年出版的自传《在牧牛区以"戴德伍德·迪克"著称的纳特·洛夫的生活和历险》一书的主要章节，只是没有摘取他成为铁路列车员的经历。[①] 随着非裔牛仔研究的兴起，纳特·洛夫的自传在 1968 年得以再版。此后，不少论著都论及纳特·洛夫和他的自传。

威廉·L. 卡茨在《黑色的西部》的"牛仔"一章中，评介了七个非裔牛仔，但对纳特·洛夫着墨最多。卡茨不但概述了纳特·洛夫在西部的牛仔生涯和传奇经历，而且还对他的自传作了评价。[②] 他认为，纳特·洛夫的自传读者很易读懂，但却难以置信。[③]《戴德伍德·迪克和其他黑人牛仔》一文，主要论述的是纳特·洛夫的经历。[④] 布莱克·阿尔门丁格在《戴德伍德·迪克：作为文化素材的黑人牛仔》一文中认为，在 19 世纪后半期，数千名非裔牛仔中，只有纳特·洛夫留下了一本人生记录并将其出版。纳特·洛夫的自传出版后，至少在 24 年里没有被重印。得益于非裔美国人研究的繁荣和人们对文艺复兴风格的欣赏，他的自传才得以再版。阿尔门丁格认为，"洛夫是无人匹敌的，将证明他的著作被更多的黑人和白人读者所理解"。[⑤] 苏珊·谢克尔在《家在火车上：纳特·洛夫生活和历险中的种族与转变》一文中，从奴隶起步、在西部边疆老套生活和变化的戴德伍德·迪克，以及在普尔门式（Pullman）豪华卧铺车上的短暂经历和权限三个方面，详细解读洛夫的自传。[⑥]

纳特·洛夫的自传在 1907 年出版后，长期被漠视。直到 20 世纪中期非裔牛仔研究在美国兴起后，他的自传和他传奇的一生才引起学者的重视，洛夫成为被研究最多的个案人物。

皮克特是竞技表演的杰出代表，也是被研究较多的非裔牛仔。《黑人牛仔》的"作为娱乐行业的西部"一章，讲述了皮克特从"101 牧场"参与

---

① Phillip Durham & Everett L. Jones, *The Negro Cowboy*, pp. 189-205.

② William L. Katz, *The Black West*, pp. 149-151.

③ Ibid., p. 323.

④ "Deadwood Dick and the Black Cowboys", *The Journal of Black in Higher Education*, No. 22 (Winter, 1998-1999), pp. 30-31.

⑤ Black Allmendinger, "Deadwood Dick: the Black Cowboy as Cultural Timber", pp. 79, 88.

⑥ Susan Scheckel, "Home on the Train: Race and Mobility in the Life and Adventures of Nat Love", pp. 223-243.

"西部荒野剧"表演直到他生命结束的竞技生涯。① 卡茨在《黑色的西部》中，不但概括地介绍了皮克特在国内外巡演的情况，还引用了"101 牧场"牧场主扎克·米勒对他的评价。因为皮克特把"抓住牛角摔倒公牛"的表演发展到用牙齿咬住牛的上唇并把它制服，所以米勒称他是"永远活着的出场最多但不讲卫生的牛仔"②。1971 年，比尔·皮克特入选"牛仔名人堂"（Cowboy Hall of Fame）。

贝利·C. 哈尼斯上校在 1977 年出版的《抓住牛角摔公牛的比尔·皮克特：一个黑人牛仔传》，是他用了 10 年时间搜集资料后精心写成的著作。作者认为，皮克特将他 60 岁的大部分时间投身到米勒兄弟在俄克拉荷马州马兰的"101 牧场"和"101 牧场西部荒野剧"（101 Ranch Wild West Show）的表演中。皮克特在他那个时代是一个传奇人物，他发明了"抓住牛角摔公牛"（Bulldogging）这一特殊竞技形式并使之大众化。这一形式导致与小公牛角斗成为当今竞技表演的一个典型项目。③ 作者以引人入胜的记叙体，从一个明星牛仔出生到一个牛仔之死，讲述了皮克特传奇的一生。④ 比尔·伯查特在为这本传记写的序言中，特别肯定这一著作的价值。伯查特称赞作者是一位具有奉献精神和责任心的研究者，他精心地搜集原始资料，而不是简单地重复旧的谬误。作者写了一本引人入胜的叙事体著作。他访谈了比尔·皮克特家庭中的在世者，以及了解皮克特的昔日牛仔、西部荒野剧的表演者和早期的竞技骑手。⑤ 笔者认为，本书的不足是没有注释，大量一手资料只见于行文之中，这不利于后人研究时借鉴使用。如能把大量访谈资料出版，将更有助于对比尔·皮克特的进一步研究。

非裔牛仔先驱者博内斯·胡克斯长期被无视，到了 21 世纪，终于有学者为他作了传。鲁斯·G. 托德于 2005 年出版的《博内斯·胡克斯：开拓的黑人牛仔》，以编年写法，讲述了这个不应被漠视的非裔牛仔一生的经历。

① Phillip Durham & Everett L. Jones, *The Negro Cowboy*, pp. 206-219.
② William L. Katz, *The Black West*, p. 160.
③ Colonel Bailey C. Hanes, Bill Pickett, *Bulldogger: the Biography of a Black Cowboy*, Norman: University of Oklahoma Press, 1977, p. viii.
④ Ibid., pp. 15-169.
⑤ Colonel Bailey C. Hanes, Bill Pickett, *Bulldogger: the Biography of a Black Cowboy*, p. xi.

书中包括胡克斯的早年生活、在佩克斯河和潘汉德尔地区的开拓岁月、开拓时期的胡克斯与种族关系、个人和文化的变化、处于草原尽头的黑人城市——得克萨斯和阿马里洛的北部地区、胡克斯作为非官方市长、他成为平原地区最耐久的非裔牛仔、他的葬礼等诸多内容。[1] 在博内斯·胡克斯 83 年的人生历程中，有 73 年是在得克萨斯西部的潘汉德尔度过的。在那个地区除了荒地一无所有的时代，胡克斯成为在那里生活最久的牛仔和开拓者之一。因为肤色，胡克斯长期被西部史所忽略，正如其他非裔牛仔、先驱者、英雄和传奇人物一样，被置于历史之外。[2] 托德认为，博内斯·胡克斯的经历超过大多数牛仔。如果不关注他的肤色，胡克斯应进入"西部伟人名人堂"（Great Westerners Hall of Fame），但他并没有入选。[3] 为改变这种不公正，作者做了大量调查、访谈，用大量一手资料写成了《开拓的黑人牛仔》。书中每章都用胡克斯精辟的话作按语。作者对所用资料作了详细注释，有助于他人的学习和进一步研究。

美国学者对非裔牛仔的研究还涉及了更多的人。1986 年，保罗·W. 斯图尔特与华莱士·伊冯娜·蓬斯合著的《黑人牛仔》一书出版。书中写了从 19 世纪 30 年代至 1961 年跨越一个多世纪的 88 位非裔牛仔的个人传记。这本人物传记是在查阅了大量报纸、信件、日记和其他文献资料的基础上写成的每位非裔牛仔鲜为人知的传记。[4] 斯图尔特和蓬斯的《黑人牛仔》是对德拉姆和琼斯的《黑人牛仔》的补充和丰富，因为德拉姆和琼斯的书中也涉及很多非裔牛仔，但对个人的经历而言都不是很具体。特里西亚·M. 瓦格纳于 2011 年出版的《老西部的黑人牛仔》写了 10 名非裔牛仔，每个人物写得也较具体。她强调"要把黑人牛仔的形象纳入分享西部真正遗产的国家视野中"[5]。

关于非裔牛仔的个案研究还涉及更多，而且也有不法之徒。对于非裔牛仔中的一些不法之徒，德拉姆和琼斯的《黑人牛仔》专写了一章。他们之

① Bruce G. Todd, *Bones Hooks: Pioneer Negro Cowboy*, Gretna, Louisiana: Pelican Publishing Company, Inc., 2005, pp. 69-181.

② Bruce G. Todd, *Bones Hooks: Pioneer Negro Cowboy*, p. 179.

③ Ibid., p. 11.

④ Paul W. Stewart and Wallace Yvonne Ponce, *Black Cowboys*, p. vi.

⑤ Tricia Martineau Wagner, *Black Cowboys of the Old West*, p. xviii.

中有偷牛盗马贼、杀人犯和犯罪团伙等。[1] 卡茨在《黑色的西部》介绍的 7名非裔牛仔中有 3 人是著名的不法之徒。[2] 这些歹徒对美国西部牧区造成了极大破坏，但他们大多也遭到了惩处。作者对不法之徒多是对他们个人经历和犯罪过程的介绍，缺乏对这些歹徒犯罪原因的分析。

总体来看，美国学者对非裔牛仔的个案研究的关注要比其他方面的问题多，涉及的研究对象也较多，但深入的程度不够。研究者关注最多的是少数著名非裔牛仔，对多数非裔牛仔的个案研究是 20 世纪 80 年代中期才开始的。这些个案研究一方面通过个体化角色的立体化描述丰富了非裔牛仔的群体形象，另一方面也直接论证了非裔牛仔在美国西部牧区发展中的地位和作用。

第二节　"牧牛王国"非"理想国"

非裔牛仔是美国西部牛仔中最吃苦耐劳的一群人，正是凭借娴熟的专业技能、卓越的才艺、优良的职业操守和无可比拟的"忠诚"，他们为自己赢得了在西部牧区的一席之地。然而，牧区长期普遍存在的种族歧视和种族隔离，却让非裔牛仔饱受侮辱和伤害，而他们对西部牧业发展所带来的重要贡献，也因之长期受到忽视。

一、非裔牛仔缘何能在牧区立足

无论是在牧场还是在牛道上，多数非裔牛仔的表现都被认为是最好的。如果没有非裔牛仔在牧场和牛道上的辛勤劳作和不惧危险的精神，美国西部牧牛业的发展就不会那么顺利。牧牛业也像工矿企业一样需要大量的劳动力，不同的是牧场和牛道上所需要的雇工是具有较高素质和特殊技能的牛仔。数千名非裔牛仔之所以能够立足牧区成为不可或缺的力量，原因是多方面的。

首先，非裔牛仔能勤学苦练各项专业技能，许多人成了顶尖的专业技术能手。牧牛业雇用的牛仔不仅仅是一个能骑在马背上的人，他必须娴熟地掌握骑马、使用套索和打烙印等技术及精准的枪法。这些特殊的技能不是能轻

---

① Phillip Durham & Everett L. Jones, *The Negro Cowboy*, pp. 172-188.

② William L. Katz, *The Black West*, pp. 152-153, 156-158, 160.

易掌握的，必须勤学苦练才行。

　　最著名的非裔牛仔纳特·洛夫是优秀的骑手和套索手。在这之前，洛夫已进行了多年的刻苦练习。为了练好使用套索的技术，洛夫从套兔子开始，然后再练套牛和套马。在练习骑马的过程中，洛夫曾被马摔到地上，伤了脖子，但仍坚持骑乘烈马，直到把它们驯服。[①] 1869 年，当洛夫 15 岁时，他凭着高超的骑术在一个牧牛营地成了牛仔。牧牛营地老板让洛夫骑一匹被称为"老好眼"的烈马。洛夫此前虽然骑过一些爱前倾的烈马，但都没有这匹马这样坏。从骑上"老好眼"的瞬间，洛夫才明白他从来不懂什么是马的"前倾"。幸亏得到牵来"老好眼"的非裔牛仔的暗示，洛夫才双腿紧紧把它夹住，没有被从前面摔下来。围观的营地牛仔们都吃惊地看着洛夫与"老好眼"的较量，因为他们完全把洛夫看作生手，没有想到他能制服这匹最坏的烈马。牧牛营地老板看到洛夫是个骑马好手后，把他留了下来。[②]

　　在一次赶牛中，洛夫所在的赶牛队抵达南达科他的次日，一些赌徒和矿工要道头组织 12 名牛仔进行一次套马比赛。为此，他们包了 200 美元作为获胜的奖品。道头挑选出 12 匹野性难驯、最难骑乘的马，决定参赛人员，安排了比赛的细节。12 名参赛者中，有包括道头在内的 6 名白人和包括洛夫在内的 6 名黑人。按规定，谁在最短的时间内完成规定的所有比赛技能，并最终拾起钱包，便是获胜者。分给洛夫套的那匹马很难骑。从"45 响"的信号枪响起，所有的参赛者都骑马迅速冲向为他们备好的特殊野马。洛夫从枪响冲到为他备好的马前，把它套住、放倒在地，拴好、上辔头、加马鞍，跃上马背，然后策马疾驶，敏捷地捡起钱包，只用了 9 分钟。与洛夫竞争的对手完成这一切用了 12 分 30 秒。洛夫最终因为用时最短完成了比赛而获得冠军，他所创下的这一纪录一直保持到 1890 年他离开牧区。当时在比赛现场观看的群众称洛夫为"戴德伍德·迪克"，并宣布他为西部牧区获胜的套马人。[③]

---

　　① Nat Love, *The Life and Adventures of Nat Love: Better Known in the Cattle County as "Deadwood Dick"*, Los Angles, 1907; reprinted, New York: Arno Press, 1968, pp. 82–87.

　　② Laurence I. Seidman, *Once in the Saddle: The Cowboy's Frontier, 1866–1986*, New York: Alfred A. Knopf, Inc., 1973, p. 17.

　　③ Nat Love, *The Life and Adventures of Nat Love: Better Known in the Cattle County as "Deadwood Dick"*, p. 97.

　　詹姆斯·凯利被认为是在美国、加拿大和阿根廷所见的优秀骑手之一。① 凯利 10 多岁就劳作在普林特·奥利夫的牧场上。他赶牛、驯马，练就了无人匹敌的能力。美国内战以后，成了自由人的凯利又回到奥利夫的牧场上当看马人、驯马师。他的高超驯马技能使奥利夫牧场的马成为当地最优等的马。凯利不但熟练地掌握了赶牛、驯马等全面的专业技能，而且研究掌握了各种长短枪支的性能，练就了精准的枪法。这些使他有能力成为奥利夫的家庭枪手和武装放牧队的教练。在长途赶牛时，凯利被雇为保镖，曾在危急时刻三次救了奥利夫的命。② 凯利儿童时期的艰苦学习和训练，使他娴熟地掌握了一个优秀牛仔必备的高超的骑马、使用套索和各种枪支的技术。

　　被称为"80 约翰"的非裔牛仔丹尼尔·韦伯斯特·华莱士，以套野牛的独特方式展现了非凡的技能。华莱士不到 12 岁就是在棉田里劳作的奴隶，并不具备牛仔的技能。经恳求一个道头让他参加了一次赶牛后，华莱士并没有回家，而是急于学习牛仔应掌握的各种技能。他先后跟野牛猎手学习捕捉无主牛，围拢驯服野性十足的布朗科马，又跟不同的放牧队学习在开放牧场围拢牛群和给牛打烙印的各种技能。华莱士还多次骑在马上进行套野牛的练习。虽然有一次华莱士差点被野牛伤害生命，但他多次成功地套住了野牛③。经过长时间的刻苦训练，华莱士成了一名优秀骑手和套索手。华莱士并不满足于成为一名优秀的牛仔，他继续努力求学、为他人打工积累资金购置土地和选购优质种牛。由于华莱士的锐意进取，他最终成了得克萨斯西部的一名非裔牧场主。④

　　在美国西部牧区还有一些专业技术超群的非裔牛仔。他们也像上面几位著名的代表人物一样，在牧场和牛道的劳作过程中，以能者为师，善于学

---

　　① 　Kenneth W. Porter, "Negro Labor in the Western Cattle Industry, 1866-1900", *Labor History* , p. 352.

　　② 　James Smallwood, "James Kelly", Sara R. Massey, ed. , *Black Cowboy of Texas*, pp. 143, 144.

　　③ 　Douglas Hales, "Black Cowboy: Daniel Webster '80 John' Wallace", Paul H. Carlson, *The Cowboy Way: An Exploration of History and Culture*, Texas Tech Press, 2000, p. 35.

　　④ 　在美国西部牧区虽然有不少优秀的非裔牛仔，但能成为牧场主者则凤毛麟角。经过多年在牧场和牛道上的艰苦磨炼已成为优秀牛仔的华莱士并不满足。他在 24 岁与牧场主曼签订协议，其每月 30 美元的工资中 20 美元用小公牛支付。华莱士在 25 岁时利用从事运货攒钱在米切尔县的洛雷恩附近登记购买了两块宅地养牛。同年，华莱士又回到学校读了两年书。与此同时，他又为其他牧场主打工积累资金，购买优质种牛改良牛群。最终华莱士成为了得克萨斯西部的黑人牧场主。See Joyce Gibson Roach, "Daniel Webster: A West Texas", Sara R. Massey, ed. , *Black Cowboys of Texas*, pp. 181-187.

习，刻苦练习各种专业技能。正是有了多年的失败和成功经验的积累，许多非裔牛仔成了美国西部牧区各种最优秀的专业技术能手。虽然许多优秀的非裔牛仔并没有载入美国的史册，但过硬的专业技能使他们能立足牧区。

其次，非裔牛仔的音乐天赋和歌唱能力受到雇主的青睐。中文成语"对牛弹琴"带有对乐师弹琴不看对象的讥讽之意。然而在美国西部牧区，牛仔却必须对牛唱歌。神经极为敏感的得克萨斯长角牛极易炸群逃窜，音乐和歌唱能够起到安抚牛的神经的效果。因此，不论是在牧牛营地还是在漫长的牛道上，牛仔们要轮流值班守护，用唱歌安抚牛群夜宿，减少牛群炸群的危险。鉴于非裔牛仔在音乐歌唱方面的天赋，大多数牧牛队和赶牛队的道头都希望有能唱歌的非裔牛仔加入其中。除了很多非裔厨师有音乐天赋外，牛队中也有善于唱歌的非裔牛仔。如查利·威利斯和约翰·亨利等，都是史上有名的精于唱歌的非裔牛仔。

查利·威利斯会唱很多牛仔歌曲，他15岁时便到E.J.莫利斯的牧场当牛仔，在那里劳作了25年。威利斯不但驯马和干其他牛仔干的所有活，而且有很好的听力和音乐悟性，精擅唱歌。长途驱赶返回得克萨斯后，威利斯唱了一些与牛道相关的牛仔歌曲，其中最有名的是《再见老画布》。"老画布"指的是一匹马，唱的是牛仔们要离开怀俄明的夏延前往蒙大拿的惜别之情。大约在1885年，威利斯在为牧场主驯马时，又把《再见老画布》教给了雇主之子杰西·莫里斯。[1] 这首著名的牛仔歌曲经历百余年历史，一直传唱至今。

约翰·亨利也是一位善于在赶牛途中唱歌的非裔牛仔。白人牛仔特迪·布卢在1939年出的传记中讲述了他第一次听约翰·亨利唱《奥加拉拉之歌》的深刻记忆。《奥加拉拉之歌》是为赶牛队过河写的歌。赶牛队从得克萨斯最南端的努埃西斯起程，向北每过一条河都唱这首歌，最终抵达锡马龙河。在一个月光明亮的夜晚，有13支赶牛队在锡马龙宿营。布洛克尔的赶牛队靠近特迪·布卢他们的营地，两队相互都能看清对方的篝火。布卢看到布洛克尔牛队的优秀非裔牛仔约翰·亨利正在骑马守护牛群，听到他唱着

① Jim Chilcote, "Charley Willis: A Singing Cowboy 26", Sara R. Massey, ed., *Black Cowboys of Texas*, pp. 174, 175.

《奥加拉拉之歌》。他听亨利唱道："1881 年我们离别努埃西斯河，赶着当地出生的牛，它们都知道向前奔跑着。哦，哦，哦，哦，哦哦！"① 布卢觉得此前似乎听人唱过《奥加拉拉之歌》，但使他永怀不忘的是约翰·亨利。

对牛唱歌不仅能减少炸群事故，赶牛队的牛仔们也需要借歌唱来缓解疲劳。从得克萨斯往堪萨斯牛镇的长途驱赶一次要持续三个月，而前往蒙大拿牧区要费时半年。在牛道上，如果没有牛群炸群或突起的凶险事件发生，牛仔们每天都要鞍马劳顿 18 个小时。② 如果一支赶牛队每天夜宿点燃篝火时只是沉闷地吃晚餐、安顿牛群，而没有歌声，那么牛仔们的牛道生活就会非常枯燥乏味。在没有歌声的牛队里，不仅牛仔倍感疲惫，而且牛群炸群也易频发。多数道头愿意招一个会唱歌的牛仔加入的原因也在于此。

再次，非裔牛仔能与他人友好相处，合作共事。在牧场，牛仔的主要工作是骑马巡边，把牛群赶往放牧区放牧，以及参加最紧张、最劳累的春秋两季的牧区赶拢。在牛道上，牛仔们要经过数月鞍马劳顿把牛群赶往目的地。这些工作都是在牧场工头、放牧工具车车头或道头的安排和指挥下进行，需要不同肤色、不同族裔和不同国籍的牛仔们通力合作，才能有序进行。非裔牛仔不论被分派何种工作，都能服从指挥，与队友协作，有很好的职业操守。

非裔牛仔一般被牧场雇来做最艰苦的驯马工作。他们通常是把牧牛队中最暴烈的马挑出来，试骑驯化和将头等马挑选出来。在每天早饭前，一名年轻的非裔牛仔通常要从马群中把六匹最难捉住的烈马挑出来试骑。后来成为牛仔作家的安迪·亚当斯讲述了他目睹 12 名非裔牛仔每人骑乘一匹白人牛仔不敢加马具的烈马的经历。这些牛仔们进行了"最长距离的烈马骑行"，直到这些马被完全驯服。③ 可见，白人牛仔不愿意干也常常不敢干骑驯烈马的工作，非裔牛仔就得先把烈马驯服之后再交给白人牛仔骑乘。驯烈马过程中时有生命危险，但非裔牛仔毫无怨言。这体现了一种协作共事的精神。至

---

① E. C. Abbott（"Teddy Blue"），Helena H. Smith，*We Pointed Them North*：*Recollections of a Cow-puncher*，Norman：University of Oklahoma Press，1955，pp. 224，226.

② Walter Pescott Webb，*The Great Plains*，Altham，Massachusetts：Blaisdell Publishing Company，1959，p. 268.

③ Wilson M. Hudson，*Andy Adams*：*His Life and Writings*，Dallas：Southern Methodist University Press，1964，pp. 184，251.

于在每个赶牛队中，非裔牛仔只有 1—3 人不等。除做厨师或看马之外，非裔牛仔不论被分派在任何岗位上，他都得同占多数的白人牛仔搭档，共同完成某一工作。在中午轮流吃饭时，非裔牛仔总是排在后面。在值夜班保护牛群时，他们总是被排在午夜到凌晨最难熬的一班。在牛道上，非裔牛仔总是承担最困难和最危险的工作。但他们都能坦然接受，毫无怨言，并且尽心竭力。对此，本书前面已有较多阐释。总之，不论在牧场还是在牛道上，非裔牛仔都与队友协作共事，友好相处。

　　一些年长而有经验的非裔牛仔经常像师傅带徒弟一样，指导年轻白人牛仔的工作。每个年轻的牛仔都需要展示他的技能和胆量。尤其是年轻的牛仔，很想参与检验综合技能的"赶拢大会"，但这需要一个有经验的牛仔做搭档。然而，有时白人牛仔不愿意做没有经验的年轻人的搭档。在这种难堪的情况下，年轻的白人牛仔会得到非裔牛仔的帮助。年轻的白人牛仔詹姆斯·E. 麦考利第一次参加赶拢时，没有一个白人牛仔愿意做他的搭档。因为给小牛打烙印不但需要有足够的力气压住小牛，而且需有娴熟的使用烙铁的技术。如果牛仔的力气不足，就可能受到暴怒小公牛的伤害。在白人牛仔拒绝时，一名被称为"老杰里"的非裔牛仔自愿做了麦考利的搭档。老杰里称麦考利为"白小伙"，来缓解年轻"搭档"的紧张。在老杰里的帮助下，麦考利很快掌握了从侧面拉倒小牛的技巧，克服了体力的不足。老杰里便称赞麦考利是干这种重体力活的最好的小伙子。经过有经验的老杰里的这次点拨之后，麦考利再也没有找不到搭档的烦恼了。[1] 在怀俄明牧区赢得"最好套索手"赞誉的非裔牛仔吉姆·辛普森，在到了不能整天骑行的年龄后，成了牧场和赶拢季节的厨师。在一个赶拢区的最后一次赶拢结束后，辛普森就带着提琴，骑着一匹备鞍马前往相邻的赶拢区。他是当地最受欢迎的人，有很多朋友。[2] 这是因为辛普森不但因其厨艺受到牛仔们的称赞，而且他还以其对牧区生活的了解、多年当牛仔的丰富经验和娴熟的技能去帮助、指导年轻的牛仔。辛普森成了年轻牛仔的"朋友、哲人和顾问"[3]。

---

① James E. McCauley, *A Stove-Up Cowboy's Story*, Dallas：Southern Methodist University Press, 1965, p. 12.

② Floyd C. Bard, *Horse Wrangler：Sixty Years in the Saddle in Wyoming and Montana*, p. 102.

③ Philip Durham & Everett L. Jones, *The Negro Cowboys*, p. 135.

　　概而言之，非裔牛仔能与队友协作共事，向不分肤色的年轻同伴传授各种技能。不论是在牧场还是在牛道上，所有的工作要在工头或道头的统一指挥下，各个岗位上的牛仔必须通力协作才能很好地完成。因为非裔牛仔能较好地处理各种关系，所以很多牧场主愿意雇用他们。

　　最后，最重要的是非裔牛仔比白人牛仔能更好地恪守"忠于雇主"的"牛仔准则"。这是因为非裔牛仔比白人牛仔与牧场主的关系更为复杂。白人牛仔与牧场主之间的关系是雇佣关系。虽然根据美国西部牧区不成文的"牛仔准则"规定，受雇的牛仔必须忠于雇主，但如果白人牛仔对雇他的牧场主不满意，那么在受雇期满后，他可以离开雇主，再到其他牧场去找工作。非裔牛仔的情况并非如此。他可以离开雇主，有些非裔牛仔内战前是牧场主的马背奴隶，获得自由后仍留在原来的牧场上工作，原先对主人的"忠顺"惯习短期内较难改变。有些非裔牛仔是从美国南部逃往西部牧区当了牛仔。在19世纪七八十年代，非裔牛仔能在牧场找到一份长期工作很不容易。特别是尚未成年或是过了骑行年龄的非裔牛仔，要得到在牧场的工作则更困难。故非裔牛仔比白人牛仔更"忠于"雇主。正是因为"对雇主的忠诚"，一些非裔牛仔不仅成为牧场优秀的头等牛仔，而且成了牧场主的"亲信"、"保镖"和"银行家"。甚至在19世纪80年代发生两次牛仔反对大牧场主的罢工时，"忠于"牧场主的非裔牛仔也没有站到罢工的白人兄弟一边。

　　在美国西部牧区，"忠诚于牧场主"成为衡量一个牛仔好坏的不成文准则。非裔牛仔在坚守这一职业道德准则方面尤为突出。在美国西部牧区开发的早期，牧场是牧场主和牛仔在原始荒野中立足的一种生存方式，也是其共同利益所在。早期的个体牧场主拥有的资本有限，他们的资本主要用来购买土地和牛群，建立牧场设施，故不能全额支付牛仔们的工资。牧场主就经常给牛仔少量的牛，以代替应支付他们的部分工资。牛仔的少量牛也被允许在牧场主的放牧区放牧。这种早期牧区习俗，使牛仔怀着拥有自己的牛群并最终成为小牧场主的"美梦"。因此牛仔把管理好牧场主的牛群和扩大雇主的牧场经营视为也是维护自身利益。每个牛仔希望长期被同一个牧场雇用，以此来实现他们的梦想。为了"梦想"，牛仔们一般对牧场主忠诚。有很多非裔牛仔在美国内战前是奴隶主的马背奴隶，成为自由人后仍然在原先主人的牧场上做工。与白人牛仔相比，非裔牛仔更"忠诚"于雇主。

在非裔牛仔中，鲍斯·伊卡德是一生"忠诚于雇主"的典型例证。1866 年，约 19 岁的伊卡德被大牧场主查尔斯·古德奈特雇用。当年，伊卡德随同古德奈特驱赶着牛群，开辟"古德奈特—洛文小道"。正是这一年第一次赶牛的艰苦磨砺，使伊卡德与古德奈特结成了牢固的友谊，并一直持续到他生命的终止。① 因为对雇主的忠诚，伊卡德在古德奈特的牧场上辛劳多年，并追随古德奈特在牛道上历险 11 年。在一次长途赶牛中，古德奈特的牛队受到原住民的攻击，古德奈特受了重伤。伊卡德在保护他的同时，又管理着数千头牛。他把古德奈特和牛群都带到安全的地方，只有极少的牛丢失。② 伊卡德是古德奈特最信任的牛仔，古德奈特购买或出售牛群的资金都让伊卡德随身携带。他认为这是最安全的方法，因为窃贼怎么也不会想到黑人床下有钱。古德奈特称，在丹佛，伊卡德是他最近的和唯一的银行。③ 经伊卡德保管的钱多达 20 万美元。④ 古德奈特在晚年仍然能记住在牛道上的所有经历，他称赞伊卡德是所有雇工中对他最忠实的，他对伊卡德的信任超过任何一个人。古德奈特认为，在科罗拉多、新墨西哥以及他生活的其他荒野地区，伊卡德都是他的侦探、银行家及其一切。⑤

内普特恩·霍姆斯是另一个"忠诚"于雇主的非裔牛仔典型。1866 年，在霍姆斯还是一个 14 岁的孩子时，他就成为得克萨斯大牧场主尚海·皮尔斯雇用的牛仔。直到 1900 年皮尔斯去世，霍姆斯在 35 年的时间里都为雇主忠诚劳作。在皮尔斯的牧场上，霍姆斯拦截马群，围拢牛群，给牛割角、修筑围栏，干所有需要干的活。在通往堪萨斯城的牛道上，霍姆斯总是保护雇主皮尔斯和用以支付雇工工资、购牛的金子。霍姆斯因忠诚和勇敢而成为牧场主的亲信、保镖、"银行家"和追随者。⑥

---

① Bruce M. Shackelford, "Bose Ikard", Sara R. Massey, ed., *Black Cowboy of Texas*, pp. 136, 137.

② Paul W. Stewart and Wallace Yvonne Ponce, *Black Cowboys*, p. 16.

③ William L. Katz, *The Black West*, Arden City, New York: Doubleday & Company, Inc., 1971, p. 148.

④ James E. Haley, *Charles Goodnight: Cowman & Plainsman*, Boston: Houghton Mifflin, 1936, pp. 242, 243.

⑤ Bruce M. Shackelford, "Bose Ikard", Sara R. Massey, ed., *Black Cowboy of Texas*, pp. 136, 137.

⑥ Kitty Henderson and Charlie Woodson, "Neptune Holmes: A Lifetime of Loyalty", Sara R. Massey, ed., *Black Cowboy of Texas*, pp. 118, 119, 120.

　　"老巴特"和詹姆斯·凯利也都是对雇主"忠诚"的非裔牛仔。"老巴特"是牧场主约翰·斯劳特雇的厨师，他除能做好本职工作外，还能做牧场上的所有工作。然而更重要的是，"老巴特"是斯劳特出行时的保镖和"银行"。斯劳特外出买牛时，"老巴特"在雇主睡觉时负责看管价值 1 万美元的金子。因为"老巴特"健壮，可以跟阿帕奇人打斗，并能帮另一个黑人击退墨西哥劫匪，所以在斯劳特一行人进入墨西哥时，"老巴特"负责保护驮着美元的骡子。[①] 詹姆斯·凯利是牧场主普林特·奥利夫雇的看马人和驯马师。凭借精准的枪法，凯利还成为雇主的得力助手和保镖。在多次长途赶牛中，凯利帮助赶牛队排除了牛道上的种种困难，保护了装有金币和纸币的马褡子。更重要的是，凯利以其勇敢和迅捷的反应，在奥利夫遭劫匪袭击时，以快速射出的子弹三次挽救了他的性命。[②]

　　对雇主的"忠诚"还表现在有经验的非裔牛仔经常像师傅带徒弟一样，向牧场主之子和其亲属传授各种技能。如威尔·罗杰斯最初就是由他父亲雇用的一名非裔牛仔教会了骑马和使用套索的技术。[③] 杰西·莫利斯的成功也是其父雇用的非裔牛仔对他口传身授的结果。1885 年，非裔牛仔查利·威利斯教会杰西·莫利斯唱《再见老画布》之后，另一名非裔牛仔杰里·尼里从《再见老画布》的曲子起步，教会了他拉小提琴。杰西·莫利斯一生都按照威利斯教唱的版本唱《再见老画布》。1947 年，杰西·莫利斯应民间音乐家约翰·洛马克斯之邀，为美国国会图书馆录唱了《再见老画布》。[④] 经此唱片录制，著名的牛仔歌曲《再见老画布》成了传世之作。

　　恪守对雇主的"忠诚"不仅使非裔牛仔没有参加牛仔罢工，而且他们之中有人与牧场主站在了一起。19 世纪 80 年代是美国西部牧区由个体牧场向公司化牧场的转型期，公司化的牧场处于英国和美国东部资本的掌控之下。牧场公司化之后，牛仔的劳作与生活状况不但没有改善，而且他们再不能有少

　　① Kenneth W. Porter, "Negro Labor in the Western Cattle Industry, 1866-1900", *Labor History*, p. 361.
　　② James Smallwood, "James Kelly", Sara R. Massey, ed., *Black Cowboy of Texas*, pp. 146, 147.
　　③ Kenneth W. Porter, "Negro Labor in the Western Cattle Industry, 1866-1900", *Labor History* p. 350.
　　④ Jim Chilcote, "Charley Willis: A Singing Cowboy", Sara R. Massey, ed., *Black Cowboy of Texas*, p. 176.

量牛马和一把烙铁。牧区惯例都被废除，牛仔变成了只挣微薄工资的马背雇工。[1] 牧区惯例的取消，不仅把牛仔排除在牧牛业繁荣的经济利益之外，也阻断了牛仔社会地位的提升。因为维系劳资关系的基础被资方破坏，所以白人牛仔对雇主的"忠诚"变成了怨愤。在劳资对立日益严重的情况下，白人牛仔们要求增加工资和反对减少工资的诉求又遭到资方的拒绝。于是在 19 世纪 80 年代，爆发了美国历史上的两次白人牛仔罢工。[2] 在 1883 年得克萨斯西部潘汉德尔地区发生牛仔罢工时，不但没有一名非裔牛仔加入到白人牛仔罢工队伍中，而且"T—锚牧场"的非裔牛仔格斯·李被牧场主委以保护牧场的重任，在牧场受到罢工者攻击时由他引爆地雷。[3] 怀俄明牧区的非裔牛仔人数较少。在 1886 年的鲍德河牛仔罢工中，没有一名非裔牛仔参与罢工。[4] 由于很多非裔牛仔与雇主有一种特殊的劳资关系，内战前的奴隶在战后又成了原来主人牧场上的雇工，加之 19 世纪 80 年代牧区劳动力过剩，要在牧场保住一个长期工的岗位并不容易，所以，非裔牛仔宁肯"忠诚"于雇主而不参加罢工。

综上所述，投身于牧牛业的大多数非裔牛仔都勤学苦练，很多成为各种专业技术能手，承担了牧区最艰苦、最危险的工作。非裔牛仔具有驯服野马的特长和音乐天赋，成为牛队不可或缺的成员。多数非裔牛仔能与不同肤色的人合作共事，有良好的职业操守。特别是非裔牛仔因为与牧场主的特殊关系和更困难的处境，他们比白人牛仔对雇主更加"忠诚"。虽然非裔牛仔的人数不如白人牛仔多，但就以上几个方面的综合平均值而论，前者的素质表现要高于后者。这是数千余非裔牛仔能在"牧牛王国"立足的原因所在。

二、牧区没有"乌托邦"

非裔牛仔是美国牛仔群体中的重要组成部分，但他们在大平原地区没有被平等对待。他们中有很多人是因为不堪忍受内战后南部对黑人实行的极端

---

[1]　John L. McCarty, *Maverick Town：The Story of Old Tascosa*, Norman：University of Oklahoma Press, 1946, pp. 82, 108.

[2]　参见周钢：《美国历史上的牛仔罢工》，载《史学月刊》2013 年第 2 期。

[3]　John L. McCarty, *Maverick Town：The Story of Old Tascosa*, p. 113.

[4]　Helena H. Smith, *The War on Powder River*, New York：McGraw-Hill, 1966, p. 33；John Clay, *My Life on the Range*, New York：Antiquarian Press, 1961 reprint, p. 123.

的种族歧视和隔离政策而逃到西部牧区的，然而"牧牛王国"也不是黑人追求种族平等的"理想国"（utopia）。因为在内战后美国普遍盛行着对黑人的种族歧视和种族隔离，"牧牛王国"决不是"世外桃源"。所不同的是，在"牧牛王国"里因受劳作方式、工作生活环境的影响，其种族歧视和隔离不像美国南部那样有更多的暴力和私刑。

　　虽然由于劳作方式和自然条件的限制，对非裔牛仔实行种族隔离比较困难，但这并不等于在牧场和牛道上就没有种族歧视。美国内战后的20余年时间里，西部牧区的劳作方式都是在半军事化管理下进行。无论是在牧牛营地，还是在牛道上长途赶牛，不同肤色的牛仔按其专业技能高低被分派在不同的岗位上，在放牧队队长或道头的统一指挥下，共同完成工作任务。一些优秀的非裔牛仔各方面专业技能超群，被分配在重要的工作岗位上。如在牛道上，不允许让一个担任牛队引路人的非裔牛仔与一个殿后的白人生手互换工作岗位。这看起来似乎没有种族歧视。然而，在牧场上，每天早晨非裔牛仔要为白人牛仔骑驯桀骜不驯的烈马。非裔牛仔还被分派做牧场上最困难的工作。特别是白人牛仔不愿意干的看马人和厨师等工作，多由黑人承担。这些方面都隐含着种族歧视的色彩。在居住条件方面，很多牧场没有工棚，有的牧场只有简陋的工棚。在放牧营地只有帐篷。在牛道上，有的赶牛队甚至连帐篷也没有，牛仔们只能在炊事工具车周围露宿。这种自然的居住条件，对非裔牛仔固然难以实行严格的种族隔离。在天气极坏的条件下，牧场主、道头、白人牛仔和非裔牛仔不得不同睡在一间简陋的房屋内或一顶帐篷中，甚至同盖一条毯子。在暴风雪之夜，甚至有非裔牛仔被允许睡在牧场主夫妇住的简陋牧屋的地板上的特例。然而这是恶劣的天气条件和简陋的住宿条件使然。为了维护牧场的正常生产，减少人员伤亡，在严酷的生存条件下，不允许对非裔牛仔实行种族隔离。即便如此，在牧场也有对非裔牛仔实行种族歧视的极端例证。1878年，"22牧场"被称为"黑人杀手"的白人牛仔要把一名非裔牛仔赶出该牧场，并在一个清晨要开枪射杀他。绝望的非裔牛仔伏在马背上逃离，那名白人牛仔随后追杀。结果，只有白人牛仔返回了营地。次日，非裔牛仔骑的马才带着马鞍回到牧牛营地。几年后，人们在相邻牧场的营地发现了那位非裔牛仔的尸骨。① 1885

---

① Kenneth W. Porter, "Negro Labor in the Western Cattle Industry, 1866-1900", *Labor History* p. 370.

年，在怀俄明的一个牧场，一个爱尔兰厨师拒绝让非裔驯马人住在同一间工棚里。①

　　在有妇女在场的牧场娱乐社交场合，非裔牛仔会受到更严格的隔离。在牧场工作不太紧张时，特别是在相对清闲的冬天，牛仔们会参加舞会。非裔牛仔也很乐意参加这种娱乐社交活动，以展示他们的音乐和舞蹈天赋。如果只是男性参加的"工棚舞会"，非裔牛仔有机会参加，并作为乐手或舞者或两者兼之，展示他们的才艺。如果是有相邻牧场和相近城镇的妇女参加的"正规舞会"，非裔牛仔只能作为乐手为舞会伴奏，或者提供舞蹈表演，作为舞会娱乐活动的一部分。然而，非裔牛仔不论是个人或者是一个组合，都不能与白人妇女同场跳舞。②

　　与牧场和牛道相比，牛镇对非裔牛仔实行的种族歧视和种族隔离更明显。在牛镇的酒馆里，对白人和黑人的服务区是分开的。白人的服务区在酒吧的一端，而黑人的在另一端。在酒吧，也曾发生过一个白人恶棍强迫一名非裔牛仔一口吞下满啤酒杯的威士忌的事情。如果说在酒馆的隔离实行得还不十分严格，允许过分拥挤的黑人到两个服务区的中间处饮酒的话，那么在餐馆里，非裔牛仔就会受到完全的隔离。原因是有白人妇女在餐厅就餐或在咖啡馆喝咖啡，非裔牛仔不得入内与她们同桌而坐。牛镇没有专为黑人开的餐厅和咖啡馆，非裔牛仔只能从咖啡馆的后门买到食品或被允许在餐馆厨房中吃饭。③牛镇中对非裔牛仔实行种族隔离最严厉的是白人妓院，那里不准他们光顾。为了赚取非裔牛仔数月鞍马劳顿获得的工资，道奇城开设了黑人妓院。在牛镇的小社区，也有个体黑人妓女。1878年，道奇城有非裔妓女40多人，有的研究认为比这个数字更高。1885年，道奇城牛贸易的繁荣期已过，但仍有至少5名非裔妓女从业。④在与妓女的交往中，非裔牛仔只

　　① Amanda Wardin Brown，"A Pioneer in Colorado and Wyoming"，*Colorado Magazine*，Vol. 35，1958，Oct，p. 274；Kenneth W. Porter，"Negro Labor in the Western Cattle Industry，1866-1900"，*Labor History*，p. 368.

　　② Cordia Duke & Joe B. Frantz，*Six Thousand Miles of Fence：Life on the XIT Ranch of Texas*，pp. 189，190.

　　③ Kenneth W. Porter，"Negro Labor in the Western Cattle Industry，1866-1900"，pp. 371，372.

　　④ C. Robert Haywood，"No Less a Man：Blacks in Cow Town Dodge City，1876-1886"，*Western Historical Quarterly*，Vol. 19，No. 2，1988，p. 176.

能找非裔妓女，而不能找白人妓女。然而白人牛仔则既可以光顾白人妓院，也可以与非裔妓女往来。

在美国西部牧区，种族歧视还表现在白人牛仔对非裔牛仔的侮辱、伤害和挑衅等方面。美国内战以后，过去的黑人奴隶虽然在法律上成了自由人，但白人对他们带有严重种族歧视的"黑鬼"（Nigger）称呼却依旧保持了一个多世纪，直到20世纪70年代以后才逐渐停止使用。在各种著作中，对非裔牛仔带有侮辱的"黑鬼"称谓比比皆是。诸如最会唱《奥加拉拉之歌》的约翰·亨利被称为"布洛克的头等黑鬼"①。布洛克的赶牛队中非裔牛仔多，白人牛仔统称他们为"布洛克的黑鬼们"②。牛仔歌曲《谁的老牛》是为颂扬非裔牛仔"老阿德"而作。他是识别牛耳戳记和牛身上烙印印记的"活字典"，凭其超人的能力，阿德能确定赶拢中所剩的三头母牛应属于谁。就是这样一首称赞阿德的作品，歌词中多次出现歧视的称呼"黑鬼阿德"③。

种族歧视还表现在对非裔牛仔极具伤害的看法上。一些白人牧场主认为，非裔厨师"通常较懒"④。然而，从一些牧牛营地保留下的非裔厨师食谱来看，与说"他们偶尔懒、粗心和不诚实"的观点是不相符的。⑤ 在牛道上，白人牧场主即使在暴风雪之夜也不愿意挨着非裔牛仔睡。1892年，被称为"泰格"的非裔牛仔比尔·埃弗利参加的赶牛队，把4,000头牛赶往位于达科他领地的"雷诺牧牛公司牧场"。牧场主菲恩·雷诺与赶牛队同行。7月1日天一黑，赶牛队遭遇了一场毁灭性的暴风雪。道头让牛仔们躲到炊事工具车下躺着躲避风雪。为了生存，牛仔各自把"热卷"人挨人地挤在一块防雨布下，每个人把随身所带衣物都盖在身上。无意中，非裔牛仔埃弗利与牧场主雷诺两人的"热卷"紧挨在一起。在雷诺爬进他的"热

①　E. C. Abbott（"Teddy Blue"）, Helena H. Smith, *We Pointed Them North*: *Recollections of a Cow-puncher*, p. 224; J. Marvin Hunter, ed., *The Trail Driver of Texas*, p. 778.

②　J. Marvin Hunter, ed., *The Trail Driver of Texas*, p. 778.

③　N. Howard Thorp, *Whose Old Cow?*, N. Howard Thorp "Jack Thorp", *Songs of the Cowboys*, Boston · New York: Houghton Mifflin, 1921, pp. 166-168.

④　Ramon F. Adams, *Come and Get It*: *The Story of Old Cowboy Cooks*, Norman: University of Oklahoma Press, 1952, p. 22; Kenneth W. Porter, "Negro Labor in the Western Cattle Industry, 1866-1900", *Labor History* p. 355.

⑤　Kenneth W. Porter, "Negro Labor in the Western Cattle Industry, 1866-1900", *Labor History* p. 356.

卷"时，竟喊道："上帝啊，我闻到了多难闻的气味呀！"① 就在大家共同在暴风雪中求生时，白人牧场主竟嫌非裔牛仔脏臭。尽管牧场主雷诺表现出了强烈的种族歧视的情绪，但他也只能不情愿地与非裔牛仔挤在一起。雷诺既不敢冒着生命危险离开，也不能把埃弗利赶走。为了把他的牛群赶到目的地，赶牛队不能减员。在严酷的自然环境中，不管雷诺的种族歧视情绪多么强烈，他也无计可施。

非裔牛仔常遭白人牛仔的戏弄。一名白人牛仔嘲笑非裔厨师萨姆"作为人头太大，而作为马又不够大"②。白人牛仔还经常向非裔牛仔寻衅。一些白人牛仔挑战非裔厨师的权威。③ 即使被牧场主指定做道头的非裔牛仔也会受到白人牛仔的挑衅。在 1872 年 3 月向埃尔斯沃思赶牛时，詹姆斯·凯利被奥利夫指派为看马人兼道头，一个新加入赶牛队的白人牛仔对凯利发泄了带种族偏见的言论。④ 在 1879 年的一次长途赶牛中，凯利和普林特·奥利夫的兄弟艾拉·奥利夫都被指定为道头。 天因为某些原因，艾拉辱骂凯利，并拔出枪敲掉凯利的两颗牙齿。凯利因与普林特的亲密关系，没有对艾拉的羞辱行为作出过激反应。⑤

在美国西部牧区，最明显的种族歧视是限制非裔牛仔社会地位的提升。在历史记载中，我们很少见到非裔牛仔被提升为牧场工头或道头的例证。即使有个别非裔牛仔成了工头、道头甚至牧场主，那也是基于某些特殊原因。如笔者前面论及的多名非裔厨师，他们都曾是优秀的骑手、套索手、驯马师或全能人才，在牧区闻名遐迩。然而，他们都未能升为工头或道头，厨师成了他们最高和最好的归宿。优秀的非裔牛仔吉姆·佩里为"XIT 牧场"劳作了 20 年。到 1900 年，该牧场分为七个分场，其中一个分场缺少一个工头。凭本领和经历，佩里完全能胜任牧场工头。然而，他却只当了"XIT 牧场"的厨师。"XIT 牧场"的一个白人雇员曾听到佩里哀伤地说："如果不是我

---

① Lawrence Clayton, "Bill 'Tiger' Avery", Sara R. Massey, ed. , *Black Cowboys of Texas* , p. 155.

② J. Frank Dobie, *A Vaquero of the Brash Country*, p. 137.

③ Kenneth W. Porter, "Negro Labor in the Western Cattle Industry, 1866–1900", *Labor History*, p. 3169.

④ James Smallwood, "James Kelly", Sara R. Massey, ed. , *Black Cowboy of Texas*, p. 145.

⑤ E. C. Abbott ("Teddy Blue"), Helena H. Smith, *We Pointed Them North: Recollections of a Cowpuncher*, p. 33.

这张该死的老黑脸,我早就该成为这些分场中的一个老板了。"① 非裔牛仔奥拉·黑利是科罗拉多西北部牧区的著名人物。在 30 年的时间里,黑利成功地培养了"整一代人的经理、工具车车头和使牧牛业有更好效益的牛仔"。然而,因为黑利是黑人,他"从未成为放牧经理,甚至连一个工头也没当上"②。詹姆斯·凯利凭其与奥利夫家族的关系、专业技能和精湛的枪法,成为普林特的枪手、亲信、保镖和救命人。因为这种特殊的关系,普林特两次指定凯利为道头,但都招致了很多麻烦。第一次,一个白人牛仔拒绝承认他的权力,进行挑衅。第二次,普林特的兄弟艾拉容不下凯利与他同为道头,不但言辞辱骂,还暴力相加。略带一点原住民血统的非裔牛仔阿尔·琼斯成为一个能向白人牛仔下命令的"道头",也是少有的特例。琼斯至少有 13 次踏上"赶牛小道",其中 1885 年一年就有 4 次。作为道头,琼斯引领着非裔牛仔、墨裔牛仔,有时还有白人牛仔,进行长途赶牛。琼斯六英尺的高大身材、有自尊的举止的人格力量、丰富的赶牛经验、足智多谋和果断的领导能力以及处事圆润的方法,才使他得到道头这一职位。③ 在美国西部牧区,"有幸成为道头的黑人非常少,他们甚至受到种族攻击"④。至于有极少的非裔牛仔成为牧场主是罕见的个例。前面笔者提及的华莱士最终成了牧场主,是因为他很好地抓住了时机,是他不断求知进取和创新经营的结果。个例的存在,并不能掩盖非裔牛仔整体受种族歧视的真实历史。

在美国西部牧区,非裔牛仔社会地位上升的变化并不比美国其他地方多。⑤ 究其原因,主要是美国西部牧牛区在内战以后实行的种族歧视特别严厉。19 世纪后期,西部牧区的种族歧视甚于内战前的奴隶制时期。⑥ 这是因

① Cordia Duke & Joe B. Frantz, *Six Thousand Miles of Fence*: *Life on the XIT Ranch of Texas*, p. 172.

② Philip Durham & Everett L. Jones, *The Negro Cowboys*, p. 125.

③ J. Marvin Hunter, ed., *The Trail Driver of Texas*, p. 378; Kenneth W. Porter, "Negro Labor in the Western Cattle Industry, 1866-1900", *Labor History* p. 360.

④ Robert V. Hine, *The American West*: *An Interpretive History*, Boston: Little Brown & Company, 1973, p. 132.

⑤ Richard W. Slatta, *Cowboys of Americas*, p. 168.

⑥ 美国内战前,黑人奴隶是主人可以出售的财产。在得克萨斯牧区,一个黑人奴隶可以卖到1,000美元。有些经营牧场的奴隶主常以出售奴隶作为部分经营资本。在牧场上,奴隶主害怕非裔牛仔受到意外伤害而遭受财产损失,但并不太在意一个白人牛仔是否发生意外。如 1853 年尚海·皮尔斯和一队非裔牛仔在试图驯服一匹暴烈的雄马时,牧屋中有人大声呼喊着牧场主的名字,要他让当时的白人牛仔皮尔斯骑驯那头危险的雄马,而不要非裔牛仔去骑它。See Philip Durham & Everett L. Jones, *The Negro Cowboys*, p. 17.

为，在大平原牧牛区的白人大部分是美国南部人或是与南部相关的西部人（如在西部出生的白人后裔），而黑人如不是白人以前的奴隶，就是奴隶的后代。因此在西部牧牛区，白人对黑人的种族歧视一直存在。特别是 19 世纪 70 年代，随着牧区白人妇女的增多，对黑人的种族歧视和隔离较以前更为明显。

白人的种族优越感和根深蒂固的种族歧视观念成为阻碍非裔牛仔社会地位提升的主要障碍。多数白人牧场主乃至大多数白人牛仔认为黑人不具备担任牧场工头和道头的品质。像奥拉·黑利这样能培养经理、放牧工具车车头和优秀牛仔的卓越人物，也不被白人牧场主认可。黑利虽然有非凡能力，有才智和进取精神，但在种族歧视观念很强的白人看来，他就是一个普通的黑人，不能当工头。因为牧场工头和道头这些较高的职位多是属于白人牛仔的，有能力和雄心的白人牛仔都尽力谋求被提升为牧场工头或道头，而不屑于当厨师。然而，那些与白人牛仔能力相当甚至优于他们的非裔牛仔，在过了骑行年龄后，最后的归宿只能是厨师。

一般情况下，非裔牛仔用防卫的方法来化解白人牛仔的种族歧视。对待侮辱和伤害，他们一般不用拳头或武器还击，而是用良好的行为、机智的策略、卓越的技能和在多数白人牛仔中的好名声来保护自己。上面论及的一些非裔厨师就是凭着精湛的厨艺、骑驯烈马的能力、使用套索的技巧和音乐天赋等，来回应一些白人牛仔的挑衅的。白人牛仔嘲笑非裔厨师萨姆非人非马，后者用机智的方法予以化解。萨姆说自己就是一匹烈马，谁骑在他身上不被摔下来，他就给谁一美元。结果骑在萨姆身上的牛仔一一摔倒地上，此后再没人来找他的麻烦了。[1] 艾拉·奥利夫对詹姆斯·凯利的辱骂和残暴行为，激起了 19 岁的白人牛仔阿博特的不满。阿博特怒斥艾拉，警告他说："你再打那个牛仔，我就射瞎你的双眼"[2]。因为阿博特的支持，才阻止了艾拉进一步施暴。

非裔牛仔是美国西部牛仔群体中的重要组成部分。虽然从人数上看，非裔牛仔不如白人牛仔多，但就职业道德素质、专业技术技能和独具的特长能

---

[1] J. Frank Dobie, *A Vaquero of the Brash Country*, p. 138.

[2] E. C. Abbott（"Teddy Blue"）, Helena H. Smith, *We Pointed Them North：Recollections of a Cow-puncher*, p. 33.

力而言，他们的平均素质高于白人牛仔。如果在牧场和牛道上缺少各个岗位的非裔牛仔，美国西部牧牛业的发展就会遭遇很多困难，因为有很多工作是白人牛仔不屑于做和不敢做的。在美国西部"牧牛王国"的兴起和发展中，非裔牛仔虽然同白人牛仔一样作出了重要贡献，但他们并没有与白人牛仔一样得到平等的社会地位。非裔牛仔仍然受到种族歧视。"牧牛王国"并不是非裔牛仔摆脱种族歧视的"理想国"。如果不是种族歧视作祟的话，非裔牛仔就不会长期被美国的主流史学所排斥，对非裔牛仔的研究也不会比对白人牛仔的研究晚半个多世纪。正是美国的"白人至上主义"，才使非裔牛仔在"牧牛王国"的贡献被长期忽视。

三、美国学术视野中的非裔牛仔

美国学者对非裔牛仔的研究比对白人牛仔的研究至少要晚半个多世纪。从 20 世纪 60—70 年代起，特别是 80 年代以后，美国学术界对非裔牛仔的研究却成了一个热门领域，且至今势头不减。在美国，关于非裔牛仔的研究涉及诸多方面，但争论的焦点集中在非裔牛仔的数量（或在全部牛仔中的比例）以及他们是否享有与白人牛仔相同的待遇和地位两个问题上。非裔牛仔的研究具有拓宽和深化美国黑人史、边疆开拓史和美国西部史研究的重要学术价值。这一研究，可以从非裔牛仔的历史视角来认识美国社会存在的根深蒂固的种族歧视，具有重要的现实意义。非裔美国史的研究在美国已走过了半个多世纪的历程。这一研究的进一步深入也面临一些困难。在美国，虽然对一些非裔牛仔论著有评介或争论，但对这一领域半个多世纪的研究尚未有总的评析。

美国非裔牛仔①的研究具有重要的学术价值。它拓宽了美国黑人史、美国西部开发史和美国西部史研究的范围，加深了研究的深度。美国非裔牛仔的研究具有重要的现实意义。这一研究能使现今的美国人，乃至世界其他国

---

① 20 世纪 90 年代，一些美国学者开始把"黑人牛仔"、"黑人"改称"非裔美国牛仔"（African American Cowboy）和"非裔美国人"（African American），没有了种族歧视和肤色的色彩。故本节题目采用这一称谓。See Richard W. Slatta, ed., *Cowboy Encyclopedia*, Santa Barbara, California: ABC‐CLIO, Inc., 1994, p. 5; Quintard & Taylor, "African American Men in the American West, 1528‐1990", *Annals of the American Academy of Political and Social Science*, Vol. 569 (May, 2000), p. 102.

家的人了解、认识到非裔牛仔是美国牛仔的重要组成部分，他们同美国白人牛仔一样，也对美国西部牧区的开发作出了重要贡献。这一研究也会启示人们去思考，是什么原因使非裔牛仔在美国长期被忽视。美国的非裔牛仔虽然比白人牛仔的研究晚了半个多世纪，但其研究业已走过了半个世纪的历程。在美国学术界，虽然对一些非裔牛仔论著有所评介，但对半个多世纪的整体研究状况、讨论问题、争论焦点和面临困难等还没有综合的分析评述。这样的探讨是重要而有意义的。

美国的白人牛仔研究始于19世纪80年代中期，比非裔牛仔的研究早半个多世纪。在美国，研究白人牛仔的早期著作有查尔斯·A.西林戈的《一个得克萨斯牛仔》和埃默森·霍夫的《牛仔的故事》，两书出版时间分别距今130年和120年。[①] 菲利普·A.罗林斯于1922年出版的《牛仔》[②] 被认为是关于牛仔研究的经典著作之一，该书被多次重印再版。在罗林斯的《牛仔》问世前，已有不少关于美国牛仔的著作出版。20世纪20年代以后，更有大量关于牛仔的论著面世。不过，这些论著研究的中心议题是美国的白人牛仔。直到20世纪50年代中期才出现关于美国非裔牛仔的研究文章发表。在此前半个多世纪里出版的数以千计的美国西进史、西部史和牧业史著作中，有大量关于白人牛仔的记载，但几乎见不到有关非裔牛仔的记述。即使有的书中偶尔提到非裔牛仔，也都湮没在大量的白人牛仔的论述之中。

1955年，菲利普·德拉姆发表论文《黑人牛仔》，标志着美国非裔牛仔研究的开端。从此至20世纪60年代末，可以算作非裔牛仔研究的第一个阶段，即起步阶段。在这一阶段，出版的论著不是很多。20世纪50年代，仅有一篇论文发表。60年代发表的论文有两篇，还有为数不多的通俗文章，另有一部专著出版，一部非裔牛仔自传得以再版。总的来看，起步阶段的研究成果不是很多。德拉姆的《黑人牛仔》一文是20世纪50年代发表的唯一一篇关于美国非裔牛仔的研究成果，它也是美国有史以来第一篇关于非裔牛仔的研究论文。作者在论文中强调了研究非裔牛仔的重要意义，他认为：

① 截至2015年底。See Charles A. Siringo, *A Texas Cowboy*, New York：M. Umbodenstock & Co.，1885；Emerson Hough, *The Story of Cowboy*, New York and London：D. Appleton and Company, 1897.

② Phillip A. Rollins, *The Cowboy*, New York：Charles Scribner's Sons, 1922.

"美国内战后，黑人牛仔在大平原牧牛业的发展中起了重要作用，成为美国西部精神的一部分。"① 《黑人牛仔》一文，实际上是后来德拉姆与埃弗里特·L. 琼斯合著的专著《黑人牛仔》的指导思想。《黑人牛仔》在非裔牛仔研究上的另一个重要作用，是它首次指明和强调了该论题研究的重要意义。

在 20 世纪 60 年代，有两篇关于非裔牛仔的研究论文。一篇是德拉姆与琼斯两人于 1964 年发表的《马背上的奴隶》。这篇论文论述了早在美国内战前就有"数千名黑人投身到得克萨斯的牧牛业中。除少数自由黑人外，大多数黑人是被他们的主人带到得克萨斯的"，他们从"墨西哥的骑马牧人或印第安人那里学会了骑马和使用套索的技术，成了马背上的奴隶"。内战后，"数千名马背奴隶加入了从得克萨斯往东北部市场长途驱赶牛群的牛仔大军，成为黑人牛仔"。② 《马背上的奴隶》一文是两位作者在次年出版的专著《黑人牛仔》第二章的内容概要。《马背上的奴隶》一文的重要性有两点：其一，它揭示了非裔牛仔是美国西部牛仔的先驱者之一，他们先于美国英裔牛仔（白人）牛仔投身得克萨斯的牧牛业；其二，文章阐释了非裔牛仔是内战后美国牛仔群体中不可或缺的重要组成部分。第二篇论述非裔牛仔的文章，是肯尼斯·W. 波特在 1969 年发表的《1866—1900 年西部牧牛业中的黑人劳工》。该文从多方面论述了"黑人劳工"在西部牧牛业承担的各种不同工作、非裔牛仔的特殊贡献和社会地位等问题。③ 论述全面、跨度长是这篇论文的长处；不足之处是，由于篇幅或资料所限，有的问题未能展开深入论析。除上述两篇重要论文外，在 20 世纪 60 年代还有为数不多的关于非裔牛仔的通俗文章发表。④

---

① Phillrip Durham, "The Negro Cowboy", *American Quarterly*, Vol. 7, No. 3（Autumn, 1955）, p. 201.

② Phillip Durham & Everett L. Jones, "Slave on Horseback", *The Pacific Historical Review*, Vol. 33, No. 4（Nov., 1964）, pp. 405-409.

③ Kenneth W. Porter, "Negro Labor in the Western Cattle Industry, 1866-1900", *Labor History*, pp. 343-374.

④ 杰罗尔德·J. 芒迪斯的《他抓住双角制服公牛》是皮克特著名竞技表演的故事介绍。1969 年，卡里·P. 斯迪夫以《黑色的科罗拉多》为题，在《丹佛邮报》上发表了关于非裔牛仔的系列文章。这些文章属于通俗读物。See Jerrold J. Mundis, "He Took the Bull by the Horns", *American Heritage*, Vol. XIX, December, 1967, http://www.americanheritage.com/articles/magazine/ah/1967/1/1967 _ 1 _ 50.shtml; Cary P. Stiff, "Black Colorado", *The Sunday*, Dever Post, 1969.

德拉姆和琼斯的专著《黑人牛仔》于 1965 年出版，这是第一部也是迄今为止唯一的一本全面论述非裔牛仔的学术专著。该书内容广泛，涉及西进运动、非裔牛仔来源、自由人和野牛、往阿比林和道奇城等牛镇及北部开放牧区长途驱赶牛群的经历、林肯县战争、不法之徒、戴德伍德·迪克（成功非裔牛仔的代表——笔者注），以及西部娱乐业和西部小说等诸多方面。[1]近半个世纪来，这一专著在美国受到多数学者的肯定，但也有人认为该书是以二手资料写成的。

1966 年，德拉姆和琼斯的《黑人牛仔的历险》出版。它是《黑人牛仔》的改写本，适合青少年阅读。[2] 1968 年，约特·洛夫的《生活与历险》得以再版，该书是这位非裔牛仔于 1907 年出版的自传。在牧牛区，洛夫以戴德伍德·迪克而闻名。[3] 尽管它并不属于研究性作品，但作为少有的非裔牛仔传记，《生活与历险》为非裔牛仔研究提供了宝贵的一手资料。20 世纪60 年代的非裔牛仔研究，特别是德拉姆与琼斯的《黑人牛仔》出版后，使非裔牛仔的作用受到史家的重视。

总之，起步阶段关于非裔牛仔研究的论著虽然不多，但其特点明显。学者们是把非裔牛仔作为一个整体进行研究，并论及了尔后持续研究的诸多问题。

从 20 世纪 70 年代至今，是非裔美国牛仔研究的第二个阶段，即持续发展阶段。20 世纪 70 年代以后，美国学者对非裔牛仔的研究成果较前有了较大增多。由肯尼斯·W. 波特编的论文集《美国边疆的黑人》于 1970 年出版。[4] 书中收入 20 多篇论文，有几篇涉及了非裔牛仔。其中最重要的还是波特的《1866—1900 年西部牧牛业中的黑人劳工》一文。20 世纪 80 年代的文章笔者搜集到 4 篇；90 年代的文章收集到 1993 年和 1999 年发表的两篇。

---

① Phillip Durham & Everett L. Jones, *The Negro Cowboy*, Lincoln & London：University of Nebraska Press，1965.

② Phillip Durham & Everett L. Jones, *The Adventures of the Negro Cowboy*, New York：Dodd, Mead, 1966.

③ Nat Love, *The Life and Adventure of Nat Love*, Los Angles，1907；reprinted，New York：Arno Press，1968.

④ Kenneth W. Porter, *The Negro on the American Frontier*, New York：Arno Press，1970.

20世纪80—90年代的研究，大多集中在非裔牛仔的代表人物上①，只有一篇是论述在牛镇道奇城非裔牛仔与白人牛仔和牧场主的关系等问题的②。表面看来，似乎20世纪80—90年代研究非裔牛仔的论文不如70年代多。事实上，很多论文收入萨拉·R.马西编的论文集《得克萨斯黑人牛仔》中，该论文集于2000年出版。这本出版于世纪之交的论文集收录了24篇关于非裔牛仔的专题论文③，这些成果应该是完成于20世纪80—90年代。除这本论文集外，笔者还搜集到2000—2009年发表的另外4篇研究非裔牛仔的文章。其中两篇是关于戴德伍德·迪克的④，一篇是介绍波特的非裔牛仔研究摘要⑤，另外一篇则是非裔牛仔在美国西部边疆的论文⑥。

　　除上述论文之外，在20世纪70年代中期以后，还有多部关于美国非裔牛仔的传记性著作问世。1977年，贝利·C.哈尼斯上校出版了《比尔·皮克特：抓住牛角摔公牛者》，是一部著名非裔牛仔皮克特的人物传记。⑦1986年，保罗·斯图尔特与华莱士·伊冯娜·蓬斯合著的《黑人牛仔》出

---

① Collen J. McElroy, "With Bill Pickett at 101 Ranch", *Callallo*, No. 26 (Winter, 1986), p. 100; JBHE Foundation, "Deadwood Dick and the Black Cowboys", *The Journal of Blacks Education*, No. 26 (Winter, 1998-1999), pp. 30-31; Black Allmendinger, "Deadwood Dick: the Black Cowboy as Cultural Timber", *The Journal of American Culture*, Vol. 16, No. 4, 1993, pp. 79-89; Evelyn C. White, "How Paul Steward Mines Lost 'Gold' with a Tape Recorder", Vol. 20, No. 5, 1989, pp. 59-69; Doreen C. Bowens, "Black Cowboys Have Rich, Respectful History in South Texas", Apr. 11, 1999, http://www.chautos.com/autocon.v/newslocal/99/newslocal 1883.html.

② C. Robert Haywood, "'No Less a Man': Black in Cow Town Dodge City, 1876-1886", *The Western Historical Quarterly*, Vol. 19, No. 2 (May, 1988), pp. 161-182.

③ Sara R. Massey, *Black Cowboys of Texas*, College Station: Texas A&M University Press, 2000.

④ Susan Scheckel, "Home on the Train: Race and Mobility in the Life and Adventures of Nat Love", *American Literature*, Vol. 74, No. 2 (June, 2002), Duke University Press, 2002, pp. 219-250; Frank Thone, "'Deadwood Dick': Indian Version", *The Science News - Letter*, Vol. 27, No. 738 (Jun. 1, 1935), pp. 354-356, Stable UBL: http://www.jstor.org/stable/3911195.

⑤ Kenneth W. Porter, "Black Cowboys-Part I", excerpt from the book "*Negro on the American Frontier*", http://www.coax.net/people/lwf/bkcowboy.htm/ and http://www.coax.net/people/lwf/bkcowboy2.htm/.

⑥ Quintard & Taylor, "African American Men in the American West, 1528-1990", *Annals of the American Academy of Political and Social Science*, Vol. 569; *The African American Male in American Life and Thought* (May, 2000), pp. 102-119.

⑦ Colonel Bailey C. Hanes, Bill Pickett, *Bulldogger: The Biography of A Black Cowboy*, Norman: University of Oklahoma Press, 1977.

版。[1] 这是一部涉及 88 名美国非裔牛仔的个人传记著作。布鲁斯·G. 托德的《博内斯·胡克斯：黑人牛仔的先驱》于 2005 年出版。[2] 2011 年，女作家特利西亚·马蒂伊·瓦格纳出版了《旧西部的黑人牛仔》，书中论及 10 名非裔牛仔。[3]

从 20 世纪 70 年代至今的 40 余年间，美国学者对非裔牛仔的研究持续发展，特别是 21 世纪的头 10 余年，研究的强劲势头不减。第二个阶段的研究不同于此前一个阶段，把非裔牛仔作为一个整体进行研究，而是更为细化深入，从不同的问题、不同的地区和不同的个人等方面进行探究。特别是对于非裔牛仔的个案研究，引起了更多学者的关注。

综观半个多世纪的非裔美国牛仔研究，我们难免会产生这样的疑问：为什么美国的非裔牛仔研究要比对白人牛仔研究至少晚半个世纪？笔者认为，美国社会长期存在的白人对黑人的种族歧视是产生这一问题的根本原因。

美国独立后，保留了南部的种植园奴隶制，黑人一直处于被剥削、被压迫和没有政治权利的地位。美国内战中，虽然林肯政府 1863 年颁布的《解放宣言》宣布给叛乱诸州的黑人以自由；国会于 1866 年和 1869 年通过的宪法第 14 条和第 15 条修正案宣布保证黑人的公民选举权。黑人在法律和政治上作为奴隶的历史已经结束，但随着 1877 年南部重建结束和联邦军队撤出南方，黑人顿时失去联邦法律的保护，其地位又陷入类似美国内战前的状况。1896 年美国联邦最高法院对"普莱希控弗格森案"作出判决，对宪法第 14 条修正案作了限制性的"隔离"的解释，确立了对黑人实行"隔离但平等"的措施。最高法院判决中的"隔离"部分被执行得十分彻底，但"平等"的部分却少有保证。许多黑人因不堪忍受美国南部的种族歧视和极端种族主义组织"三 K 党"的迫害，逃往西部牧区，加入牛仔的行列。然而，那些非裔牛仔在"牧牛王国"里并没得到他们所向往的"自由"和"平等"。"牧牛王国"不是非裔牛仔的"理想国"。在美国西部牧区社会中，非裔牛仔和墨裔牛仔、原住民牛仔一样，处于牛仔群体的最底层。非裔

① Paul W. Stewart and Wallace Yvonne Ponce, *Black Cowboys*, Denver: Black American West Museum and Heritage Center Denver, 1986.

② Bruce G. Todd, *Bones Hooks*: *Pioneer Negro Cowboy*, Gretna: Pelican Publishing Company, 2005.

③ Tricia Martineau Wagner, *Black Cowboys of the Old West*, Guilford: Two dot Book, 2011.

牛仔不但要承担放牧队或赶牛队中白人牛仔不愿承担的最苦、最累和最危险的工作，而且他们之中的很多人连名字也没有留下，被人称为带有侮辱和种族歧视的"黑鬼"（Nigger）。这种蔑称和在种族歧视严重的南部诸州一样。德拉姆和埃弗里特的《黑人牛仔》一书，是从大量牛仔的论述中挖掘出了一些非裔牛仔的资料。然而，很多非裔牛仔都没有姓名，而只留下了"黑鬼乔"（Nigger Joe）、"黑鬼汤姆"（Nigger Tom）和"黑鬼阿德"（Nigger Add）等等。①《黑人牛仔》的作者也只能无奈地把这样的称谓写在书里。在美国种族歧视严重的年代，对非裔牛仔同样以歧视对待。诚如理查德·W. 斯莱塔所言："尽管研究者对黑人牛仔人数和所占牛仔总数的比例之估算是不同的，但对黑人牛仔不变的是诸如'黑鬼约翰'等称谓。"②

在美国种族歧视严重的时期，非裔牛仔也被学者们所忽视。美国南部重建结束至 1954 年美国黑人民权运动兴起，是美国对非洲裔美国人实行种族歧视和隔离严重的时期，非裔牛仔完全被摒弃在历史著作之外。美国内战结束至 19 世纪 90 年代中期，正是美国牛仔（包括非裔等少数族裔牛仔）驰骋美国大平原的黄金时期。从 19 世纪 80 年代中期至 20 世纪 50 年代中期，是美国学者研究美国白人牛仔的重要时期。其论著之多难以计数。在大量连篇累牍的论著把白人牛仔讴歌为美国"最伟大的"民间英雄时③，非裔牛仔的贡献却几乎完全被忽视，即或偶有非裔牛仔纳特·洛夫的自传出现，也被汗牛充栋的白人牛仔的论著所湮没，甚至还被贬斥为他自吹自擂的故事④。非裔牛仔长期被忽视的状况，德拉姆和埃弗里特深有体会。他们为写《黑人牛仔》一书，翻阅了 50 多年间出版的数千种关于牛仔的著作后，发现"几乎没有一本书写黑人牛仔的贡献和作用"。这些著作向读者讲述的"只有盎格鲁—撒克逊血统的白人牛仔是'无畏、正直和公正的英雄'"⑤。

① Phillip Durham & Everett L. Jones, *The Negro Cowboy*, p. 31.
② Richard W. Slatta, *Cowboys of the Americas*, New Haven and London: Yale University Press, 1990, p. 168.
③ Lawrence I. Seidman, *Once in the Saddle: the Cowboy's Frontier, 1866-1896*, New York: Alere A. Knope, INC, 1973, p. 1.
④ William Loren Katz, *The Black West*, New York: Doubleday & Company, Inc., 1971; Anchor Books Revised Edition, 1973, p. 323.
⑤ Phillip Durham, "The Negro Cowboy", *American Quarterly*, p. 301.

正是美国社会对黑人严重种族歧视的偏见，导致了美国学者对非裔牛仔的长期忽视，对其的研究也比对白人牛仔的研究晚了半个多世纪。非裔牛仔被学者漠视的半个多世纪，正是美国社会对黑人种族歧视和隔离严重的时期。沃尔特·P. 韦布教授早在 20 世纪 30 年代初就指出，"黑人牛仔"被学者们忽视的原因是那些西部史为了"迎合白人读者"①。20 多年后，菲利普·德拉姆更一针见血地指出："黑人牛仔面临的是他无法骑行跨过的有色血统"②。

为什么 20 世纪 50 年代中期后，美国学者开始关注非裔牛仔问题？为什么在 20 世纪 60—70 年代非裔牛仔的研究增多，并持续至今呢？笔者认为这主要是受到了黑人民权运动兴起、民权法案的实施和美国史学研究新取向的影响。

美国黑人争取民主权利的运动始于 1954 年 5 月 17 日，厄尔·沃伦代表最高法院就"布朗诉托皮卡教育局"一案作出判决。该判决宣布公立学校种族隔离制违宪，从而推翻了 1896 年"普莱希控弗格森"一案判决中确认的"隔离但平等"的原则。次年 12 月 1 日，蒙哥马利城黑人女裁缝罗莎·帕克斯夫人被捕入狱。罪名是她在乘公共汽车时拒绝给白人让座。被激怒的该市 5 万黑人居民，在青年黑人牧师小马丁·路德·金博士的领导下，进行了近一年的不乘公共汽车的抵制行动。结果使最高法院作出了在公共汽车上实行种族隔离违宪的裁决。然而，猖獗的南方种族主义分子通过"南方宣言"大规模宣传种族主义，并对黑人施加经济压力，广泛抵制 1954 年判决。1957 年 4 月，阿肯色州长奥弗尔·福伯斯居然制造了震惊世界的"小石城事件"。他下令州国民警卫队在小石城中心中学门外布岗，阻止 9 名黑人学生入校学习。白人种族主义者后来又包围了学校。在世界为之震惊的形势下，艾森豪威尔总统不得不派联邦军队到小石城维持秩序，强制实行种族合校，保证黑人儿童进入该城中心中学。20 世纪 50 年代的斗争推动了黑人民权运动在 20 世纪 60 年代走向高潮。一个由学生领导的反对餐馆、游泳场和旅馆等公共设施实行种族隔离的抗议浪潮席卷全美国，迫使公共场所取消了

---

① Walter P. Webb, *The Great Plains*, Waltham, Massachusetts: Blaisdell Publishing Company, 1959, p. 467.

② Phillip Durham, "The Negro Cowboy", *American Quarterly*, p. 291.

种族隔离。1963 年，小马丁·路德·金在亚拉巴马州伯明翰市领导大规模游行活动，反对种族隔离。警方诉诸暴力和密西西比州的地方联络员梅德加·埃弗斯被暗杀的事件，促使民权运动达到高潮。8 月 28 日，约 20 万人"向华盛顿进军"，促使国会制定新的民权法案并于次年 7 月通过。这一在美国历史上影响最大的民权法案在投票权方面有缺点，加之是年夏有三名民权工作者被暗杀，导致示威运动再起。1965 年 3 月，小马丁·路德·金在亚拉巴马州发动了一次从塞尔马到州政府所在地蒙哥马利的进军。一些进军者遭到毒打和暗杀。在此形势下，约翰逊总统促使国会于是年 8 月通过投票权法。①

包括民权运动在内的群众运动高潮，使 20 世纪 50 年代、60 年代的美国社会发生激烈的变化。20 世纪 60 年代中期，民权运动与反对美国侵略越南的反战运动、青年运动和妇女运动合在一起。民权运动迫使美国统治阶级加速民权立法，从法律上取消了南部的种族隔离制度，保护了人们的选举权。黑人政治权利和社会地位的变化，促进了黑人史的研究，也引起史学家对非裔牛仔的关注。

在美国社会剧变下兴起的新史学，使非裔牛仔进入了史家研究的视野。民权运动改变了人们对种族和文化的认识，成为影响 20 世纪中期以后美国新史学兴起的一个重要因素。新史学的历史主角发生了变化。史学家研究的取向由传统的政治精英和社会上层转向了普通的民众，写"从下往上看的历史"。他们不再仅是关注白人的历史，也致力研究少数族裔的历史。黑人史成为史家研究的一个重要领域，非裔牛仔作为黑人的一个组成部分也成为史家研究的一个重要问题。《黑人牛仔》的前言真实地写出了这种变化，他们（书作者）在准备讲授美国西部文学的材料时，"发现数量多得难以想象的黑人牛仔被众多的历史学家遗忘了"，于是他们"以极大的兴趣"，从多家图书馆、著作和多数历史杂志中收集资料，写成了迄今为止的第一本关于非裔牛仔的专著。②

---

① 刘绪贻主编：《战后美国史（1945—2000）》，刘绪贻、杨生茂总主编：《美国通史》第 6 卷，人民出版社 2002 年版，第 159—163 页；刘绪贻、李世洞主编：《美国研究词典》，中国社会科学出版社 2002 年版，第 629—631、952 页。

② Phillip Durham & Everett L. Jones, *The Negro Cowboy*, pp. V–VI.

随着美国社会的变迁和人们种族观念的转变，学者们在非裔牛仔研究中的用词上也有变化。在美国种族歧视严重的年代，黑人被蔑称为"黑鬼"（Nigger）。20世纪中期，带有种族歧视的"黑鬼"在欧洲被禁止使用。随后，这个词在美国也被渐停使用。20世纪60年代中期以前，美国学者对"黑人牛仔"多用"Negro Cowboy"。"Negro"是"Nigger"的变体，还带有某些种族色彩。① 即使像德拉姆和琼斯等对无视非裔牛仔不满的学者，在用词上还受传统用法的影响。经过民权运动的冲击，20世纪70年代对"黑人牛仔"的用词是"Negro Cowboy"和"Black Cowboy"并用。② 后者是肤色的界定，黑色的"Black"是表示与"白人牛仔"（White Cowboy）在肤色上不同。20世纪80年代以后，更多的学者用"Black Cowboy"。③ 20世纪90年代后期至今，学者们则更倾向于使用"非裔美国牛仔"（African American Cowboy）。④ 进入21世纪后，也还有些学者在继续使用"黑色的牛仔"（Black Cowboy）。⑤

综上所析，我们可以明确，美国长期存在的种族歧视使史学家对非裔牛仔的研究比对白人牛仔的研究晚了半个多世纪。美国学者对非裔牛仔的研究随民权运动的兴起而开始，随民权运动的高涨而发展。民权运动对美国社会变化、种族观念和史学研究的方向都产生了重要影响。在此背景下开始的美国非裔牛仔研究，经历了起步和持续发展两个阶段。在起步阶段的15年间（1955—1969年），研究成果还不是很多，只有三篇研究论文发表和一本专著出版、一本非裔牛仔的自传再版。在持续发展阶段的40余年间（1970年

---

① Phillip Durham, "The Negro Cowboy", *American Quarterly*, p.291; Phillip Durham & Everett L. Jones, *The Negro Cowboy*; Kenneth W. Porter, "Negro Labor in the Western Cattle Industry, 1866-1900", *Labor History*, p.346.

② Kenneth W. Porter, *The Negro on the American Frontier*; William L. Katz, *The Black West*.

③ C. Robert Haywood, "'No less a Man': Blacks in Cow Town Dodge City, 1876-1886", *The Historical Quarterly*, Vol.19, No.2 (May, 1988), pp.161-182; Blake Allmendinger, "Deadwood Dick: the Black Cowboy as Cultual Timber".

④ Richard W. Slatta, *Cowboy Encyclopedia*; Quinlard Taylor, "African American in the American West"; Roger D. Hardway, "African American Cowboys on the Western Frontier", *Negro History Bulletin*, Jan.-Dec., 2001, http://findarticles.com/plarticles/mim1175/is2001Jan-Dec/ai95149972.

⑤ Sara R. Massey, *Black Cowboys of Texas*, 2000; Tricia Martineau Wagner, *Black Cowboys of the Old West*, 2011.

至今），发表的研究论文有数十篇，比第一阶段多 10 倍以上。出版的非裔牛仔著作、论文集和自传等达五部。美国学者对非裔牛仔研究涉及的问题和人物等更加广泛，研究深度逐渐深入。这是半个世纪的美国非裔牛仔研究的基本走势。正是由于研究的起步相对较晚，加之研究材料和统计数据的相对匮乏，非裔牛仔的研究迄今尚存在一些相对模糊的领域和论题，比如其人数和比例、经济待遇和社会地位，以及究竟该如何定位非裔牛仔在美国历史上的地位和贡献等。这些问题将在第四章予以进一步的论述。

堪萨斯某牧场牛仔夜间露宿室外

牧场管理者舒适的马车

牧场主的居室环境

牛仔们在牧场居住的简陋工棚

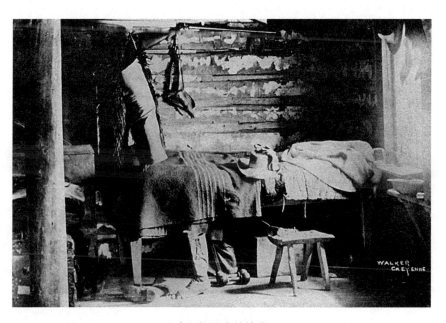

牛仔棚屋内的情景

冒着生命危险驯马的牛仔

牛仔们计划罢工

第 三 章

美国的牛仔罢工

美国历史上的两次牛仔罢工，都发生在 19 世纪 80 年代，正值美国从自由资本主义向垄断资本主义过渡的重要时期。这个时期的一个重要特点是垄断组织大量出现，企业的组织形式迅速公司化。在美国社会转型时期，不但第二产业中的工矿企业和第三产业的服务业迅速公司化，而且第一产业中的西部牧牛业也经历着由个体牧场、合伙经营的牧场向现代企业的公司化大牧场的转变。美国企业组织的转型期，也是美国各行业工人罢工的频发期。美国牛仔罢工也正是在西部大平原牧牛业向公司化转型时期内发生的。在美国社会转型时期和牧场组织转型时期，牛仔比工矿企业的其他劳工面临更多的困难和问题。在劳资关系日趋紧张的情况下，牛仔为了改变自身每况愈下的状况，举行了两次罢工。罢工的牛仔仅仅提出了增加工资和改善伙食等方面的要求，甚至连缩短工时也未涉及。在牧场主的联合破坏下，牛仔罢工失败。两次牛仔罢工在美国劳工史上具有重要意义。

总的来看，美国学界对于美国牛仔罢工的研究资料较为零散，不像对其他产业工人罢工的研究那样深入。一些论著对牛仔罢工的记述多重在罢工的过程，对于罢工的起因及失败原因缺少深入的分析。多数论述都缺乏把牛仔罢工放在美国社会和牧场组织形式转型的大背景下的论析。[①] 本章依据大量资料，拟结合美国西部牧场的转型，对与牛仔罢工相关的问题做些论析。

第一节　牛仔罢工的起因

19 世纪 80 年代，欧洲和美国东部的大量资本投入大平原的牧牛业，其结果促使原来的个体牧场和合伙经营的牧场转型为公司化的大牧场，这种变化极大地影响到了牛仔的生存环境和未来发展。早期的个体牧场虽然是为了赚钱，但它也是牧场主与牛仔在荒野中求生存的一种方式。牧场公司化后，并没有给牛仔带来工资的增加和劳动条件的改善。恰恰相反，他们被置于牧场更严格的控制之下。牧场主把牧场作为产生利润的手段，而不顾及牛仔们的生存状况。在此情况下，牛仔们想通过个人奋斗成为小牧场主的"美国梦"破灭，劳资双方的紧张关系加剧，牛仔原先对雇主的"忠诚"逐渐被不满和仇视所取代。与此同时，牛仔失业的情况更加严重。上述原因最终引

[①]　两次牛仔罢工发生时，一些报刊有所报道，但大多比较简单，且观点倾向雇主一方。关于 1883 年得克萨斯潘汉德尔地区的牛仔罢工，最早的专著记述见于查尔斯·A. 西林戈在 1919 年出版的《一个孤星牛仔》，只有寥寥数行。20 世纪四五十年代的著作对这次罢工的论述多了一些。鲁思·艾伦在《得克萨斯劳工组织分会史》一书中，对 1883 年的牛仔罢工已有较多的记述。克利福德·P. 韦斯特迈耶编的《追踪牛仔》是一本资料性著作，其中有一些关于 1883 年牛仔罢工的报刊资料。编者收集了边疆界人士讲述的牛仔生活和传说，并加了按语。更多的论述出现在 20 世纪 60 年代后期以后。一些论文涉及 1883 年牛仔罢工的起因及失败原因、这次罢工与阶级斗争的关系、罢工是否受到马克思主义影响、牛仔是否加入一个组织等问题。其中，罗伯特·E. 齐格勒的《1883 年的牛仔罢工：它的起因与意图》较为重要。该文被收入 2000 年出版的论文集《牛仔之路》，是书中唯一一篇关于牛仔罢工的论文。文章收入时，取消了原来的副标题，但内容未作更改。进入 21 世纪后，仍有一些关于 1883 年牛仔罢工的网络文章出现，但都过于简单，且重复过往的研究成果较多。最近的对这次牛仔罢工论述较多的著作，是唐纳德·F. 斯科菲尔德于 1985 年出版的《印第安人、牛、船和石油：W. M. D. 李的故事》。美国学者对 1886 年发生在怀俄明的牛仔罢工论述很少，主要见于海伦娜·H. 密斯的《鲍德河上的战争》。See Charles A. Siringo, *A Lone Star Cowboy*, Santa Fe, New Mexico, 1919, Santa Fe: Sanstone Press, 2006 reprint; Ruth Allen, *Chapters in the History of Organized Labor in Texas*, Austin, 1941; Clifford P. Westermeier, ed., *Trailing the Cowboy*, Caldwell, Idaho: The Caxton Printers, Ltd., 1955; Robert E. Zeigler, "The Cowboy Strike of 1883: Its causes and Meaning", *West Texas Historical Association Yearbook*, vol. XLVII, 1971; Robert E. Zeigler, "The Cowboy Strike of 1883", Paul H. Carlson, ed., *The Cowboy Way: An Exploration of History and Culture*, Labbock, Texas: Texas Tech University Press, 2000; Donald F. Schofield, *Indians, Cattle, Ships and Oil: The Story of W. M. D. Lee*, Austin: University of Texas, 1985; Helena H. Smith, *The War on Powder River*, New York: McGraw-Hill Book Company, 1966.

发了美国历史上的两次牛仔罢工。

一、西部牧场的公司化

19 世纪 80 年代的两次牛仔罢工都发生在美国西部大平原上。前面的章节已经论及，在内战后的 20 余年间，占美国本土面积 1/5 的西部大平原被开发成了美国重要的畜产品生产基地。在 19 世纪 80 年代，大平原牧场的生产组织形式也发生了本质转变。内战以后，由于工业化和城市化的迅猛发展，国内外市场对肉类的需求日益增加，这为大平原牧牛业的勃兴提供了新的历史机遇，牧牛业迅速从得克萨斯南部向北、向西扩展。到 19 世纪 80 年代中期，牧牛王国占据 10 个州和领地的草原地区、疆域及广大平原。那里的牧场开始向现代公司化牧场转变。

在"牧牛王国"扩展的过程中，大平原牧牛业的生产组织形式不断演变。在 19 世纪 70 年代中期以前，大平原的牧牛业多是无围栏的开放牧场，采取原始的游牧方式经营，任牛群在放牧区四处漫游。1873 年"带刺铁丝"发明以后，在大平原争夺土地和水源的牧牛场主、牧羊主和拓荒农场主竞相用这种新筑篱材料围栏占地。到 19 世纪 80 年代中期，大平原从南到北，原先无围栏的开放牧场已被"带刺铁丝网"圈围的封闭牧场所取代。牧牛业由原始开放的游牧经营变为在围栏封闭的固定牧场内经营。由于牧牛业成为当时最赚钱的行业之一，美国东部和外国资本竞相投入大平原的牧牛业。大平原上原先占主导地位的个体和合伙经营的开放牧场的生产组织形式已无法适应大量资本流入的需要。那里的牧场迅速地向现代封闭大型牧场和股份制有限牧牛公司转变。大平原牧牛业的所有权与管理经营权分离。公司、辛迪加和投资托拉斯为牧场提供了必要的资本和组织形式，现代牧场和牧牛公司应运而生。大平原的牧牛业也像美国其他工矿业企业一样被置于垄断资本的控制下。得克萨斯在 19 世纪 80 年代开始这种转变，到 1890 年完成。[①] 怀俄明牧牛业的发展伴随美国向垄断资本主义过渡的大变革，具有鲜明的时代特点。19 世纪 70 年代初，怀俄明的牧牛业尚处于起步时期，19 世纪 80 年代

---

① Robert E. Zeigler, "The Cowboy Strike of 1883", Paul H. Carlson, ed., *The Cowboy Way: An Exploration of History and Culture*, p. 77.

便步入繁荣时期。怀俄明的牧牛业日益采用大公司的方式经营，仅 1883 年在怀俄明建立的土地和牧牛公司就有 20 家。[①] 19 世纪最后的 20 年，怀俄明建起了 188 家牧牛公司。[②] 两次牛仔罢工正是发生在 19 世纪 80 年代，适处美国社会向垄断资本主义过渡和大平原的牧场生产组织结构转型的时期。牛仔较工矿企业的劳工面临更多的问题，牧场主与牛仔之间的劳资关系更加紧张，这些都成了引发牛仔罢工的原因。

由于大量资本投资于美国西部的牧牛业，牧场主改变了牧场的性质。早期牧场虽然是为赚钱，但它也是牧场主和牛仔在荒原立足的一种生存方式。牧场公司化后，牧场主把它作为产生利润的手段。这种变化对牛仔的生存环境和未来发展产生了极其不利的影响。

在美国西部开发的早期，牧牛如捕兽、拓荒一样，是一种在那里立足谋生的方式。虽然得克萨斯是西部"牧牛王国"兴起的"摇篮"，但 19 世纪 70 年代以前，牧牛区主要集中在该州的南部。位于该州西部的潘汉德尔地区因为气候条件恶劣，直到 19 世纪 70 年代才开始被开发为新牧区。1874年，后来成为大牧场主的查尔斯·古德奈特决定到潘汉德尔中部的帕拉杜罗峡谷建立牧场。当古德奈特夫妇和英国投资合伙人约翰·阿代尔夫妇来到新建的"JA 牧场"的当晚，迎接他们的是电闪雷鸣的暴风雨之夜。受惊吓的野牛四处狂奔。河水暴涨横流。马车顶的薄板上有无数闪电划过。在经历了这种真正的恐怖之夜后，不堪惊吓的阿代尔夫妇很快离开了牧场，回到了"文明之地"[③]。在这样环境艰险、杳无人烟的荒原地区建立牧场，需要牧场主和牛仔共同艰苦创业，才能立足生存。古德奈特只有先在潘汉德尔荒原站稳脚跟，建起牧场，然后才有可能考虑赚钱。在早期牧场时期，牧场主大多与牛仔一同劳动，共同创业。

在古德奈特创业的早期，他雇用的牛仔为其事业成功作出了重要贡献。双方关系也较融洽。非裔牛仔鲍斯·伊卡德早在"古德奈特—洛文小道"开辟时就与主人一起骑行。在科罗拉多、新墨西哥和其他任何荒野地区，在有生命危险的危机状况下，伊卡德多次不顾个人安危保护古德奈特。古德奈

① Ray A. Billington, *Westward Expansion: A History of the American Frontier*, New York, 1974, p. 594.
② Gene M. Gressley, *Bankers and Cattlemen*, New York: University of Nebraska Press, 1966, p. 105.
③ Lewis Atherton, *The Cattle Kings*, Lincoln: Indiana University Press, 1961, p. 86.

特称伊卡德是最"忠实"的牛仔，是他的"侦探、银行家和一切"。每次外出，古德奈特把带的钱都放在伊卡德身上，伊卡德是古德奈特"最近和唯一的银行"①。在"JA 牧场"建立初期，方圆数百英里的范围内只有古德奈特夫人一个妇女。一个牛仔带来了三只小鸡，使女主人借以减少孤独的困扰。② 古德奈特夫人除了当好家庭主妇外，还要为牛仔们缝补衣服。③ 在美国西部牧区开发的早期岁月里，牧场主与牛仔一起劳作。牧场是牧场主和牛仔共同赖以生存的方式。牧场主都习惯早起，他要查看牧场的情况，安排牛仔的工作。他也要加入牛仔的行列，参加长途驱赶牛群的活动。牧场主的妻子起得更早，为牛仔准备早饭。牧场主、工头和牛仔都在木屋里用早餐。直到 19 世纪 80 年代早期，大牧场才雇了专门的厨师，取代了由牧场主妻子兼任的"厨娘"。④ 由此可以看出，当时的劳资关系较为融洽。牧场主和牛仔共同艰苦创业，以图在荒野中立足生存。

　　共同的经济利益是维系早期牧场这种生存方式的基础。内战后，在得克萨斯南部牧区四处漫游着大量没有打烙印的牛群，牧场主和牛仔都可以以牛获利。牧场主只要把他发现的牛打上自己的烙印，就可以据为己有，且不被视为偷盗行为。这种牧区惯例不但被得克萨斯采用，而且扩及大平原整个牧区。以此方式，一个人会很乐意只为每月 25 美元甚至更少的工资而投身牧区去当牛仔，因为他也能够借此依照牧区惯例拥有自己的小牛群，甚至可以在更大的范围内放牧。⑤ 牧场主在不断扩大自己的牧场和牛群时，也允许他的牛仔拥有少量的牛并在牧区放牧。拥有自己的牛群甚至能成为小牧场主，这是美国内战以后在西部牧区从业的牛仔的梦想。正是这一"美国梦"，吸引着美国各地和外国的年轻人加入了牛仔的行列。直到 19 世纪 70 年代末，个体牧场仍然是美国西部牧区的主要经营方式，那里还没有大量资本流入，

---

①　James E. Haley, *Charles Goodnight：Cowman and Plainsman*, Norman：University of Oklahoma Press, 1949, p. 243.

②　Lewis Atherton, *The Cattle Kings*, p. 86.

③　丹尼尔·布尔斯廷：《美国人：民主的历程》，生活·读书·新知三联书店 1993 年版，第 15 页。

④　David Dary, *Cowboy Culture：A Saga of Five Centuries*, Lawrence, Kansas：University Press of Kansas, 1989, p. 260.

⑤　Dulcie Sullivan, *The LS Ranch：The Story of a Texas Panhandle Ranch*, Austin & London：University of Texas, 1966, p. 65.

缺少资本是牧场主立足、创业和扩大经营规模所面临的主要困难。牧场主和牛仔必须共劳、共生和共荣，才能谋求未来的发展。

随着原住民被逐出牧区和大量欧洲资本、美国东部资本的流入，牧场主和牛仔赖以生存的牧场便发生了质变，成了资方追逐利益的企业。内战后美国联邦政府对大平原原住民进行的近 30 年的"围剿"战争，为大牧场主占据牧区扫除了障碍。1875 年末，联邦军队"得克萨斯骑警"和 1,500 名野牛猎杀者最终打败了得克萨斯西部的原住民，迫使他们迁往"保留区"。① 这一消息很快传遍美国的各个角落。继古德奈特之后，W. M. D. 李、卢西恩·B. 斯科特、巴格比和许多其他开拓者被潘汉德尔地区新的免费牧区所吸引。他们把大量的牛群赶往那里。同样，欧洲和美国东部的金融家也看到在那块土地投资的难得机会。一些大公司吸收数百万美元投到牛群和改良潘汉德尔所提供的无尽青草上，其目的是使那里的牧牛业更有前途。② 于是，合伙经营的大牧场和土地牧牛公司取代个体经营的牧场。到 19 世纪 80 年代，那里的牧场间开始形成激烈竞争之势。

潘汉德尔地区出现一些大牧场和大牧牛公司。古德奈特与阿代尔合伙经营的"JA 牧场"最初购买了 2.4 万英亩的土地，但由于利用了选择交错土地的方法，该牧场实际获得了整个帕洛杜罗峡谷的控制权。古德奈特拥有 10 余万头牛的大牛群。随后他卖掉了 3 万头牛，获毛利 50 余万美元。阿代尔的 50 万美元的投资获利 51.2 万美元。③ "李—斯科特公司"拥有的"LS 牧场"的放牧区，占据了加拿大人河南面的整个地区。④ 苏格兰辛迪加"草原牧牛公司"拥有的"XIT 牧场"占地 300 多万英亩，拥有 15 万头牛，雇用了 150 名牛仔，是潘汉德尔地区最大的牧场。为了把本牧场的牛圈围起来并阻止其他牧场的牛进入其放牧区，"XIT 牧场"最终修筑了 6,000 英里长

---

①　Rupert N. Richardson, Adrian Anderson, Ernest Wallace, *Texas: The Lone Star State*, Prentice-Hall Inc., 1997, pp. 269-270.

②　The History of Duncan Ranch, http://www.cattlenet.com/history.htm, 2011 年 6 月 12 日。

③　David Dary, *Cowboy Culture: A Saga of Five Centuries*, pp. 63 - 264; William H. Forbis, *The Cowboys*, New York: Time-Life Books, 1973, p. 49.

④　John L. McCarty, *Maverick Town: The Story of Old Tascosa*, Norman: University of Oklahoma Press, 1946, p. 48.

的围栏。① 1882 年和 1883 年，"草原牧牛公司"向购买优先股的股东分别支付了 19.5% 和 27.625% 的红利。②

大平原北部的怀俄明是由原始开放牧场迅速向公司化企业转变的典型牧区。在 1868 年和 1869 年，曾有人两次把得克萨斯长角牛赶入怀俄明的夏延平原。由于怀俄明冬天气候十分寒冷，加之联邦军队正在"围剿"原住民，故在 1875 年以前该领地的开放牧业业仍处在起步阶段。1876 年 9 月，夏延当局与原住民首领红云签署协议，决定将普拉特河以北和博兹曼以东的广大地区开放。随后怀俄明的牧牛业才蓬勃发展起来。1881—1885 年是怀俄明牧区的繁荣期，牧场迅速向现代的大公司经营方式转变，牧牛公司风靡一时。这种状况可以从赶拢区的不断扩大和牧牛公司的投资及利润方面展现出来。

在 10 余年时间里，怀俄明的赶拢区不断扩大。1873—1879 年，由牧场主组成的"拉勒米县家畜饲养者协会"仍为一个县级地方性组织，只控制怀俄明东南部地区。1878 年时，该协会划定的赶拢区仅为 4 个。③ 次年，"拉勒米县家畜饲养者协会"更名为"怀俄明家畜饲养者协会"。更名后的协会不但由地方性的组织扩大为怀俄明全领地的组织，而且成了主宰怀俄明政治、经济事务的强势集团。"怀俄明家畜饲养者协会"使牧牛场从拉勒米河谷地区迅速扩展到该领地内的大部分草原地区。最终牧场主们占据了北部与沙漠临界的地区和西部山区的草地。到 1885 年，该协会划定的赶拢区达 30 多个，覆盖了整个怀俄明领地。④

"怀俄明家畜饲养者协会"还从欧洲和美国东部引进大量资金，投入牧牛业，使牧牛公司迅速在领地建立起来。仅 1882 年，该协会引入了约 3,000 万美元投资牧牛业⑤，甚至连在该领地西北部的鲍德河地区也建立了

---

① Cordia S. Duke, Joe B. Frantz, *6000 Miles Fence：Life on the XIT Ranch of Texas*, pp. 6, 8.

② Richard Graham, "The Investment Boom in British-Texas Cattle Companies", *Business History Review*, vol. 34, No. 4, 1960, p. 445.

③ Ernest S. Osgood, *The Day of the Cattleman*, Chicago London：University of Chicago Press, 1968, p. 121.

④ John K. Rollinson, *Wyoming：Cattle Trails*, Caxton Printers Ltd., 1948, p. 246.

⑤ LeRoy R. Hafen, W. Eugene Hollon, Carl. C. Rister, *Western America*, Englwood Cliffs：Prentice-Hall, Inc., 1970, p. 432.

"鲍德河牧牛公司"。据该公司的所有者莫顿·弗雷温估计，在 1883 年和 1884 年赶拢高峰期及随后的几年中，其牧区的牛每年达到 4.5 万头至 5.9 万头。外人估计则达到 8 万头。[1] 怀俄明的一些牧牛公司获得的利润高达 35%—40%。[2]

上述的潘汉德尔和鲍德河地区，虽因自然条件差，使开拓者的生存环境极为艰险，但因 19 世纪 80 年代大量资本的流入，在短短几年中，两个地区的牧场就迅速实现了由牧场主和牛仔共同艰苦创业的个体牧场向银行资本控制下的现代公司化牧场的转变。这种公司化的牧场实行所有者和经营管理者的分离，牧牛公司的巨商和大牧场主不再像早期的个体牧场主那样与牛仔一起劳作。他们雇用经理和工头管理经营牧场，雇用道头引领牛仔把牛群赶往市场出售。许多牧场的所有者住在东部和欧洲，很多大牧场主的家搬到了牛镇。公司化的牧场再不像拓荒时期的早期牧场那样更多的是一种生存方式，而全然成了资方追逐利润的企业。

二、"美国梦" 破灭

牧场转型使牛仔的追求、梦想乃至命运也随之发生了根本性变化，牛仔原有的生存地位和空间被破坏，他们开始面临诸多困难。

第一，牧牛业的繁荣使牧场聚集了巨额财富，却没有给牛仔带来工资的增长以及劳动和生活条件的改善。相反，牧场还制定了苛刻的限制、约束牛仔的规则，使他们被置于严格的控制之下。1880—1885 年间劳资关系因此恶化。

大平原牧牛业繁荣的鼎盛时期，与牧场主获取的高额利润相比，牛仔工资的增长幅度极其有限。在 19 世纪 80 年代，牧场主每把 3,000 头牛从得克萨斯赶到东部或西北部市场，就可得纯利润 1 万美元。[3] 与牧场主获得的这种高利润相比，牛仔工资却甚微。在南部牧区，内战前一个普通牛仔的工资为每月 15 美元；19 世纪 60 年代末 70 年代初为 20—30 美元。19 世纪 80 年代，一个普通牛仔的月工资为 30—40 美元，头等牛仔可拿到 45 美元，工

①　Helena H. Smith, *The War on Powder River*, p. 17.

②　Gene M. Gressley, *Bankers and Cattlemen*, p. 48.

③　J. Frank Dobie, *The Longhorns*, p. 17.

具车车头（wagon boss）和工头则为每月 100—125 美元。① 北部牧区牛仔的工资比南部牧区略高一些。

在 19 世纪 80 年代，得克萨斯其他行业雇工的月平均工资为 23 美元。在美国其他地区，制造业工人每月工资为 33 美元。如果仅从工资而言，一个牛仔每月所得表面看来不比其他行业工人低。然而，牛仔的工作时间特别长，通常每周的工时长达 105 小时，而其他行业的工人每周工作的时间为 60—72 小时。② 若以小时计算，牛仔的低工资就显现出来了。

在正常情况下，牛仔每周的工作时间比其他行业雇工多 35—55 小时，在繁忙的赶拢季节或遇有惊牛的危急情况，牛仔劳作的时间会更长。因此，牛仔的工资是较低的。这样低的工资，牛仔除了要用来自付伙食费外，还要用来购置价钱昂贵的马鞍、鞍垫、笼头和马刺等马具，自备卧具及帽子、靴子和工作服等。有的牛仔劳累了一生，最终所剩无几。与牛仔为牧场主创造的巨大财富相比，其工资所得是微不足道的。

牛仔不但工资低，而且工作辛苦，生活条件差。在 19 世纪 80 年代，圈围牧场逐渐取代早期的无围栏的开放牧场。牛仔的主要工作是在围栏沿线骑行巡视，防止有人毁栏；随牧牛队在牧区放牧管理牛群；给牛割角，打烙印和防治疾病等。在牧场最繁忙最艰苦的春秋赶拢季节，不但每天工作时间长，而且每个赶拢季都要进行持续三个来月的连续疲劳作业。所有这些劳作都在荒野进行，牛仔们都吃住在户外，不论多么恶劣的天气，他们都必须忍受。

虽然在 19 世纪 80 年代多数牛仔住进了由早期的牧屋改建成的简陋工棚，但在他们远离牧场本部从事野外工作时，仍然经常住在山坡下的洞穴或帐篷里。赶拢期间，牛仔们则在炊事工具车周围露宿。牛仔自备的卧具是用两块长 18 英寸、宽 8 英寸的油帆布，中间夹裹几条粗毛毯做成。上面的油

---

① Louis Pelzer, *The Cattleman's Frontier, 1850 - 1890*, Glendale, California: Arthur H. Clark Company, 1936, p. 166, 246; Robert E. Zeigler, "The Cowboy Strike of 1883", Paul H. Carlson, ed., *The Cowboy Way: An Exploration of History and Culture*, p. 80.

② Robert E. Zeigler, "The Cowboy Strike of 1883", Paul H. Carlson, ed., *The Cowboy Way: An Exploration of History and Culture*, p. 80; John Parkins, "What Cowboy Ever Wished to Join a Union? Wild West Industrial Relations before 1914", *The Journal of Industrial Relations*, vol. 36, No. 3, 1994, p. 324.

帆布用来挡雨，下面的油帆布铺在地上防潮，粗毛毯用作铺盖。睡觉时他们连枕头都没有。[1] 这种被称为"热卷"的卧具是难耐风雨之夜的。在这样艰苦地劳作时，牛仔的伙食也很单调。基本的食品包括腌猪肉、火腿、咖啡、热软饼、玉米面包和豆子等，没有新鲜蔬菜。[2] 天天重复地吃这些东西，牛仔们全没了胃口，他们都厌烦玉米面面包和腌猪肉。[3] 在美国西部牧牛业繁荣时期，牛仔的生活和工作仍然是非常艰苦和极度劳累的。

除了工资低、劳动和生活条件艰苦外，牛仔还要忍受雇主的种种苛刻限制。特别是大牧场，对牛仔的限制更多、更严格、更全面。如"XIT 牧场"制定的场规竟有 23 条之多，涉及牛仔生活和工作的各个方面。[4] 其中最主要的是牛仔必须忠诚于雇用他的牧场，牛仔必须认真完成牧场主、工头分派他的工作。按规定，牛仔必须照顾好他的马，即使劳累了一天后已经十分疲惫，他也得先喂好马后才能自己吃饭。如果一个牛仔对此表现出不耐烦，他就很可能被解雇。在牛仔的行为准则中，规定他们不能对雇主家的妇女表示好感；甚至在同桌用餐时，牛仔只能专心吃饭而不能对她们的勤劳表示称赞。[5] 牧场公司化后，牛仔们几乎享受不到任何权利。对于牧场的规定，牛仔必须服从，违犯者不仅会受到严厉的处罚，甚至还会被解雇。

与牛仔的状况形成鲜明对照的是，牧场主在获取巨大利润的同时，不断改善自己的居住和生活条件。他们盖起了新居，把早期的简陋牧屋改造成工棚。绝大部分新居是木制或土坯结构的建筑物。牧场主的房子南面有长长的阳台，以便冬天吸收充足的阳光，夏天能通风。室内设有客厅、餐厅、大厨房和卧室，还有一间门朝外开的办公室。牧场主在办公室接待来访者。

在大牧场主古德奈特的牧场总部，最初被他夫人称为家的牧屋，很快发展成为 50 多座建筑物组成的边疆小城镇。其中包括阿代尔夫妇接待客人的石屋、为古德奈特建的原木和木板构成的两屋小屋、被称为储藏室的大厨

---

① Dane Coolidge, *Texas Cowboy*, Tucson, Arizona: University of Arizona Press, 1985, p. 82.

② John Parkins, "What Cowboy Ever Wished to Join a Union? Wild West Industrial Relations before 1914", *The Journal of Industrial Relations*, p. 323.

③ Joe B. Frantz, Julian Ernest Choate, Jr., *The American Cowboy: The Myth & Reality*, p. 37.

④ David Dary, *Cowboy Culture: A Saga of Five Centuries*, p. 303.

⑤ Charles L. Sonichson, *Cowboys and Cattle Kings: Life on the Range Today*, Norman: University of Oklahoma Press, 1950, p. 46.

房、牛仔的工棚、两个黑白铁车间和其他作仓库用的建筑物等。[①]

　　莫尔顿·弗莱温是"鲍德河牧牛公司"的组建者。1881年，他为了迎娶伦道夫·丘吉尔的妻妹克拉拉·杰罗姆，用了近两年的时间在鲍德河支流处盖了一座由36个房间组成的豪华牧屋。豪宅的大厅直达建筑物的顶部，厅的每边底部都有一个壁炉。四壁挂满了原住民的纪念品、野牛毛披肩、糜和鹿的带角的头。质地坚硬的胡桃木楼梯通向房子的二层。那里是几间卧室，中间有一个被弗莱温称为"音乐房子"的长廊。盆栽的植物和藤类在二层的地面上相并而生。楼下，有一间餐厅、一间藏书室兼办公室。居中的客厅长宽各为40英尺。此外，还有厨房和冷藏室。这间面积达160平方英尺的客厅，可容纳20人在里边舒适地用餐。餐后，客人们可移步到外面的拱形长廊里观看日落。弗莱温为来自纽约的夫人购置的钢琴，先从东部用火车运到距牧场200多英里的罗克克里克车站，在那被卸下后，再由马车运到位于鲍德河支流拐弯处高地上的新居中。[②] 摆放在客厅中的钢琴与藏书室相匹配，使得在西部荒野牧区出现了东部文明的文化格调。随着牧场主们致富和美国东部文化的传入，钢琴从19世纪70年代末起在西部牧区流行起来，进入牧场主的家中。

　　牧场主家里都挂上了带花边的窗帘，家具是从城市里购置的。夜晚，牧场主的住宅里都点着明亮的蜡烛或煤油灯。在牛仔们连睡地铺的简陋工棚还没有完全住上的时候，牧场主们已经享受着富足的现代文明生活。在早期个体牧场向现代化的公司牧场转型时，雇主和雇工之间的生存状况竟是天壤之别！

　　上述对比表明，19世纪80年代牧场公司化以后，不仅是组织经营方式明显改变，而且企业性质和劳资关系也发生了变化。19世纪70年代以前的个体牧场，基本上是牛仔和牧场主共同创业的生存方式。尽管当时牛仔的生存环境、劳作条件和实际生活非常艰苦，但新兴的牧牛业会为他们提供更多的发展机会，牛仔们把协助牧场主建好牧场看作是他们未来成功的希望所在。因此，不论生存环境多么艰险，他们都尽心尽职地为牧场主劳作。他们

---

①　David Dary, *Cowboy Culture: A Saga of Five Centuries*, pp. 263-264.

②　Helena H. Smith, *The War on Powder River*, p. 15; David Dary, *Cowboy Culture: A Saga of Five Centuries*, p. 273.

投身牛仔行列，是以此作为改变自身命运的新开端，并期望获得进一步的发展。初建牧场的个体牧场主必须与牛仔共同劳动，艰苦创业。选择场址，寻找建材，筹措资金，掌握管理牛群的能力和驾驭市场的经验等等，牧场主都要事必躬亲，才能在潘汉德尔地区和鲍德河地区这样艰险的环境中立足。古德奈特在开辟赶牛小道、在科罗拉多和潘汉德尔建牧场时，都和牛仔一起劳作。"斯旺土地牧牛公司"的创办人亚历山大·H. 斯旺在怀俄明的头六年，是与牛仔们一起在牧场上度过的。[①] 古德奈特和斯旺的经历证明，早期的牧场是牧场主和牛仔在艰苦环境中共生存的一种组织方式。19 世纪 80 年代，西部牧区为美国东部和欧洲资本所掌握，牧场的组织形式迅速公司化，牧场的所有者迅速把它变成产生利润和享受现代生活的企业。大牧场主与牧牛公司的巨商再不与牛仔一起劳作。在牧场组织形式转型过程中，牛仔的工资待遇和劳动、生活条件并没有明显的改善。由大牧场主和牧牛公司巨商组成的"家畜饲养者协会"制定的一切牧区规章和制度只是为了维护其成员的利益，而拒绝讨论牛仔提出的增加工资和改善劳动、生活条件等要求。公司化的牧场破坏了牛仔和牧场主中原有的共同利益。这成为牛仔反对大牧场主和牧牛公司巨商并诉诸罢工的经济原因。

　　第二，大牧场占据美国西部牧区后，牛仔成为小牧场主的"美国梦"破灭。

　　在美国西部牧区的早期开拓阶段，确实不乏由牛仔成为牧场主的先例。如得克萨斯早期最大的牧场主埃布尔（尚海）·皮尔斯原是个牛仔。1853 年，在皮尔斯 19 岁时，他为了每月 15 美元的工资，受雇于牧场主布拉德菲尔·格兰姆斯，当驯马人。[②] 查尔斯·伍尔芬由一个身无分文的孤儿发展成拥有个人牧场的成功者。他的女儿尤拉·伍尔芬在 17 岁时，嫁给了曾在其牧场上干活的牛仔约翰·B. 肯德里克。肯德里克夫妇在新婚"蜜月"旅行过后就到怀俄明定居。在两人的共同艰苦努力下，肯德里克不但成了怀俄明的大牧场主，而且步入政坛，成了该州的州长和美国国会的参议员。[③] 上述

---

①　Lewis Atherton, *The Cattle Kings*, p. 208.

②　Philip Durham and Everett L. Jones, *The Negro Cowboys*, Lincoln and London: University of Nebraska Press, 1965, pp. 16–17.

③　Lewis Atherton, *The Cattle Kings*, p. 90.

三人实现由牛仔成为牧场主的"美国梦",是因为当时大平原的牧业开发尚处于早期阶段,大牧场还没有占据整个牧区。皮尔斯和伍尔芬投身牧牛业时,自然条件差的得克萨斯潘汉德尔地区还未被开发利用。肯德里克夫妇到距离谢里登 50 英里的地方经营牧场时,那里几乎与世隔绝,甚至都没有通邮。① 在早期牧区开发阶段,大平原到处有不花钱的青草供牛群食用。人们可以利用牧区流行的"先占权"惯例,把自己的牛放牧在公共牧区。因此,即使是一个牛仔,只要他肯于吃苦,不畏艰辛,利用捉到的无主牛和牧场主分给他代替部分工资的牛,与牧场主的牛同时牧养,逐渐扩大自己的牛群,就有可能成为个体牧场主。然而,这种由牛仔上升为个体牧场主的可能性只是发生在 19 世纪 70 年代以前,且不是每个牛仔都能成为牧场主。到 19 世纪 80 年代,当大牧场和牧牛公司在大平原牧区占主导地位以后,这种可能性便不复存在了。

大牧场和"家畜饲养者协会"的严苛规定,也使牛仔成为牧场主的"梦想"成了泡影。19 世纪 80 年代公司化的大牧场占据牧区以后,原先一些使牛仔有可能成为小牧场主的惯例都被取消了。例如,在"XIT 牧场"制定的种种苛刻规则中,最令牛仔不愿接受的是"不允许雇工在牧场拥有任何牛和养马"②。1880 年 3 月,"潘汉德尔牧场主协会"废除了先前允许牛仔有一把烙铁、养少量的牛马和享有未打烙印小牛的惯例,使其成为大牧场的"马背上的雇工"③。"怀俄明家畜饲养者协会"是"牧牛王国"诸牧场主协会中最具权威性的组织。该协会 1884 年通过的《马弗里克牛法》,确定了法定的"赶拢日期",令会员采取一致行动,违者被处罚款和监禁;规定了对未打烙印小牛的处置办法;明确了赶拢工头的权限及对违规、舞弊者惩处的办法。这一法规使"怀俄明家畜饲养者协会"建立的赶拢制度以不可抗拒的权力强制实行,禁止了牧区早期无约束的独立赶拢行为。④ 特别是当这一行业法规经议会批准成为了全领地的法律后,非会员要想在牧区求得发展极为困难,牛仔更无法去实现当牧场主的"抱负"了。《马弗里克牛

① Lewis Atherton, *The Cattle Kings*, p. 89.
② "A Stern Code for the XIT", William H. Forbis, *The Cowboys*, p. 82.
③ John L. McCarty, *Maverick Town: The Story of Old Tascosa*, pp. 82, 108.
④ Ernest S. Osgood, *The Day of the Cattleman*, p. 136.

法》成为牛仔"美国梦"的破灭之法。

除种种限制性规定之外，地价上涨和土地投机也使牛仔成为小牧场主难上加难。大牧场和牧牛公司为了不断扩大经营规模，除了增加牛群的数量外，还进行土地投机和非法占有公共牧区，其结果使土地价格不断攀升。19世纪70年代中后期，古德奈特在潘汉德尔地区购地时为每英亩75美分。[①] 1882年，"XIT牧场"的305余万英亩土地是抵得克萨斯州议会大厦333.459余万美元的造价。[②] 每英亩地价约为1.09多美元。"斯旺土地牧牛公司"在1883年以238.7678万美元兼并了三个牧场。次年，该牧牛公司以2.3万美元获得联合太平洋铁路公司的55万英亩土地。它还占据了100多万英亩的公共土地。"斯旺土地牧牛公司"实际控制的放牧区达325万英亩。[③] 该公司1884年购地价格为3.18多美元。大平原牧区成了大牧场和牧牛公司独霸的王国。不断攀升的地价就连拥有少量牛的牧场工头都无力与大牧场竞争，普通牛仔想实现当牧场主的梦想就更上天无路了。

牛仔们想成为牧场主的"美国梦"的产生，其实已经蕴含了它必然要破灭的历史因素。尤其是对在美国内战后想发财致富而涌入西部牧区的大多数牛仔来说更是如此。在数万名牛仔中，能成为牧场主的人毕竟是少数，而且是发生在19世纪70年代以前的历史条件下。有的人是在美国内战前就在得克萨斯当了牛仔，在内战刚结束时围捕了大量在内战期间走失的无主牛，通过牛贸易致富，成了牧场主。有人是在19世纪70年代以前到尚未开发成牧区的潘汉德尔地区和北部的怀俄明、蒙大拿地区，当了牛仔。他们凭着所谓的牧区"惯例"和"先占权"，积累牛群，占有土地，成了牧场主。即使在有利的历史条件下，能成为牧场主的也只是少数白人牛仔。到了19世纪80年代，历史条件发生了重大变化，美国西部的牧牛业被置于垄断资本的控制之下，公司化的大牧场和牧牛公司再不需要以少量牛作为应付给牛仔的部分工资。代表大牧场主和牧牛公司巨商利益的"家畜饲养者协会"取消了原先的牧区"惯例"，使牛仔成为不能拥有牛马而只挣微薄工资的纯粹被资方雇用的"马背劳工"。大牧场主和牧牛公司巨商的土地投机和对中小牧

---

① David Dary, *Cowboy Culture: A Saga of Five Centuries*, p. 264.

② Lewis Atherton, *The Cattle Kings*, p. 214.

③ William H. Forbis, *The Cowboys*, p. 64.

场的兼并，使许多中小牧场主破产。在上述巨大变化的历史背景下，牛仔们的"美国梦"必然要破灭。前途无望是促成牛仔罢工的一个重要因素。

第三，公司化的大牧场破坏了早期个体牧场时期雇主与雇工之间休戚与共的关系，牛仔对牧场主的"忠诚"逐渐被不满和仇视所取代。

在19世纪70年代前的早期牧场发展阶段，衡量一个牛仔行为的唯一标准是看他是否忠诚于雇用他的牧场主。牛仔在生活和工作中对牧场主都是忠诚的，这是因为在早期个体牧场时期，牧场主与牛仔有共同的利益，他们的相互联系也较紧密。那时，牧区的一些惯例给牛仔地位的提升留有发展余地，使他感到保护好牧场主的牛群也是在保护自身的利益。如前所述，19世纪70年代以前，牧场都没有专门的厨师，牧场主的夫人就是牛仔们的厨娘。有些牧场主也亲自到工棚去查看，并布置工作，同牛仔一起赶牛。他们同牛仔接触较多，关系也较密切。多数牛仔都努力劳作，他们按照准则生活，以"全心全意的忠诚"维护其雇主的利益。①

公司化的大牧场在大平原居主导地位以后，破坏了牛仔对雇主原有的忠诚感情。19世纪80年代，得克萨斯潘汉德尔地区和怀俄明鲍德河地区的牧牛业都被英国资本组建的牧业集团所控制。"不在地所有权"在牧牛业中占了主导地位，牧场的所有权和经营管理权分离。有的牧场主虽然还住在牧场本部，但他只是与工头交谈而不与牛仔过分接近。更多的牧牛大王住在牛镇、美国东部的城市。有些就更是远在欧洲的英国人或苏格兰人等等。这些不在牧区的牧牛大王雇人为他们管理牧场，自己却很少到牧区去。他们雇用的牧场经理和管财务的人员高高在上，拿高薪，喝价格高昂的饮料，其花费远远超过付给管理牛群的牛仔的工资。② 这些大牧场的管理者或因对牧牛业的无知，或因狂傲自大而招致牛仔的怨恨。

牧场经营管理权的过度集中，不仅引起了大牧场所有者、管理者与牛仔的矛盾，也加剧了大牧业集团与工头、小牧场主的冲突。资本雄厚的大牧场和牛牛公司圈围土地，甚至把公共土地作为私产。这使有少量牛群的工头和

① Edward E. Dale， "Cow Country in Transition"， *Mississippi Valley Historical Review*， vol. 24， No. 1， 1937.

② Robert E. Zeigler， "The Cowboy Strike of 1883"， Paul H. Carlson， ed.， *The Cowboy Way: An Exploration of History and Culture*， p. 79.

小牧场主丧失了自身的独立性和发展空间，加深了阶级的对立。这种对立有时会演变为围栏和毁栏的公开冲突。① 这样的发展趋势不仅破坏了牛仔的忠诚，而且在他们心中还产生一种对那些高高在上的门外汉的怨恨情绪。在公司化的大牧场里，像查尔斯·古德奈特早期的牛仔那样宁愿为他死在马背上而不抱怨的情况再也没有了，常见的是牛仔对牧场所有者和管理者的不满和怨恨。"马刺牧场"董事约翰·麦克纳布的遭遇，就是牛仔们宣泄他们不满情绪的突出例证。在麦克纳布乘着有遮阳伞的轻便马车巡视他在得克萨斯的地产时，蔑视他的牧场牛仔们在其头顶所对的马车顶处射满了子弹孔。② 可见，在牧牛大王们独霸牧区以后，断绝了牛仔乃至小牧场主的生存发展之路。他们中的一些人早期对雇主"忠诚"的情感也破裂得荡然无存了。

第四，牛仔基本上是季节性的劳工，春秋两季赶拢之后，他们中的很多人会被雇主解雇。牛仔失业的状况在牧场公司化后尤为严重。

牛仔的受雇带有极高的季节性。春季和秋季赶拢季节，牧场雇用的劳工最多，而在冬季用人较少，有很多牛仔要被解雇。据一些大牧场的经理们估计，在19世纪80年代，从12月至第二年4月，得克萨斯潘汉德尔地区对雇工的需求只有其他月份的1/2。在北部牧区，冬季更加漫长，牛仔被留用的比例更低。如在怀俄明，在秋季成牛赶拢过后，只有20%至30%的牛仔被牧场保留下来。另据潘汉德尔地区一个牧场经理估计，在他春季雇用的牛仔中，有2/3的人只用了一个季度。③

虽然在早期个体牧场时期牛仔雇工就有较强的季节性，但到公司化牧场阶段，这种季节性特点更为突出。之所以如此，是因为19世纪80年代围栏牧场取代了早期没有围栏的开放牧场。在开放牧场时期，因为相邻牧场没有围栏分开，不同牧场的牛群经常混杂在一起，需要骑马巡边的牛仔把混杂的牛群驱赶分开。这种骑马巡边的工作即使在冬季也需要做。围栏牧场普遍建立以后，冬季育肥的小牛和种牛被放养在围栏之内，只需要保留少数牛仔修补围栏和照看牛群就行。所以有大量牛仔在冬季被解雇。一个牛仔要想找一

① Stuart M. Jamieson, *Labor Unionism in American Agriculture*, Washington: Arno Press, 1976, p. 258.
② Lewis Atherton, *The Cattle Kings*, p. 120.
③ John Parkins, "What Cowboy Ever Wished to Join a Union? Wild West Industrial Relations before 1914", *The Journal of Industrial Relations*, p. 324.

个全年被雇用的工作极为困难。

在找常年工作极为困难的情况下，雇主却把"忠诚可靠"置于"特殊技能"之上，作为择人的标准，这已有违于早期的惯例。牛仔投身牧牛业需要娴熟的骑马、打枪和使用套索三大技能。这是在荒野艰苦的环境中为保护好牛群、防止野兽和劫匪侵害所必须具备的。在个体牧场时期形成的惯例，是凭牛仔的工作经验和掌握的技能付给其工资报酬和定其工作岗位。为了当一个优秀牛仔，牛仔们在每天劳累之后，还要苦练三大基本技能。工资是根据其"可靠程度"和"技能"两项原则支付的。在牛仔原有的忠诚因雇主种种严苛的限制而破坏时，大牧场便将其可靠程度置于技能之上。在牧场劳动力过剩的 19 世纪 80 年代，牛仔为了侥幸得到在牧牛营地或牧场周围各类低卑的长期工作，而去刻意突出表现"忠诚"。一些大牧场甚至雇用一些无业人员，取代被解雇的"不可靠"的头等牛仔。这是因为在围栏牧场以后，牧场的工作不需要牛仔都在马背上劳作，对传统的全面性技能的要求已经大为降低。如修补围栏、收割、晾晒和贮存干草等工作，牛仔都是和农场工人一样，在地上步行，用手劳动。

诚如鲁思·阿伦所言，"牛仔只是一个临时工，没有固定的居住地，没有家庭，没有安全地位，没有稳定收入"[1]。在牧场体制转型和劳动力过剩的 19 世纪 80 年代，牛仔连季节性的临时工作都得不到保证。这成为引发牛仔罢工的原因之一。

第五，19 世纪 80 年代，美国各种罢工频发，牛仔罢工正是在这种历史背景下发生的。

19 世纪 80 年代是美国从自由资本主义向垄断资本主义过渡的重要时期，也是工人运动日益高涨的时期。垄断资本主义横行无忌，加剧了美国社会经济矛盾。资本家集团间的激烈竞争引发了 1884 年的经济危机。向垄断过渡促使企业资本家强化了剥削手段，导致了工人地位和生活条件的下降。这是这一时期美国罢工频发的直接原因。1880—1886 年，仅在得克萨斯就爆发了各种工人罢工 100 次。[2] 1886—1890 年，美国全国共发生罢工 6，000

---

[1]　Stuart M. Jamieson, *Labor Unionism in American Agriculture*, p. 258.

[2]　"Strikes", http：//www. tshaonline. org/handbookonline/articles/oes02.

余起，有 200 万以上的工人参加。① 美国历史上的两次牛仔罢工就是在美国工人运动高涨的大背景下发生的。

简言之，在美国向垄断资本主义过渡的 19 世纪 80 年代，社会的转型和牧场体制的转型，不仅使牛仔成为牧场主的"美国梦"破灭，而且促使他们比美国其他产业、行业的工人面临更多的经济、社会和前途等问题。上述各种因素交互作用和影响，不仅使牛仔大量失业，而且连一些工头和一些中小牧场也被公司化的大牧场所兼并。牧场所有制的变化，是导致牛仔罢工的根本原因。陷于生存危机中的牛仔们决定利用工人的唯一武器——"罢工"来反对他们的雇主。

第二节　牛仔的两次罢工

美国历史上有记载的牛仔罢工只有两次。一次是在 1883 年春季赶拢时期发生在得克萨斯潘汉德尔地区的牛仔罢工。另一次为 1886 年春季赶拢时期在怀俄明领地的鲍德河南支流举行的牛仔罢工。尽管罢工面临诸多不利因素，但为了改变每况愈下的状况，从未有过罢工经历的美国西部牛仔毅然采取了行动。1883 年的牛仔罢工提出了增加工资的要求，并发出了资方不满足要求就罢工的"最后通牒"。这次罢工坚持了一个多月，最终遭资方挫败，但罢工产生的影响又持续了一年多的时间。1886 年鲍德河的牛仔罢工，主要是反对资方降低牛仔的工资，并要求给普通牛仔增加工资。因为第二次牛仔罢工举事仓促，资方采用分化瓦解的手段破坏了罢工。

一、1883 年牛仔罢工

1883 年初，正当新一轮的春季赶拢逐渐临近，潘汉德尔牧区的牧场主们如往常一样聚集起来开了一次会，对当年本地牧区的春季赶拢作出如下安排：加拿大人河、威奇塔河和沃尔夫溪赶拢区的春季赶拢在 5 月 10 日开始；索尔特帕克至雷德河赶拢区开始的日期为 5 月 20 日。② 长期郁积在牛仔们心

---

① H. N. 沙伊贝等著，彭松建等译：《近百年美国经济史》，中国社会科学出版社 1983 版，第 163 页。
② "Texas Round-Up", *Denver Republican*, April 25th 1883, Clifford P. Westermeier, ed., *Trailing the Cowboy*, p. 127.

中的仇恨，以及要求改变窘境的诉求无望，终于以此为契机爆发了出来，一场席卷潘汉德尔牧区的牛仔反对雇主的罢工行动由此开端。

这次罢工的初期酝酿大约在1883年的2月末或3月初，在牧场主会议召开之前。因为在同年3月12日出版的《得克萨斯家畜杂志》就发表了《一次牛仔罢工》的文章。① 来自三个大牧场的三支"流动放牧队"的24人签署了关于罢工的"最后通牒"。② 1883年初春，位于加拿大人河地区的"LS牧场"、"LIT牧场"和"LX牧场"的三支"流动放牧队"，正在把漫游的牛群带回各自的放牧区。汤姆·哈里斯、沃迪·皮科特和罗伊·格里芬分别是这三支放牧队的工具车车头。三支放牧队汇集在位于弗里奥支流河口上端和现今赫里福德以东的"LS牧场"的供应仓库，牛仔们共进了一顿由牛肉、玉米、西红柿、糖浆和发酵软饼等构成的晚餐。饭后，牛仔们开始谈论工资、雇主强加给他们的新规定和罢工的可能性等问题。牛仔们在山坡营地周围经过充分讨论，最终形成一个共同声明。③ 这个被学者们称为"最后通牒"的声明内容如下：

我们，在下面签名的加拿大人河的牛仔，一致同意保证实行以下条款：

第一，如果每月少于50美元，我们将不工作。此外，我们同意在3月31日以后，如果每月少于50美元，将无人上工。

第二，好厨师每月也要得到50美元。

第三，任何一个放牧工头每月少于75美元也不工作。

任何违犯上述条款者将后果自负。在3月31日后，那些没有积蓄付伙食费的人，在塔斯科萨将为他们提供30天的费用。

在这一"最后通牒"下面签名的有：托马斯·哈里斯、罗伊·格里芬、J.W.皮克特、J.L.霍华德、W.S.加顿、S.G.布朗、W.B.博里纳、D.W.皮普列斯、詹姆斯·琼斯、C.M.赫利特、V.F.马丁、哈里·英格顿、J.S.莫里斯、吉姆·米勒、亨利·斯塔福德、威廉·F.克尔、布尔·戴维斯、

---

① "A Cowboy Strike", *Texas Live Stock Journal*, March 12th 1883, p.6; Clifford P. Westermeier, ed., *Trailing the Cowboy*, pp.123-124.

② Lewis Nordyke, *Great Roundup: The Story of Texas and Southwestern Cowmen*, New York: William Morrow Company, 1955, p.110.

③ John L. McCarty, *Maverick Town: The Story of Old Tascosa*, pp.109-110.

T. D. 霍利迪、C. F. 戈达德、E. E. 沃特金斯、C. B. 汤普森、G. F. 尼克尔、胡安·A. 戈麦斯和 J. L. 格里森。①

从上面达成的"最后通牒"看，牛仔们主要提出了获得较高工资的要求；如要求不能实现时举行罢工的日期、守约的要求和准备集中到塔斯科萨进行斗争等内容。自 19 世纪 80 年代初以来，牛仔除提出过获得较高的工资外，还曾有改善工作、生活条件的诉求。有的研究论及，牛仔们还提出了改善伙食、特别是增加蔬菜的要求。②

汤姆·哈里斯是 1883 年牛仔罢工的领导者。③哈里斯之所以被推举为罢工的领导人，不仅因为他是"LS 牧场"的一名流动放牧车的老板和拥有自己牛群的小牧场主，而且还在于他具有作为领导者的巨大魄力。24 人签署的"最后通牒"的会议就是由他秘密召集的，并被与会者推选为"举行联合行动的主席"。④

牛仔们相信在春季赶拢时，这些牧场会因为没有骑手而满足他们的要求。在确定 4 月 1 日为罢工开始之日后，参加签署"最后通牒"的牛仔们一方面等待牧场主的答复，一方面向更多的牛仔进行宣传动员。参加议事的牛仔们把放牧工具车赶往米切尔峡谷以西，并在那里扎营。"LS 牧场"的牛仔把流动放牧车赶进了在阿拉莫雷托斯的牧场总部。"LIT 牧场"的牛仔就待在放牧车周围。⑤

牧场主们拒绝了牛仔们的要求，并对罢工进行了阻挠甚至打击。"LIT 牧场"的所有者只答应给牛仔每月提供 35 美元工资，对继续工作的放牧工具车车头每月支付 65 美元。在遭到拒绝后，该牧场不让牛仔用马。失去了马，徒步的牛仔什么事情也干不了。为了至少还能有饭吃，他们只能待在放牧工具车周围。"LE 牧场"的所有者解雇了其流动放牧队。"LX 牧场"的

①　这一"最后通牒"的原件藏于得克萨斯州坎宁市的潘汉德尔平原历史社会博物院。两本著作收录了"最后通牒"内容和签名者名单。See John L. McCarty, *Maverick Town: The Story of Old Tascosa*, p. 110; William H. Forbis, *The Cowboys*, p. 128.

②　Kenneth W. Porter, "Negro Labor in the Western Cattle Industry, 1866-1900", *Labor History*, p. 364

③　Charles A. Siringo, *A Lone Star Cowboy*, p. 268.

④　John L. McCarty, *Maverick Town: The Story of Old Tascosa*, p. 110; Donald F. Schofield, *Indians, Cattle, Ships and Oil: The Story of W. M. D. Lee*, Austin: University of Texas Press, 1985, pp. 61-62.

⑤　John L. McCarty, *Maverick Town: The Story of Old Tascosa*, pp. 111, 112.

牧场主观望事态如何发展。"T—锚牧场"的拥有者朱尔斯·冈特则在他的黑白铁车间里埋了地雷，以备在罢工者利用那个地方对他的牧场总部发动进攻时实行爆炸。[①] 在打击罢工牛仔的行动中，尤以罢工领导者哈里斯所在的"LS 牧场"为甚。

一开始，"LS 牧场"的工头吉姆·麦卡利斯特为赢得向牧场主发出警告的时间，采取了拖延战术。麦卡利斯特是最初被允诺长期受雇的少数人之一。1883 年 3 月末，当汤姆·哈里斯带着他们的要求来到离"LS 牧场"总部最近的牧牛营地时，约有 100 名牛仔驻扎在阿拉莫斯塔支流两岸。麦卡利斯特拒绝参加罢工。于是，哈里斯便小心谨慎地在年轻的牛仔特别是在"拓荒垦殖小子"（nester kids）中传播对牧场主的不满。这些年轻牛仔决定着罢工能否成功，但他们容易反复无常。一些年轻牛仔向他们的工头发出威胁，要阻止春季赶拢。因为牧场主 W. M. D. 李不在牧场总部，麦卡利斯特必须稳住准备举事的牛仔，以便能及时向李发出告急信，因此他先以妥协为条件，实施了缓兵之计，借此阻止事态的进一步恶化。麦卡利斯特许诺给更有经验的牛仔每月支付 40 美元的工资。因为这低于"最后通牒"的诉求，哈里斯和他的牛仔们表示不能接受。[②] 当然，麦卡利斯特也并不是真打算牛仔们能够接受，他提出妥协条件只不过是为了拖延时间而已。

3 月 31 日时，李正在莱文沃思。接到麦卡利斯特的告急信后，他立即停止所有的业务活动，乘火车赶往道奇城。然后，他从那里雇乘一辆由两组骡子拉着的马车，急奔"LS 牧场"。在收到告急信 36 小时后，李赶回了牧场。回到牧场后，李没直接到牛仔们的驻地，而是在办公室与麦卡利斯特进行了交谈。李责怪麦卡利斯特在春季赶拢前没有处理好牛仔罢工的事。他要亲自化解危机。[③] 随后，牧场主李就开始以高薪对哈里斯进行利诱，以图瓦解罢工。李让人通知汤姆·哈里斯次日上午到他的办公室面谈。哈里斯对李的意图生疑，便带了七八人（另一说为五六人）随他前往。从营地到李家的途中，随行人中有几个人开了六响枪。或许开枪者想以此迫使李屈服，但

① Dulcie Sullivan, *The LS Ranch: The Story of a Texas Panhandle Ranch*, pp. 65–66.

② Donald F. Schofield, *Indians, Cattle, Ships and Oil: The Story of W. M. D. Lee*, p. 62.

③ Dulcie Sullivan, *The LS Ranch: The Story of a Texas Panhandle Ranch*, p. 66; Donald F. Schofield, *Indians, Cattle, Ships and Oil: The Story of W. M. D. Lee*, p. 62.

这一行动没有奏效。哈里斯见到李后，受到质问。李只与他一人进行了面谈。① 下面是两人谈话的主要内容：

牧场主李问："汤姆，在你来这里工作时，谁给你的供职定价？在你去为'LS 牧场'管理一辆放牧工具车时，谁问你要得到多少报酬？"

哈里斯答道："我给自己定价，每月 75 美元。"

"你不想增加工资吗？你为什么不要求多得到一些钱呢？如果你认为你不得不参加罢工，那它值多少钱？"李问。

哈里斯答道："李先生，我参与这次罢工是为了帮助其他牛仔而不是为我自己。"

"汤姆，你了解人并晓得牛贸易，也懂得怎样管理牛群。你相信在这里的每个人每月都值 50 美元的工资吗？"李问。

"我想在牧场的一些人还不是头等牛仔，但他们不久以后就能学会。"哈里斯答道。

李随后直率地说："汤姆，你知道我这里有几个从得克萨斯来的人，他们除了在小道上照看一头骡子和拖走一个植棉怪人外，从未做过任何事。汤姆，现在我给你每月 100 美元，照料好放牧工具车，并给每个你认为价有所值的人每月 50 美元。然而你应当明白，一个牧场主与一个拓荒垦殖小子是完全不同的。"②

从上面两人的谈话中可以看出，牧场主李为了阻止罢工，给罢工领导人哈里斯以诱惑性的允诺。只要他回去为"LS 牧场"继续工作，李将每月付给他 100 美元的工资。这比"最后通牒"给放牧工具车车头 75 美元的要求高出 25 美元。对大量价不抵技的人，只要哈里斯推荐并回到工作岗位去，李也以头等牛仔对待，每月付给 50 美元。如果哈里斯接受了这种诱惑，那么不仅可以中止"LS 牧场"的罢工，而且也可以使其他牧场的罢工受挫。然而，哈里斯没有为利诱所动。因为他提出的工资要求不是为自己，而是为帮助其他牛仔。哈里斯拒绝了牧场主李给的"优惠"条件，双方谈判破裂。李对哈里斯说："你被解雇了！"李说完后走出了办公室。随后，牧场主李

---

① John L. McCarty, *Maverick Town*：*The Story of Old Tascosa*, p. 111；Dulcie Sullivan, *The LS Ranch*：*The Story of a Texas Panhandle Ranch*, p. 66.

② Donald F. Schofield, *Indians*，*Cattle*，*Ships and Oil*：*The Story of W. M . D. Lee*, p. 64.

解雇了所有在罢工者营地的"LS 牧场"的牛仔，并把他们排除在该牧场的炊事工具车供应线之外。[①]

罢工的消息不久传遍了整个牧区。卷入 1883 年牛仔罢工的牧场有 5—7 个。美国官方统计参与罢工的牧场为 7 个，但没有列出牧场名称。[②] 学者的论述中主要涉及"LIT 牧场"、"T—锚牧场"、"LE 牧场"、"LS 牧场"和"LX 牧场"等 5 个大牧场。[③] 参加罢工的牛仔有二三百人[④]，有的研究提供的人数为 325 人[⑤]。塔斯科萨是罢工者的总部。[⑥] 哈里斯与牧场主李的会谈破裂后，罢工的牛仔们到塔斯科萨附近建立了营地，在那里坚持斗争。在 4 月罢工期间，由塔斯科萨的商人们提供的基金，能够保证任何罢工者的短期生活所需。[⑦] 一些牛仔个人还有些积蓄。他们就是靠着这少量的钱坚持着罢工。汤姆·哈里斯得到了妻弟杰斯·詹金斯的支持。詹金斯是霍格镇的掌权者、酒类供应商和娱乐业主，他总是同情弱者。[⑧] 牛仔们在塔斯科特坚持了一个月，最终在大牧场主的阻挠破坏下放弃了罢工。[⑨]

潘汉德尔地区的大牧场主们联合破坏了 1883 年的牛仔罢工。大牧场不但都拒绝了"最后通牒"的要求，而且还请来枪手对抗牛仔，招来妓女瓦解罢工者的斗志。其结果使罢工的牛仔很快耗尽了不多的积蓄，他们无法再在塔斯科萨坚持下去。大牧场主以每月 30 美元的工资雇用城镇无业游民代

①　Dulcie Sullivan, *The LS Ranch: The Story of a Texas Panhandle Ranch*, p. 64.

②　Robert E. Zeigler, "The Cowboy Strike of 1883", note 7, Paul H. Carlson, ed., *The Cowboy Way: An Exploration of History and Culture*, p. 88; Kenneth W. Porter, "Negro Labor in the Western Cattle Industry, 1866-1900", *Labor History*, p. 364.

③　Paul H. Carlson, *Empire Builder in the Texas Panhandle: William Henry Bush*, College Station: Texas A&M University Press, 1996, p. 28.

④　Fort Collins Courier, Fort Collins, Colorado, April 12th 1883, Clifford P. Westermeier, ed., *Trailing the Cowboy*, p. 125; Kenneth W. Porter, "Negro Labor in the Western Cattle Industry, 1866-1900", *Labor History*, p. 364.

⑤　W. H. Hutchinson, "The Cowboy and Karl Marx", *Pacific Historian*, vol. 20, No. 2, 1976, p. 118; Robert E. Zeigler, "The Cowboy Strike of 1883", Paul H. Carlson, ed., *The Cowboy Way: An Exploration of History and Culture*, p. 82.

⑥　Charles A. Siringo, *A Lone Star Cowboy*, p. 269.

⑦　Lewis Nordyke, *Great Roundup: The Story of Texas and Southwestern Cowmen*, New York: William Morrow & Company, 1955, p. 111.

⑧　John L. McCarty, *Maverick Town: The Story of Old Tascosa*, p. 112.

⑨　Ibid., p. 113.

替罢工的牛仔。在此情况下，部分罢工的牛仔不得不回去复工。① 潘汉德尔地区的牛仔罢工大概在 4 月 25 日至 5 月 10 日间结束了。② 5 月中旬，1883年的春季赶拢和前往市场的长途赶牛仍如牧场主们所最初确定的日程那样正常进行。这标志着潘汉德尔地区的牛仔罢工完全失败了。③

从哈里斯等人签署"最后通牒"算起，1883 年的牛仔罢工坚持了两个多月后而归于失败④，但其后续影响延续了一年多⑤。因参加罢工被解雇的牛仔或返回了在得克萨斯南部的家中，或流入到更西部的新墨西哥，也有一些人前往北部的蒙大拿和怀俄明牧区。其余的罢工者在塔斯科萨地区建立了自己的小牧场，也有一些人在塔斯科萨或其他边疆城镇找到了其他工作。⑥还有一些不满的牛仔在合法的罢工运动失败后，以非法的方式（如偷牛）给其失败寻找出路。⑦

二、1886 年牛仔罢工

潘汉德尔牛仔罢工失败三年后，1886 年春季赶拢时，在北部牧区怀俄明的鲍德河地区又发生了第二次牛仔罢工。这次罢工的直接起因是牧场主要削减牛仔的工资。当时，怀俄明牧区牛仔的工资为每月 35—40 美元，牧场主们进而要将牛仔的工资至少每人再减少 5 美元。⑧ 由此引发了这次牛仔罢工。

1886 年 5 月 27 日，蒙大拿的《落基山农民报》登载了一则报道，简要描述了这一场罢工：

---

① Kenneth W. Porter, "Negro Labor in the Western Cattle Industry, 1866 – 1900", *Labor History*, p. 364.

② 美国官方报告罢工结束于 4 月 4 日，但报刊报道罢工持续到 4 月 25 日至 5 月 10 日。Robert E. Zeigler, "The Cowboy Strike of 1883", Paul H. Carlson, ed., *The Cowboy Way: An Exploration of History and Culture*, p. 93, note 62.

③ John L. McCarty, *Maverick Town: The Story of Old Tascosa*, p. 115.

④ Paul H. Carlson, *Empire Builder in the Texas Panhandle: William Henry Bush*, p. 29.

⑤ Kenneth W. Porter, "Negro Labor in the Western Cattle Industry, 1866–1900", *Labor History*, p. 364.

⑥ John L. McCarty, *Maverick Town: The Story of Old Tascosa*, p. 113.

⑦ Robert E. Zeigler, "The Cowboy Strike of 1883", note 7, Paul H. Carlson, ed., *The Cowboy Way: An Exploration of History and Culture*, p. 86.

⑧ Helena H. Smith, *The War on Powder River*, p. 32; Robert V. Hine, *The American West: An Interpretive History*, Boston: Little, Brown Company, 1984, p. 135.

本月 10 日，在鲍德河南支流的第 23 赶拢区的牛仔们决定为周围地区所有的牛仔每月得到 40 美元的工资而罢工。这一决定是由已经获得 40 美元的牛仔们作出的。他们对一些牛仔每月只得 35 美元甚至少至 30 美元的状况不满。直到工头对牛仔罢工委员会提出的条款让步前，不会有一个车轮转动。每月少于 40 美元，不会有一个人为第 23 赶拢区工作。[①]

报道清楚地表述了 1886 年牛仔罢工的起因、始发地、基本要求、决心和发动者等内容。

这次罢工于 5 月 10 日正式开始，以怀俄明鲍德河地区的第 23 赶拢区为主要集中地，并向周围有适度扩展。罢工牛仔们成立了罢工委员会，杰克·弗拉格是这次牛仔罢工的领导者之一。弗拉格于 1861 年出生在西弗吉尼亚州。在"赶牛热"极盛时，少年弗拉格便离开家乡前往了得克萨斯。1882 年，21 岁的弗拉格随一群牛到了怀俄明。此后，他在约翰逊县赶牛至少有三年。弗拉格为英国人所有的"棒 C 牧场"在鲍德河流域的流动放牧队做工。[②] 1886 年春季赶拢前，在第 23 赶拢区议事的有六支或更多的流动放牧队的牛仔，主要是弗拉格领导的牛仔和他们那一派的人。[③] 弗拉格在罢工委员会中是一个活跃分子。[④] 罢工者声称，如果增加工资的要求得不到保证，他们就离开赶拢的集合地。[⑤] 除鲍德河南支流外，1886 年的牛仔罢工同时还扩展到在斯威特沃特—普拉特地区的两个赶拢区。[⑥]

准备罢工的牛仔带着增加工资的要求回到各自的牧场总部，同工头进行交涉。交涉的结果大不相同。在牧场公司化以后，很少有牧场主出席赶拢的

---

① "Rocky Mountain Husbandman", May 16th 1886, Helena H. Smith, *The War on Powder River*, p. 32.

② Helena H. Smith, *The War on Powder River*, pp. ix, 60.

③ 只有约翰·克莱在 1924 年出版的《我的牧区生活》一书中，提及 1886 年春季赶拢时在鲍德河第 23 赶拢区参加讨论罢工的放牧队的数目，但肯尼斯·W. 波特和海伦娜·H. 史密斯都认为克莱把 1886 年发生在鲍德河地区的牛仔罢工误记为 1884 年。因为在怀俄明只发生过 1886 年的一次牛仔罢工，而在 1884 年春季赶拢时，杰克·弗拉格还是"棒 C 牧场"的牛仔。See John Clay, *My Life on the Range*, New York：Antiquarian Press Ltd., 1961, reprint, p. 123; Kenneth W. Porter, "Negro Labor in the Western Cattle Industry, 1866-1900", *Labor History*, p. 365, note 65; Helena H. Smith, *The War on Powder River*, p. 289, note 5.

④ Helena H. Smith, *The War on Powder River*, p. 33.

⑤ John Clay, *My Life on the Range*, p. 123.

⑥ Helena H. Smith, *The War on Powder River*, p. 32.

会议或随赶拢队一同骑行，这类活动都由牧场工头负责。因此，牧场工头与牧场主结成了一种特殊的利益同谋关系。在这次罢工中，很多牧场工头直接充当了牧场主的代理人的角色，与牛仔们进行谈判交涉。各个牧场主对罢工牛仔采取了不同的策略，对牛仔们的要求处理的态度和方式不尽相同。开始时，代表资方的工头们都表示反对。经过交涉后，除"CY 牧场"和"七十又四分之一圈牧场"外，其他牧场的牛仔都带着资方同意增长工资的允诺返回了赶拢区。由此，牛仔罢工取得了暂时的局部的成功，但却也因此造成罢工的一致性被打破，罢工队伍出现严重分化，只剩下一小部分罢工牛仔们孤军奋战。

"七十又四分之一圈牧场"的经理约翰·T. 加特林对牛仔采取了强硬手段。他立即解雇了原来的牛仔，雇用了另外一些人①。"CY 牧场"的牧场主贾奇·卡雷也坚决拒绝其在鲍德河赶拢区的牛仔们的要求。牛仔们同工头进行了激烈的争辩。尽管有喧闹争吵，但没有伤害行为。卡雷在夏延严令没收牛仔的马匹，让他们离开赶拢区。贾奇·卡雷之所以作出这样强烈的对抗反应，除了因为他是"CY 牧场"的所有主外，他还是"怀俄明家畜饲养者协会"的会长，也是领地最富和最有权势的人②。所以，卡雷不仅没有对罢工牛仔们的要求作出任何让步，反而采取了强硬的措施，将其牧场放牧队中要求增加工资的牛仔全部解雇。这样，就在罢工开始后很短的时间内，1886 年牛仔罢工尽管取得了局部的一些成功，但最终仍旧还是以失败而结束了。

鲍德河流域的牛仔罢工在怀俄明首府夏延引起了强烈震动。该领地的主宰者"怀俄明家畜饲养者协会"对罢工领导者采取了极端的镇压手段。主持协会日常工作的秘书托马斯·斯特拉吉斯把杰克·弗拉格列入"黑名单"，坚决把他排挤出牧区。尽管该协会的执委会内部对此处置方式存有争论，雇用杰克·弗拉格的英国人 T. W. 彼得斯拥有"棒 C 牧场"的一半所有权，他主张向牛仔们作些让步，以便尽快平息事态，但遭到斯特拉吉斯的坚决反对。斯特拉吉斯态度坚决，执意对弗拉格从严惩处。1886 年末，杰

---

① John Clay, *My Life on the Range*, pp. 122-123, 379.

② Ibid., p. 123; Helena H. Smith, *The War on Powder River*, pp. 32-33.

克·弗拉格遭到了"怀俄明家畜饲养者协会"的排斥，此后他再也不能在怀俄明牧区的任何一个放牧队找到工作①。

正是在牧场主们不同策略的分化、打击和"怀俄明家畜饲养者协会"对罢工最积极的领导者进行严厉惩治之下，鲍德河地区的牛仔罢工遭瓦解而失败。

三、两次牛仔罢工的异同

相隔三年的两次牛仔罢工的相同点之一是，它们都发生在春季赶拢时期。这是因为在每年春秋两季进行的赶拢中，前者更受到牧场主的重视。不同牧场混杂在一起的牛通过春季赶拢区分开，决定新生小牛的归属。这是牧场主们划分财产、清点收益和庆祝丰收的盛大仪式。春季赶拢规模大、持续时间长，需要的人力多。得克萨斯潘汉德尔地区在 1883 年春季赶拢时，仅"LS 牧场"就需要 75—80 名牛仔赶牛②。同年，在怀俄明鲍德河地区参加春季赶拢的牛仔有 400 余人③。两次牛仔罢工都发生在春季赶拢时期，是因为罢工者认识到，在牧场主用人之际，更有可能答应他们提出的诉求，取得罢工的预期效果。

两次牛仔罢工的相同点之二，是都只提出了增加工资的经济要求，并没有涉及任何政治诉求，甚至连减少工时也未提出。在赶拢期间，牛仔每周的工作时间长达 105 个小时④，这比任何行业工人每周工作的时间都要长。虽然在同期美国其他行业的罢工中争取 8 小时工作日是一个重要的斗争目标，但两次牛仔罢工均未提出缩短工时的要求。尽管罢工的牛仔们仅是提出了增加工资的简单要求，也依然未能完全如愿以偿。这说明垄断资本与原始游牧方式结合的剥削更具残酷性。

两次罢工的主要不同之处，是资方在处置手法上有所差别。对于 1883 年潘德尔地区的牛仔罢工，牧场主联合镇压了罢工，解雇了参与罢工的所有

① Helena H. Smith, *The War on Powder River*, p. 33.

② Donald F. Schofield, *Indians, Cattle, Ships and Oil: The Story of W. M . D. Lee*, p. 61.

③ Helena H. Smith, *The War on Powder River*, p. 17.

④ John Parkins, "What Cowboy Ever Wished to Join a Union? Wild West Industrial Relations before 1914", *The Journal of Industrial Relations*, p. 324.

牛仔。对于 1886 年鲍德河流域的牛仔罢工，牧场主则采取了不同的手法，分化瓦解了罢工队伍。有几个牧场应允了牛仔增加工资的要求，而"CY 牧场"和"七十一又四分之一圈牧场"则使用强硬手段，解雇了要求增加工资的牛仔。"怀俄明家畜饲养者协会"则对积极的罢工领导者杰克·弗拉格采取了最严厉的制裁。这种分化瓦解的结果，使参加人数不多的 1886 年牛仔罢工刚一起事就迅速结束。所以，从总体来看，美国历史上的两次牛仔罢工都失败了。

第三节　失败原因与历史意义

美国历史上的两次牛仔罢工都失败了。究其失败原因，有外因和内因两个方面。代表大牧场主和牧牛公司巨商利益的"牧牛者协会"是牧区的强势集团，它拥有巨大的政治优势，掌控立法，雇用武装力量，控制舆论导向，富有政治斗争策略。这是导致两次牛仔罢工失败的重要外部原因。罢工牛仔自身的缺陷和问题是导致罢工失败的内因。缺乏坚持斗争的资金是牛仔罢工失败的经济原因；罢工牛仔没有自己的政治组织，罢工缺乏严密的组织领导；两次牛仔罢工存在一些明显的缺陷，主要表现在罢工领导者与参与者的要求不同，缺乏政治斗争经验，发动群众不广泛和"忠诚"于雇主的思想仍然影响束缚着许多牛仔等方面。在内外因的相互作用下，两次牛仔罢工以失败告终。两次牛仔罢工虽然失败了，但具有反对垄断资本的性质。两次牛仔罢工失败后，牛仔、小牧场主与大牧场主的斗争仍在延续。两次牛仔罢工表明，牛仔们已经从早期消极地反抗牧场主的个人行动，走上了联合反对垄断资本的斗争之路。两次牛仔罢工是美国工人罢工的重要组成部分，因此在美国历史上具有独特的重要地位。

一、罢工失败的原因

美国历史上的两次牛仔罢工之所以失败，是因为劳资双方的综合实力对比相差悬殊。资方牧场主是美国西部牧区的统治者，拥有经济、政治等优势，为主宰罢工地区的强势集团。劳方罢工的牛仔是牧场主雇用的马背上的劳工，在经济、政治上都处于劣势，是牧区的弱势群体。

从经济上看，发生罢工的牧场都被英国或美国东部的垄断资本所拥有或所控制，有很强的经济实力。如英国对拥有"LIT牧场"的"草原牧牛公司"的投资至1886年达289万美元[1]，"鲍德河牧牛公司"在1882年从伦敦得到150万美元扩展其地产[2]。相较资本雄厚的牧场主，参与罢工的牛仔仅靠每月微薄工资的少许积蓄生存，几乎无经济实力可言。在潘汉德尔地区的牛仔罢工中，虽然领导者汤姆·哈里斯等人筹集了一些支持罢工的基金，但仅一个月便全部耗光。一些牛仔迫于无奈，又回到原先的牧场复工。1886年鲍德河南支流的牛仔罢工是在春季赶拢开始的5月仓促起事，连潘汉德尔地区罢工者那样的基金也没有。在几个牧场答应增加工资后，一些牛仔便脱离了罢工队伍。其余不到一半的罢工者又被资方解雇。罢工终未成事。牛仔缺乏与牧场主抗衡的经济实力是罢工失败的重要原因。

就政治方面而言，牧场主拥有自己的强大政治组织"潘汉德尔牧场主协会"和"怀俄明家畜饲养者协会"，而罢工的牛仔没有自己的政治组织，起事带有自发性。

为维护自身利益和推进牧牛业的进一步发展，牧场主们在美国西部主要牧区相继建立起了"牧牛协会"，名称不尽相同。在得克萨斯最早建立的协会，是1877年在扬县的格雷厄姆成立的"西北得克萨斯养牛者协会"，后更名为"得克萨斯与西南部养牛协会"。随着潘汉德尔地区牧牛业的蓬勃发展和牧场向公司化体制转型，该地区的牧场主于1880年3月在莫比蒂集会，讨论建立"潘汉德尔牧场主协会"。次年，该协会正式成立。领导成员为潘汉德尔地区的大牧场主和牧牛公司的巨商。大牧场主查尔斯·古德奈特是该协会的首任会长，他也是"得克萨斯与西南部养牛者协会"的主要领导者之一[3]。1871年建立的"怀俄明家畜放牧场协会"，两年后更名为"拉勒米县家畜饲养者协会"，至1879年最终更名为"怀俄明家畜饲养者协会"。1882—1885年，"怀俄明家畜饲养者协会"因牧牛业的蓬勃发展而达到"鼎盛时期"，其会员增至416人。到1884年，协会"执委会"成员增加到23

---

[1] J. Fred Rippy, "British Investments in Texas Lands and Livestock", *Southwestern Historical Quarterly*, vol. 58, No. 3, 1955, p. 333.

[2] Helena H. Smith, *The War on Powder River*, p. 16.

[3] John L. McCarty, *Maverick Town: The Story of Old Tascosa*, pp. 82-83.

人，还组建了大约 30 人的武装侦探队。执委会几乎像"帝王"一样统治着怀俄明领地，还把管辖权扩展到相邻的科罗拉多、达科他、蒙大拿和内布拉斯加的牧牛业①。

各州和领地的"牧牛者协会"主要由大牧场主和牧牛公司的巨商组成。协会是牧区的经济政治强势集团，是集权者。在经济上，牧牛者协会控制着牧牛业的经营，掌握着土地和水源的管理权。为了更好地保护大牧场主和牧牛公司巨商的利益，协会制订了关于赶拢、打烙印、处置"马弗里克牛"、长途驱赶牛群、追踪偷牛贼、检查印记和检疫等一系列规定，并使一些重要规定变成法律，强迫会员和非会员一律执行。在政治上，牧牛者协会是州和领地的政坛强者，是牧区社会的政治主宰。"怀俄明家畜饲养者协会"就是由该领地第一任总督约翰·A. 坎贝尔倡议建立的，他亦成为协会的会长②。到 1882 年，怀俄明领地召开第 7 届议会时，议会成员的 50% 是牧场主，至少有 1/3 是"怀俄明家畜饲养者协会"的会员。这个协会因此成为怀俄明领地强大的"政治压力集团"③，怀俄明领地总督、家畜监督官和两名美国联邦国会议员都是该协会的会员④。

牧牛者协会凭借强大的经济和政治力量，把其制订的行业规则变成领地和州的法律，进而剥夺了牛仔拥有牛群成为小牧场主的权利。其中最具影响的是怀俄明领地在 1884 年通过的《马弗里克牛法》。这一法律先由"怀俄明家畜饲养者协会"在 1883 年 11 月召开专门会议研究制订条款内容，提交领地立法机关，尔后在次年第 8 届议会上由协会代言人进行游说和施加政治影响，最终被通过⑤。条款严苛的《马弗里克牛法》使牛仔想拥有自己的牛群几无可能。实际上，怀俄明有一多半的法律是从协会活动中心"夏延俱

①　W. Tarrentine Jackson，"'The Wyoming Stock Growers' Association：Its Years Temporary Decline，1886-1890"，*Agriculture History*，vol. 22，No. 4，1848，p. 261；Lewis Atherton，*The Cattle Kings*，p. 50.

②　W. Tarrentine Jackson，"'Wyoming Turrentine Growers' Association Political Power in Wyoming Territory"，*Mississippi Valley Historical Review*，vol. 33，No. 4，1947，p. 572.

③　W. Tarrentine Jackson，"'The Wyoming Stock Growers' Association：Its Years Temporary Decline，1886-1890"，*Agriculture History*，p. 574.

④　W. Eugene Hollon，*Frontier Violence*，New York：Oxford University Press Inc.，1974，p. 154.

⑤　W. Tarrentine Jackson，"'The Wyoming Stock Growers' Association：Its Years Temporary Decline，1886-1890"，*Agriculture History*，pp. 578-581.

乐部"构想出来①。再如"得克萨斯牧牛者协会"通过向州议员施加压力，制订对牧场主有利的一系列保护性立法。1883年建立的对牛的检查制度便是重要的例证②。

牧牛者协会通过其制定的行业法规和在州或领地颁布的相关法律，剥夺了牛仔使用牧区的土地和水源、自由放牧和拥有自己少量牛的权利。这使他们变成像工矿企业的工人那样只为工资劳作的被雇用的马背劳工。在美国镀金时代，牛仔所得工资微薄。为了使工资少许增加或不再减少，他们不得不像工矿企业的工人那样采取罢工行动。然而，面对强势的牧场主集团，牛仔的罢工是难以取胜的。

牧场主集团不仅拥有经济、政治优势和立法控制权，而且当时的报刊舆论也站在他们一边。表面上看，报刊抽象地承认牛仔有权要求他们所得到的工资，并为此有求助联合行动的权利，但具体到1883年的罢工问题上则持反对态度。其中尤以《得克萨斯家畜杂志》的观点最具代表性。该杂志针对罢工者提出增加工资的要求反驳道："一些牛仔的价值'几乎是不应给钱的忠诚仆人'。"该杂志还为牧场主辩护，断言称这些牛仔所得的工资是"所有牧场主能负担起的酬金"③。《得克萨斯家畜杂志》所表达的观点代表了当时其他报刊的一致看法。这种观点实际认为，一些罢工的牛仔能力不配得到当时牧场主已付给他们的工资，当时牛仔所得的工资已经是牧场主们所能付得起的高点。在报刊舆论界看来，1883年潘汉德尔地区的牛仔为达到增加工资的目的而罢工是举事无理的。依照报刊舆论的观点，到底牧场主能付给牛仔多少酬金，只有雇主才是最好和最合理的决定者。实际上，报刊舆论是通过反对牛仔罢工的合理性而偏袒牧场主集团的。

报刊对牧场主的偏袒还表现在制造罢工者"实行暴力"的舆论。一些报道称，罢工者计划剪断围栏，火烧牧场主和不分青红皂白地杀死牛④；渲

---

①　Robert C. Athearn, *High Country Empire: The High Plains and Rockies*, Lincoln: University of Nebraska Press, 1960, p. 134.

②　Howard R. Lamar, ed., *The Reader's Encyclopedia of the American West*, New York: Thomas Y. Crowell Company, 1977, p. 172.

③　"A Cowboy Strike", Clifford P. Westermeier, ed., *Trailing the Cowboy*, p. 124.

④　Fort Collins Courier, Clifford P. Westermeier, ed., *Trailing the Cowboy*, p. 125.

染罢工牛仔威胁说要对新来者施以暴力①。尽管罢工的领导者汤姆·哈里斯在 1883 年 4 月 25 日致函《得克萨斯家畜杂志》，针对广为渲染的"暴力行动计划论"进行了否定解释，但收效甚微。哈里斯写道："我想说的是，牛仔为获得适当的工作报酬，并没有诉诸任何武力或非法行动的打算。他们的行动是在公正和合法的范围之内。②"。虽然哈里斯吁请该杂志公平地对待罢工的牛仔，登出他的澄清信函，但《得克萨斯家畜杂志》早在 3 月 24 日在《牛仔罢工》中关于罢工者以暴力威胁牧场主的不实报道和其他报刊的跟进渲染，已经在公众中造成了罢工牛仔的负面形象，引起牧场主和未参加罢工者对牛仔罢工暴力的恐惧。新闻报道在渲染并不存在的牛仔罢工暴力计划时，却没有对牧场主的批评，也没有关于牛仔对雇主抱怨的文字描述。这显然是偏袒牧场主的。

实际上，因所谓"牛仔暴力计划"的渲染而感受到威胁的牧场主，已经准备以暴力对付罢工者。有报道说，一个牧牛公司的骑警在利厄特南特·约翰·霍弗的领导下，在莫比蒂扎营，做好了对付罢工者的准备③。在没有罢工牛仔的暴力行为和有得克萨斯骑警在场的情况下，"T—锚牧场"的牧场主朱尔斯·冈特唆使没有参加罢工的牛仔，用小桶、钉子、马蹄铁和炸药制造了地雷，埋在了他们认为罢工者可能用来作为射击隐蔽所的仓库附近④。对牧场主准备以暴力对付罢工牛仔的行动，报刊却轻描淡写，甚至干脆不提。

虽然得知一些牛仔准备罢工，但有了得克萨斯骑警的保护，潘汉德尔地区的牧场主们仍决定春季赶拢如期进行。潘汉德尔的牧场主们之所以能这样坚定地确定春季赶拢日期，这是因为他们已经把霍弗领导的得克萨斯骑警队派驻在罢工牛仔可能制造"麻烦"的中心地区莫比蒂。牧场主们以武装的警力去维持赶拢秩序。1886 年的怀俄明鲍德河的牛仔罢工，是在"怀俄明

---

① "Cowboys' Cunning", *Denver Republican*, March 27th 1883, Clifford P. Westermeier, ed., *Trailing the Cowboy*, p. 124.

② T. B. Harris, "Texas Livestock Journal", Clifford P. Westermeier, ed., *Trailing the Cowboy*, p. 126.

③ "Texas Round-Up", Clifford P. Westermeier, ed., *Trailing the Cowboy*, p. 127.

④ Robert E. Zeigler, "The Cowboy Strike of 1883", Paul H. Carlson, ed., *The Cowboy Way: An Exploration of History and Culture*, p. 83.

家畜饲养者协会"决定当年在该地区的春季赶拢于 5 月 10 日开始后仓促举事的。牧场主们有"1884 年法律"和协会的武装侦探，保证了牧区赶拢能有序进行。

除上述优势之外，牧场主们比罢工牛仔更具有瓦解罢工队伍的政治斗争经验。他们的主要策略是从集中打击罢工领导者入手来瓦解罢工队伍。在 1883 年的潘汉德尔牛仔罢工中，牧场主对罢工领导人汤姆·哈里斯先是许以高薪收买。在遭到拒绝后又把他解雇。在 1886 年的鲍德河牛仔罢工中，"怀俄明家畜饲养者协会"的会长对罢工领导者杰克·弗拉格实行严厉制裁，不但将他解雇，而且永远不许他在领地内从事牧牛业。牧场主们这样做的目的就是为了使罢工者处于"群龙无首"的涣散状态，然后再对他们分化瓦解，各个击破。

对于坚持罢工的牛仔，牧场主们则采取种种手段从精神上摧毁他们的斗志。这一点在 1883 年潘汉德尔牛仔罢工中表现得最为突出。被解雇的罢工牛仔到塔斯科萨坚持斗争后，牧场主们在请得克萨斯骑警进驻莫比蒂进行防范和威慑的同时，还以酒吧、舞女来消磨罢工者的斗志。好客的酒吧、诸如"摇椅埃玛"等娱乐场所中舞女们的殷勤接待，伸长驻牧牛营地过孤寂生活的罢工者沉湎于塔斯科萨镇的酒色欢娱之中。该镇部分舞厅的舞女一再带着威士忌到罢工牛仔中出售。纵情于酒色和赌博，很快耗光了罢工牛仔有限的一点积蓄和所筹到的罢工基金[①]，也帮助牧场击溃了罢工者的精神。正如肯尼斯·W. 波特所言："牧场主、枪手和妓女很快就耗光了罢工者的钱"[②]。一些身无分文的牛仔不得不回到他原先工作的牧场复工，所得仍是罢工前的低工资。这也是 1883 年牛仔罢工失败的一个重要原因。

如果说牧场主拥有的经济政治优势、严密的行业组织、有利的法律、武装力量、报刊舆论支持和政治斗争策略等，是导致两次牛仔罢工失败的重要外部因素，那么罢工者自身存在的缺陷和问题则是致使罢工失败的内因。

---

① Robert E. Zeigler, "The Cowboy Strike of 1883", Paul H. Carlson, ed., *The Cowboy Way: An Exploration of History and Culture*, p. 85; Lewis Nordyke, *Great Roundup: The Story of Texas and Southwestern Cowmen*, p. 111; John L. McCarty, *Maverick Town: The Story of Old Tascosa*, p. 113.

② Kenneth W. Porter, "Negro Labor in the Western Cattle Industry, 1866-1900", *Labor History*, p. 364.

缺乏充足的资金是导致牛仔罢工不能取胜的经济原因。如前所述，在19世纪80年代，牛仔的工资是微薄的。牛仔的食宿、工装、马具的费用都要自付。牛仔买一顶新帽子和一双好靴子要花100美元[①]，是一个普通牛仔三个月的工资。加之牛仔的工作是季节性的，在冬春之交，很多牛仔找不到工作，也挣不到工资。因此，对参加罢工的牛仔来说，有些人即使有点积蓄也为数不多。在1883年的罢工中，虽然哈里斯等人筹集了一些罢工基金，但罢工者很快把有限的钱耗光了。失去经济支撑的牛仔罢工便难以坚持下去。至于1886年鲍德河的牛仔罢工，因为举事更为仓促，领导者甚至连罢工基金的问题都没想到，自然就更不具备坚持长期斗争的经济条件了。

牛仔罢工之所以失败，也因为牛仔没有自己的政治组织，罢工缺乏严密的组织领导。虽然在1884年以后"劳动骑士团"掌控得克萨斯的劳工有十余年[②]，但1883年潘汉德尔牛仔罢工时，罢工者并不是"劳动骑士团"的成员。因为罢工者没有自己的政治组织，所以1883年的牛仔罢工带有明显的自发性，缺乏严密的计划和组织。如前所述，潘汉德尔地区的牛仔罢工只是几个流动放牧队的牛仔在一次晚餐后议论决定的。虽然在他们的议论中决定罢工，但谈论更多的是工资和对牧场新规定不满等问题。后来的事态发展表明，罢工者对罢工的讨论并不详尽深入，罢工的领导者对面临的困难考虑比较简单。在他们看来，牧场主们在春季赶拢时需要更多有经验的骑手，只要牛仔们拒绝上工，资方就会满足他们的要求，斗争就会取得胜利。然而结果事与愿违。没有自己的政治组织，且缺乏严密组织领导的牛仔罢工，怎么可能取得斗争的胜利呢？

尽管有些著作的作者认为，1884—1887年"劳动骑士团"在得克萨斯和怀俄明等州或领地发展了一些牛仔的地区性组织，但没有资料证明"劳动骑士团"领导了1886年鲍德河的牛仔罢工。虽然海伦娜·H. 史密斯坚信"劳动骑士团"促成了1886年鲍德河地区的牛仔罢工，但她却提不出论据[③]。后来的研究者也认为找不到"劳动骑士团"与1886年牛仔罢工有什

① William H. Forbis, *The Cowboys*, p. 142.

② Charles M. Gibson, *Organized Labor in Texas from 1890-1900*, master's thesis, 1973, p. 16. http: etd. lib. ttu. edu /theses/available/etd-08072009312950022673 09/unrestricted/3129500226730.

③ Helena H. Smith, *The War on Powder River*, p. 32.

么直接关系的证据①。虽然史密斯称"很明显，西部劳工的斗争给了牛仔足够的勇气"②，哈钦森认为"劳动骑士团""至少"给1886年牛仔罢工以"心理上的影响"，③但都无法证明鲍德河地区罢工的牛仔是"劳动骑士团"的成员。有的论著提及，在1886年3月，新墨西哥科尔法克斯县的80个牛仔与一些小牧场主组织起了"新墨西哥北部小牧场主与牛仔联盟"。然而，这个"联盟"从来没有真正地运作起来。1886—1887年暴风雪完全毁掉了开放牧区的生活，"新墨西哥"北部小牧场主与牛仔联盟成了这场暴风雪的牺牲品④。这也说明这个"小牧场主与牛仔联盟"与1886年的牛仔罢工没有什么关系。因此，参加1886年罢工的牛仔没有自己的政治组织。因为没有自己的组织领导、举事仓促等原因，1886年的牛仔罢工甚至连1883年牛仔罢工拟订的"最后通牒"也未能提出。罢工者临时推举的"罢工委员会"不是一个强有力的领导组织。随着这个委员会的"活跃分子"杰克·弗拉格被"怀俄明家畜饲养者协会"严厉打击，为数不多的鲍德河罢工队伍便被分化瓦解了。

　　两次牛仔罢工存在着一些明显的缺陷，诸如罢工者的要求不一，缺乏斗争经验，发动群众不够广泛和一些牛仔还受传统"忠诚"思想的束缚等，在罢工中都暴露出来。

　　两次牛仔罢工的领导者和参与者的要求并不一致。参加1883年潘汉德尔地区罢工的牛仔有两种人，一种是不拥有自己的牛群和小牧场的马背劳工，另一种是有自己小牧场而受雇于大牧场的牛仔，如罢工领导人汤姆·哈里斯。这两种类型的牛仔的诉求是不相同的。前一种牛仔是罢工的主要参与者，他们最紧迫的要求是增加工资。虽然成为拥有自己牛群的小牧场主是他们的梦想，但在大牧场主宰牧区的情况下，其"美国梦"已远不可及。故要求增加工资成为他们最现实的需求。后一种牛仔，像哈里斯这样的小牧场

① William H. Hutchinson, "The Cowboy and the Class Struggle (or, never Put Marx in the Saddle)", *Arizona and the West*, vol. 14, No. 4, 1972, p. 326; W. H. Hutchinson, "The Cowboy and Karl Marx", *Pacific Historian*, p. 118.

② Helena H. Smith, *The War on Powder River*, p. 32.

③ William H. Hutchinson, "The Cowboy and the Class Struggle (or, never Put Marx in the Saddle)", *Arizona and the West*, p. 326; W. H. Hutchinson, "The Cowboy and Karl Marx", *Pacific Historian*, p. 118.

④ Lawrence I. Seidman, *Once in the Saddle: the Cowboys' Frontier, 1866-1896*, p. 127.

主，他们拥有相当数量的牛，并不靠工资维持生活。罢工期间，他们的诉求是使自己的牛群能在大牧场的草地上放牧，并能参加每年的赶拢大会，具有经营牧场的权利。1883 年的牛仔罢工实际上是牛仔和小牧场主反对大牧场和牧牛公司的斗争。然而，在宣布罢工的"最后通牒"中，只提出增加工资的诉求，而没有涉及要求拥有牧场和经营权利的问题。因此，罢工难以吸引更多像哈里斯一样的小牧场主参与，而这些人往往在大牧场被雇作放牧队头领，具有较强的影响力。缺少更多的小牧场主的参与是导致罢工失败的一个因素。1886 年鲍德河牛仔罢工时，大牧牛公司已经控制了怀俄明牧区。领导罢工的是已挣到每月 40 美元的头等牛仔杰克·弗拉格，罢工的要求只是要把普通牛仔的工资不被雇主减少并达到每月 40 美元。这样的诉求不能吸引更多的头等牛仔，罢工也难以坚持下去。

两次牛仔罢工发动群众不够充分，参加罢工的人不多，且坚持到底者更少。关于参加 1883 年牛仔罢工的人数，研究者提供的数字不一。多者达 325人，也有 200—300 人之说。这些前面已作说明。还有更少的数字仅为 50人。① 以现在能见的资料来看，即是以最多的 325 人来看，参加 1883 年潘汉德尔地区牛仔罢工的人数并不算多。很多大牧场的牛仔并没有介入罢工。像大牧场主查尔斯·古德奈特的牛仔不但没有参加罢工，而且还被发生罢工的牧场所雇用，代替了罢工者。"T—锚牧场"的牧场主朱尔斯·冈特用一些来自古德奈特牧场的牛仔取代参加罢工者，以示对罢工者的惩罚。② 潘汉德尔地区最大的"XIT 牧场"雇有 150 名牛仔，但没有人参加 1883 年的罢工。③ 在怀俄明的鲍德河地区，1883 年春季赶拢时，5 月 20 日有 27 辆工具车和 400 名牛仔在克鲁齐伍曼河。1884 年春季赶拢时，被围拢集中在鲍德河赶拢区的牛多达 18.1 万头。在 3—4 年后被集中赶拢的牛数量才有所下降。④ 虽然没有 1886 年参与春季赶拢的人数资料，但 1884 年法律通过后在怀俄明领地已明令禁止了牧场主独自赶拢，因此在 1884—1886 年春季赶拢

---

① Lawrence I. Seidman, *Once in the Saddle: the Cowboys' Frontier, 1866-1896*, p. 126.

② Robert E. Zeigler, "The Cowboy Strike of 1883", Paul H. Carlson, ed., *The Cowboy Way: An Exploration of History and Culture*, p. 83.

③ Cordia S. Duke, Joe B. Frantz, *6000 Miles Fence: Life on the XIT Ranch of Texas*, p. 8.

④ Helena H. Smith, *The War on Powder River*, pp. 17-18.

集中的牛群数量比 1883 年更多，需要的牛仔也更多。即使以 1883 年参加赶拢牛仔的人数为比较参数，那么 1886 年参加罢工的 6—8 支赶拢队的人员也不足三年前的 1/3。上面例证说明，两次牛仔罢工发动群众不广泛，参加罢工者只占少数。之所以如此，是因为罢工的领导者缺乏团结意识。

罢工领导者团结意识的不足首先表现在 1883 年罢工的"最后通牒"上。"最后通牒"在提出增加工资和罢工日期之后，提出了"违者后果自负"这一模糊的声明。这里的惩处对象没有指明是牧场主还是不参加罢工的牛仔。虽然最初这一声明使牧场主和未参加罢工的牛仔都感受到了威胁，但罢工者强烈反对的是那些取代他们的人。其结果使广大没有参加罢工的牛仔和流入牧区的失业者都站到了罢工者的对立面，成了帮助牧场主破坏瓦解罢工队伍的力量。其次，罢工领导者没有团结其他被大牧场主雇用的小牧场主参加罢工。在"LS 牧场"的牧场主 W. M. D. 李以基德·德布斯取代汤姆·哈里斯后，哈里斯警告德布斯要立即离开"LS 牧场"，否则会自找麻烦。德布斯拒绝了哈里斯的恫吓。两个星期后，德布斯等人与哈里斯相遇，并准备应付这位罢工领导人制造的麻烦，但哈里斯却没有实行任何报复。[①] 事实表明，1883 年牛仔罢工的领导者未能把为大牧场所雇的一些小牧场主团结争取过来，对违者惩处的规定也没有认真考虑如何实施，因而也就失去了约束力和可行性。因为没有团结争取更多的小牧场主参加罢工，所以受他们影响的很多牛仔也远离了罢工者。尽管在 1883 年的牛仔罢工中最初有325 人参加，但几个坚强的领导人的凝聚力和组织能力非常有限，很多参与罢工的牛仔也相继返回原来受雇的牧场，坚持到底者降到 25—30 人。[②] 在1886 年鲍德河的牛仔罢工中，经过牧场主们的分化瓦解后，只有"CY 牧场"为数不多的牛仔坚持下来，直到被雇主解雇。这些说明，即使在罢工队伍中，罢工领导者维系团结斗争的意识和能力也是不强的。

两次牛仔罢工的领导人缺乏政治斗争经验，不能正确引导斗争的方向。罢工领导者过高地估计了资方对有技术牛仔的依赖性，缺乏对劳动力市场供过于求的正确判断。因为春季赶拢需要在有经验的赶拢工头的指挥下，一个

---

①　John L. McCarty, *Maverick Town: The Story of Old Tascosa*, p. 113.

②　Robert E. Zeigler, "The Cowboy Strike of 1883", Paul H. Carlson, ed., *The Cowboy Way: An Exploration of History and Culture*, p. 82.

掌握多种技能的牛仔经过一个半月持续不断地劳作，才能完成赶拢区的任务。所以罢工的领导者和参加者认为，他们的技术能使牧场主获得很大利润，资方会接受他们为最艰苦的工作提出的工资要求。[1] 然而，罢工领导者并没认识到参加罢工的牛仔人数不多，不足以阻止春季赶拢的进行。他们对劳动力市场供大于求的状况也作了误判。在 19 世纪 80 年代，得克萨斯的牧场劳动力是过剩的。1883 年春季赶拢时有很多年轻人骑马进入潘汉德尔地区找工作。[2] 牛仔作为季节性的劳动力，工作本来就没有绝对保证。在劳动力市场供过于求的时候，他们的工作就更不保险。牧场主们从流入该地区的人中雇用了一些人取代了罢工者。可见，罢工领导者的预估是错误的。在 19 世纪 80 年代，怀俄明牧区也不缺乏劳动力，因为有大量牛仔从大草原南部牧区进入了这个北部典型的牧区。像 1886 年鲍德河牛仔罢工的领导者杰克·弗拉格就是 1882 年从得克萨斯移居怀俄明牧区的。罢工领导者也错估了公司化的牧场对有技术型牛仔的依赖性。到牧场发展到大公司时期，围栏固定养牛已逐渐取代了早期个体牧场时期的开放牧养。因此，牧场经营靠的是企业化管理而不是对身怀骑马和牧牛绝技的牛仔的依赖。再者，到这个时期骑马和使用套索的技术也非为牛仔所独占，一些拓荒农场主的子弟也掌握了这样基本的技能，所以牧场主不难找到取代罢工牛仔的人。[3]

与错误预估相联系的是领导者对罢工牛仔疏于引导管理，让他们放任自流。1883 年罢工的牛仔看来似乎很团结，他们一起到了塔斯科萨。然而，罢工者在那里沉湎于酒色赌博，纪律严重缺失，结果被瓦解了斗志，耗光了钱财，不得不到原来的牧场复工。1886 年罢工的牛仔虽没有机会到城镇消遣，但只是被动地等待资方让步，他们很快被雇主分化瓦解。罢工者在同资方交涉时，也缺乏很好的计划和组织。1883 年罢工的牛仔只是派人把"最后通牒"交给了相关牧场的工头。1886 年的罢工者也是派人回到自己的牧场，与工头交涉。资方并没有感受到牛仔组织起来的压力，便采取了解雇罢工领导者和拒绝他们要求的断然措施。上述这些问题都表明了罢工领导者缺

---

① Lawrence I. Seidman, *Once in the Saddle: the Cowboys' Frontier, 1866-1896*, p. 126.

② John L. McCarty, *Maverick Town: The Story of Old Tascosa*, p. 115.

③ William C. Holden, "The Problem of Hands on the Spur Ranch", *Southwestern Historical Quarterly*, pp. 196, 198-199; Lawrence I. Seidman, *Once in the Saddle: the Cowboys' Frontier, 1866-1896*, p. 126.

乏斗争经验，也难把罢工引向胜利。

一些牛仔仍受忠于雇主传统思想的束缚，削弱了牛仔罢工的力量。在这方面非裔牛仔表现尤甚。在对待罢工问题上，当地的牛仔观点并不一致。部分获得了一份劳累又危险的长期工的牛仔仍然坚守着对雇主的忠诚。一些牛仔宁愿忠诚于牧场主，而不参加罢工。[1] 两次牛仔罢工都没有非裔牛仔参加。在怀俄明牧区非裔牛仔很少，1886 年鲍德河地区牛仔罢工的参加者都是白人。与 1883 年潘汉德尔牛仔罢工唯一有关的是非裔牛仔格斯·李，但他站在了"T—锚牧场"的牧场主朱尔斯·冈特一边。因为李对雇主的忠诚程度超过了对他的白人同事。冈特命令李负责引爆对付罢工者的地雷。只是因为罢工者并没有采取攻击行动，格斯·李的引爆任务才未执行。[2] 在牧场向公司化转变而使牛仔丧失早期的地位时，并不是所有人都认为罢工是使他们获得利益的途径。很多牛仔仍然希望通过勤劳和对牧场主的忠诚，保住他们的工作。由于多数牛仔在不同程度上仍受"忠诚"于牧场主的传统思想的影响与束缚，罢工者只占从业者的少数，参加罢工人数从始至终都不是稳定的。随着事态的发展，参加罢工的牛仔逐渐减少。最终他们舍弃了罢工的组织者。

在有组织、有领导的产业工人大罢工尚遭统治阶级残暴镇压的大背景下，牛仔罢工的失败是不可避免的。在美国向垄断资本主义过渡的"镀金时代"，资本家加重了对工人的剥削和压迫。阶级矛盾的进一步加深引发了 19 世纪 80 年代工人运动的高涨。为了维护垄断资本的统治，美国政府强化了对工人运动的镇压。1886 年的五月事件既是工人运动高潮的标志，又是美国资产阶级残暴镇压罢工的铁证。美国与加拿大行业与劳工联合会决定，在 1886 年 5 月 1 日，全国实行八小时工作日。在联合会的组织下，当日全国有 35 万人参加了这次总罢工。罢工涉及 1.1 万家企业。芝加哥是这次罢工的中心，有 4 万多工人参加了罢工。由于"劳动骑士团"拒绝支持这次罢工，八小时工作日运动未能完全实现预期的效果。然而，在这场运动的影响下，芝加哥发生了"秣市惨案"。5 月 3 日，麦考密克收割机厂的工人举

① Robert E. Zeigler, "The Cowboy Strike of 1883", Paul H. Carlson, ed., *The Cowboy Way: An Exploration of History and Culture*, p. 80, p. 85.

② John L. McCarty, *Maverick Town: The Story of Old Tascosa*, p. 113.

行罢工，抗议资方在月初关闭工厂和解雇千余名工人。罢工者与工贼发生冲突，前来干预的警察当场打死四名工人，致多人受伤。次日晚，3,000多名工人在秣市集会。工人领袖奥古斯特·斯皮斯发表抗议警察暴行的演说。集会临近结束时，芝加哥警察局派180名警察赶到会场。因有人突然投掷炸弹，使警察一人死亡，多人受伤。警察局立即逮捕了斯皮斯等八名工人领袖。伊利诺伊州政府下令处死斯皮斯等四位工人领袖，酿成震惊世界的"秣市惨案"。尔后，美国资产阶级还以各种手段进行反攻倒算，取消八小时工作日，实行恐怖统治。① 五月事件表明，有组织有领导的产业工人罢工尚遭此噩运，在美国统治阶级强化对工人运动镇压的大背景下，仓促起事的牛仔罢工更是无法取胜的。换言之，两次牛仔罢工发生的时代背景注定了其最终失败的命运。

简言之，在劳动力过剩的条件下，牧场主集团的强势和牛仔群体的弱势是导致两次牛仔罢工失败的根本原因。牛仔的个人主义和缺乏严格的纪律，他们工作的分散性和流动性，不利于进行更广泛的联合斗争。特别是牛仔没有自己强有力的组织的领导，靠一两次短暂的劳工罢工，是不能使有强大的垄断资本做靠山的牧场主作出实质性让步的。相反，坚持罢工的领导者和牛仔却被资方解雇，成为美国西部牧区牧场公司化的真正受害者。在美国统治阶级加强对工人运动暴力镇压的形势下，牛仔罢工只能以失败而告终。

二、罢工的历史意义

两次牛仔罢工虽然失败了，但具有重要的历史意义。牛仔罢工是在第一产业中最早进行的反对大型集团公司的斗争。这表明分散性、独立性较强的牛仔已经从早期消极的个人反抗行为，转变为联合起来与资方抗衡的斗争。两次牛仔罢工是19世纪80年代美国工人罢工的重要组成部分。

尽管两次牛仔罢工的领导者和参与者不一定意识到，但他们的斗争具有反对垄断资本的性质。镀金时代的美国经历着从自由资本主义向垄断资本主义的过渡。这种转变首先在第二产业中的工矿企业发生。美国工业部门生产

---

① 丁则民主编：《美国内战与镀金时代》，刘绪贻、杨生茂主编：《美国通史》第3卷，人民出版社2000年版，第239—240页。

集中的程度日益加大，19 世纪 70 年代出现垄断组织的萌芽。80 年代垄断组织迅速发展，到 90 年代基本定型。美国西部的牧牛业是农业产业中最先被大型集团公司占据的，它几乎与工业部门垄断组织的产生同步。[1] 两次牛仔罢工都具有反对垄断资本的性质。"LIT 牧场"被苏格兰辛迪加——"草原牧牛公司"所拥有；基地在美国的"雷诺土地牧牛公司"拥有"LE 牧场"；"冈特—芒森公司"掌握着"T—锚牧场"；"李—斯科特公司"拥有"LS 牧场"；"LX 牧场"由两个在潘汉德尔地区注册的波士顿人卖给了"美国畜牧业公司"[2]；"鲍德河牧牛公司"从伦敦获得 150 万美元扩大其地产[3]，1886年发生牛仔罢工的牧场就在该公司管辖之下。到 19 世纪 80 年代早期，得克萨斯潘汉德尔地区和怀俄明鲍德河地区的牧牛业都被英国的牧业集团所控制。两次牛仔罢工针对的就是这些大牧业集团。由于罢工地区牧牛业经营权的过度集中，引起牛仔与牧场主、小牧场主与大型牧业集团矛盾的激化。这种阶级的对立演变成双方的公开冲突，即牛仔的罢工。从表面上看，两次牛仔罢工只是提出了对工资和改善生活条件的诉求，但深层的原因在于牧牛产业的公司化所导致的经营权过度集中所引发的劳资利益冲突和矛盾对立的扩大化。两次牛仔罢工引发并促进了农业产业内其他领域的劳工争取自身利益的斗争意识的增长。

　　两次牛仔罢工虽然失败了，但还是使资方感受到了很大压力，牛仔的工资在后来稍有增加。在 1883 年的牛仔罢工中，"煎锅牧场"并没有牛仔参加。1881 年建立的"煎锅牧场"占地 30 万英亩，总部设在塔斯科萨东南方20 英里处。[4] 虽然该牧场的牛仔没有参加 1883 年的罢工，但牧场主约瑟夫·格利登和亨利·B. 桑伯恩从相邻牧场得知消息后，他们也请"得克萨斯骑警"到潘汉德尔地区。在 1883 年的牛仔罢工中，只有极少数的牛仔的工资有所增加。[5] 在 1886 年的牛仔罢工中，只有退出者得到了要求的工资。两次牛仔罢工之后，普通牛仔的工资稍有增加，从每天的 1.18 美元增加到

①　Stuart M. Jamieson, *Labor Unionism in American Agriculture*, p. 257.

②　Robert E. Zeigler, "The Cowboy Strike of 1883", Paul H. Carlson, ed., *The Cowboy Way: An Exploration of History and Culture*, p. 78.

③　Helena H. Smith, *The War on Powder River*, p. 16.

④　John L. McCarty, *Maverick Town: The Story of Old Tascosa*, p. 49.

⑤　Paul H. Carlson, *Empire Builder in the Texas Panhandle: William Henry Bush*, p. 29.

1.68 美元。①

两次牛仔罢工虽然失败了，但牛仔、小牧场与大牧牛公司的矛盾进一步加深。双方的斗争以新的形势展开。1883 年潘汉德尔地区的牛仔罢工约在 4 月 25 日至 5 月 10 日间结束，但这一事件的影响并没有终结。牛仔、小牧场主与大牧场主、牧牛巨商的斗争仍在继续。媒体把潘汉德尔地区的偷盗和罢工联系在一起。"潘汉德尔家畜协会"以制止偷盗为名，在 1883 年 7 月正式采取措施，解雇"任何非法打烙印"而引发纠纷的人。② 这种高压措施导致"小人物"和大公司的冲突进一步发展。"LS 牧场"和其他大牧场在潘汉德尔的"加拿大人河谷"用围栏圈占"有足够青草的开放地区"。而在这一地区被围栏圈占之前就已到来的拓荒农场主和小牧场主则认为他们完全有权利占据政府的公地，大牧场主就雇用牛仔兼枪手的人，毁掉他们的简陋房子和牧牛营地。③ 一些在罢工中"忠诚"于大牧场主的牛仔继续为雇主效力。仅"LS 牧场"就有 55 名这样忠诚的牛仔兼枪手。④ 一些被解雇的罢工牛仔也到了"加拿大人河谷"地区，他们和小牧场主、小农场主一样，追寻没有打烙印的小牛，打上自己的烙印据为己有。到 19 世纪 80 年代中期，"小人物"和大公司的冲突愈演愈烈。1886 年，潘汉德尔的大牧场主们雇用帕特·加勒特，率领一队武装骑警镇压在牧区制造麻烦的人。⑤ 双方严重的冲突终于在次年 3 月引发了被称之为"大火拼"的流血枪战，仅 3 月 20 日发生在塔斯科萨的枪战中，就有四死二伤。⑥ 争夺潘汉德尔草地的枪战，直到"带刺铁丝"围栏封闭开放牧区和经历了 1886 年暴风雪后才渐趋平息。

1886 年牛仔罢工过后六年，1892 年在鲍德河上又发生了"约翰逊县战争"。因为怀俄明是一个牛仔州，故这场战争被称之为"牛仔之战"⑦。这场战争是 1886 年牛仔罢工失败后牛仔、小牧场主与牧牛公司的矛盾进一步激

---

① Stuart M. Jamieson, *Labor Unionism in American Agriculture*, p. 259.
② Robert E. Zeigler, "The Cowboy Strike of 1883", Paul H. Carlson, ed., *The Cowboy Way: An Exploration of History and Culture*, p. 83.
③ John L. McCarty, *Maverick Town: The Story of Old Tascosa*, p. 140.
④ Ibid., p. 154.
⑤ Charles A. Siringo, *A Lone Star Cowboy*, p. 268.
⑥ John L. McCarty, *Maverick Town: The Story of Old Tascosa*, p. 148.
⑦ Helena H. Smith, *The War on Powder River*, p. 25.

化的结果。1887 年暴风雪后，一些牧牛公司破产，很多牛仔失业。失业的牛仔中不少人成了宅地移居者，在约翰逊县定居。19 世纪 80 年代末，大量来自美国东部和欧洲的移民也涌入怀俄明北部地区。他们多是小牧场主和小农场主。约翰逊县是"小人物"力量集中的地区。怀俄明的大牧场主和牧牛公司的巨商一直把他们占有的政府公地视为私产，他们对大量新移民不顾"怀俄明家畜饲养者协会"的禁令擅入他们独占的"牧牛王国"极为惧怕和不满。"小人物"与大公司的矛盾日益加剧。"怀俄明家畜饲养者协会"派出"管理者"，对小牧场主和小农场主多次处以私刑和暴力谋杀。在暴力高压仍不奏效后，"怀俄明家畜饲养者协会"便在 1892 年 4 月精心策划、组织了对约翰逊县的武装入侵。这个协会从得克萨斯雇用了 22 名枪手，与一些牧场主组成武装远征队一起，到约翰逊县除掉 60 多名上了"黑名单"的人[1]，以便把小牧场主和小农场主逐出怀俄明牧区。

内森·D. 钱皮恩也被列入了"黑名单"，这个移居怀俄明的得克萨斯人是优秀的牛仔和枪手。1887 年暴风雪后，钱皮恩失了业，成为宅地移居者和牛仔、小牧场主反对牧牛大王的领头人，入侵约翰逊县的武装远征队要坚决除掉他。在"KC 牧场"的激战中，钱皮恩遭枪杀，但他同 50 个武装入侵者激战了一天，把他们拖住了整整 12 小时，入侵者因此而不能迅速前往布法罗。[2] 参加过 1886 年牛仔罢工的杰克·弗拉格，也像钱皮恩一样由牛仔成了新移民的领头人。弗拉格也被列入了"应处死者"的黑名单，他和继子目睹了"KC 牧场"遭焚的惨状。他们骑马冲出七八个武装入侵者的围堵，沿途向人们发出警报，并到布法罗报告武装入侵者到来的消息。4 月 11日，三四百名愤怒的约翰逊县居民武装起来，把武装入侵者包围在"TA 牧场"。[3] 经过一场对峙，"约翰逊县战争"最终以入侵者的失败而告终。

牛仔罢工引起了美国媒体和政府的关注。一些报刊的报道强调了 1883年牛仔罢工的严重性。如《柯林斯堡信使报》在 1883 年 4 月 12 日的报道中

---

① Lawrence I. Seidman, *Once in the Saddle: the Cowboys' Frontier, 1866 - 1896*, p. 159; A. S. Mercer, *The Banditti of the Plains, Or the Cattlemen's Invasion of Wyoming in 1892*, Norman: University of Oklahoma Press, 1954, p. 50.

② W. Eugene Hollon, *Frontier Violence*, p. 157.

③ Patrick McGee, *From Shane to Kill Bill: Rethinking the Western*, Hoboken: Wiley Blackwell Press, 2006, p. 38; Helena H. Smith, *The War on Powder River*, pp. 214-215.

称："塔斯科萨地区的罢工者有 200 人"①。《丹佛共和党人》在 3 月 27 日和
4 月 25 日也作了牛仔罢工严重性的类似报道。《美国劳工委员会》关于 1883
年牛仔罢工是"成功的"的错误判断，进一步加大了这次罢工的严重性。
该委员会的报告依据是在罢工的早期阶段（3 月 23 日—4 月 4 日），一些牧
场主向罢工者作出了让步，牛仔获得一个月的较高工资（每天增加 0.5 美
元）。于是该委员会根据逻辑推断，认为 1883 年的牛仔罢工是成功的。② 这
显然是一种谬断。然而，正是上述关于这次牛仔罢工"严重性"的渲染和
误判，引起了美国政府的关注。在华盛顿官方的记载中称，在 1883 年 3 月
23 日至 4 月 4 日，得克萨斯潘汉德尔发生牛仔罢工，有 7 个牧场的 325 名牛
仔卷入冲突。他们每天的工资从 1.18 美元增至 1.68 美元。③

　　两次牛仔罢工表明，分散、独立性很强的牛仔已经从早期消极的个人反
抗牧场主的行为，走上了联合反对垄断资本的斗争道路。随着牧牛业的迅速
发展，在美国西部牧区逐渐形成了有数万人组成的牛仔群体。为了改善生活
和工作条件，牛仔们采取了不同于以往的斗争方式。在早期个体牧场时期，
牛仔只是以消极逃避的方式来对抗某个牧场主。如果一个牧场没有好厨师、
吃住条件差，牧场主就很难留住好的牛仔。该牧场的牛仔只待 6—8 个月就
会离开，去找条件好的牧场。④ 当时牛仔的流动性很大，他们难以建立自己
的组织，只是以个人的自发行为和另寻雇主的方式反抗牧场主的剥削。两次
牛仔罢工虽然也缺乏牛仔自己组织的领导，但已不是个人的消极反抗，而是
采取了当时美国产业工人普通采取的斗争形式——罢工。两次牛仔罢工有领
导者，还有几个流动放牧队的成员。他们为维护自身利益和要求增加工资，
进行了反对垄断资本掌握的大牧场的斗争。这表明牛仔们已从早期的个人自
发的消极反抗行为，走上了联合起来反对垄断资本的斗争道路。

　　更可贵的是，这种组织起来进行联合斗争的意识经过罢工斗争后得到进

① Fort Collins Courier, Fort Collins, Colorado, Clifford P. Westermeier, ed., *Trailing the Cowboy*, p. 125.

② Robert E. Zeigler, "The Cowboy Strike of 1883", Paul H. Carlson, ed., *The Cowboy Way: An Exploration of History and Culture*, p. 92, note 58.

③ W. H. Hutchinson, "The Cowboy and Karl Marx", *Pacific Historian*, p. 326.

④ Bill Oden, *Early Days on the Texas - New Mexico Plains*, Canning: Palo Duro Press, 1965, p. 32.

一步加强。19 世纪 80 年代的罢工斗争是牛仔和小牧场主联合起来反对大企业的斗争，是"小人物"反抗大牧场主的斗争。此后，"小人物"尝试着组织起来与"大人物"的牧牛者协会抗争。1883 年牛仔罢工失败后，牛仔和小牧场主尝试建立反对大牧场主的联合组织。1886 年 3 月建立的"新墨西哥北部小牧场主和牛仔联盟"便是突出例证。该联盟发表的声明强调了两点：其一，雇用两名牛仔以上的牧场主不能加入这个联盟；其二，加入该联盟的牛仔要照顾小牧场主的利益，而小牧场主则要为牛仔的利益尽一切努力，并加强自己的力量。① 虽然这个联盟与 1886 年牛仔罢工没有联系，并成为 1886—1887 年历史上罕见的暴风雪的牺牲品，但牛仔和小牧场主建立自己组织的活动仍在继续。1892 年，钱皮恩和一些与他有同样境遇的人组建了"怀俄明北部农场主和家畜饲养者协会"。该协会是一个小农场主和小牧场主的组织。它一成立，就宣布不遵守"怀俄明家畜饲养者协会"规定的赶拢日期，提前一个月，由钱皮恩等两名工头领导进行独立赶拢。② 这表明"小人物"通过建立自己的联合组织，继续同独霸牧区的牧牛大王的协会进行斗争。

　　两次牛仔罢工是美国工人罢工的重要组成部分。在 1880—1886 年，得克萨斯共发起了 100 次罢工，总计有 8，124 名工人参加。这些罢工累计的时间共达 450 天，给资方造成的损失约 100 万美元。③ 在这些罢工中，1883 年的潘汉德尔牛仔罢工占有重要地位。无论从参加罢工的人数，还是从坚持的时间来看，1883 年的牛仔罢工在得克萨斯百次之多的罢工中是影响较大的一次，因而引起媒体和官方的高度关注。1886 年鲍德河牛仔罢工时，"劳动骑士团"在同年发动了"西南铁路大罢工"。④ 牛仔罢工和铁路工人的罢工遥相呼应，给予资方一定程度的打击。两次牛仔罢工已被载入美国劳工史册。1883 年的牛仔罢工与同年发生的弗吉尼亚州林奇堡的"烟草工人罢工"等大事件一起，被列入劳工史的大事记中。1886 年的牛仔罢工则与同年发

---

　　① Lawrence I. Seidman, *Once in the Saddle: the Cowboys' Frontier, 1866-1896*, p. 127.

　　② Don Cusic, *Cowboys and the Wild West: An A-Z Guide from Chisholm Trail to the Silver Screen*, New York: Facts On File, 1994, p. 154; Helena H. Smith, *The War on Powder River*, p. 160.

　　③ "Strikes", http://www.tshaonline.org/handbookonline/articles/oes02.

　　④ "Great Southwest Railroad Strike", History before 1886, http://www.labordallas.org/hist/1886.htm.

生的"五一大罢工"和"西南铁路罢工"等重要罢工记入史册。[①]

牛仔罢工成为美国劳工史研究中的一个重要方面。从两次牛仔罢工发生之日起至今，一直受到新闻和学界的关注。在上面的论述中，笔者已提及大量论著。进入 21 世纪以后，对牛仔罢工的研究仍在继续。特别是研究者借助网络平台，发表了不少短小精炼的文章。甚至有美国政界的重要人物为牛仔罢工撰文。如参议员约翰·科尼恩于 2008 年在网上发表了《牛仔罢工》一文。科尼恩在文中概述了 1883 年牛仔罢工产生的原因、概况和塔斯科萨成为衰败的"鬼镇"后，重点阐释了这个败落的"牛镇"在 20 世纪 30 年代罗斯福新政时期对经济复苏所起的作用。他强调，由于卡尔·厄尔利于 1939 年在塔斯科萨建立了"男孩牧场"，8，000 多个处在饥饿中的儿童得救。[②] 这位参议员由此断言，"美国梦"没有破灭。该文发表在 2008 年美国次贷危机发生之后。作者似乎要借 70 年前的"男孩牧场"来提振美国人应对新危机的信心。由此不难看出，牛仔罢工在美国劳工史乃至美国史上，有其独特的重要地位。

---

① US Labor History, http：//norritI tripod. com/1800. htm.

② John Cornyn, "The Cowboy Strike", September 9th, 2008, http：//www. calfarleysboysranch. org /visitors /Pages /The cowboy Strike. aspx.

19世纪末LS牧场总部

Flying Pan牧场总部

查尔斯·古德奈特
和他在卡罗拉多的牧场

大牧场主查尔斯·古德奈特

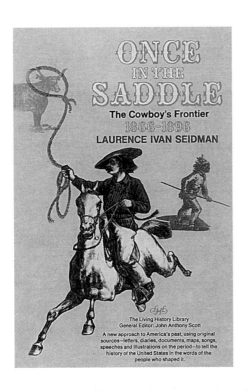

塞德曼《马背生涯》封面

阿瑟顿《牧牛大王》封面

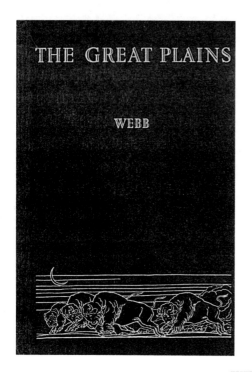

韦布《大平原》封面

斯莱塔《美洲牛仔》封面

第 四 章

牛仔的历史评价与热点论题

　　牛仔究竟在美国西部和美国历史中发挥了什么样的作用，居于怎样的地位，在现今的学术研究中并未形成定论。美国学者对西部牛仔存在着贬、褒两种截然相反的观点。刘易斯·阿瑟顿是持贬抑观点的代表，他在 1961 年出版了《牧牛大王》一书。在书中，阿瑟顿把牧场主定义为企业家、资本家和铁路建造者。作者认为，"牧场主是牧牛王国的主导者"，他们"对美国西部和美国文化的深远影响具有巨大的贡献"。与对牧场主的颂扬相反，阿瑟顿却把牛仔称为"马背上的雇工"，强调他们"对美国的历史进程没有什么影响"。阿瑟顿是把牧场主作为一个"群体"鼎力推介的，称他们为"牧牛大王"（Cattle Kings）。① 与阿瑟顿贬抑牛仔的观点相左的是劳伦斯·I. 塞德曼。塞德曼于 1973 年出版了《马背生涯：1866—1896 年的牛仔边疆》一书。在书中，塞德曼写道："牛仔成为我们的民间英雄。他比任何边疆人物给美国人的生活以更深远、更持久的影响"②。"牛仔时代发生在镀金时代，它是美国人民在建立工业帝国中巨大成就的一部分。""对镀金时代的财富，牛仔贡献很多，但他们自己并没有增加财富。在这一点上，他的经历是那个时代最普通的美国工人的象征。"③

　　在作者看来，牧牛王国的产生、发展，西部牧业巨大财富的积累，是广

　　①　Lewis Atherton, *The Cattle Kings*, Lincoln and London：University of Nebraska Press, 1961, p. xi.

　　②　Lawrence I. Seidman, *Once in the Saddle：The Cowboy's Frontier, 1866-1896*, 1973, p. 1.

　　③　Ibid., pp. 187, 188.

大牛仔群众辛勤劳动的成果，牛仔对牧牛王国作出了最大的贡献，这才是符合历史真实的科学结论。贬抑牛仔这个群体贡献的毕竟是持双重标准的少数。至于美国学界对少数族裔牛仔，尤其是非裔牛仔的普遍性贬抑，是因为在美国长期存在种族歧视所致。实际上，非裔牛仔对"牧牛王国"的兴起和发展同样作出了重要贡献。

第一节　西部牛仔的历史贡献

如何看待西部牛仔在牧场里和牛道上的艰辛劳作？他们对美国西部牧区的开发和"牧牛王国"的兴起贡献如何？对于这一问题，在美国学术界存在着贬褒两种截然相反的观点，反映出他们在立场和评价标准上的巨大差异。实际上，牛仔和牧场主一样，都是美国西部历史的缔造者，更是美国西部牧业财富的直接创造者。

一、虚构的无名英雄：对牛仔的贬抑

刘易斯·阿瑟顿教授 1905 年生于密苏里州的博斯沃思，在 1989 年去世。1911 年，阿瑟顿移居到离博斯沃思 16 英里远的一个农场。他的高中学业是在离家约 4,000 英里远的县城所在地卡罗尔顿完成的。阿瑟顿在博斯沃思亲戚开的商店里当过年轻的店员。他在俄克拉荷马大学学习了两年后，转学到密苏里大学。1927 年，阿瑟顿在密苏里大学获文科学士，并被选入优秀毕业生联合会。1930 年，阿瑟顿在密苏里大学获文科硕士，1937 年在该校又获博士学位。1936 年，阿瑟顿开始在密苏里大学任教。1939 年，阿瑟顿的博士论文《中美洲的开发商》出版，并在 1971 年再版。1961 年，阿瑟顿又出版了《牧牛大王》一书，这是阿瑟顿建议撰写的多卷本边疆商人中的一本。① 此外，他还发表了 20 多篇论文。

在《牧牛大王》一书中，尤以第 12 章和第 13 章更为重要。前面的 11 章，每章写牧场主们的一个方面的活动。第 12 章"牧场主与牛仔：事实与幻想"、第 13 章"牧场主在美国文化中的角色"是前面章节的概括和升华。

---

① http：// shs. unsystem. edu/manuscripts/columbia/3603. pdt.

阿瑟顿还把《牧场主和牛仔：事实与幻想》作为论文，发表在当年的《蒙大拿西部历史杂志》第 4 期上。[1] 后来，阿瑟顿的这篇论文又被收入 1964 年由迈克尔·S. 肯尼迪选编面世的《牛仔和牧场主》一书中。[2]

在《牧牛大王》的前言中，阿瑟顿明确地表明了其观点。他强调："在这本书中，我集中在西部牧场主在美国文化的角色上"。他相信"在塑造文化发展方面，牧场主远比牛仔重要"。他认为"牛仔作为被雇用的马背雇工，由于受低层次环境的拖累，他们在美国的历史进程中，难以发挥影响"。阿瑟顿还申明，他之所以认为"牧场主比牛仔更重要"，是因为"牧场主们努力支配他们的环境，至少去改变了它"。[3] 阿瑟顿率直地表明了他贬抑牛仔和褒扬牧场主的观点。他写这本书的目的，就是要强调牧牛大王这个群体的重要贡献，向人们证明对美国历史进程和文化发展产生重要影响的是能支配西部牧区的"牧场主"，而不是作为"马背上的雇工"的牛仔。

基于贬低"牛仔"和褒扬"牧场主"的基调，阿瑟顿在《牧场主和牛仔：事实与幻想》中进一步阐释其观点。文章第一段写道："牛仔在牧牛王国最重要的贡献就是他最为人所熟知。即使牛仔身处的环境早已成为历史，但牛仔的名声反而大噪。然而，颇具讥讽意味的是，事实上牧业边疆的核心人物并非牛仔，而是牧场主。如果没有牧场主，就不会有牛仔。是牧场主为牛仔的生活、工作范围划定了边界。然而，小说家、戏剧家和其他文艺从业者通常都把牧场主降低到虚无的背景角色中，以衬托他们虚构的主体英雄——美国牛仔"。[4] 阿瑟顿在篇首就点明，牛仔在"牧牛王国"的贡献、牛仔成为美国人心目中的英雄都是小说家和戏剧家等的虚构。他指明，把牧场主降为衬托牛仔英雄的背景、次要角色，不符合西部牧区的事实。他强调，牧场主才是牧区的核心人物，没有牧场主就没有牛仔。牛仔的生活和工作范围是由牧场主划定的。

阿瑟顿认为，"在真实的经济意义上，普通的牛仔就是马背上的雇工，

---

① Lewis Atherton, "Cattleman and Cowboy: Fact and Fancy", *Montana the Magazine of Western History*, vol. 11, N. 4, 1961, pp. 2-17.

② Lewis Atherton, "Cattleman and Cowboy: Fact and Fancy", Michael S. Kennedy ed., *Cowboys and Cattlemen*, New York: Hastings House, Publisher, 1964, pp. 3-24.

③ Lewis Atherton, *The Cattle Kings*, p. xi.

④ Ibid., p. 263.

"从这一点来说，极不浪漫"。他还认为，"牛仔的生活充满了太多的艰辛和寂寞，消遣方式枯燥无比"。牛仔这样的工作和经济状况，"使得他们成为无法结婚、成家立业的流浪汉"。阿瑟顿也述及，牛仔在照看他人的牛群时，"他们所受到的人身危险，最主要的是使他们无法继续长期从事牧牛业"，"年龄大一点的就无法忍受这种残酷的生活，这也是这一群体年轻的主要原因"。阿瑟顿强调，牛仔在管理牛群时所受到的人身危险"极少属于英雄行为"，研究者只需指出这种危险使一些人不能继续从业的事实，而不是去"美化他们的职业生涯"。① 在阿瑟顿看来，牛仔是牧场主雇用的"马背上的雇工"，是"牧牛王国"里年轻的下层群体。他们是不能成家立业的流浪汉。牛仔的生活艰辛、寂寞和枯燥，劳作中危及生命的危险不属于英雄的行为，不能美化。

阿瑟顿认为，"普通牛仔把钱只当作获得暂时欢愉的工具"②。他论及，牛仔们在得到为数不多的去小牛镇的机会时，"会过度狂饮"。因为没有结婚，牛仔们"从妓女那里寻求女性伴侣"。阿瑟顿还以布鲁斯·赛伯茨在牧区的观察为他的观点作证。赛伯茨19世纪90年代在达科他做过牛仔，并成为小牧场主。他总结归纳说："牛仔衣着褴褛，他们中的很多人都惨遭淋病或瘟疫的折磨。只有少数优秀的牛仔进入牛贸易，并获得成功"③。阿瑟顿认定，牛仔的行为是放荡不羁的。

阿瑟顿还认为，在"牧牛王国"里牛仔的身份最低微。他写道："在很多方面，他们都以最低微的身份在逃离生活，或者调整自己，以适应生活"④。

综上所述，我们可以发现，在阿瑟顿的心目中，牛仔只是"身份低微的"被牧场主雇用的"马背上的雇工"。在经济上，他们"无法结婚、成家立业"。牛仔的生活"充满了太多的艰辛和寂寞"，"消遣方式枯燥无比"。牧牛中他们会遭遇"人身危险"，但极少是英雄行为。他们的生活放荡，有钱就"狂饮"、嫖娼。他们无力改变生活，或者逃离"做流浪汉，或者适应

---

① Lewis Atherton, *The Cattle Kings*, p. 243.
② Ibid., p. 266.
③ Ibid., p. 243.
④ Ibid., p. 250.

艰辛、寂寞的牧牛生活"。在阿瑟顿看来，牛仔对"牧牛王国"的兴起，对美国历史、文化的发展进程没有什么贡献。虽然有的学者在论及牛仔的贡献时，也会涉及他们的缺点或问题，但像阿瑟顿这样贬抑、否定牛仔的人甚少。阿瑟顿可算得上贬抑牛仔的第一人了。

与贬抑牛仔相反，阿瑟顿对牧场主极力褒扬。他阐释了牧场主是"牧牛王国"的主导者，认为他们对美国西部和美国文化具有深远的影响，作出了重要贡献。在《牧牛大王》中，阿瑟顿把牧场主定义为企业家、资本家和铁路建造者。在该书的最后一章"牧场主在美国文化中的角色"中，阿瑟顿用"群体特性"来分析牧场主们的多方面贡献。他认为，牧场主们控制着"牧牛王国"的经济，掌管着牧牛业的生产管理、土地和水源的使用，规定赶拢制度和牛群的销售；他们进行优良种畜的培育、饲草种植等实验；为了牧牛业的发展，牧场主们从各处筹集资本等等。阿瑟顿称赞，牧场主除经营牧牛业外，还投资西部铁路建设、矿业开发、修建学校和对教堂等给予慈善资助；牧场主还以其组织的"牧牛者协会"，对其所在州或领地施加政治影响，使立法机关制定有利于牧牛业发展的法律。他声称，有些大牧场主还成了美国国会的参议员，"牧牛者协会"也成为在美国西部16个州或领地有影响的政治势力集团。① 阿瑟顿强调，牧场主们之所以能作出这些贡献，是因为他们在美国西部追求的是"财富"，而不是历险。

他肯定牧场主对待"财富和权力"的态度。他写道："那些在牛场王国获得财富和权力的人们追求财富和权力……尽管充满危险，牧场主把保护他们的财富看得更重要。他们赞成法律和秩序的发展，而这是按照他们自己所理解的发展的。他们的动机同那个时期美国其他地方的商人非常相似。他们使用在更古老社区的商业组织的各种形式"②。在这里，阿瑟顿点明牧场主到"牧牛王国"的动机就是为了追逐财富和权力。一旦聚敛了大量财富，他们就会获得政治上的权力。为了保护自己既得的财富和权力，牧场主们像美国其他社区、其他行业的资本家一样，建立起行业组织。如在怀俄明牧区，大牧场主和牧牛公司的巨商建立了"怀俄明家畜饲养者协会"。这个主

① Lewis Atherton, *The Cattle Kings*, pp. 267-277.
② Ibid., p. 266.

宰怀俄明牧区的协会，制定赶拢、管理使用土地和水源的法规，强令会员和非会员一律执行。这个协会还组织武装侦探，打击、排斥和驱逐小牧场主和小农场主。为了达到独霸牧区的目的，"怀俄明家畜饲养者协会"甚至策划发动了清除小牧场主和小农场主的"约翰逊县战争"。

"约翰逊县战争"是牧场主用武力来维护他们所得的财富和权力的一场战争。雷·艾伦·比林顿评论道，阿瑟顿"尽了最大努力，津津有味并兴致盎然地生动刻画描写了牧牛战争和牛镇骚动"①。1892 年 4 月发生的"约翰逊县战争"，是牧牛大王对小牧场主和小农场主的武装入侵。虽然经过了精心策划和充分准备，由牧场主和从得克萨斯雇用的枪手组成的武装远征队还是以失败而告终。对于战争结果，阿瑟顿深表遗憾。他认为，"不幸的是牧场主们的名声"，他认为，他们此前在很多地方毋庸置疑地努力创造了有利的环境，所有职位受人尊敬的牧场主会因这场"自傲和威胁到诚实的定居者的入侵"而名声扫地。阿瑟顿写道："牧场主们因在'约翰逊县战争'中被打败而加速他们的权力衰落"②。可见，阿瑟顿是同情牧场主的，他对"约翰逊县战争"的表述很有唱挽歌的味道。

阿瑟顿认为，牧场主们崇拜"好女人"，他们的家庭生活稳定。在《牧牛大王》中，作者专门写了一章，论及牧场主的婚姻和家庭生活。牧场主的妻子们，不论她们是来自"印第安人保留区"，还是来自和丈夫一样的社会阶层，都遵循丈夫们的训诫，同丈夫一样受人尊敬。她们努力支持、帮助丈夫在事业上取得成功。③ 阿瑟顿认为，牧场主们"极其崇拜'好女人'，给她们很高的社会地位，但也完全认识各处牛镇的妓女。一旦步入婚姻，他们便珍视自己的誓言，给予家庭生活在许多其他边疆所不存在的稳定"④。在阿瑟顿看来，牧场主比那些捕兽者和采矿主更尊重妇女，有更稳定的婚姻和家庭生活。然而，阿瑟顿也无法否认牧场主与"各处牛镇的妓女"交往的事实。

阿瑟顿还分析了使牛仔成为英雄的原因以及"牛仔英雄"的实质。他

---

① Ray Allen Billington, *Chicago Tribune*, Lewis Atherton, *The Cattle Kings*, back cover.
② Lewis Atherton, *The Cattle Kings*, p. 55.
③ Ibid., pp. 78–101.
④ Ibid., pp. 265–266.

认为公众把牧场主当作"牧牛大王",他们像其他领域的"大亨"一样,压迫了"小同行"。他们压迫了那些和他们争夺土地和水源的"新开垦土地的定居者"或是"自耕农"。"因此,牛仔成了英雄"①。如何看待牛仔英雄?阿瑟顿自问自答地写道:"这个伟大的牛仔是谁?作为答案,我们必须认识到他一直是许多牛仔的合成体,是一个无名字的英雄;意识到他的功绩也超不过几乎任何人所希望拥有的权力。他们功绩伟大并不神奇。美国人一直不愿意赋予他超人的个性。作为美国的民族英雄,他是真实的美国人的集合体"②。阿瑟顿在这里极力贬抑牛仔是无名字的英雄,称美国人还没有把他当作"美国的民族英雄"。

在阿瑟顿看来,应当让牧场主取代牛仔成为伟大而神奇的民族英雄。他认为"牧场主和牛仔同样活跃、不冷静","牧牛王国"在利用此前美国已形成的一些特征,并使之得以增强和延伸。他认定"牧牛王国"强调了"年轻和男性社会",作为一个独特的社会,"牧牛王国"以男人的当前成就来评价他们,"雇主和雇工都承认牧场主有权制定规则和规定,甚至涉及了牛仔的个人声明"。牧场主还知道"对人友好的价值"。因为阿瑟顿相信,"在塑造文化发展方面,牧场主远比牛仔重要",所以他在书中,"把西部牧场主作为了美国文化的主角"。③

从以上的分析中,我们不难看出阿瑟顿贬抑牛仔和褒扬牧场主的鲜明立场和观点。他认为,牛仔对"牧牛王国"的兴起和发展,对美国的历史进程没有什么影响。相反,阿瑟顿认为牧场主对美国西部和美国文化具有深远影响,具有重要贡献。阿瑟顿认为,美国现代社会的"自由派和保守派,同样能从牧场主身上找到不少可赞美的价值标准"④。

二、西部繁荣的创造者:对牛仔的褒扬

劳伦斯·I. 塞德曼与刘易斯·阿瑟顿的观点不同。塞德曼认为,美国西部牛仔不但对"牧牛王国"的兴起和发展作出了重要贡献。他认为牛仔

---

① Lewis Atherton, *The Cattle Kings*, p. 245.

② Ibid., p. 248.

③ Ibid., p. xi.

④ Ibid., *p.* 277.

们创造的西部牧牛业的繁荣对美国"镀金时代"财富的增长贡献很多。塞德曼在1973年出版的《马背生涯：1866—1986年的牛仔边疆》中表达了这种观点。塞德曼是历史学家和民俗学研究者，他对美国西部的传奇和传说特别感兴趣。他教过几年小学，在出版《马背生涯》一书时，他已是C. W.邮政学院的副教授。塞德曼博士是一位使用民歌进行社会研究的权威人士。①《马背生涯》一书被收入约翰·安东尼·斯科特任主编的"鲜活历史图书馆"丛书中。因为丛书是为青年读者写的，所以《马背生涯》的篇幅并不很长，只有188页。然而，塞德曼却简明扼要地全面阐释了美国"牧牛王国"的发展。②特别是作者用生动的笔触讲述了牛仔在美国内战后30年的"马背生涯"，肯定了他们对历史发展的重要贡献。在每章之后，塞德曼选择一首与内容相符的牛仔歌曲，把词曲同时附上，有助于年轻的读者加深对全书内容的理解，增加他们的阅读兴趣。《马背生涯》出了精装和简装两种版本，是当时很流行的读物。

在《马背生涯》中，塞德曼精确地描述了牛仔的劳作和生活。作者把重点放在牛仔们在牛道上历经的种种磨难和在暴风雪中冒死保护牛群上。塞德曼以安迪·亚当斯参加的一次从得克萨斯往蒙大拿长途驱赶牛群的经历为典型例证，讴歌了美国内战后由牛仔们完成的持续30年的"长途驱赶"。塞德曼对美国历史上这一壮丽奇观的记述，是取材于安迪·亚当斯的经典著作《一个牛仔的日志》，其内容较为真实可信。亚当斯是得克萨斯的一个农场主之子。在两个哥哥当了牛仔以后，16岁的亚当斯也选择了"牧区"。1882年，亚当斯18岁时，被得克萨斯的肉商唐·洛弗尔的工头吉姆·弗拉德雇用。洛弗尔与美国联邦政府签订了合同，要为"印第安人保留地"提供食用牛。为了履行合同，洛弗尔要弗拉德担任道头，组成赶牛队，把一群牛从格兰德河赶到蒙大拿西北部的"黑脚印第安人保留地"。亚当斯加入了这个赶牛队，这是他第一次参加"长途"赶牛。③

根据亚当斯的记述，塞德曼认为，能踏上牛道的牛仔，通常是最有能力和最有经验的人。赶牛队必须在道头的统一指挥下，根据每个牛仔的技能和

---

①　Lawrence I. Seidman, *Once in the Saddle: The Cowboy's Frontier, 1866-1896*, pages after 199.

②　Karen Dannenberg, "Review", *History Teacher*, vol. 12, No. 4, 1979, p. 581.

③　Lawrence I. Seidman, *Once in the Saddle: The Cowboy's Frontier, 1866-1896*, p. 65.

经验把他们分派到不同的岗位上，让牛形成长度适宜、行进速度适宜的纵队。牛仔让牛用一种自由、悠闲的方式，头尾相随移动，而不是形成一群。之所以如此，是为了让牛在移动过程中能保持甚至增加重量，上市时状况良好。赶牛的秘密就是决不让牛知道它们在被控制之下。在 15—20 英里内，赶牛人让牛享有开放牧场的自由。对赶牛的牛仔来说，这是令人生厌的时间，但牛群的状况和在马背上放养它们，要求牛仔们做出牺牲。在牛道上，牛仔的一天是从黎明到日落，外加夜间至少值两个小时的班。在暴风雨之夜，或牛群受惊逃跑的紧急情况下，他们将整夜起来应对。牧牛的一个公理是一个赶牛人只有在冬天才能安睡。[1]

塞德曼讲述了牛仔在牛道上遭遇的诸多突发事件，不论在什么情况下，他们都要冒死保护牛群。长角牛是极易受惊的。尤其在漆黑的夜晚或暴风雨之夜，长角牛最易受惊，炸群逃跑。一旦发生这种情况，所有的牛仔都要立即跃上马背，围追堵截牛群。发生牛群炸群时，牛仔和牛都要付出代价。牛在夜晚四处逃散时，或掉下悬崖毙命，或跃入河中溺水而死。经过一夜惊心动魄的追堵后，次日牛仔们要继续去寻找丢失的牛和失散的同伴。有时会发现有的牛仔连人带马摔死在绝壁下。在赶牛途中，雷电会给牛仔造成更大悲剧。塞德曼列举了在交接牛时，一个牛仔突然被雷电击死；三个牛仔骑行时突遭电击，结果一死一伤。牛仔们在赶牛渡过激流时，常有牛仔被漩涡吞没，或连人带马被卷走淹死的悲剧发生。在夏天的烈日下赶牛，牛仔和牛都会吸入空气中飘浮的碱性灰尘。因不能及时得到水喝，牛仔们会嘴唇干裂，小公牛刚伸出的舌头会马上缩回去。有时不得不改成夜间赶牛。在牛道上，赶牛队还会遇到原住民拦截。因为他们的狩猎场地被占有，加之野牛的灭绝，使他们失去了食物来源。因为饥饿，一些原住民部落向赶牛队索要牛。双方经过讨价还价，赶牛队给原住民几头牛后才能继续前行。赶牛队在牛道上还会遇到白人武装劫匪的劫掠和偷盗。这些盗贼袭击牛仔，惊散牛群，偷盗钱财或牛仔们在卖牛后获得的工资。[2] 一次长途驱赶，从得克萨斯到阿比林用了 2—4 个月，而到蒙大拿、达科他要 6 个月。安迪·亚当斯参加的赶

---

[1]　Lawrence I. Seidman, *Once in the Saddle: The Cowboy's Frontier, 1866-1896*, pp. 67, 68, 69.

[2]　Ibid., pp. 75, 77-78, 79-80.

牛队，在 1882 年 4 月离开得克萨斯，到同年 9 月抵达蒙大拿北部的 "黑脚印第安人保留地"。这样的行程对人的消耗太大。牛仔们变得越来越疲劳，他们的话也越来越稀少。只有到可以遥遥望见即将抵达的牛镇终点时，牛仔们才笑颜重开。①

1886 年和 1887 年，大平原爆发了两次历史上罕见的暴风雪。塞德曼称赞在冰天雪地里，只有牛仔冒死抢救牛群。1885 年的最后一天，上午的天气还暖和晴朗，但到中午突然下起了冷飕飕的毛毛雨，不一会便雨转雪。在一阵势如破竹的狂风突袭之后，大雪飞快地降落到牛群上。瞬息间，被暴风雪吹打和刺痛的众生灵都痛苦地挣扎着。在这样的寒冷和暴风雪中，人和牛都无法存活。然而，牛仔们试图在暴风雪中把牛群转移到安全的地方。塞德曼引用了埃默森·霍夫讲述的两个牛仔救牛群的故事。结果，那两个牛仔和牛群被大雪落下结成冰雪帐罩捂在一起冻死。在 1886 年 10 月至 1887 年 2 月，大平原又下了一场历史上罕见的暴风雪。对在分散的牧场上的人们来说，这是一个极为可怕的艰难时期。蒙大拿的牛仔们为救牛群，同暴风雪进行了搏斗，遭受了饥渴和寒冷的折磨。牛仔们像奴隶一样工作着。他们把牛群从山脚下赶下来，救出了数千头牛。他们人手短缺，耗尽了力量。他们整天骑行在看不清路的暴风雪中。在零下 50° 至 60° 的气温情况下，还没有饭吃。沿途确实像个地狱。这种情况遍及怀俄明、蒙大拿、科罗拉多、内布拉斯加西部和堪萨斯西部。在蒙大拿，牛仔们要穿上厚厚的衣服骑马去救激流中的牛群，把处于险境的牛赶到隐蔽安全的地方。寒气穿进他们的肺部。不少牛仔冻坏了双手双脚，很多牛仔被冻死。对于这一切，牛仔们除了每月每人得到 40 美元工资外，不期望再得到任何东西。②

塞德曼称赞了牛仔的优秀品质。在《马背生涯》中，作者阐明了牛仔的构成和典型牛仔的特点。塞德曼写道："最初，牛仔主要是得克萨斯人、退伍军人、黑人和墨西哥人。随着牧牛业遍及牧区，牛仔队伍中由于有来自美国各地的人和外国人的加入而扩大。富人和穷汉、城里的孩子、农民的孩子和百万富翁之子，他们来自各行各业，甚至是无职业的人"。他强调：

---

① 　Lawrence I. Seidman, *Once in the Saddle: The Cowboy's Frontier, 1866—1896*, pp. 67, 81, 179.

② 　Ibid., pp. 139, 140, 142.

"典型的牛仔是在17—28岁之间的年轻男子汉。艰苦的赶牛工作催他们长大成熟。一些人随之步入中年"①。牛仔这个群体具有优秀的品质。他们中的大多数人勇敢、健壮、有力。一个牛仔总在尝试做任何事情，如通过他迅捷的动作解决问题。即便在他不能做任何事情的情况下，他也从不报怨。牛仔"习惯于困难，他们对此开着玩笑，而使之轻松"。塞德曼还引用牛仔特迪·布卢的描述做进一步的说明，"他们对其为之工作的牧场极为忠诚，并为之奋斗至死。他们跟随道头经历苦境，而从不报怨。我看到他们骑马赶着牛群经过两天两夜后走进宿营地，在雨中躺在马鞍的垫毯上，睡得如死人一般。他们起床时，开玩笑谈论着在奥加拉和道奇城一些玩得开心的事"②。从上面的表述中，我们可以看出，牛仔具有勇敢、健壮、有力、不怕困难、敢于负责、忠于职守、不怕吃苦和乐观面对困难等优秀品质。

非裔、墨裔等少数族裔的贡献亦受到塞德曼的褒扬。他认为，"黑人和墨西哥人是牛仔队伍中的重要组成部分"。1865—1895年，"估计有3.5万人踏上牛道，至少有5,000人是黑人。黑人牛仔做白人牛仔做的一切工作"。塞德曼肯定，"在他们之中，有最好的骑手、套索能手和骑马牧人"。他们之中"一些人是坏人，一些人是英雄"。③塞德曼还讲述了最著名的非裔牛仔纳特·洛夫成长的经历。奴隶出身的洛夫凭着苦练的骑马技能当上了牛仔，并在竞技比赛中获得了"戴德伍德·迪克"的称号。洛夫成为美国西部牧区最好的套索手。塞德曼还认为墨西哥牛仔对牛仔的服饰和使用的装备产生了"巨大的影响"④。他从牛仔帽、内外服饰、靴子、围巾、马鞍和其他马具、六响枪、骑的马和牛仔的关系等诸多方面讲述了墨西哥传统对"美国牛仔的影响及演变"⑤。

《马背生涯》的最后结论是"牛仔对镀金时代的财富贡献很多，但他们自己并没有增长财富"。塞德曼认为，在这一点上，牛仔的经历是那个时代"美国绝大多数普通工人的典型象征"。⑥

① Lawrence I. Seidman, *Once in the Saddle: The Cowboy's Frontier, 1866-1896*, p. 169.
② Ibid., pp. 170, 172.
③ Ibid., p. 173.
④ Ibid., pp. 173-176.
⑤ Ibid., pp. 176-179.
⑥ Ibid., p. 188.

　　通过对牛仔群体在内战后 30 年长途赶牛的艰辛和在暴风雪中冒死保护牛群的论述，塞德曼认为，事实上牛仔是个"牧牛工人"，他的"整个一生和生活方式都受到束缚，与照看牛群相联系"①。内战后，"牧牛王国"的兴起是由于美国东部成长中的工业制度对牛肉的需求超过了内战时期的需要，工人们需要价钱便宜的牛肉。西部大平原上的牛仔和得克萨斯长角牛满足了这种需求。得克萨斯长角牛被牛仔们长途驱赶到堪萨斯铁路沿线站点，再经火车运到芝加哥和堪萨斯城，在那里被加工成东部工人餐桌上的牛肉。牛道是牛仔的大学，牛道造就了牛仔。踏上牛道的牛仔们被作为英雄尊敬，并引起全美国的关注。牛仔的黄金时代始于 1866 年，到 1896 年便一去不复返了。牛仔的"时代发生在镀金时代。它是美国人民在建造工业帝国中巨大成就的一部分"②。故塞德曼肯定牛仔对美国镀金时代的财富作出了很大贡献。

　　塞德曼对牧场主的论述不是很多，但切中要害。美国牧场主是在"牧牛王国"的"摇篮"得克萨斯起家的。1821 年，一群英裔美国人在斯蒂芬·奥斯汀带领下移居当时为墨西哥共和国一个省的得克萨斯。他们得到墨西哥政府的移民许可，定居在水草丰美、树木繁茂的布拉索斯河和科罗拉多河流域，"几乎无例外地献身于养牛业"。奥斯汀和他的一伙人定居在得克萨斯的东南部。这块被 W. P. 韦布称为"菱形"的地区，"几乎提供了养牛最完美的条件"。这一地区"从西班牙人时期起，就已成为美国牧牛业的摇篮"。圣安东尼奥河谷成了得克萨斯长角牛最初的繁衍地。长角牛是美国移居者带来的来自英国的饲养牛与西班牙牛杂交产生的新牛种。到 1835 年，得克萨斯的牛和马、绵羊和山羊的数量总计达 300 万，有大量的牛漫游在荒野中。"美国西部最后的边疆——牛仔的边疆深受西班牙生活方式和习惯的影响"。在此期间，"得克萨斯人"（即英裔美国人）学会了放牧，从墨西哥骑马牧人那里几乎学会了一切。骑马牧人教会了英裔美国人骑马、使用套索、赶拢和打烙印等。骑马牧人发明并熟练使用套索，是牧场主生意中不可缺少的工具。"英裔美国人采用了墨西哥人的装备、服饰和放牧方法"。

---

① Lawrence I. Seidman, *Once in the Saddle: The Cowboy's Frontier, 1866-1896*, p. 187.
② Ibid., pp. 185, 187, 188.

1836 年，"得克萨斯人发动了一场革命，他们从墨西哥获得了独立"。许多墨西哥人被迫丢弃了他们的牛群和家园，逃往南部。英裔美国人围捕被丢弃的牛，开始建立他们自己的牛群。他们之中的一些人袭击墨西哥人的牧场，驱走骑马牧人，捕捉牛。① 塞德曼的上述叙述阐明了英裔美国人在 19 世纪 20 年代移居得克萨斯后，几乎无例外地选择了养牛业，成为牧场主。这是因为墨西哥政府对从事养牛业的移民赠与更多的土地。英裔美国人利用墨西哥政府鼓励移民和赠与土地的政策，大量移居得克萨斯。到 1836 年，这些自称"得克萨斯人"的英裔美国人，从墨西哥牧场主那里学会了在开放大牧场骑马放牧牛群的方法，又围捕了他们的牛群，占据了他们的牧场和家园。在得克萨斯的英裔美国人牧场主就是这样起家变富的。

　　塞德曼深刻指明牧场主们发财致富的原因。他写道："不花钱的草地，不加围栏和几乎无限制的扩张，给牧场主们带来了财富"②。美国内战结束后，得克萨斯的存牛爆满。牧场主们雇用牛仔，把四处漫游和变野的牛围捕起来，通过"长途驱赶"送往东部市场和北部新牧区，从中获利。内战后的牛贸易繁荣了 20 余年。这成了牧场主们发财致富的年代。牧场主们追求发财致富不是投入时间和他们自己参与，而是投资的钱。③ 这正如唐·洛弗尔让他的工头吉姆·弗拉德带领牛仔赶牛一样，他自己并不参加，而只是与弗拉德在道奇城和奥加拉拉相遇。洛弗尔作为牛群的所有者，他对弗拉德的要求是"赚钱"。洛弗尔说："如果牛群不能赚钱，你我最好现在就作罢"④。

　　塞德曼认为，在 19 世纪 80 年代早期牧牛业进入繁荣时期后，在牧场主和牛仔之间的巨大经济鸿沟，是导致 1883 年牛仔罢工的原因。在早期小牧场时期，牧场主还能与牛仔一起劳动，牛仔对牧场有"忠诚"感。进入 19 世纪 80 年代，劳资关系发生了变化。因为在牛仔们为牧场主创造了大量财富，自己却"都是仅有很少的工资而劳作的人。他们感觉失去了幸运"。于是，在 1883 年 3 月，得克萨斯潘汉德尔的牛仔举行了罢工。然而，大牧场

---

① Lawrence I. Seidman, *Once in the Saddle: The Cowboy's Frontier, 1866-1896*, pp. 32, 33, 34, 38.
② Ibid., p. 149.
③ Ibid., p. 124.
④ Ibid., p. 66.

主联合起来，挫败了罢工。一些回牧场复工的牛仔仍挣原来的工资。^①塞德曼也探讨了牧场主与移民矛盾的升级，对"约翰逊县战争"的起因、实施和失败的结局进行了细致的描述和论析。^②他指出，大牧场主发动战争的目的是独霸牧区，但最终他们失败了。总之，在《马背生涯》中，作者对牧场主如何起家、如何致富及他们对财富过度的追求导致对牧区过载放牧，致使"牧牛王国"衰落的分析比较客观准确。

概言之，在《马背生涯》中，塞德曼论析了牛仔长时间的劳作、食物不足和经历的各种危险，为保护牛群甚至付出生命的代价等问题。他提供的歌曲表现出牛仔的孤寂和他们经历的艰险。塞德曼称赞牛仔为美国镀金时代财富的增长作出了巨大贡献。对牧场主的发家致富、引发的牧区战争、导致"牧牛王国"的衰落等问题，塞德曼也进行了探讨。其分析客观公正。

三、评论与再论析

在前两部分，笔者分别梳理、介绍了阿瑟顿和塞德曼的观点。阿瑟顿贬抑牛仔，褒扬牧场主。他不提牛仔的劳作，而只强调他们的"生活充满了太多的艰辛和寂寞，消遣方式枯燥无比"；在牛镇牛仔"会过度狂饮"，"寻求女性伴侣"。阿瑟顿列举这些从表面上看来的"事实"，是为了证明牛仔对美国的历史进程和文化发展没有产生影响。与这种否定牛仔"贡献"的态度相反，阿瑟顿认定牧场主是"企业家、资本家"，是"牧牛王国"的"主导者"，认为他们对美国的历史进程和文化发展作出了"巨大贡献"。塞德曼则把重点放在牛仔身上，对该群体进行了更为全面、深入和立体化的分析。他通过对牛仔长时间的劳作、艰辛生活和勇对凶险等方面的详细描述，赞扬了他们的勇敢、正直、忠于职守、冒死保护牛群等优秀品质，肯定了他们作出的重要贡献，认为牛仔是无人能替代的"美国民间英雄"，褒扬他们对美国的历史进程和文化发展产生了重要影响。对于牧场主，塞德曼对他们如何发财致富、引发牧区冲突乃至牧区战争等都有论析，但没有论及他们对美国历史进程和文化发展的贡献。《牧牛大王》和《马背生涯》面世前后相

① Lawrence I. Seidman, *Once in the Saddle: The Cowboy's Frontier, 1866-1896*, pp. 124, 126.
② Ibid., pp. 149-168.

差 12 年。当时学术界对这两本著作是如何评价的呢？

阿瑟顿在 1961 年出版《牧牛大王》时，选择了对他有利的三则评论附在他著作的封底。第一则摘自乔·B. 弗朗茨在《密西西比河流域历史》上发表的评论。摘文曰："这是首次真正尝试将牧牛大王作为一个管理者和雇用者阶层写成论文……所有研究美国创业精神、美国社会史或美国西部的人都应参阅此书"。第二则为雷·艾伦·比林顿在《芝加哥论坛报》发表的摘录。摘文写道："与之前的传统新形象相比，阿瑟顿在书中所描述的牧牛区的新形象同样富有浪漫色彩；他尽最大努力，津津有味并兴致盎然地生动刻画并描写了牧牛战争"。第三则录自 B. W. 奥尔雷德刊在《农业史》上的评论，摘录称："阿瑟顿教授写了一份关于牧场主的先驱在其西部栖息地的才智的评估。文章新鲜有趣，生动尖锐，有可能是针对这一复杂课题所提出的最好文献的评论"[1]。这三则摘文指明，像阿瑟顿这样为牧场主著书立说尚属第一次，并且写得浪漫有趣，生动尖锐，特别是对"约翰逊县战争"和牛镇骚动描述得津津有味。评论者还认为《牧牛大王》是一些研究专题史的参考书。这些评论是宣传他的书所需要的。然而，这些评论对阿瑟顿书中的观点正确与否，均未涉及。

《牧牛大王》出版的第二年，《印第安纳历史杂志》第 2 期也刊发了几篇评论文章。艾伦·T. 诺兰评论道："美国西部史学家们认为刘易斯·阿瑟顿教授的《牧牛大王》是一部有新意并有价值的著作。刘易斯·阿瑟顿教授把经济史的一些方法和假设用到了牧业边疆。在本书中，作者把牧场主定义为企业家、资本家和铁路建造者。因为牧场主是牧牛王国的主导者，他们对美国西部和美国文化的深远影响具有巨大的贡献。具体而言，作者使用'群体特性'来分析牧场主们。相反，作者却把牛仔们描述为'马背上的雇工'，对美国历史的进程没有什么影响"[2]。诺兰的这一评论，归纳了美国西部史学家对《牧牛大王》的评价、阿瑟顿的研究方法及其主要观点。《牧牛大王》之所以被认为"有新意并有价值"，是因为在此之前，还没有学者把牧场主定义为"企业家、资本家和铁路建造者"。阿瑟顿把经济学的一些研

---

[1]　Lewis Atherton, *The Cattle Kings*, back cover.

[2]　Alan T. Nolan, "Book Reviews", *Indiana Magazine History*, vol. 36, No. 2, 1962, p. 17.

究方法，以"群体特性"论析牧场主也有别于其他研究牧业边疆的著作。诺兰概括了阿瑟顿褒扬牧场主和贬抑牛仔的主要观点，但对这种观点正确与否未作评论。

同期的《印第安纳历史杂志》上还有唐纳德·J. 伯思朗的一篇评论。该文中，伯思朗主要概述了《牧牛大王》论述的重要问题及其主要观点。在婚姻家庭关系上，阿瑟顿认为牧场主要妻子遵循丈夫的训诫，并使他们的妻子同样受人尊敬。阿瑟顿认为，牧场主在西部追求的是财富，而不是冒险。为了筹集到所需要的资本，牧场主们控制了各种经济组织来筹措资金。与此同时，一些牧场主也把自己的资本投资于其他行业，甚至土地投机。牧场主们都尽力避免各种风险给牧牛业带来损失。伯思朗在概述了《牧牛大王》的主要内容观点后，总结道："阿瑟顿教授考察了大量一、二手资料来撰写这部著作，为对牧业边疆这段历史不甚了解的人提供了详实的论述"①。伯思朗的评论有助于读者了解《牧牛大王》的主要内容和主要观点，但他对阿瑟顿的观点依然只有介绍，而没有涉及评论者是否同意。

1964 年，迈克尔·S. 肯尼迪首次明确表达了他对阿瑟顿观点的看法。肯尼迪于这一年选编、出版了《牛仔与牧场主》一书。在该书的"绪论"中，肯尼迪引用了阿瑟顿在《牧牛大王》中表述的主要观点，并做了否定的评论。肯尼迪写道："刘易斯·阿瑟顿认为很有必要写成《牧牛大王》这样一大本书，以偿还对这些'大人物们'长期的欠账"。他说，"因为'我相信，在塑造文化发展方面，牧场主远比牛仔重要，而且也更加激动人心。牛仔作为被雇用的马背雇工，由于受低层次环境的拖累，对美国的历史进程的影响极为有限……'"肯尼迪很不赞同阿瑟顿的观点，他以蒙大拿的实际情况进行了反驳。肯尼迪称，在蒙大拿，有太多的牛仔最后都成了牧场主，牛仔出身的"牧牛大王"比例非常高。他先列举了格兰维尔·斯图尔特等四个牧场主的例子，又进而以"特迪·布卢"·阿博特为例，说他在做牛仔时就已光彩照人，后来的大半生都是一个成功的牧场主。肯尼迪还提到了查利·拉塞尔，一个自谦为"穷"牛仔的看马人和驯马人，最终却成为了美国开放牧区时代闻名于世的最重要的艺术家。肯尼迪进而评价说，

① Donald J. Berthrong, "Book Review", *Indiana Magazine History*, vol. 36, No. 2, 1962.

"阿瑟顿的观点更像是在讲述一个将军眼中的战地故事"。其实就一个战场而言，"军队的数量总是多得难以计数。因此，本书中不光有牧场主，还有为数更多的牛仔，和关于牛仔的讨论"。肯尼迪坚信，这样的写法才是"平衡的"。肯尼迪还谈及他用以进行论证的事实材料，这些材料都没有经过任何编辑曲解，它们也恰好能验证肯尼迪的想法的正确性，而与阿瑟顿的观点"不一致"。①

对塞德曼《马背生涯》的最早评论，则被印制在该书精装本的扉页上，作为出版社对该书的内容简介。短文阐明了"长途驱赶"的重要意义。文称：内战后，得克萨斯的赶牛人踏上赶牛小道，把牛群赶到铁路沿线的牛镇。1860—1890年有600万头长角牛被驱赶，"牧牛王国"由此形成。每年有数不清的牛被赶上牛道，再经火车运来芝加哥，为密西西比东部工业区的工人提供肉食。据此，短文肯定："牧牛王国是边疆生活最后一部史诗，牛仔是史诗中的英雄"。短文接着又连连发问："牛仔是谁？他们来自哪里？他们作为骑手、作为普通人、作为肉类产业工人经历的性质是什么？"紧随的回答是："在本书中，劳伦斯·塞德曼查阅了大量鲜为人知的回忆录和牛仔的自传，来讲述牛仔鲜活而重要的历史事实"②。简短的内容介绍，把因长途驱赶而形成的"牧牛王国"称之为边疆生活的"最后史诗"，而牛仔是"史诗中的英雄"。塞德曼是用真实的历史事实来写牛仔英雄。

《纽约时报》书评栏目也对《马背生涯》进行了评介，评介的主要内容印在了1973年出版的《马背生涯》简装本的封底，标题为《当西部完全开放而牛仔不只是神话之时》。该评介认为，《马背生涯》讲述的牛仔是与时下美国流行的牛仔不同的。"当前，我们对牛仔的认知来自于层出不穷的电影、电视节目和通俗小说，它们都把牛仔被描绘成最具浪漫色彩的英雄，一直充当着'美国梦'里的角色。本书讲述了一个截然不同的牛仔故事，他是1866—1896年这一时期的实际主宰者。通过挖掘第一手的资料……重现了那一段由人、马和牛彻底改变的美国西部的非凡岁月"。该书呈现了这一时期牛仔生活的真实面貌："漫天的尘土、牛队炸群、牛道上的饥渴和提心

① Michael S. Kennedy, ed., *Cowboys and Cattlemen*, p. xi.
② Laurence I. Seidman, *Once in the Saddle: The Cowboy's Frontier, 1866-1986*, title page.

吊胆的夜晚，以及当牛仔到达牛镇，那里的沙龙、赌场、妓院等"，还杂列了"一些非常精彩的叙述文本和歌曲等"。《纽约时报》评论道，该书"很好地从历史的视角讲述牛仔现象和牧牛业……你能身临其境般地从中感受到牧区牛仔的气息"。[①] 从上面的评介我们可以了解到，《马背生涯》是用第一手资料讲述历史上真实的牛仔。作者重现了美国内战后西部"牧牛王国"兴起发展的历史，以及牛仔在牛道上和牛镇里的全部活动。塞德曼讲述的牛仔不同于美国时下用文学、影视作品虚构的"美国梦中最浪漫的"牛仔英雄。正是由于《马背生涯》讲述的牛仔的历史真实性，使它成了当时美国的畅销书。

1979 年，卡伦·德南贝格在《历史教师》第 4 期上发表了评论《马背生涯》的文章。德南贝格认为，塞德曼"用了大量第一手资料"，"全面阐释了美国牧牛王国的发展，概述涵盖了对印第安人的处理、野牛屠杀、牛仔生活、牧场主与移民的冲突"。评论认为，《马背生涯》中用了大量原始日记和其他资料，"探讨了铁路通向东部市场的问题"。德南贝格认为，"作者精确地讲述了牛仔的生活。作者查阅了报纸中和其他一手资料中关于牛仔长时间的工作、食物不定、休息不足和牛群炸群。作者提供的歌曲中体现了孤独和牛仔的冒险活动"。评论也指出了《马背生涯》一书的不足，"尽管作者使用了大量的一手资料，但是深度不够。这本书对于 9—10 年级的学生比较适用"。[②] 德南贝格较为全面地评价，指出了《马背生涯》是用大量一手资料为基础，讲述的"牧牛王国"和牛仔真实的历史。因为篇幅所限，书的内容深度不够，是适合中学生的读物。

《牧牛大王》和《马背生涯》面世以来，在美国学术界引发了一些反响和评论。但正如上面介绍的那样，对《牧牛大王》，多数评论只提及阿瑟顿是倾心尽力推崇牧场主的第一人，他在研究中引进了经济史的方法，具有新意等，少有对其所持观点作出评价的文章，只有肯尼迪表达了对阿瑟顿的观点的不赞同。对《马背生涯》，评论者都认为塞德曼写的是"牧牛王国"和牛仔的真实历史。他对牛仔的艰苦劳作、艰辛生活、他们在马背生涯中经历

---

① Laurence I. Seidman, *Once in the Saddle: The Cowboy's Frontier, 1866-1986*, back cover.

② Karen Denenberg, "Review", *History Teacher*, vol. 12, No. 4, 1979, pp. 581-582.

的凶险、他们对美国历史进程和文化发展的贡献乃至他们在牛镇的不良活动，都做了历史的、真实的讲述，可信度强。评论也指出了《马背生涯》深度不够的问题，这可能是因为该书的对象是青少年的原因。对这样的读者，历史应写得真实且简明扼要，而非深奥难懂。

从阿瑟顿和塞德曼所持的观点中，反映出这样几个问题：其一，财富是怎样产生的？其二，历史是谁创造的？其三，对历史人物的评价是否应持"双重标准"？

阿瑟顿和塞德曼把财富的产生归结于不同的人和不同的方式。在《牧牛大王》一书中，阿瑟顿把牧场主定义为企业家和资本家，是财富的创造者，而使财富增加的是资本。他写道："当然，在牧牛王国最兴盛时期，资本在生产三要素中一直是最值钱的。廉价土地和开放牧区初创并继续支撑着牧牛的狂热，茫然的年轻人为图牛仔的虚名，愿意低工资工作。然而，在整个时期，利润仍然是高的"[1]。阿瑟顿认为，19 世纪 80 年代后期，"牧牛王国"普遍的经济状况是土地廉价、雇工成本低，但资本稀缺。[2] 为了筹集到急需的资本，牧场主们尽力挖掘利用各种经济组织。阿瑟顿详细讲述了得克萨斯大牧场主查尔斯·古德奈特、怀俄明"斯旺土地牧牛公司"总经理约翰·克莱等四处筹集资本的活动，从银行乃至个体经济组织，都不放过。[3] 在阿瑟顿看来，在"牧牛王国"兴起和发展的过程中，只有"资本"自始至终创造了最高的利润。牧场主投入的资本越多，他所获得的利润也越多，其财富就增长得越快。在早期个体牧场时期，牧场主还能与牛仔一起劳作，参与牧牛和售牛。进入 19 世纪 80 年代，牧场公司化后，牧场主和牧牛公司的经理们不再参与牧场上的劳作，他们把主要精力放在资本的筹集上。他们认为，筹集的资本越多，财富就增长得越多。阿瑟顿称赞牧场主们这种致富方式，认为资本创造财富。

塞德曼所持观点与阿瑟顿不同。在《马背生涯》中，塞德曼肯定地说："对镀金时代的财富，牛仔贡献很多"[4]。这清楚地表明，塞德曼认为是牛仔

---

[1]　Lewis Atherton, *The Cattle Kings*, p. 192.

[2]　Ibid., p. 171.

[3]　Ibid., pp. 182-186.

[4]　Laurence I. Seidman, *Once in the Saddle: The Cowboy's Frontier, 1866-1986*, p. 188.

们长期的艰苦劳作创造了美国镀金时代的财富。也就是说，牧场主们增长的大量财富主要是由牛仔们长时间的艰苦劳动创造的。为了阐释这一观点，塞德曼选取了"牧牛王国"中最具特色的劳动环境，详细描述牛仔们长时间的艰苦劳作。其一是美国历史上壮丽的篇章"长途驱赶"。其二是严重的牧区天灾"1886 年和 1887 年美国西部历史上罕见的暴风雪"。在长途驱赶中，即使没有突发事件，牛仔们在马背上的工作时间都比在牧场劳作时间长。他们夜里只能休息五六个小时。如果遇到牛群炸群等突发事件，他们整夜甚至连续几天都无法休息。一次"长途驱赶"历时少则 2—4 个月，多则长达半年。正是靠牛仔们在"长途驱赶"中长时间的艰苦劳作，才实现了牧场主赚钱的目的。在那两场历史上罕见的暴风雪中，在冰天雪地中冒死奋力在峡谷、冰水中拯救牛群的是牛仔，而见不到牧场主的踪影。牛仔们以长时间的劳作使一些牛群被保护下来。这样就可以减少牧场主的损失。暴风雪过后，牧场主的牛群又可以被赶往牛镇出售，变成财富。

在财富是如何产生的问题上，塞德曼的观点更符合历史唯物主义，只不过未能深入探及资本靠劳动创造剩余价值的根本。马克思指出："资本是死劳动，它像吸血鬼一样，只有吮吸活劳动才有生命，吮吸的活劳动越多，它的生命就越旺盛。"[①] 在美国西部牧区，牧场主用以购买廉价土地和牛群等投资是死劳动，而牛仔在牧场或牛道上的劳作是活劳动。牧场主就是靠剥削牛仔们的劳动，创造出最大化的剩余价值，使其资本不断增加而发家致富的。首先，正是牛仔们的劳动，实现了资本的保值和增值，带来了财富的不断增加。如果没有牛仔们在牧场上放牧管理牛群，那么牛就会跑向荒野，变成无主的野牛。如果没有牛仔春秋两季的"赶拢"，那么几个牧场主的牛会混杂在一起，牧场主们便无法分割他们的财产。如果不是牛仔们把牛群从得克萨斯赶往牛镇出售，那么牛在当地就没有市场价值，即使牛再多也增加不了牧场主的财富。如果不是牛仔们在暴风雪中舍命保护和抢救牛群，那么牧场主们只能望着他们的牛变成僵尸。他们的财富怎能不断增加呢？正是牛仔们艰辛的劳动，保护了牧场主的财富，并创造了财富的不断增长。其次，剥削牛仔的劳动，只支付牛仔们低微的工资，也是牧场主们财富迅速积累增加

---

① 马克思：《资本论》第 1 卷，人民出版社 2004 年版，第 269 页。

的重要原因。只对牛仔们支付低廉的工资，有效降低了生产的成本，保证了绝大部分利润流入牧场主们的腰包。这是牧场主们主动的剥削性行为，并不是像阿瑟顿讲的那样，牛仔们只为了虚名而愿意接受低微的工资。在牧场主们暴富的年代，牛仔们也曾为增加工资或为至少不降低工资举行过罢工（对此后面有专门论述），但牧场主们凭借其政治和经济优势，把罢工的牛仔挫败了。牧场主们为维护其私利，只付给牛仔低工资。如果不是牧场主以其资本不断吮吸牛仔的劳动，他们就不会在牧牛业繁荣的年代暴富。牧场主们之所以与不同时代的"钢铁大王"、"石油大王"那样成为"牧牛大王"，是对牛仔长期艰苦劳动剥削的结果。

　　在历史由谁创造的问题上，阿瑟顿与塞德曼持相反的观点。阿瑟顿认为牧场主是"牧牛王国"的主导者，对美国西部、对美国历史进程和文化的发展具有重大影响。他认为牛仔受低层次环境的影响，对美国历史和文化的发展没有什么贡献。[①] 自从1893年弗雷德里克·J. 特纳奠定"边疆学派"的基础后，以特纳为代表的"边疆学派"强调研究西部开拓进程的西进史学，很多著作都冠以边疆的名称，如雷·艾伦·比林顿的《向西部扩张：美国边疆史》。这本著作于1949年出第一版，以后数版书名未变。书中一些章也以边疆为标题，如"采矿者的边疆"、"牧场主的边疆"和"农场主的边疆"等等。[②] 比林顿把牧场主作为牧牛边疆史叙述的主体。阿瑟顿与比林顿一脉相承，也是把牧场主作为"牧牛王国"的主导者对待。塞德曼的观点则与美国传统的史学观点不同。他认为"牧牛王国"是牛仔的边疆，开发牧业边疆的时代是牛仔的时代。塞德曼认为"牛仔的时代发生在镀金时代。它是美国人民创建工业帝国中所获巨大成就的一部分"[③]。从这些明确的表述中我们可以看到，塞德曼秉持的是人民群众是历史的主人，是历史的创造者的立场。在他看来，是数万名不同年龄、不同肤色、不同族裔、不同国籍的牛仔，以他们长期艰苦卓绝的马背劳作，缔造起一个疆域辽阔的"牧牛王国"。"牧牛王国"繁荣主要是牛仔的劳作创造的，这个繁荣的时代

　　① 　Lewis Atherton, *The Cattle Kings*, p. xi.

　　② 　Ray Allen Billington, *Westward Expansion: A History of the American Frontier*, Fourth Edition, New York: Macmillan Publishing Co., Inc., 1974, pp. 529, 582, 613.

　　③ 　Laurence I. Seidman, *Once in the Saddle: The Cowboy's Frontier, 1866-1986*, pp. 187-188.

应是属于牛仔的时代。由于"牧牛王国"的兴起，满足了美国在镀金时代建造工业帝国时对肉类的巨大需求，改变了美国人的饮食结构，建成了世界上最大的肉类加工、包装、贮运企业，使芝加哥在这个产业中成为世界的中心。"牧牛王国"是美国建造工业帝国巨大成就的组成部分。塞德曼的历史观是人民群众创造历史的唯物史观。相较而言，阿瑟顿所坚持的"经济精英"即牧场主决定"牧牛王国"乃至美国历史进程发展的观点，就不符合历史的真实了。

至于为什么美国人民把牛仔作为民间的英雄，塞德曼也作了深刻的分析。他指出："与镀金时代的贪婪、把人们禁锢在贫民区和工厂相比，牛仔是作为自由选择自己的命运和有个性的英雄人物出现的。这种想象残存至今，是作为一种神话，寄托了美国人头脑中对一个把人变成机器，并残酷地对他进行剥削，在一个厚颜无耻地以阶级定位的社会中毁灭民主的平等精神的时代的厌恶情怀"①。这种使牛仔成为英雄的原因，也许是阿瑟顿无法理解的。牛仔为什么在他身处的环境已成为历史后反而名声大噪？塞德曼也作出了解释。他认为牛仔的时代"虽然仅仅持续了30年，但牛仔的生活抓住了世界的想象力。在百余年后，牧牛王国和牛仔依然具有不可思议的吸引力"②。在遍及全球的每一个角落，儿童们仍然在扮演牛仔和印第安人，成年人则观赏西部主题的影片"。阿瑟顿对这种现状非常不满。他列举了10余位著名的大牧场主，感叹道："历史给这些有创造力的艺术家准备了一个多么宏大的人物阵容啊！"③ 然而，"只有屈指可数的小说家把牧场主作为中心人物，但通常把他们描绘成缺乏个性的呆板类型"④。为了改变这种现状，阿瑟顿写了《牧牛大王》。正如迈克尔·S. 肯尼迪评论的那样，阿瑟顿用这一整本书写牧场主，为的是偿还"对他们长期的欠账"。阿瑟顿在对牧场主未成为作家描绘的中心人物鸣不平的同时，也极力贬抑牛仔英雄是许多牛仔的集合体，美国人并不愿意赋予他超人的个性。其言外之意是牛仔英雄只不过是没有超人个性的普通牛仔群体，将来应该由有"超人的个性"的人物

① Laurence I. Seidman, *Once in the Saddle: The Cowboy's Frontier, 1866-1986*, p. 188.
② Ibid., p. 188.
③ Ibid., p. 185.
④ Lewis Atherton, *The Cattle Kings*, p. 241.

取代"牛仔英雄"。阿瑟顿认为应该让牧场主取代牛仔在美国历史和文化中的角色。然而,在广大美国人的心目中,牛仔"不仅是开拓者",他"还象征着美国西进的岁月。其形象无处不在"。① 尽管阿瑟顿极力想改变这种状况,但也无力回天。迄今为止,还没有任何边疆人物能取代牛仔在美国人心目中的位置。

在评价历史人物上,阿瑟顿用的是"双重标准"。在他写《牧牛大王》时,书中的牧场主和牛仔都已成了历史人物。对于他们所做的事情,阿瑟顿不是以事论是非,而是以人论是非。在他的著作中,一个突出的例证就是婚姻、家庭和与"妓女"的交往问题。在这一问题上,阿瑟顿采取了"双重"的道德标准。如前所述,牛仔的经济状况使他们无法结婚和成家立业,他们就到妓女中找女性伴侣。很多牛仔因此得了性病,不能再从事牧区的工作。在阿瑟顿笔下,行文叙述赤裸裸,道德上的贬抑色彩毫不遮掩,跃然纸上。而对于牧场主与"妓女"的关系,阿瑟顿则行文曲婉,轻描淡写地说他们崇拜"好女人",但也认识各处牛镇的"妓女"。并进而强调一旦他们步入婚姻,就能给予家庭生活稳定。从阿瑟顿的这些表述来看,不论是牛仔还是牧场主,都与妓女交往。可是在他看来,牛仔与妓女交往是金钱交易,只图暂时的愉悦,结果得了性病;牧场主虽认识各处牛镇的妓女,但崇尚"好女人"的道德本性不变,还保持着家庭的稳定。卖淫嫖娼是有阶级社会以来就产生存在的一种腐败现象,是社会的丑恶行为,都应受到谴责。然而,阿瑟顿在谈到牛仔的这种行为时,是用很犀利的批判口吻,而对牧场主的这类行为只是轻描婉转,似乎不过是他们有稳定家庭生活的一点"浪漫"点缀。这显然是一种"双重"的标准。阿瑟顿说到牛仔的经济状况无法结婚和成家立业,只说了表面现象,并没有指出造成这一现象的真正原因。真实的原因恰恰是牧场主们为了发财致富,只支付给牛仔低工资,使这些马背雇工们没有结婚成家的经济能力。还有一个原因是,当时牧场主们明确规定不允许牛仔们结婚成家。再者,在评价牛仔的历史功过时,应把他们在牛镇几日的荒唐放在他们一生在马背上辛勤劳作所作的贡献中进行综合考察。既不

---

① William W. Sawage, Jr., ed., *Cowboy Life*: *Reconstructing an American Myth*, Niwot: University Press of Cobrado, 1993, p. 3.

能因其在牛镇的不当行为而否定牛仔一生的成绩，也不能为肯定其贡献而护短。阿瑟顿之所以如此，并认为"牧场主远比牛仔重要"，或许与他生长在一个"中产阶级价值准则"的家庭里有很大关系。①

在这一方面，塞德曼就比较客观公正。他并不否定牛仔们与"妓女"交往的不道德性。塞德曼认为，杀手、投机商、酒吧经营者、拉皮条客和妓女等蜂拥进牛镇，"带来了不道德行为和犯罪"②，并讲述了包括寻找妓女等牛仔在牛镇的主要活动和所去的场所。与此同时，塞德曼又在全面地考察了牛仔们所有的活动之后，认定他们在美国的历史发展中作出了重要贡献。

在美国内战之后，西部的开发，不仅牧畜业，其他行业都进入发展的高潮。在这个所谓的"镀金时代"，生产力飞速发展，一端是劳动强度的积累和贫穷的积累，另一端是财富的积累，各行各业的企业家、资本家、铁路大王等等应运而生。阿瑟顿认定牧场主是"企业家"、"资本家"，这是事实，但并不等于说，他们就"对美国西部和美国文化的深远影响具有重大的贡献"（阿瑟顿语）。正是他们对广大牛仔的压迫、剥削的加剧，才导致他们财富的增长、经济地位的上升和牛仔的境遇每况愈下。这正说明，牧牛王国的财富是牛仔创造的。没有牛仔的艰辛劳作，甚至付出生命，牧牛王国也不可能发展到后来的巨大规模和成就。牧牛王国的产生、发展，是广大牛仔群众辛劳的成果，牛仔对牧牛王国作出了最大的贡献，这是符合历史真实的科学结论。阿瑟顿们观点的错误在于，他们无视牛仔的艰辛劳动，无视牧场主们的财富是牛仔劳作所创造，反而歪曲事实，对牛仔们进行人身攻击、人格否定，甚至进行诬蔑。正因为其立场、观点的明显偏颇，阿瑟顿们并没有得到美国学术界更多学者的响应。

第二节　经久不衰的牛仔热点论题

美国西部牛仔一直是美国学术界研究的一个重要领域，在牛仔的鼎盛时期，就有写牛仔的著作问世。整个 20 世纪，出版的牛仔著作更是多得不可

---

①　"Lewis Atherton"，http：//shs. umsystem. edu/manuscripts/columbia/3603. pdf.

②　Laurence I. Seidman，*Once in the Saddle：The Cowboy's Frontier，1866–1986*，p. 87.

胜数。进入 21 世纪后，美国依然不断有大量牛仔著作问世。一个多世纪以来，美国有很多学者热衷于对牛仔的研究，并乐此不疲。"牛仔热"在美国经久不衰，其中不乏"热点"问题。美国西部牛仔起源是一个引起美国众多学者参与论争的"热点"问题。论争从 20 世纪 30 年代一直持续到 21 世纪，形成西班牙、墨西哥起源说与英国、美国起源说两种对立的观点。另一个"热点"问题是美国非裔牛仔的研究。美国长期存在的种族歧视和根深蒂固的"白人至上主义"的影响，致使美国学者对非裔牛仔的研究比对白人牛仔的研究晚了半个多世纪。随着 20 世纪中期美国民权运动的兴起，非裔牛仔才引起一些美国学者的关注。非裔牛仔遂成为美国牛仔研究中的重要论题，学者们从多方面、多角度来探讨非裔牛仔。迄今为止，美国学术界对非裔牛仔的研究在美国少数族裔的研究中成果较为显著。在非裔牛仔研究中，美国学者意见不一的是"非裔牛仔的人数"和在牧牛王国里有没有对非裔牛仔的种族歧视。

一、牛仔的起源

美国学术界长期存在关于牛仔和西部牧牛业起源的论争，形成了两种截然相反的观点。其一是西班牙、墨西哥起源说，其二是英、美起源说。自 1931 年沃尔特·P. 韦布提出牛仔和西部牧牛业的历史根基源于西班牙和墨西哥以来，论争持续了 70 余年。论争大体经历了三个阶段。第一阶段为 20 世纪 30 年代至 50 年代中期，主要是两种起源说的提出。在韦布之后，查尔斯·汤和爱德华·温特沃思又提出英国、美国起源说。第二阶段是桑德拉·迈尔斯和特里·G. 乔丹的论争。前者支持韦布的观点，后者重申汤和温特沃思的观点。第三阶段是 20 世纪 90 年代至 21 世纪初。持西班牙根基说的是理查德·W. 斯莱塔等人，持反对观点的仍然是修正派学者特里·G. 乔丹。多数美国历史学家认为，牛仔与西部牧牛业的历史根基与西班牙和墨西哥联系更为紧密。

（一）对立观点的提出

1931 年，韦布出版了他的经典著作《大平原》。这一著作是在美国西部史学发展史中承前启后的划时代名著，也是韦布的代表作。在《大平原》之前，美国的西部史学主要是以弗雷德里克·特纳为首的边疆学派，强调研究西部开拓进程的西进史学。韦布的《大平原》标志着侧重探讨西部本身发展变化的西部史学的开端。在西部史编纂史学中，《大平原》是第一部论述完整的范例。大平原位于密西西比河流域与落基山之间，是一片开阔的、无树木的半干旱地区。韦布在著作中概述了这一地区的定居者开拓活动的来龙去脉，综合分析了那里社会和文化的发展。这种从边疆转向地区研究的趋势，为探讨西部、特别是现代西部打开了局面。在定居者对大平原的开发中，牧业开发占有重要的地位，它先于矿业和农业的开发。故韦布在《大平原》的第六章"牧牛王国"中，用了较多篇幅来阐释"牧牛王国"的兴起、扩展，牧区生活、文化和牛仔的艰苦劳作等诸多方面。他在论述"牧牛王国"兴起时，论及美国牛仔和西部牧牛业的起源可以追溯西班牙和墨西哥的历史根基。

韦布提出"牧牛王国"的兴起经历了五个发展阶段。他写道："西班牙人和墨西哥人在得克萨斯南部和努埃西斯地区建立起他们的牧场时，迈出了第一步，当地的自然条件使一个强壮耐劳的牛种产生且变野；第二步出现在得克萨斯人接管了这些牛群，并学会了骑在马背上这种唯一能管理它们的方式；第三步是驱赶牛群北上去寻找市场；第四步是阿比林被改建成一个永久性的火车站，使牛道赶牛出售规范化以后；第五步始于装运站的过多牛群转而流向大平原有免费青草的地方。"第五步是"牧牛王国"形成的最后一步，"牧牛业覆盖了大平原"。[①]

在以上韦布关于大平原上"牧牛王国"兴起的论述中，起步阶段是由西班牙人和墨西哥人完成的，第二至五阶段是得克萨斯人，即从 19 世纪 20 年代开始不断移居那里的英裔美国人完成的。如果没有西班牙人和墨西哥人在努埃西斯地区建立牧场，牧养了大量牛群，在马背上管理、掌控牛群，那么移居到得克萨斯的英裔美国人就无法走完"牧牛王国"兴起的后四个阶段。因为"牧牛王国"的兴起必须具备两个必要的前提条件：其一是充足的牛源供应地；其二是适合在辽阔的大平原上牧养牛群的方式——牧牛人骑马管理牛群。这两个条件都是由西班牙人和墨西哥人提供的。美洲大陆的牛

---

① Walter Prescott Webb, *The Great Plains*, Waltham, Massachusetts · Toronto · London: Blaisdell Publishing Company, 1931, p. 224.

马羊等家畜是最先由西班牙殖民者带去的，这一点笔者在第一章已做了详细论析。因为从欧洲把家畜运到美洲风险大、损失多且费用高，故西班牙殖民者使用带到美洲的家畜在当地的草地上牧养、繁殖畜群。西班牙殖民者在美洲建立牧场，并把骑马管理牛群的方式也带到了新大陆。

西班牙殖民者在征服墨西哥的过程中，把家畜带到那里，并发展了在辽阔开放的牧区由骑马牧人巡游管理牛群的方法。1519 年，西班牙殖民者抵达今墨西哥城的中心地带，随后征服了原住民阿兹特克人。随着殖民势力的深入，到 16 世纪 30 年代，一些西班牙人已把他们的牛群放牧在墨西哥城西部和西北部的一些草地上。经过一个世纪，牧牛业从墨西哥城附近向北扩展了千余英里。自视为"上帝之子"的西班牙人认为骑马管理牛群有失尊严。特别是随着牛群的扩大和偷牛贼的增多，西班牙牧场主已无法照看他们的牛群。在此情况下，西班牙人只得教一些顺从的原住民骑马和在马背上管理牛群的技术。这些人便成了墨西哥骑马牧人。有些大牧场占地成千上万英亩，牛群由墨西哥骑马牧人巡游管理。1690 年，墨西哥骑马牧人开始在格兰德河岸边的大草原上放牧牛群。①

到 1821 年墨西哥摆脱西班牙殖民统治宣布独立前，西班牙人只是把牧牛业扩大到得克萨斯东南部的菱形地区。这是因为西班牙殖民者向大平原的扩张受到了多数原住民部落的坚决抵抗。西班牙人在得克萨斯的传教活动并不顺利，少有原住民愿意皈依天主教。西班牙人向大平原的扩张主要靠军事征服，但因受到原住民顽强的抵抗而受挫。因此，西班牙殖民者只是进入到大平原的边缘地带。直到 1800 年，他们也未能自由地穿越大平原。② 西班牙殖民者在吞食占领的大平原南部的地区内发展了养牛业。养牛区位于一个菱形地区内，以圣安东尼奥和印第安诺拉旧城为北、南端点，布朗斯维尔与拉雷多为东、西端点。这一地区是未来美国西部牧牛业的发源地。圣安东尼奥以南和科罗拉多河以西地区是"牧牛王国"的摇篮。在这一菱形地区，繁衍和养育了墨西哥长角牛、印第安马和美国牛仔。1821 年后，移居到科罗拉多河谷的英裔美国人（即后来的得克萨斯人）中的一些人，学着按西班

---

①　David Dary, *Cowboy Culture: A Saga of Five Centuries*, pp. 6, 27, 28.

②　Walter Prescott Webb, *The Great Plains*, pp. 86, 87.

牙方式骑马管理牛群。这些人是美国未来的牛仔。[1]　自从韦布在1931年提出美国牛仔和西部牧牛业起源于西班牙统治时期的历史根据后，这种观点变得非常流行，在24年后才有人提出挑战和质疑。

1955年，查尔斯·W.汤和爱德华·N.温特沃思出版了《牛与人》一书，挑战韦布的观点。汤和温特沃思都出生在新罕布什尔州的多佛。汤生于1875年，温特沃思生于1887年。两人是表兄弟，年龄相差12岁。汤在1897年毕业于布朗大学，并成了《纽约时报》的职员。在1898年的美西战争期间，汤也为《波士顿先驱者》工作。1902年，汤遇到布法罗·比尔·科迪（即被称为牛仔英雄的野牛比尔——笔者注）。他随科迪巡游了几年。在第一次世界大战期间，汤在法国负责招待军队的工作。战后，汤接受了"阿纳康达铜业与蒙大拿电力公司"宣传部主任的职位，到1941年退休。汤退休后移居图森，此后依靠其早年在报刊工作的经历，给全国性的杂志撰稿。他还以吉迪恩·维尔茨的笔名写了一些幽默和严肃的书。[2]　温特沃思六岁时随父母从新罕布什尔移居西部。在西部他家又先后迁居数地。温特沃思在艾奥瓦州长大成人，在艾奥瓦州立学院获理科学士和理科硕士学位。1907年秋，他开始在该学院的动物饲养系任教。1913年5月，温特沃思受邀到芝加哥，当了《饲养者报》的助理编辑。1914年9月后，温特沃思去位于曼哈顿的堪萨斯农业学院任教。他出版了一些教材和著作，是一位集编者、著者和教授于一身的专家。[3]　因为是表兄弟，且兴趣相同，汤和温特沃思两次合作著书。1946年，两人合作出版了《牧羊人帝国》。两年后，温特沃思出版了《美国的赶羊小道》。这两部著作至今仍是研究美国西部牧羊业的经典之作。[4]　1955年，汤和温特沃思再次合著出版了《牛与人》。这一著作论述了牛对人类作出的很多贡献。他们希望人要善待牛，主张人不要残酷地杀害它们，只取用牛奶就行。然而，在美国西部牧牛业的起源问题上，汤和温特沃思的观点与韦布的观点相悖。

---

[1]　Walter Prescott Webb, *The Great Plains*, pp. 208, 209.

[2]　http://oasis.lib.harvard.edu/oasis/dever/~pea00048

[3]　http://www.accessgenealogy.com/kansas/biography-of-edward-norris-wentworth.htm

[4]　Charles W. Towne and Edward N. Wentworth, *Shepherds Empire*, Norman: University of Oklahoma Press, 1946; Edward N. Wentworth, *America's Sheep Trails*, Ames: Iowa State College Press, 1948.

汤和温特沃思在《牛与人》一书中，将牧工（即牛仔）和养牛业的起点前推至英格兰人到达英属北美殖民地时。之后养牛业随着美国这个新国家建立和不断扩张而西进。他们把重点主要放在卡罗来纳殖民地，称牛从那里向西，经过佐治亚、密西西比和路易斯安那等旧南部州，后被赶入得克萨斯。两人声称在美国革命战争爆发前的若干年内，"牛仔"一词就已使用。他们认为南北卡罗来纳发展了一种把牛关在封闭的围栏里和把它们散放到乡间漫游的管理牛群的方法。这种方法是在适当时候靠牧场主骑在马上把牛围拢起来，再把它们赶入畜栏里。汤和温特沃思说，这些骑马的人在18世纪60年代前就被称为"牛仔"。他们认为，这些殖民地的"牛仔"带到得克萨斯的放牧方法、家畜装备和养的牛，其历史背景与其说是西班牙的，还不如说是英国的。[①]

沃尔特·P.韦布在世时，未对汤和温特沃思的观点进行反驳。这也许是韦布的学术地位使他对挑战者采取了学术宽容。1954—1955年，韦布任"密西西比河流域历史学会"主席；1957—1958年，他任"美国历史学会"主席。1959年《大平原》再版时，韦布只字未提对立者的观点。随后，韦布于1963年辞世。[②]因此，自1955年起，呈现关于美国牛仔和西部牧牛业起源的两种对立观点并存的局面。此后又过了14年，情况才发生改变。

（二）20世纪60年代末至80年代初的争论

20世纪60年代末，桑德拉·L.迈尔斯重申了沃尔特·P.韦布关于牛仔和西部牧牛业源于西班牙的观点。迈尔斯生于1933年，当时西部史学刚刚兴起。她的大学、硕士和博士学业都是在得克萨斯完成的，学的都是历史专业。1967年，迈尔斯获得了博士学位。在迈尔斯大学本科毕业时，西部史学的初创期已基本完成。从她硕士、博士在读，后在学校任教，直到她1991年去世，经历着美国史学的发展时期。迈尔斯教授是美国西部史、西南部边疆史和西部妇女史的专家，在1987—1988年任美国西部史学会主席。在迈尔斯教授的著作中，1969年出版的《1691—1800年得克萨斯的西班牙

---

① Charles Wayland Towne and Edward Wentworth, *Cattle and Men*, Norman: University of Oklahoma Press, 1955, pp. 131, 143, 168.

② Howard R. Lamar, ed., *The Reader's Encyclopedia of the American West*, New York: Thomas Y. Crowell Company, 1977, pp. 1247, 1248.

牧场》是重要的一部。①

在该书中，迈尔斯从 1691 年唐·多明戈·特兰赶牛群进入得克萨斯东部开始，探究了西班牙人在得克萨斯南部菱形地区建立牧场、发展牧牛业的历史过程。这一历史进程持续了一个多世纪，直到发生墨西哥革命前不久的 1800 年。在西班牙殖民者向北部推进扩张跨越得克萨斯的过程中，他们把很多牛带到了菱形地区。由于西班牙远征军和传教团不断地把更多的牛马带到得克萨斯东部，加之菱形地区丰美的牧草和有利的自然条件，有利于牛的生长繁衍。这两方面的有利条件使得克萨斯菱形地区的牛群增长得很快，在 18 世纪早期，人们在得克萨斯已经见到大量的牛群。在圣安东尼奥和拉巴伊亚地段，有一些私人牧场。在得克萨斯菱形地区，繁育大量牛马，未来牛仔的先驱——骑马牧人在马背上管理牛群。那里的牧牛业已经历了一个多世纪的发展。② 在 1800 年，得克萨斯已有三个放牧中心。纳科多奇斯基本上用于牧马；格兰德河流域向北远至努埃西斯河，放牧着大量牛群和马群；从圣安东尼奥向东扩展到瓜达卢普，向南至拉巴伊亚有很多牧场。在英裔得克萨斯人到达之前，西班牙人统治下的得克萨斯已是一个"牧牛王国"。③ 英裔美国人在 19 世纪 20 年代才开始移居得克萨斯。他们不但承继了西班牙人和墨西哥人牧养的大量牛群，而且跟墨西哥骑马牧人学会了骑马和在马背上放牛管理牛群的方法。故迈尔斯认为，美国牛仔和西部牧牛业的历史根基应追溯到西班牙和墨西哥人在得克萨斯建立牧牛场时期。④ 对于迈尔斯重申韦布的观点，《牛与人》的作者未作回应。因为查尔斯·W. 汤在迈尔斯的著作出版时已去世四年，爱德华·N. 温特沃思也已是 82 岁高龄。⑤ 多数学者经过对资料的研究后，接受了牛仔和西部牧牛业与西班牙的联系更紧密的观点。虽然迈尔斯在其著作中重申了韦布的观点，但她也受到了特里·G. 乔

---

① http：//www. tshaonline. org/handbook/online/articles/fmymg.

② Sandra L. Myres, *The Ranch in Spanish Texas*, *1691 - 1800*, The University of Texas at El Paso：Texas Western Press, 1969, pp. 11-18.

③ Ibid., p. 19.

④ Ibid., pp. 52-53.

⑤ 查尔斯·W. 汤生于 1875 年，于 1965 年去世。爱德华·N. 温特沃思生于 1887 年。See http：//oasis. lib. harvard. edu/oasis/dever/~pea00048；http：//www. accessgenealogy. com/kansas/biography - of - edward - norris-wentworth. htm.

丹的挑战。

在第二个阶段的论争中，修正派学者特里·G. 乔丹成为韦布和迈尔斯观点的挑战者，以及汤和温特沃思观点的支持者。乔丹 1938 年生于得克萨斯的达拉斯，是第 16 代得克萨斯人。他在位于奥斯汀的得克萨斯大学获得了硕士学位。在那里，特里还得遇沃尔特·P. 韦布教授。乔丹的博士学位是从位于麦迪逊的威斯康星大学获得的。1966 年，乔丹出版了他的博士论文《在得克萨斯土壤中的德国种子：19 世纪得克萨斯的移民农场主》（*German Seed in Texas Soil：Immigrant Farmers in Nineteenth-Century Texas*）。从第一次出版博士论文后，乔丹在他的一生中，独著与合著的著作和教材有 15 部。乔丹曾任过"美国地理学家学会"主席。2003 年，他因胰腺癌去世。[1]

在迈尔斯的著作出版的当年，乔丹发表论文。他以一份牧牛业从南部扩散的历史文献论述英裔美国人的牛放牧在得克萨斯，是那里牧牛业的起源。[2] 三年后，乔丹又发表论文，进一步阐释开放牧区牧牛业的起源和分布。[3] 到 1981 年，乔丹出版了《到得克萨斯的牛道：西部放牧牛的南部根基》。在书中，乔丹论述了 1611 年牛从英国被首次输入詹姆斯敦殖民地，随后，牧人开始在南卡罗来纳殖民地的"牛栏"里管理牛群。养牛业后来又从南卡罗来纳扩展到北卡罗来纳、弗吉尼亚，并向西南发展进入佐治亚。在 18 世纪，养牛业在这些地区发展起来。养牛业通过南部腹地进入得克萨斯东部潮湿的沿海平原。养牛业进一步西进到半干旱平原后，英裔牛仔的养牛习惯和技术在墨西哥骑马牧人的影响下才有所改变。[4] 虽然乔丹的《到得克萨斯的牛道》是短篇之作，但他准确地抓住了美国南部是牛仔劳作和西部养牛业之根源这一论点。[5] 在 10 余年的时间里，乔丹的论文和著作使汤和

① http://www.marysvilleonline.net/articles/2015/02/11/news/obituaries/doc54c056bc9019691656174.txt.

② Terry G. Jordan, "The Origin of Anglo-American Cattle Ranching in Texas：A Documentation of Diffusion from the Lower South", *Economic Geography*, Jan, 1969, pp. 74-78, 86.

③ Terry G. Jordan, "The Origin and Distribution of Open-Range Cattle Ranching", *Social Science Quarterly*, Vol. 33, No. 1, Jan, 1972, p. 106.

④ Terry G. Jordan, *Trail to Texas：Southern Roots of Western Cattle Ranching*, Lincoln：University of Nebraska Press, 1981, pp. 118-120, 155.

⑤ Paul H. Carlson, "A Cowboy Bibliography", Paul H. Carlson, ed., *The Cowboy Way：An Exploration of History and Culture*, Lubbock：Texas Tech University Press, 2000, p. 210.

温特沃思的观点得以重申和深化。与乔丹持相同观点的还有一些人，他们以提供历史文献来证明，早在殖民地时期，南卡罗来纳牧人就在"牛栏"里管理牛。他们力图证明美国牛仔和西部牧牛业源于旧南部，如格雷·S. 邓巴的论文便是如此。①

特里·G. 乔丹的观点受到了一些美国历史学家的反驳。1981 年，戴维·达里出版了《牛仔文化：五个世纪的传奇》。该书于 1989 年再版，是对乔丹修正论观点的回应。在《牛仔文化》中，达里教授讲述了西班牙殖民者把牛马等家畜、骑马管理牛群的方法、牧牛装备等带到墨西哥被美国兼并或割去的得克萨斯和加利福尼亚等地。他认为西班牙、墨西哥是美国西部牧牛业兴起的历史渊源。在《牛仔文化》的前四章，达里阐释了西班牙远征队和传教团带领皈依的原住民，驱赶牛队进入得克萨斯南部，在那里为了扩大牧场经营，教会了墨西哥顺从的原住民骑马和在马背上放牧牛群的方法。这些墨西哥骑马牧人成了得克萨斯牛仔的先驱。19 世纪 20 年代后，来自美国的移民，主要是旧南部诸州的移民才陆续进入得克萨斯。他们从墨西哥骑马牧人那里学会了骑马技术和在马背上管理牛群的方法，从事牧牛业经营。在美国内战后，牧牛业在不到 20 年的时间里，从得克萨斯扩展到整个大平原地区。《牛仔文化》向人们证实，牛仔和美国西部牧牛业的历史根源与西班牙和墨西哥的联系更为紧密。②

特里·G. 乔丹的观点引起多位得克萨斯历史学家的反驳，其中尤以杰克·杰克逊的著作最具影响力。在 1986 年，杰克逊出版了《牧主公会：1721—1821 年得克萨斯的西班牙放牧业》一书。杰克逊在其著作中，从 1721 年马奎斯·德·阿瓜约把数百头（只）牛羊由新莱昂带到得克萨斯南部写起，到 1821 年墨西哥摆脱西班牙殖民统治而宣布独立止，详细而清晰地论析了西班牙殖民者的牧牛业在得克萨斯一个世纪的发展状况。通过对西班牙放牧业在得克萨斯一个世纪从起步到发展的研究，杰克逊展现了西班牙式的牧牛业及其放牧者、牧牛装备、放牧管理方法如何在墨西哥产生，以及尔后再扩展到得克萨斯的历史。杰克逊认为，西班牙和墨西哥是美国牛仔和

---

① Gary S. Danbar, "Colonial Carolinian Cowpens", *Agricultural History*, Vol. 35, No. 3, July, 1961, pp. 125-130.

② David Dary, *Cowboy Culture: A Saga of Five Centuries*, pp. 2, 6, 7, 26, 42, 43.

西部牧牛业的历史根基。①

在反驳乔丹的得克萨斯历史学家中，詹姆斯·G. 瓦格纳也是有影响的一位。1987 年，瓦格纳发表了《牛仔：起源与这一术语的早期使用》一文。② 在该文中，瓦格纳反驳了汤和温特沃思宣称的在美国革命前南北卡罗来纳的家畜饲养者就已发展起了一种管理方式。他们坚称，这种管理体系是围栏和散放在乡间相结合。在适当时间，饲养者骑马把散放的牛围拢，赶进围栏中。虽然汤和温特沃思坚持说在 1760 年前，这些骑马围拢和管理牛群的人已被称为"牛仔"，但瓦格纳尖锐地指出，他们提不出有利的原始资料为其观点作证。汤和温特沃思作的脚注写道："在美国革命期间，有时把英国游击队称为牛仔或美国人的剥兽皮者"③。瓦格纳深刻指出这一脚注不仅削弱两人观点和论述的说服力，而且与美国西部牧牛业源于美国南部说是相矛盾的。④ 既然汤和温特沃思的观点和论述站不住脚，那么他们的支持者乔丹的观点也难以服人。乔丹也认为，最初的牛仔是靠围捕丢弃的墨西哥牛或偷盗墨西哥牧场的牛为生。然而，乔丹却又声称，到 19 世纪 60 年代，"牛仔"一词的含义已经改变为任何一个英裔牧场牧工。⑤ 为了表明这一改变的"牛仔"定义的正确，乔丹以 J. 弗兰克·多比的引语为证。引语称："在那年，跟随'牛仔'生活的年轻男子被叫作家畜饲养者，尽管它很艰苦，但逐渐地，他们成了它的附着部分"⑥。瓦格纳对此指出，这段引语似乎为那些年轻男子和孩子被称为牛仔提供了一个佐证，但并不是每个照料牛的英裔人很快就成为了牛仔。⑦ 在论文中，瓦格纳对汤和温特沃思及其支持者乔丹都进行了批驳。瓦格纳指出了他们的观点和论述是自相矛盾的。

---

① Jack Jackson, *Los Mesteños: Spanish Ranching in Texas, 1721-1821*, College Station: Texas A&M University Press, 1986, pp. 12, 33, 601.

② James R. Wagner, "Cowboy: Origin and Early Use of the Term", *West Texas Historical Association Year Book*, 63, 1987, pp. 91-100.

③ Charles Wayland Towne and Edward Wentworth, *Cattle and Men*, p. 168.

④ James R. Wagner, "Cowboy: Origin and Early Use of the Term", Paul H. Carlson, "A Cowboy Bibliography", Paul H. Carlson, ed., *The Cowboy Way: An Exploration of History and Culture*, p. 13.

⑤ Terry G. Jordan, *Trail to Texas: Southern Roots of Western Cattle Ranching*, p. 74.

⑥ J. Frank Dobie, *A Vaquero of the Brush Country*, Dalas: The Southwest Press, 1929, pp. 276-277.

⑦ James R. Wagner, "Cowboy: Origin and Early Use of the Term", Paul H. Carlson, "A Cowboy Bibliography", Paul H. Carlson, ed., *The Cowboy Way: An Exploration of History and Culture*, p. 14.

与第一个阶段相比，两种对立观点在第二个阶段的论争中参与者较多，争论也较激烈。一方面，多数史学家支持韦布的美国牛仔和西部牧牛业起源于西班牙和墨西哥的观点，认为这种观点更符合历史事实，论证更具说服力。另一方面，以乔丹为代表的修正派极力反对韦布的观点，力挺汤和温特沃思的观点，坚持英裔美国牛仔起源说，力图说明美国南部是西部牧牛业的发源地。乔丹也有一些支持者。在反驳乔丹的论争中，得克萨斯州的历史学家尤为积极。他们在反驳乔丹的修正观点时，也批评汤和温特沃思的观点，指出乔丹等人的观点缺乏原始史料的支持，论述缺乏说服力，对"牛仔"这一术语的使用也自相矛盾。第二阶段两种观点的论争针锋相对，壁垒分明。论争一直持续到 20 世纪 80 年代终结。

（三）20 世纪 90 年代以来的争论

第三个阶段的论争始于 1990 年理查德·W. 斯莱塔出版的《美洲牛仔》一书。理查德·W. 斯莱塔生于 1947 年，为北卡罗来纳州立大学历史教授。1974 年，斯莱塔在俄勒冈的波特兰州立大学获硕士学位。其博士学位在得克萨斯大学获得。为撰写《美洲牛仔百科全书》，斯莱塔在美国、加拿大和拉丁美洲一些国家进行考察、研究，收集了大量与牛仔相关的资料。在此过程中，斯莱塔出版了《美洲牛仔》一书。《美洲牛仔百科全书》出版后，斯莱塔又出版了《比较的牛仔与边疆》等重要论著。[①] 斯莱塔是韦布观点的支持者，反对特里·G. 乔丹等人的观点。两种对立观点第三阶段的论争延续至今。

斯莱塔在《美洲牛仔》中阐释了美国牛仔和西部牧牛业源于西班牙和墨西哥的观点。他详细述及 1494 年哥伦布首次把牛、马、羊等家畜带到今天的海地岛后，继之而来的西班牙殖民者把家畜带到加勒比海诸岛。繁衍过多的家畜又从诸岛输往西班牙的美洲大陆殖民地。1519 年西班牙殖民者到达今墨西哥城的中心地带。16 世纪 30 年代，西班牙人已在该城西部和西北部的草地上放牧他们的牛群。在此后不到一个世纪的时间里，牧牛业从墨西哥城向北扩展了千余英里，一些上万英亩的开放大牧场也建立起来。1690

---

① Richard W. Slatta, *Comparing Cowboys and Frontiers*, Norman and London: University of Oklahoma Press, 1997, p. XV; http://www.blackpast.org/contributors/slatta-richard.

年，格兰德河岸边的灌木丛中和草原上已放牧着牛群。西班牙牧场主只是骑马进城，但从不看管牛群。因为他们把照看牛群的艰苦劳动视为有损"上帝之子"的尊严。为了照料日益增多的牛群，西班牙人只得把骑马和在马背上管理牛群的技术教给皈依天主教的"印第安人"和其他非白种的墨西哥人。这些人成为最早的墨西哥骑马牧人。1690年得克萨斯成了西班牙的殖民地。随后，西班牙的远征队和传教团继续向大平原推进，牛马群和随队管理牛马的墨西哥骑马牧人也一同北进。[①]

在得克萨斯、新墨西哥、亚利桑那和加利福尼亚的方济各会的传教区中，放养家畜的是皈依的"印第安人"。西班牙人从南部（得克萨斯）和西部（新墨西哥和亚利桑那）影响了大平原。到1800年，得克萨斯的纳科多奇斯、格兰德河流域向北至努埃西斯河和圣安东尼奥等三个地区有许多大牧场，牧业经济繁荣。在整个18世纪，西班牙牧场主们从得克萨斯赶牛向东，到路易斯安那出售。西班牙牧场主让牛自由奔跑变得半野，以防不肯依顺的原住民部族袭击驱散。在准备出售时，牧场主让骑马牧人把牛"围拢"起来，被称之为"猎牛"。19世纪20年代，来自美国南部的英裔美国人在得克萨斯东部定居。他们带着驯养的家畜，凭着先前的经验，把牛圈在围栏里，大胆地准备面对"半野"的西班牙长角牛。然而，这些被乔丹称谓的英裔牛仔，在墨西哥骑马牧人的影响下，改变了其原先管理牛群的习惯和技术。这些英裔牛仔从骑马牧人那里学会了骑马、围拢牛群和打烙印的技术。在非法"猎牛"时，英裔牛仔把许多属于西班牙牧场主或由骑马牧人管理的牛占为己有，赶到路易斯安那出售。虽然乔丹提出了历史文献，证明南卡罗来纳殖民地的牧人在牛栏里管理牛群，把美国西部的放牧业追溯到南北卡罗来纳的"围栏"，但它对西部牧牛业的放牧技术、装备、用语和民俗等方面的影响是不重要的。斯莱塔认为，J. 弗兰克·多比、杰克·杰克逊和桑德拉·迈尔斯等人有说服力地论证了得克萨斯是历史因素的关键，得克萨斯和扩展到大平原的放牧业显示出西班牙的根基多于英国。[②]

特里·G. 乔丹以美国牛仔起源多元说来回应他的批评者。1993年，乔

① Richard W. Slatta, *Cowboys of the Americas*, New Haven: Yale University Press, 1990, pp. 9, 10.
② Ibid., pp. 9, 10, 18, 19, 20.

丹出版了《北美的牧牛业边疆：起源、传播和区别》。与他的修正派观点的
小册子《通向得克萨斯的牛道》相比，乔丹的这一专著是一本关于北美牧
牛业的详细且写得较好的历史著作，书中还有大量的地图和图表。乔丹认
为，墨西哥北部的天然牧草稀少，水也难以得到，特别是在酷热的夏季里，
牛因干渴难耐而广为逃散。美国大平原有优于墨西哥北部的水源，能提供优
质牧草和牲畜赖以为生的大量多种类的植物。在南部平原，牧场主们学会了
利用河谷中的宝贵水资源，在秋冬季节使人畜防范从加拿大吹来的强烈北风
造成的冰冻伤害。虽然乔丹详细阐释了北美对牧牛业发展的有利条件及牧牛
业发展状况，但在美国牛仔和西部牧牛业的起源问题上，他仍与斯莱塔等人
持不同观点。尽管数十年的研究成功表明，在牛仔和西部牧牛业的起源问题
上，西班牙的影响表现得更为突出，但乔丹提醒人们，西部牧牛业和牛仔的
起源不只是在美国南部，也在美国中西部。乔丹强调，他对牛仔起源问题的
答复最终是多方面的。①

　　1997 年，理查德·W. 斯莱塔出版了《比较牛仔与边疆》，这一著作是
斯莱塔 20 年来以比较史学的方法研究牛仔和边疆问题的论文集。在这一著
作中，斯莱塔以大量的历史例证，进一步充分阐释他在《美洲牛仔》一书
中的观点，可以视为对乔丹 1993 年新论的回应。斯莱塔对大平原从墨西哥
到加拿大的牧区发展作了历史的考察，研究了从加拿大到阿根廷的牛仔。在
《比较牛仔与边疆》这本扎实的著作中，斯莱塔把美国牛仔与南美洲和墨西
哥的加乌乔牧人（Gauchos）、南美北部草原牧人（Llaneros）、讲西班牙语美
洲国家的骑马牧人（Vaqueros）以及墨西哥牛仔（Charros）进行了比较。
通过对这些社会群体的衣着、劳作、技术、政治命运以及他们的美德和恶习
的多方面考察，斯莱塔发现在他们身上都遗留着西班牙的强烈影响。故斯莱
塔再次申明，西班牙和墨西哥是美国牛仔和西部牧牛业的历史根基。②

　　进入 21 世纪，关于美国牛仔和西部牧牛业起源的问题仍在探讨。2000
年，保罗·H. 卡尔松编辑出版了论文集《牛仔之路：历史与文化探究》。

① Terry G. Jordan, *North American Cattle Ranching Frontier*：*Origins*, *Diffusion and Differentiation*, Albuquerque：University of New Mexico Press, 1993, pp. 126-132, 221-227.
② Richard W. Slatta, *Comparing Cowboys and Frontiers*, Norman and London：University of Oklahoma Press, 1997, pp. 74-76, 83-84, 90-98.

卡尔松是得克萨斯技术大学的历史教授。到 2000 年他已出版了六本著作，发表了多篇论文。[①] 他选编的《牛仔之路》，从牛仔的劳动和生活、娱乐、神话、历史文化等多方面，探研了牛仔这一主题。书中收入了詹姆斯·R. 瓦格纳的《牛仔的起源及其术语的早期使用》，论文集编者卡尔松的文章《神话与现代牛仔》则列在 16 篇论文之首。卡尔松还在论文集中编选了 60 多本与牛仔相关的书目。在书目之前，卡尔松对美国学术界关于牛仔和西部牧牛业起源的两种对立观点及其代表作，作了简单扼要的介绍。从卡尔松选文的取向和他的评论中，我们可以看出他是支持美国牛仔和西部牧牛业源于西班牙和墨西哥的历史根基说的。关于美国牛仔和西部牧牛业起源的论文很多，而卡尔松只选了瓦格纳的文章。前面已论及瓦格纳的文章批驳了汤和温特沃思与乔丹的观点，这里不再赘述。在简介关于美国牛仔和西部牧牛业起源两种对立观点的主要代表作时，卡尔松对乔丹的修正派观点批评尖锐。在介绍《通向得克萨斯的牛道》时，卡尔松称该书的作者乔丹是一个擅长文化地理谱系的傲慢的修正派学者，其著作是一本关于牧牛业起源的修正派的简短论述。卡尔松强调，在争论中，乔丹的观点受到历史学家、特别是得克萨斯历史学家的反驳。相反，卡尔松对杰克逊的《牧主公会：1721—1821 年得克萨斯的西班牙放牧业》却大为赞赏，说杰克逊在著作中详细而清晰地讲述了得克萨斯的西班牙放牧业。他称赞这一获奖著作在反驳乔丹的观点时做了最好的辩驳，给人留下深刻的印象。[②] 由此可见，卡尔松是支持美国牛仔与西部牧牛业源于西班牙和墨西哥的观点的。《牛仔之路：历史与文化探究》在 2006 年再版。此时乔丹已去世三年。由上可见，关于美国牛仔与西部牧牛业起源之争延续到了 21 世纪头 10 年中期。

在第三个阶段论争中，两种对立观点的代表者分别是理查德·W. 斯莱塔和特里·G. 乔丹。斯莱塔持美国牛仔和西部牧牛业的西班牙和墨西哥根源说。乔丹则把他坚持的美国南部起源说改变为美国南部和中西部多方面起源说，这是他对自己修正派观点的再修正。这是因为经过前两个阶段 60 余年两种观点的论争，越来越多的研究成果和现代知识证明，在美国牛仔和西

① Paul H. Carlson, ed., *The Cowboy Way: An Exploration of History and Culture*, Lubbock: Texas Tech University Press, 2000.

② Ibid., pp. 11-20, 210, 214.

部牧牛业的起源上，表现出了西班牙的强烈影响。在此情况下，乔丹才以多方面因素起源说来维护他的美国南部起源说。在第三个阶段的论争中，斯莱塔的两部著作对美国牛仔和西部牧牛业起源的研究更加深入，其观点和论证更具说服力。1981 年 10 月，斯莱塔向在圣安东尼奥举行的"西部历史学会"的会议上提交了比较研究的论文《阿根廷加乌乔牧人与大平原牛仔》。①在撰写《美洲牛仔》的过程中，斯莱塔得以在美国、委内瑞拉、加拿大进行研究和写作。《美洲牛仔》是以比较史学的方法写成的。从哥伦布到牛仔起源，斯莱塔专门写了一章。斯莱塔的《比较牛仔与边疆》是在他近 20 年撰写的多篇研究论文的基础上，加上在写作《美洲牛仔》时在多国完成的新的比较研究论文，撰写成由 10 章构成的专著。② 这两部著作对美国牛仔和西部牧牛业起源的论述更为扎实和更具说服力。

进入 21 世纪以来，我们尚未见到坚持美国牛仔和西部牧牛业美国南部起源的论著。这可能与这一观点的重要代表者乔丹在 2003 年病逝有一定关系。今后，关于美国牛仔与西部牧牛业起源的两种观点的论争是否还会继续？这有待我们继续去关注美国学术界的动态。

（四）余论

综观美国学者关于美国牛仔和西部放牧业起源的 70 年论争，笔者认为，西班牙、墨西哥起源更符合历史事实，而美国南部起源说欠说服力。这可以从三个方面作些比较分析。

首先，西班牙牛进入得克萨斯和大平原西部地区的时间远远早于英国牛（美国东部牛）。依照西班牙、墨西哥起源说，美国牛仔及其装备的演进至少要回溯到 1519 年西班牙殖民者对墨西哥的征服。在征服墨西哥的过程中，西班牙征服者带入了马牛羊等家畜。③ 西班牙殖民者占领墨西哥城后，又把牧牛业推进到墨西哥的中心地区。1690 年，在格兰德河沿岸的灌木丛地带和草原上放牧牛群。在西班牙殖民者征服得克萨斯的过程中，殖民军和传教团带着牛马北进。17 世纪末至 18 世纪初，得克萨斯牛的数量增长很快，南

---

① Richard W. Slatta, *Comparing Cowboys and Frontiers*, p. xii
② Ibid., p. xiii, xv, vii-viii.
③ Fay E. Ward, *The Cowboy at Work*, Norman and London：University of Oklahoma Press, 1958, p. 3.

部菱形地区成了美国西部"牧牛王国"兴起的摇篮。① 相反，在美国南部起源说中，牛是在 1611 年首次输入詹姆斯敦。18 世纪，"围栏"饲养的牛从南卡罗来纳运到北卡罗来纳、弗吉尼亚和西南部地区。到 19 世纪 20 年代，俄亥俄河流域才见到一些 100—300 头的牛群。在 19 世纪 20 年代，一些英裔美国人才带着他们饲养的牛进入得克萨斯东部。② 因此，美国牛进入得克萨斯的时间比西班牙牛晚了一个世纪。

其次，在 19 世纪 20—30 年代，得克萨斯的西班牙牛远远多于美国牛。根据 1830 年的统计，得克萨斯有 10 万头牛。其中西班牙牛为 80%，美国牛（包括少量法国牛）约为 20%。西班牙牛中的 80%分布在格兰德河和努埃西斯河流域，其中十之八九为西班牙纯种牛，大部分是野牛。这些牛活动在占今天得克萨斯州 4/5 面积的格兰德河与雷德河之间。③ 西班牙牛在得克萨斯草原上繁衍生息了一个世纪后，美国牛靠着墨西哥政府优惠的移民政策才随它们主人移居得克萨斯。

再次，美国西部牧区由牛仔骑马在马背上管理牛群的方式，是由西班牙殖民者带到墨西哥传给墨西哥骑马牧人，而后扩展到得克萨斯乃至整个大平原的。自视为"上帝之子"的西班牙牧场主厌恶管理牛群的艰苦劳作，便把骑马和在马背上管理牛群的技术教给皈依顺从的原住民和非白种人。这些为牧场主管理牛群的骑马牧人，从殖民地时期起就是墨西哥社会的低层社会群体。由得克萨斯扩展到大平原的牧牛业，都是开放的大牧场，骑在马背上管理牛群。美国南部起源说的牛都是在围栏中饲养的。持此说的乔丹等人强调"围栏"中的牛也放到乡间，主人们约定时间，围拢牛群，打上确定归属的烙印。然而，这类活动的进行多是步行而不是骑马。19 世纪 20 年代英裔美国人带着饲养的牛移居得克萨斯后，很快放弃了"围栏"养牛。这些美国移民利用墨西哥政府优惠的土地政策，建立起了大牧场，让他们的黑人奴隶或雇用牛仔从墨西哥骑马牧人那里学会了在开放的大牧场上骑马管理牛群的技术。即使到 19 世纪 80 年代，"围栏"牧场代替"开放"牧场以后，

---

① David Dary, *Cowboy Culture：A Saga of Five Centuries*, pp. 37, 38; Walter P. Webb, *The Great Plains*, p. 214.

② Richard W. Slatta, *Cowboys of the Americas*, p. 18.

③ Ibid., pp. 18, 19.

因为大牧场的面积多达数万乃至数百万英亩，牛仔们也仍需要在马背上管理牛群。所以，在美国西部牧区传入发展起来的是西班牙—墨西哥式的在马背上管理牛群的生产方式，而不是美国南部在"围栏"里小规模养牛的方式。

　　既然美国牛仔和西部牧牛业西班牙、墨西哥起源说更符合历史的真实，那么为什么在美国学术界还会产生两种起源说的70年论争呢？这与第二次世界大战以后修正史学的兴起不无关系。修正史学是要修正传统的观点，强调美国因素对历史的主导和影响。在美国牛仔和西部牧牛业起源的论争中，我们可以看到修正史学与传统史学的博弈。

二、非裔牛仔的三个问题

（一）非裔牛仔人数与比例

　　在非裔美国牛仔的研究中，争议最大的第一个焦点，莫过于非裔牛仔的人数和他们在牛仔总数中所占的比例。小威廉·W.萨维奇的《牛仔英雄：在美国历史和文化中的想象》一书于1979年出版。此前，虽然在一些论著中提到了美国牛仔的总人数和非裔牛仔的数量，但从未有人提出任何质疑。萨维奇在他的著作中，对菲利普·德拉姆和埃弗里特·L.琼斯在他们的论文和著作中提出的非裔牛仔人数进行了严厉的批评，并抨击其他著作。

　　关于牛仔总数和非裔、墨裔牛仔所占比例的记载，出现在由J.马文·亨特于1925年编辑出版的《得克萨斯的赶牛人》一书中。书中收录了乔治·W.桑德斯的长文《牛道的反思》。桑德斯称："1868—1895年，约有3.5万人与牛群一起踏上了牛道"，"大约有1/3成员是黑人和墨西哥人"。[①]在此之后，大量与牛仔相关的论著都没有再涉及这个问题。直到1955年，乔·B.弗朗茨和小朱利安·欧内斯特·乔特在《美国牛仔：神话与现实》一书中提及，在1870—1885年，有4万多名牛仔与牛群一起前往目的地，但并未涉及非裔牛仔。[②]

　　20世纪60年代中期，菲利普·德拉姆和埃弗里特·L.琼斯在论文和

[①]　George W. Saunders, "Reflections of the Trail", J. Marvin Hunter, *The Tall River of Texas*, Austin: University of Texas Press, 2000, p. 453.

[②]　Joe B. Frantz and Julian Ernest Choate, Jr., *The American Cowboy: the Myth and the Reality*, 1955, p. 34.

专著中，不但论及非裔牛仔的人数，还涉及非裔牛仔占牛仔总数的比例。两人在 1964 年发表的《马背上的奴隶》一文中写道："在 3.5 万名牛仔中有 5,000 多名黑人"。① 在次年出版的专著《黑人牛仔》中，他们又论及内战后从得克萨斯踏上牛道的牛仔中，有 5,000 多人是"黑人"，在一个由 8 人组成的典型赶牛队中，有 2 名或 3 名是"黑人"②。继德拉姆和琼斯之后，一些有影响的论著都开始重视非裔牛仔的人数和比例问题。1969 年，肯尼斯·W. 波特在《1866—1900 年西部牧牛业中的黑人劳工》一文中，引用了桑德斯文章中提出的牛仔总数、非裔牛仔和墨裔牛仔所占的比例后，进一步写道："人员的组成白人高于 63%，黑人为 25%，墨西哥人约少于 12%"；他认为"有 8,000 或 9,000 黑人牛仔参加了长途赶牛"。③

进入 20 世纪 70 年代，一些著作和工具书也都涉及非裔牛仔的人数和比例问题。1973 年，罗伯特·V. 海因出版的《美国西部：一部解释性的历史》，是美国西部史的一部重要著作。在第 9 章"牛仔与男性崇拜"中海因写道，黑人是"牧牛王国"的"主要劳动力来源之一"。他引用了德拉姆和琼斯所提出的"把牛群赶往北部的人中有 1/3 是黑人和墨西哥人，黑人占 1/4 的比例"。④ 这是对德拉姆等三人的非裔牛仔研究成果的充分肯定。同年，威廉·L. 卡茨的《黑色的西部：文献与图片史》出版，其中第 6 章专写非裔牛仔，其他章节还有涉及这一部分的论析。卡茨写道："内战以后，在最后边疆的牛仔中，有 5,000 名黑人帮助把牛群赶上了奇泽姆小道。一个典型的 8 人赶牛队，通常包括 2 名黑人牛仔"⑤。1974 年，雷·A. 比林顿的《向西部扩张：美国边疆史》（第四版）出版。这是一部关于美国边疆史的经典之作。比林顿写道："参加长途赶牛的 3.5 万人中，足有 1/3 是黑人或美籍墨西哥人。其中黑人超过 5,000 名，一个长途赶牛队中通常有两三

---

① Phillip Durham & Everett L. Jones, "Slave on Horseback", *The Pacific Historical Review*, p. 405.

② Phillip Durham & Everett L. Jones, *The Negro Cowboy*, pp. 44-45.

③ William W. Savage, Jr., *The Cowboy Hero：His Image in American History and Culture*, Norman：University of Oklahoma Press, 1979, p. 6.

④ Robert V. Hine, *The American West：An Interpretive History*, Boston：Little Brown & Company, 1973, pp. 131-132.

⑤ William L. Katz, *The Black West*, p. 146.

个黑人牛仔"①。这位西部史权威不仅把德拉姆和琼斯的论述写进他的著作里，而且还称赞《黑人牛仔》是"精心写成的著作"，认为波特的《西部牧牛业中的黑人劳工》一文"对这一问题作了进一步探研"。② 可见，在 20 世纪 70 年代中期，有影响的边疆史、西部史和黑人史著作都认可了德拉姆和琼斯关于非裔牛仔的观点，肯定他们的研究结束了非裔牛仔长期被无视的问题，具有重要意义。

小威廉·W. 萨维奇却对德拉姆和琼斯的研究持完全否定的态度，且批评甚为尖刻。他在其著作中，对《黑人牛仔》关于非裔牛仔的人数和所占比例的观点进行了猛烈的抨击。他指出，"在 3.5 万牛仔中也许有 5,000 多名黑人牛仔"的观点"仅仅是一种推断"，"是虚构的，有待考证"。③ 为此，萨维奇进行了烦琐的考证。

萨维奇考证的第一步，是证明德拉姆和琼斯提供的数字所依据的前提不可靠。他认为德拉姆和琼斯提出的 5,000 名非裔牛仔的推断的前提基于桑德斯文章中所提供的数字。为了证实德拉姆和琼斯提供的黑人数字是虚构的，萨维奇首先要考证桑德斯提供的一些数字是"捏造"的。因为 19 世纪晚期美国西部的牧场主们没有雇用牛仔的档案记录，而只有出售牛数量的一些记载，所以雇用牛仔的人数是依照售牛量推算的。基于这一事实，萨维奇经过查考，发现当时流行的从 1866—1885 年被驱赶到北部的牛为 600 万头的数量，只是桑德斯与大牧场主查尔斯·古德奈特协商的。④ 他在《牛仔》一书中找到了记录这一协商的证据。⑤ 接着，萨维奇根据被赶出的牛为 400 万—600 万头的流行的说法，一个赶牛队按由 8—10 人组成，每次赶牛量为 2,000—2,500 头，以及桑德斯提供的 3.5 万名牛仔和 1/3 的牛仔至少参加了一次赶牛的数字进行了列表计算。计算的结果是以最多的牛总量、赶牛队或 8 人、或 10 人，则牛仔总数分别为 2.4 万—1.92 万或 3 万—2.4 万。这

①　Ray A. Billington, *Westward Expansion: A History of the American Frontier*, 4th Edition, New York: Macmillan Publishing Co., Inc., 1974, p. 593.

②　Ray A. Billington, *Westward Expansion: A History of the American Frontier*, p. 593.

③　Phillip A. Rollins, *The Cowboys*, Revised and Enlarged Edition, New York: Charles Scribner's Sons, 1963, pp. 10-11, 388.

④　William W. Savage, Jr., *The Cowboy Hero: His Image in American History and Culture*, pp. 8-9.

⑤　Phillip A. Rollins, *The Cowboys*, Revised and Enlarged Edition, pp. 10-11, 388.

就远远达不到桑德斯提供的 3.5 万人。萨维奇依据他的计算，批评桑德斯这位昔日的"驱赶者协会"的主席为了维系西部牧场的传统和牛仔的永久神话，在他自传性的怀旧文章里，"捏造了一些数字"①。

　　萨维奇的第二步，是考证德拉姆和琼斯的推算站不住脚。在证实了桑德斯 3.5 万个牛仔的数字不可靠之后，萨维奇批评德拉姆和琼斯援引桑德斯提供的参与赶牛的牛仔数字，并顺水推舟，提出有 5,000 名"黑人"牛仔在其中是站不住脚的。萨维奇指出，如果按照德拉姆和琼斯所建议每 8 个牛仔中有两三个是黑人来计算，那么"黑人牛仔就占了全部牛仔的 25% 至 37.5%"，"这就意味着在桑德斯提出的 3.5 万个牛仔中，黑人占了 8,758 到 13,125 人"。其结果是德拉姆和琼斯提出的 5,000 牛仔的数字就太保守。萨维奇以此指出，德拉姆和琼斯提供的"黑人牛仔数字和赶牛队的种族构成是矛盾的，站不住脚的"。他进一步指出，如果不去理会这些实际上不可靠的数字，"那么我们就会明白德拉姆和琼斯是与他们所杜撰的牛仔代表伊萨姆·达特、纳特·洛夫、比尔·皮克特等沆瀣一气的"。在此，萨维奇作注，列举了洛夫等非裔牛仔的自传。② 他更以讥讽的口吻写道："在整本书里，德拉姆和琼斯假定的 5,000 黑人牛仔只有 83 人有名字可查。"萨维奇在批评桑德斯捏造牛仔数字、德拉姆和琼斯虚构非裔牛仔人数的同时，还责备《美国牛仔：神话与现实》的两位作者"没有任何证据，竟断然宣称有 4 万牛仔参加了长途赶牛。"③

　　在否定桑德斯、德拉姆和琼斯的基础上，萨维奇表达了对当时牛仔史研究状况的不满。萨维奇责备评论家不假思索地对《黑人牛仔》的重要性大加赞赏。他不满美国史学家的某前辈亦表赞同，并把德拉姆和琼斯著作的"成果"吸收到自己再版的权威教材中。对此，萨维奇在注 14 中特意列举了比林顿的《向西部扩张：美国边疆史》（第四版）和卡茨的《黑色的西部》等著作。萨维奇对德拉姆和琼斯的《黑人牛仔的历险》一书也表达了强烈的不满。他责备这一在《黑人牛仔》的基础上为青少年改写的教材

---

① William W. Savage, Jr., *The Cowboy Hero: His Image in American History and Culture*, p. 7.

② Ibid., p. 9, 注 13.

③ Ibid., p. 9.

"更适合于时下流行的种族研究"①。他进一步指出美国的牛仔研究存在两方面的问题。一方面在历史编撰中掺杂着实用主义谬误，因为它"为社会目标来选择有用的事实，且迅速而直接"②。另一方面，它代表了对牛仔学术研究匮乏的主要范例。萨维奇认为的牛仔学术研究匮乏主要指的是波特的《西部牧牛业中的黑人劳工》一文。他认为波特注意到了资料的匮乏，也承认很少有牧场主或赶牛者会记录下雇工的信息，但他不满波特也接受了桑德斯的估算，并在基于这种证据的基础上推断有25%的牛仔是黑人。③

通过对萨维奇的主要观点的归纳，我们可以看出，他与《黑人牛仔》作者的分歧与论争，已远远超出了非裔牛仔的人数及其所占比例这一具体问题。他从这一问题出发，扩及所有涉及非裔牛仔的著作和教材，指责赞同德拉姆和琼斯研究成果的评论家和前辈史学权威。萨维奇的具体手法是先否定桑德斯"捏造"的牛仔总数，随后否定德拉姆和琼斯"虚构"的非裔牛仔人数，再否定几乎所有吸纳他们研究成果的重要论著，最后通过非裔牛仔人数与比例这一具体问题提升到非裔美国牛仔表现的"学术研究的实用主义"和"研究匮乏"，是为了适合"时下流行的种族研究"。联系到民权运动和非裔牛仔研究兴起关系的历史背景，我们可以看到萨维奇表达的是一种对自《黑人牛仔》出版以来10余年间，美国学术界一改昔日无视非裔牛仔的巨大变化的不满情绪。尽管萨维奇对德拉姆和琼斯提出的非裔牛仔的人数大加指责，但他无法否认非裔牛仔参与西部牧牛业。在他的著作中，也提及"因为偶尔有照片证明他们的存在"④。至于萨维奇抨击在"假定的5,000名黑人牛仔中只有83人有名可查"则是一种苛责。在大量的有关白人牛仔的著作中，萨维奇又能查出多少本写有80多个人的书呢？萨维奇总不该要求《黑人牛仔》的作者一一列出5,000名非裔牛仔的名单吧。更何况在牛仔的黄金时代（1866—1890年），正是美国种族歧视的严重时期，很多非裔

① William W. Savage, Jr., *The Cowboy Hero: His Image in American History and Culture*, p. 10.

② David Hackett Fisher, *Historian's Fallacies toward a Logic of Historical Thought*, New York: Harper & Row, 1970, p. 82.

③ William W. Savage, Jr., *The Cowboy Hero: His Image in American History and Culture*, p. 10, note 15.

④ Ibid., p. 6.

牛仔连名字都没有，而被人称为"黑鬼"某某。这又怎么可能让德拉姆和琼斯列出他们的名字呢？

尽管萨维奇否定了德拉姆和琼斯的研究，但并没有得到后来研究者的响应。1990 年，理查德·W. 斯莱塔的《美洲牛仔》一书出版。这是一部用比较史学的方法写的重要著作，书中论及了美国的非裔牛仔。斯莱塔写道："在 1866—1895 年间，从得克萨斯向北部驱赶牛群时，被雇用的白人牛仔为 63%，黑人为 25%，墨裔美国人为 12%。约有 5，000 名黑人牛仔帮助驱赶牛群"[①]。很明显，斯莱塔采纳了波特对非裔牛仔所占比例的划分和《黑人牛仔》的两位作者提出的非裔牛仔人数。紧接着，斯莱塔还举出了霍华德·R. 拉马尔提出的另一种估算，认为"墨西哥人和黑人各占牛仔总数的 1/7"[②]。斯莱塔与比林顿一样，在引用德拉姆和琼斯等人的估算前，先论及内战爆发当年，得克萨斯已有 18.2 万黑人奴隶，其中有许多人已在牧场放牧牛群，内战后南部州一些不满种族歧视的黑人也到了得克萨斯，受雇于牧场。[③] 比林顿和斯莱塔以此证明，德拉姆和琼斯对参与驱赶牛群的非裔牛仔估算是有根据的。

德拉姆和琼斯的估算也被 20 世纪 90 年代出版的牛仔百科全书所采纳。唐·库西克在《牛仔与荒野西部》中写道："大约有 5，000 名黑人踏上了'奇泽姆小道'。在早期 8 人的赶牛队中有 2 名黑人"[④]。理查德·W. 斯莱塔编的《牛仔百科全书》则称，据最高估计，在 1866—1895 年间，从得克萨斯往北部赶牛的被雇牛仔中有 63% 的白人、25% 的黑人和 12% 的墨西哥人（墨裔美国人）。[⑤]

进入 21 世纪，关于非裔牛仔的估算有所变化。一说认为得克萨斯比西部任何州和领地的非裔牛仔的数量都多，但在该州非裔牛仔占全体牧民总数的比例在 1880 年为 4%，至 1890 年则低至 2.6%，1，200 多名非裔牛仔在整

①　Richard W. Slatta, *Cowboys of the Americas*, p. 168.

②　Howard R. Lamar ed., *Reader's Encyclopedia of the American West*, p. 168.

③　Ray A. Billington, *Westward Expansion: A History of the American Frontier*, p. 593; Richard W. Slatta, *Cowboys of the Americas*, pp. 167–168.

④　Don Cusic, *Cowboys and the Wild West: An A–Z Guide from the Chisholm Trail to the Silver Screen*, New York: Facts on File, 1994, p. 33.

⑤　Richard W. Slatta, *Cowboys of the Americas*, p. 5.

个西部只占牧牛业从业者的2%。[①] 这是该文作者根据1897年和1910年的人口统计资料得出的结论。笔者认为，这一数字与美国多数学者认可的牛仔数字没有可比性，因为不能以两年的非裔牛仔人数与内战后二三十年的非裔牛仔总数相比。另一说称，在3.5万名驱赶牛群北上的牛仔中，非裔牛仔"占有决定意义的百分比，但却被大量文学作品所无视"[②]。作者在此并没有说明非裔牛仔的人数和所占具体比例。

综上所述，我们可以看到，关于美国内战后参与长途赶牛的牛仔总数与非裔牛仔所占的比例估算颇多。就牛仔总数来说，有3.5万和4万之说。就非裔牛仔人数而言，高估者可达8，000—9，000人，最低者仅1，200人，德拉姆和琼斯认为有5，000人。非裔牛仔所占比例有与墨裔美国人占1/3、非裔牛仔占25%和占"有决定意义"百分比说。之所以众说纷纭，是因为在牛仔赶牛的时代，西部牧区没有完整的少数族裔的人口统计，牧场主也没有从业牛仔的登记资料。因此只能通过售牛量估算牛仔的数量。因为售牛量的数字各说并不一致且估计不全，从而导致了对非裔牛仔人数的估算各异。但这些估算都承认非裔牛仔存在的事实。自桑德斯在1925年提出对参与赶牛的牛仔人数、非裔牛仔所占比例的估算至今已有90余年，美国的多数学者认同了桑德斯及其后的德拉姆、琼斯和波特的估算，只有萨维奇予以否定，否定者却又无法否定非裔牛仔存在的事实。笔者认为，关于非裔牛仔人数和比例问题，因为西部牧场主原始雇用记录的缺失，今后我们也不可能得到更准确的统计数字。我们应看到《黑人牛仔》出版以来牛仔史研究中发生的巨大变化，看到德拉姆和琼斯等学者对改变美国社会"长期无视非裔牛仔存在"的状况所作出的贡献。

（二）非裔牛仔的经济待遇和社会地位

美国非裔牛仔研究中另一个有争议的问题，是他们的经济待遇和社会地位问题。这个问题实质上涉及在美国西部牧区是否存在种族歧视。

最先探究这一问题的是肯尼斯·W. 波特。他在《西部牧牛业中的黑人

---

① Quintard & Taylor，"African American Men in the American West，1528–1990"，*Annals of the American Academy of Political and Social Science*，p. 108.

② Lawrence Clayton，Jim Hoy & Jerald Underwood，*Vaqueros*，*Cowboys and Buckaroos*，Austin：University of Texas Press，2001，p. 74.

劳工》一文中，从工资、劳动和居住条件、娱乐活动和社会生活等方面，考察了非裔牛仔的状况，得出的结论是非裔牛仔会得到与白人牛仔相同的工资。波特认为，在牧牛区繁荣时期，非裔牛仔比美国其他地区的黑人有更多的机会享有尊严，比南部受私刑的 1，500—1，600 黑人更安全；在黑人处境的低点时期，在西部牧区有那么多黑人和白人至少在短时期内劳作和生活在一起。这比美国 200 年以来、甚至比临近的另一个世纪更接近"平等"的条款。① 在波特看来，西部牧区虽然不是非裔牛仔理想的完美社会，但确实是美国种族歧视和种族隔离最少的地方。波特查阅了大量牧牛业的著作，找不到有关非裔牛仔工资的记载。他列举了有记载的牧牛业中从牧场工头和道头、优等牛仔、普通牛仔、厨师到最低职位看马人的工资状况，又论及所有这些职位都有非裔牛仔被雇用。他找到有墨裔牛仔受歧视的例证，他们有时只能得到白人牛仔工资的 1/2 或 1/3，但查不到非裔牛仔这方面的证据，便得出了在工资上黑人与白人所得相同的结论。②

波特引用了一些例证，说明牧场主、道头、白人牛仔和非裔牛仔常睡在一个棚屋内。有时在牛道遇到坏天气时，道头和非裔牛仔还同盖一条毯子。他还讲述了非裔牛仔因为在驯服野马、制服发疯的公牛、使用套索、赶牛群渡河、善于歌唱方面的特殊能力，而受到称赞和白人牛仔羡慕的例证。波特以此说明，在牧区、在牛道上黑白牛仔相处融洽，少有种族歧视和隔离。

波特也无法否认，在牧场冬闲举办舞会时，如果有白人妇女光临，善舞的非裔牛仔不能与她同场共舞；在牛镇的饭馆里，非裔牛仔只能在为他们服务的一端就餐，不能到为白人服务的那边落座，更不能与白人坐在一起吃饭；大多数牛镇妓院都是白人妓女，她们拒绝接待非裔牛仔。③ 对于非裔牛仔在有白人妇女定居的社区和牛镇遇到的不公平待遇和限制，C. 罗伯特·海伍德在《不少一个男人：1867—1886 年黑人牛仔在牛镇道奇城》一文中有更多的论析。④

---

① Kenneth W. Porter, "Negro Labor in the Western Cattle Industry, 1866 - 1900", *Labor History*, pp. 373-374.

② Ibid., pp. 362-363.

③ Ibid., pp. 371-372.

④ C. Robert Haywood, "'No Less a Man': Black in Cow Town Dodge City, 1876-1886", *The Historical Quarterly*, pp. 177-179.

最先介绍肯尼思·W. 波特研究成果的是威廉·L. 卡茨。卡茨接受了波特关于在工资问题上黑白牛仔待遇相等的观点，认为"他们（黑人牛仔）的工资没有受到不公平的待遇"。对于波特关于非裔牛仔比美国其他地方的黑人较少遭受不公平待遇的观点，卡茨做了概括介绍。卡茨认为，在牛道上牧场主、道头和黑白牛仔同盖一条毯子，在牛镇的酒吧只有分两边分别对黑白牛仔服务的非正式隔离、非裔牛仔被绝对禁止进入白人妓院等等。① 卡茨认同罗伯特·海伍德的观点。

理查德·W. 斯莱塔的观点有别于海伍德。他认为像在美国的其他地区一样，非裔牛仔在边疆也面临社会歧视，那里也会发生针对黑人的暴力事件。斯莱塔引用了 1878 年的一个事例来佐证他的观点。一个赶牛队雇用了一名非裔牛仔，队中的英裔厨师拒绝让这新来的非裔牛仔一起用餐、睡觉，随后他还开枪把这名非裔牛仔赶走。非裔牛仔在边疆提高社会地位的机会并不比其他地方多。1900 年，已为"XIT 牧场"干了 20 年的非裔牛仔佩里就因为是黑人，而无法当上一个分场的工头，只能屈尊于牧场厨师。② 很多学者都认为，黑人通常只能得到诸如看马人这样低等的职位，仅极少数人能成为牧场工头或道头。甚至在牧场上，非裔牛仔通常也被指派去干最困难最令人厌恶的工作。③ 斯莱塔更明确指出，不幸的是，非裔美国牛仔和墨裔美国牛仔在西部如同在这个国家的其他地方一样，都面临着社会和经济方面的不公平待遇。④

笔者认为，美国学者对非裔牛仔在工资所得和社会地位上是否受到歧视上的争论，不像在他们的人数、比例问题上那样尖锐和对立。因为没有留下非裔牛仔工资所得记录，而只有他们被雇用做什么工作的记载，所以史家大多同意在工资所得上黑人与白人没有差别。对于在牛道上黑白牛仔与牧场主、赶牛道头劳作、吃住在一起的状况，以及非裔牛仔在牛镇活动中所受区别对待的史实，不同著作的观点不尽相同。如对一个赶牛队的白人厨师排

① William L. Katz, *The Black West*, pp. 147-148.

② Richard W. Slatta, *Cowboys of the Americas*, p. 168.

③ Howard R. Lamar ed., *Reader's Encyclopedia of the American West*, p. 268; Phillip Durham & Everett L. Jones, *The Negro Cowboy*, p. 45; Richard W. Slatta, *Cowboys of the Americas*, p. 168; Ray A. Billington, *Westward Expansion: A History of the American Frontier*, p. 593.

④ Richard W. Slatta, *Cowboys of the Americas*, p. 5.

斥、赶走非裔牛仔的例子，波特认为是特例，还注明厨师的性别未有确定，似乎在有意减淡其中可能存在的种族歧视意味。斯莱塔以这一例证表明，即使在牛道这一特殊环境下，也存在对黑人的歧视。波特之所以得出 200 年以来甚至到 21 世纪，西部边疆比美国任何地区对黑人更为公正的结论，是因为他的研究正处在 20 世纪 60 年代民权运动时期。他目睹美国社会对黑人的严重种族歧视，才认为镀金时代的美国西部牧区的黑白关系才更接近于美国宪法中"平等"的条款。斯莱塔的研究成果多发表于 20 世纪 90 年代以后，民权运动已过去 20 余年。他能更冷静地看待西部边疆牧区非裔牛仔的历史，从牧场、牛道和牛镇全面考察他们的状况，认为他们在社会和经济上都面临不公平的待遇。在这一方面，西部牧区与美国其他地区没有本质的差别。

（三）非裔牛仔的历史地位与贡献

关于非裔牛仔的历史定位和作用，现有研究虽然总体呈肯定态度，且并未呈现激烈的争论，但却表现出系统性不足的问题。既有成果一般认为，在得克萨斯牧牛业的早期阶段，一些黑人奴隶就参与管理牛群，他们是美国西部牛仔的先驱者之一。

美洲新大陆的牛马等家畜是由西班牙殖民者从旧大陆带去的，西班牙征服墨西哥以后，那里的牧牛业逐渐发展起来。当牛群多得仅靠西班牙人无法管理时，征服者不得不教皈依天主教且归顺他们的原住民、黑人或其他非西班牙裔的人骑马管理牛群。于是便诞生了墨西哥"骑马牧人"（Vaquero）[1]和其他非西裔的"骑马牧人"。"Vaquero"一词系西班牙语，意为"牧牛人"。[2] 依照《西部词汇》中的解释，"Vaquero"一词来自西班牙语，为一个从事管理牛的工作的人，特指"墨西哥牛仔"，也一般通称"西南部牛仔"。[3] 故"Vaquero"一词在收入英语词典中保留了原西班牙语的"牧牛人"和西部"牛仔"两种含义。英汉词典中"Vaquero"释义为"牧牛人"和"牧牛娃"、"牧童"，即"牛仔"。[4] 在西班牙殖民统治时期，墨

---

[1]　David Dary, *Cowboy Culture：A Saga of Five Centuries*, p. 13.

[2]　北京外国语学院西班牙语系《新西班牙语词典》组编：《新西汉词典》，商务印书馆 1982 年版，第 1122 页。

[3]　Ramon Adams, *Western Words：A Dictionary of the Range, Cow Camp and Trail*, Norman：University of Oklahoma Press, 1946, p. 172.

[4]　陆谷孙主编：《英汉大字典》（第 2 版），上海译文出版社 2008 年版，第 2257 页。

西哥的牧牛业已经扩展到格兰德河的灌木丛地区。美国人泰勒·怀特带着家人和少量牛马到了得克萨斯南部，成了这个地区美国牧场主的先驱者。[①]然而，非裔骑马牧人在怀特之前一个多世纪，就在得克萨斯骑马管理牛群了。

1821 年，墨西哥宣布独立。西班牙殖民官员和传教士把他们的牛群或送给了原住民皈依者，或干脆放掉，很多牛变成了野牛。在墨西哥共和国时期，牧牛业扩展到得克萨斯东南部地区。1821 年，斯蒂芬·奥斯汀带领一些英裔美国人移居得克萨斯东南部经营牧牛业。在美国策动支持下，得克萨斯于 1836 年脱离墨西哥，1845 年被并入美国。得克萨斯成为美国西部牛仔的故乡和大平原"牧牛王国"兴起的"摇篮"。

J. 弗兰克·多比是研究墨西哥和得克萨斯早期牛仔的学者之一。他在其经典著作《一个灌木丛区的骑马牧人》和《长角牛》中指出，在美国牧牛业发展的早期，"牛仔"（Cowboy）一词用得并不像现在这样普遍，在得克萨斯，特别是灌木丛地区，更多地使用"骑马牧人"（Vaquero），在牧场或放牧队中能够发现"墨西哥骑马牧人、白人骑马牧人和黑人骑马牧人"[②]，亨利·贝克威斯被认为是"黑人骑马牧人"，他的血缘中"混有印第安人、墨西哥人和白人的血统"[③]。19 世纪 30—40 年代是得克萨斯牧场经营的早期阶段。一些英裔美国人带着家人和奴隶，从南部一些州移居得克萨斯，经营牧场。一些黑人奴隶参与照料牛群。[④] 最早的一批非裔牛仔大多数是奴隶。他们被主人带到得克萨斯后，或跟墨西哥骑马牧人，或跟原住民骑马牧人，学习骑马放牧，照料牛群。[⑤]

上述研究表明，从西班牙殖民统治时期始，经墨西哥共和国，到得克萨斯被并入美国前后，非裔牛仔在牧牛业的早期发展阶段，已经参与了骑马管理牛群。早期英裔美国牛仔（即白人牛仔）是在 19 世纪 30 年代中期，由得克萨斯士兵退伍后成为的猎牛者。他们由猎牛人变为牛仔。非裔牛仔早于白

①　David Dary, *Cowboy Culture: A Saga of Five Centuries*, p. 73.

②　J. Frank Dobie, *A Vaquero of the Brash Country*, Dalas, Texas: the Southwest Press, 1929, p. 1.

③　J. Frank Dobie, *The Longhorns*, New York: Grosset & Dunlop, 1941, p. 324.

④　Ray A. Billington, *Westward Expansion: A History of the American Frontier*, p. 593; Howard R. Lamar, ed., *The Reader's Encyclopedia*, p. 268.

⑤　Phillip Durham & Everett L. Jones, "Slave on Horseback", *The Pacific Historical Review*, pp. 405-406.

人牛仔参与了得克萨斯的牧区开发。非裔牛仔是美国内战后西部牧区众多牛仔的先驱者之一。这一历史地位得到了史家的承认。

在关于非裔牛仔的论著中还涉及对他们贡献的评价问题。多数学者都肯定非裔牛仔的贡献，但在肯定程度上不尽相同。

阿尔文·巴尔在为《得克萨斯的黑人牛仔》写的导言中认为，从18世纪早期至20世纪，非裔牛仔在得克萨斯牧场演变中起了多种多样的作用。[1]在得克萨斯的几个不同地区，非裔牛仔与其他得克萨斯人一起放牧牛群。他们劳作在开放牧区的牧场里、赶牛的牛道上和围栏牧场中，投身于得克萨斯从西班牙殖民地到墨西哥的一个省至成为美国一个州的政治趋势的变革中。他们生活在不同时期存在不同程度种族歧视的社会环境的变革中。通过这些变化，非裔牛仔在得克萨斯的历史上和美国的牧场业中担当过形形色色的角色。[2]

非裔牛仔在长途驱赶牛群中的作用也被学者肯定。《黑人牛仔》的作者认为，在内战后的若干年里，5,000多名非裔牛仔从得克萨斯加入赶牛者大军，踏上了牛道。他们与其他种族或其他国籍的牛仔相比，做的工作是相同的，既不多也不少。[3] 肯尼斯·W. 波特强调，没有非裔牛仔帮助把牛群赶上牛道，前往装运站点、"印第安人保留区"和牛群育肥地，那里的牧牛业的发展将会受到严重阻碍。[4]

研究者也论及了非裔牛仔对大平原牧牛业发展和形成西部精神所起的作用。有的学者认为，虽然北部牧区的非裔牛仔较少，但很多人能力出众。他们为那里牧牛业的发展作出了突出贡献。[5] 有的研究称，包括非裔牛仔在内的所有投入西部牧区开发的人，征服了"美国大荒漠"的草地，使这片辽阔地区变成了"牧牛土国"。[6] 菲利普·德拉姆提及非裔牛仔在发展牧牛业中起了有意义的作用，并成为西部精神的一部分。德拉姆认为这种精神要求

---

[1]　Sara R. Massey, *Black Cowboys of Texas*, p. 3.

[2]　Ibid., pp. 15-16.

[3]　Phillip Durham & Everett L. Jones, *The Negro Cowboy*, p. 3.

[4]　Kenneth W. Porter, "Negro Labor in the Western Cattle Industry, 1866-1900", *Labor History*, p. 373.

[5]　Ibid.

[6]　Phillip Durham & Everett L. Jones, *The Negro Cowboy*, p. 3.

的是道德心，而很少考虑其肤色。① 德拉姆文章的可贵之处，是他认识到了非裔牛仔在形成美国西部精神中的贡献，但令人遗憾的是他没有就此展开充足论述。

　　肯尼思·W. 波特还论及了非裔牛仔能作出贡献的原因。他认为一方面是非裔牛仔的数量较多，数千名非裔牛仔是整个牛仔群体的一个组成部分。另一方面，是非裔牛仔能够承担牧场和牛道上各个岗位上的工作，他们具备了白人牛仔所没有的特殊技能，使他们能承担一些最艰苦最危险的工作。②

　　美国学者对非裔牛仔贡献的论述，涉及对得克萨斯乃至大平原的牧业开发、牛道长途驱赶、西部社会进步和西部精神，以及他们之所以能够作出贡献的原因等多个方面。然而，这些论述总的看来比较分散和零碎，还缺乏对非裔牛仔贡献的专门系统论述。

（四）研究之路仍困难

　　通过以上分析，我们看到非裔美国牛仔的研究已有了很大进展。这一研究涉及的问题较为广泛，在一些问题上也有不同观点的争论。在充分肯定这些研究成果的同时，我们也不能忽视在非裔美国人的研究中还存在不足及面临一些困难。然而，这一研究具有重要意义。美国学者们会在现有成果的基础上把研究进一步深入下去。

　　缺乏一手资料这是以往非裔美国牛仔研究的不足，也是今后研究面对的困难。在已有的研究成果中，不论专著还是论文，所用资料真正有第一手统计资料、档案资料和文献记载的不多。出现的研究资料多是取自美国边疆史、西部史、白人牛仔史，甚至还有美国通史的。以唯一的专著《黑人牛仔》为例，两位作者通过10余个图书馆和研究机构，查阅大量著作和杂志，但几乎很难找到一手资料。笔者粗略统计了一下，该著作的作者大约引用了230本著作和55篇论文中的资料，但著作中书名与黑人有关的只有14本，论文题目与黑人有关的只有16篇。在与黑人相关的论著中，大多是黑人通史、边疆史、专题史和专题论文，真正与非裔牛仔相关或相近的只有三本书

①　Phillip Durham & Everett L. Jones, *The Negro Cowboy*, p. 291.
②　Kenneth W. Porter, "Negro Labor in the Western Cattle Industry, 1866-1900", *Labor History*, pp. 349-350.

和两篇文章，而其中关于戴德伍德·迪克的书有两本、论文有一篇。① 《黑人牛仔》一书是两位作者在很多人的帮助下，花费了 10 余年时间，从大量与非裔牛仔并不直接相关的论著中寻章摘句，积累资料后才写成的。这一方面说明完成这一专著的不易，另一方面也表明了有关非裔美国牛仔一手资料的匮乏。

有的争论焦点难以达到认识的统一是非裔美国牛仔研究面对的另一个难题。如非裔牛仔的数量和所占比例，因缺乏档案和统计资料，已不可能提供准确的数字。在《黑人牛仔》一书中，德拉姆和琼斯根据桑德斯的估算，提出了非裔牛仔的人数和大体所占比例。波特在上述基础上推算出数量更多的非裔牛仔及所占百分比。萨维奇则以"虚构"、"捏造"为由，推翻了上述估算，不予认可。后来的学者在论著中又基本上赞同德拉姆、琼斯和波特等人的估算。提出非裔牛仔数量和比例的学者除了以桑德斯的估算作为证据之外，再找不到其他同样数据。萨维奇认为"没有牛仔的人口统计"，自然"难以得知牛仔的数量，更不用说牛仔的年龄、种族背景和所在地理位置的分布"。② 这种反对的理由似乎很充足，但萨维奇又无法否认有照片证明非裔牛仔参与牧牛业的事实。因为在美国"牧牛王国"的发展史上没有对牛仔的人口统计，要想得到准确的非裔牛仔数量和所占比例是不可能的。如果在这一无法达到共识的问题上花费过多的人力和时间进行纠缠，那么势必影响对非裔牛仔其他问题的深入研究。

专著少也是非裔美国牛仔研究中的一个不足。这个问题的研究已逾半个多世纪，迄今为止只有一本专著、两本论文集、三本人物传记、两本多人的传记著作和数十篇论文。半个多世纪过去了，再没有新的非裔牛仔专著出版。波特曾称《美国西部牧牛业中的黑人劳工》是其将要写的《黑人骑手：黑人在牧牛区边疆》一书的组成部分③，但未见到该书出版。德拉姆和琼斯的《黑人牛仔》于 1983 年再版。与不断涌现的大量白人牛仔著作相比，非裔美国牛仔研究历经半个多世纪后仍只有一本专著，这不能不说是一件令人遗憾的事。

---

① Phillip Durham & Everett L. Jones, *The Negro Cowboy*, pp. 254-270.

② William W. Savage, Jr., *The Cowboy Hero: His Image in American History and Culture*, p. 6.

③ Kenneth W. Porter, "Negro Labor in the Western Cattle Industry, 1866-1900", *Labor History*, p. 346.

20 世纪 90 年代中期后的非裔美国牛仔研究利用了网络资源，但仍存在一些不足。网络的利用，一方面使很多研究成果都得以上网，方便了研究者的使用。然而，另一方面呈现出研究不够深入、研究面过窄，或简单重复已论问题等现象。如发在网上的《黑人牛仔》一文，只是肯尼斯·W. 波特的《美国西部牧牛业中的黑人劳工》的摘录，仅有短短的四页。[①] 德伦·C. 鲍恩斯的《黑人牛仔在得克萨斯南部有丰富而令人尊重的历史》一文，虽然有一些访谈资料，但文章似过于简单细碎，四页篇幅竟有七个标题。[②] 另外，论文过多地集中在戴德伍德·迪克一人身上，对其他人物个案研究不够。

以上几点表明，非裔美国牛仔的研究要在现有成果的基础上取得更大进展还面临不少困难。今后的研究将是一条困难之路。这需要更多的史家进行持续不断的研究探讨。

尽管非裔美国牛仔的研究还存在一些不足和面临不少难题，但这一研究具有重要的意义。笔者认为，非裔美国牛仔研究的重要性表现在两个方面。其一是拓宽美国黑人史的研究，其二是拓宽美国西部史、边疆史的研究。20 世纪中期以后，黑人史的研究成为美国史的一个新的重要历史分科。特别是随着民权运动的兴起和发展，黑人史的研究取得了很大进展，不仅有黑人通史，还有政治、经济、军事和思想文化等方面的专史。非裔美国牛仔的研究，从一个新的方面拓宽了黑人史研究的广度，增加了专题史研究的新论题。20 世纪中期以前的美国边疆史、西部史研究都是以白人为主体，非裔美国牛仔的研究也拓宽了边疆史、西部史研究的范围和内容，有助于边疆史和西部史研究的深入。非裔美国牛仔史的研究有助于改变美国史的种族观念，巩固黑人在经济、政治和社会上已取得平等的权利，并为最终消除根深蒂固的种族歧视作出贡献。研究的重要性决定着非裔牛仔研究的必要性。

上面我们对半个多世纪以来，美国非裔牛仔研究的基本走势、论及问题、争论焦点、面临困难和重要意义等方面进行了梳理和论析。要使美国非

---

① Kenneth W. Porter, "Black Cowboys-Part I", excerpt from the book *Negro on the American Frontier*, http：//www. coax. net/people/lwf/bkcowboy. htm/.

② Dorren C. Bowens, "Black Cowboy have rich, respectful history in South Texas", Sunday, Apr. 11, 1999, http：//www. chaotos. com/autocony/news_ local99/newslocal1883. html.

裔牛仔研究取得更丰硕成果，我们认为应注意以下几点。

第一，对于无法弄清史实达到统一的问题不必再去争论。如非裔牛仔的具体人数和所占比例就是突出的一例。

第二，对于非裔牛仔活动的主要地区、主要活动要在已有研究成果的基础上继续进行深入研究，以便更充分地阐释他们在西部牧业边疆开发中的历史功绩。《黑人牛仔》一书的重点放在了非裔牛仔在"奇泽姆小道"长途驱赶牛群的活动上，对他们在得克萨斯和北部牧区的劳作则论析不够充分。得克萨斯的非裔牛仔数量最多，那里也是他们从事牧牛活动的主要地区，应当在已有研究成果的基础上继续深入下去。《得克萨斯黑人牛仔》这一论文集涉及 20 余位非裔牛仔，可以在此基础上进一步补充史料，充实内容，写出新的专著。

第三，非裔牛仔代表人物的研究可以进一步拓宽。除已有的三本人物传记之外，可以把更多的代表人物进行专题个案研究，写出更多的人物传记。

第四，非裔牛仔对美国文化的影响和地位可以进行深入的专题研究。德拉姆和琼斯在《黑人牛仔》一书中虽然写了两章，但由于篇幅所限，论述得还不充分。这一方面的资料较多，可以进一步挖掘，写出与非裔牛仔相关的文化史专著。

第五，运用口述史学和访谈资料，弥补非裔美国牛仔研究的史料不足。在美国牛仔的研究中，就有运用口述史学的传统。如 J. 弗兰克·多比的《灌木丛区的一个骑马牧人》一书。该书的副标题是"部分来自于约翰·扬的回忆。"[①]，点明了很多内容是回忆者讲述的。《黑人牛仔在得克萨斯南部有丰富而令人尊敬的历史》所用资料是访谈记录。在今后的研究中，可以通过对非裔牛仔后代的访谈积累资料。他们的后代也可以去写祖父辈的牛仔生活，使研究的问题建立在更坚实资料的基础上。

在非裔美国牛仔研究热不减的情况下，如果能注意以上几点，那么美国21 世纪在这一研究领域将会有更多的研究成果面世。

---

① J. Frank Dobie, *A Vaquero of the Brush Country*: *Partly from the Reminiscences of John Yong*, Dallas: the Southwest Press, 1929.

结　束　语

　　通过前面几章的论述，我们知道美国西部牛仔虽然源于西班牙和墨西哥，但在 19 世纪初随着美国的西部领土扩张和西进运动，牛仔和西部的牧牛业被纳入了美国社会历史的发展轨迹。在 19 世纪 30 年代英裔美国移民占据了得克萨斯人口的绝大多数以后，1836 年自称"得克萨斯人"的英裔美国人通过战争手段使得克萨斯独立，成为"孤星共和国"。1845 年，美国兼并了得克萨斯，"牧牛王国"的"摇篮"完全被置于美国政府的统治下。随后，美国人通过 1846—1848 年的美墨战争割占了墨西哥的半壁江山，使加利福尼亚、亚利桑那和新墨西哥等成了美国的领土。在美国内战前的 25 年间，得克萨斯的美国牧场主把墨西哥的牧场主驱赶到格兰德河以南的墨西哥境内，占有了他们的牧场、家园和牛群。原来的墨西哥骑马牧人则留在了得克萨斯。

　　从 19 世纪 20 年代英裔美国人移居得克萨斯时，墨西哥骑马牧人就向随主人移入的奴隶和 1836 年对墨西哥战争后成了猎牛者的美国退伍士兵传授在马背上照看放牧牛群的技术，以及使用套索、打烙印等生产技能。英裔美国人继续了西班牙和墨西哥在开放大牧场上骑马管理牛群的生产经营方式，并进一步发展起来。墨西哥骑马牧人、马背上的奴隶和由猎牛者转变成牛仔的英裔美国人等是得克萨斯牧区的主要劳动者。他们使牧牛区从得克萨斯东南部扩展到中心地带草原地区，繁育了数百万头得克萨斯长角牛。在 1849 年加利福尼亚"淘金热"兴起后，得克萨斯成了"金矿区"主要的牛源供应地。赶牛人积累了长途驱赶牛群的经验。墨西哥骑马牧人、马背奴隶和英裔白人牛仔是内战后美国西部牛仔的先辈。这些牛仔先驱者在得克萨斯的艰辛劳作和开拓，为美国内战后"牧牛王国"在大平原的兴起和发展奠定了基础。

内战以后，美国西部的三大行业开发相继开始。大平原上的牧业开发先于矿业和农业的开发，牧牛业在美国社会经济的历史发展进程中占有重要的地位。内战结束后不久，美国工业化和城市化迅猛发展，对肉类供应产生了巨大需求。当时美国东部农场饲养的家畜已无法满足这种需求，而得克萨斯在内战后却存有缺乏当地市场的 500 万头长角牛。在当时西部交通尚不发达的情况下，如何使得克萨斯长角牛抵达东部市场，让牛肉摆上东部城里人的餐桌？这成了亟待解决的问题。于是，在美国历史上开始了长达约 30 年的长途赶牛。数万名不同肤色、不同族裔、不同国籍的牛仔，踏上"赶牛小道"，把牛群源源不断地赶往堪萨斯—太平洋铁路沿线的牛镇，再经火车东运。美国工业社会的勃兴不仅需要得克萨斯的牛肉，而且需要不断扩大西部的牧牛区，建成新的畜产品生产基地。与此同时，美国西部横贯大陆铁路的修建、矿业的开发、联邦军队驻军的增加和更多原住民被驱赶进保留区，都需要更多的肉类供应。美国人对肉类供应的巨大需求，推动着牧牛区从得克萨斯不断向大平原的北部和西部扩展。牛仔们在不到 30 年的时间里把牛群驱赶到大平原上所有的草原地区。很多牛仔留在了新开拓的牧区。"牧牛王国"的疆界占据了南起格兰德河北抵美加边界，西起洛基山剑城东达密苏里河的广阔地区。在 19 世纪 80 年代中期，"牧牛王国"达到了繁荣的鼎盛时期。"牧牛王国"的兴起和发展，使内战前还被称为"美国大荒漠"的大平原变成了新的畜产品生产基地。它不仅为美国的工业化时代提供了大量肉类供应，催生了以肉类加工、包装、运输和冷藏等为主的现代化企业，而且改变了美国人的饮食结构，使牛肉成为他们餐桌上的主要食材。同时，美国也向欧洲出口了大量活牛、牛肉和乳制品。

"牧牛王国"和"长途驱赶"常被视为美国历史上最富传奇色彩的历史篇章，而这段历史正是由数万名牛仔创造的。在"牧牛王国"里，牛仔只是被牧场主雇用的马背劳工，他们的劳作和生活环境比美国工矿企业的工人差，劳动时间长，工资微薄。无论在牧牛营地放牧，在牧场赶拢，还是在牛道上长途赶牛，牛仔们都劳作艰辛，生活艰苦，还时有生命危险。他们要靠分工协作的团队精神，才能完成各项艰巨任务。这并不像许多文学影视作品中所宣扬的那样，牛仔是独来独往、自由选择职业的个人主义的代表。牛仔

们以艰辛的劳动，为牧场主创造了巨大财富，为美国"镀金时代"创建的
工业帝国作出了重要贡献，但他们自己却连增加一点工资的要求都无法实
现，就更谈不上财富的增长了。这就是美国西部牛仔的真实历史。

　　如今，美国牛仔的历史严重失真了，使牛仔历史失真的原因是多方面
的。首先是廉价小说、西部荒野剧表演、好莱坞影片和西部电视剧等使美国
牛仔的历史失真，使之成为虚构的文化偶像、神化了的传奇英雄。从 1866
年第一批长角牛被赶到牛镇阿比林起，牛仔就成为许多报纸杂志记者竞相报
道的对象，逐渐成为广为人知的人物。为了吸引更多的读者，记者们不是完
全真实地报道牛仔们的劳作和生活，而是加入他们自己的解读和构想。因
此，没有到过西部牧区的东部人从报刊上了解的并不是真实的牛仔。从 19
世纪 60 年代，廉价小说的作者们就开始把牛仔写入他们的作品，并很快使
牛仔成为书中的男主人公。这些虚构杜撰的廉价小说没有关于牛仔的艰苦劳
作的叙述，而是把牛仔描绘成着装华丽、能骑善射和勇敢无比的英雄骑士，
是抢救被盗匪或印第安人劫掠的妇女的英雄。[1] 到 19 世纪 80 年代，廉价小
说已经把牛仔神化和偶像化。19 世纪 80 年代兴起的西部荒野剧表演，也对
牛仔的神化和偶像化起了推波助澜的作用。以野牛比尔著称的布法罗·比
尔·科迪和他的明星"牛仔之王"巴克·泰勒，把浪漫的"枪战骑手"带
到美国和欧洲。1887 年春季，科迪和他的剧团赴英国演出时，已经有 25 年
没有参加公开活动的维多利亚女王不但乘皇家马车到剧院从头至尾观看了演
出，而且还会见了科迪和他的明星们。[2] 西部荒野剧把牛仔演义成了美国的
民族英雄。在西部牛仔正艰辛地劳作在"牧牛王国"的鼎盛时期，廉价报
纸、廉价小说和西部荒野剧等就已完全使他们的历史失真了。19 世纪 90 年
代，随着"牧牛王国"的衰落，牛仔的黄金年代已经逝去。[3] 然而，牛仔却

---

　　[1]　Warren French, "The Cowboy in the Dime Novel", *The University of Texas Studies in English*, vol. 30, 1951, pp. 219-234.

　　[2]　Paul O'Neil, *The End and the Myth*, Alexandria, Virginia: Time-Life Books, Inc., 1979, p. 73.

　　[3]　自 19 世纪 70 年代起，拓荒农场主大量涌入大平原定居，农业人口远远超过牧业人口。与此同时，随着"带刺铁丝"的发明和普遍使用，大平原被带倒刺的"铁丝网"分割成大大小小的"围栏"牧场和农场。到 19 世纪 90 年代初，美国西部开放大牧场的时代结束，牛仔们劳作在"铁丝网"围住的现代牧场上。"长途驱赶"牛群的活动已经结束，牛仔的劳作不再是完全在马背上进行，他们也要在牧场里徒步干一些类似农业工人的工作，诸如种植牲畜饲料、收割冬贮饲料、修补"铁丝网"和挖防火沟等等。参见周钢：《牧畜王国的兴衰：美国西部开放牧区发展研究》，人民出版社 2006 年版，第 364—391、480—484 页。

成为在美国无人能够替代的英雄人物，一直被讴歌崇拜至今。

美国的进步人士指出，"镀金时代"把人变成了机器，实行残酷剥削，导致社会贫富悬殊，毁灭民主平等精神。"镀金时代"美国的百万富翁、亿万富翁带来了一个豪华和纵情挥霍享受的世界，也同时创建了一个劳动人民贫穷的世界，创造了巨大社会财富的美国工矿企业的产业工人和西部牛仔依然贫困。相比于成为机器附属品、拥挤在贫民窟和经常失业的工人们，人们认为牛仔驰骋的大草原是保持着自然状态的自由世界，牛仔是作为"能选择自己的命运和有个性特征的英雄人物出现的"①。美国人视西部牛仔的生活方式为英雄的生活方式，当作他们追求的理想。这种理想化想法的产生，正是基于公众对美国向垄断资本主义过渡时期所产生的财产分配严重不公和贫富差别悬殊的不满。正因如此，西部牛仔成为西部小说、好莱坞影片和电视节目等重点描述的中心人物。在美国无声电影时期，一些失业的牛仔去为影片做动作替身演员，后来出了不少牛仔影视和歌唱明星。在有声电影产生后，许多西部牛仔小说被改编成电影，使牛仔的英雄形象得到更逼真的展现。

在文学影视作品中，最具影响的是欧文·威斯特于 1902 年出版的长篇小说《弗吉尼亚人：一个平原骑手》。② 在这部小说中，威斯特把故事发生的场景设在 19 世纪 80 年代的怀俄明。故事的男主人公是被当地人称为"弗吉尼亚人"的特殊牛仔，女主人公是来自佛蒙特的美丽的莫莉。已经在大平原从南到北有了许多牧区经历的弗吉尼亚人在 19 世纪 80 年代来到怀俄明，在亨利法官的牧场上当了牛仔。威斯特在小说中把弗吉尼亚人描写成一个优秀牛仔的典型。他身材修长、年轻、谨慎、沉默，惯于发誓，现实、幽默，哼着低俗的歌曲，非常关爱自己的马；他很容易就得到道德脆弱的女性的好感，但他维护女性的贞洁；他同情弱者，维护被压迫者的权益；他从不屈从任何人，与他交往必须持平等之心。弗吉尼亚人偶遇女教师伍德小姐（昵称莫莉），便一见钟情。莫莉乘坐的公共马车在过河即将发生倾覆时，弗吉尼亚人把她救起到河岸安全的地方，并认定自己未来的妻子非莫莉莫

① Lawrence I. Seidman, *Once in the Saddle: the Cowboy's Frontier, 1866-1896*, p. 188.

② Owen Wister, *The Virginian: A Horseman of the Plains*, New York: Macmillan Company, 1902.

属。受到惊吓的莫莉也希望能见到救她的骑手。由于出身背景和所受教育等有巨大差异，两人的交往并不顺利。弗吉尼亚人是在西部牧区成长起来的牛仔，他处理问题像西部人那样，只根据自己心中的道德规范和公平法则来判别是非和惩恶扬善。来自美国东部的莫莉认同的，则是由西方法律和道德体系构成的所谓西方文明世界的处事原则。两种截然不同的文化给萌生在两个人心中的爱情的发展带来重重困难。为了爱情，弗吉尼亚人开始读莫莉给他选读的莎士比亚等人的著作，学习写作，逐渐认同和接受了她的一些观点。莫莉也逐渐认识到弗吉尼亚人所遵循的西部生活的法则是任何人不能违背的，并慢慢地接受了弗吉尼亚人的生活方式和思维方式。爱情的力量使一对恋人互相理解，互相接受。在一次与原住民的枪战中，弗吉尼亚人受了致命的重伤。莫莉救了他，并在医生的帮助下精心护理恋人，使他康复。莫莉不顾家人的反对，接受了弗吉尼亚人的求爱，做了他的妻子。在《弗吉尼亚人》中，男女主人公的爱情交往是高尚的、对等的，是真正的浪漫爱情故事。

威斯特在《弗吉尼亚人》中成功地塑造了牛仔这个新的英雄形象，他几乎把所有民族和种族的优秀品质都集中在了弗吉尼亚人身上。这位牛仔英雄善良、勇敢、正直，具有非凡的洞察力和超强的自信心，卓尔不群，英勇超凡。正因如此，弗吉尼亚人很快被亨利法官提拔为工头，执行许多重要任务。弗吉尼亚人坚决与破坏牧区、偷盗牲畜、分裂牛仔队伍、拉帮结派的特兰普斯进行斗争，直到结婚前夜在决斗中把这个死敌击毙。弗吉尼亚人一次次踏上成功之路。正因如此，弗吉尼亚人赢得了理想的爱情，他与莫莉的爱情故事以圆满的结局收场。当他们成为夫妻时，弗吉尼亚人已成为"牧牛大王"、矿主，是控制着许多地产和企业的重要人物。他能给妻子所要的一切，并且比她希望的还多。威斯特把弗吉尼亚人塑造成了一个典型的牛仔英雄偶像，讲述的是牛仔浪漫传奇的爱情故事。《弗吉尼亚人》使牛仔的历史完全失真了。在19世纪80年代，怀俄明牧区完全被牧牛大王组成的"怀俄明家畜饲养者协会"所把控。一个进入怀俄明牧区的牛仔，在两三年的时间里，不要说成为工头、牧场主和企业家，就连每月获得40美元工资的要求都不能实现。1886年怀俄明牛仔罢工便充分证实了这一点。

《弗吉尼亚人》虽然使牛仔的真实历史失真，但它吸引了大量读者，在文学上取得了巨大成功。小说一出版就引起轰动，当年售出 20 万册，成为美国头号畅销书。不久，根据《弗吉尼亚人》改编的戏剧在"百老汇"公演，创造了那几年最高的上座率。此后，《弗吉尼亚人》又被多名导演四次拍成电影，尔后更被拍成了电视连续剧。到 1938 年，《弗吉尼亚人》已售出超过 150 万册。[①]《弗吉尼亚人》不仅在美国畅销，并且成为世界文学名著，被译成包括中文在内的多国文字。

在《弗吉尼亚人》中，连牛都见不到，更见不到小说主人公在牧场的劳作。那么它为什么能让东部人接受并觉得威斯特写的西部和西部人可信呢？这是因为，首先，书中西部的山川河流、草原和城镇等自然风貌是作者亲历的，它描绘得细微、具体，能吸引读者。其次，威斯特塑造的弗吉尼亚人使牛仔作为新型牛仔西部小说的偶像，活在了读者的心中。弗吉尼亚人头戴宽边帽、颈系红围巾、腰挎六响枪，足蹬长筒靴，这种打扮已成为人们心目中牛仔的标准形象。其三，《弗吉尼亚人》的可读性强。小说语言生动，故事情节惊险，刻画入微，很有吸引力。

威斯特在《弗吉尼亚人》中创造的以牛仔作为西部英雄的新模式和讲述的男女主人公浪漫传奇的爱情故事，被一些与他同时期和以后的作家所模仿。好莱坞牛仔影片和电视剧等也在《弗吉尼亚人》套路下设计枪战情节和动作，演义牛仔英雄浪漫传奇的爱情故事。牛仔的男子汉气概甚至他的缺点也成了影视作品的典型主题。广播、流行音乐、与历史上的牛仔有联系的竞技表演等等，使牛仔成为神话人物并使牛仔神话永存。在文学艺术作品和各种传媒中，历史上真实的美国西部牛仔完全失真了。

美国牛仔史的研究不足，是造成牛仔历史失真的另一个重要原因。这种不足首先是研究的滞后。在廉价小说已经编造了许多牛仔神话时，1874 年麦科伊在《西部和西南部牛贸易史略》中论及了一些牛仔的问题，但篇幅不多，因为他主要论述的是"牛贸易"。相隔 24 年，埃默森·霍夫的《牛仔的故事》才出版。美国学者对牛仔史研究的起步晚于廉价小说的写作和廉价小报的报道。第二个不足，是研究牛仔史的学者的研究成果数量远远少

① Don Cusic, *Cowboys and Wild West: An A-Z Guide from the Chisholm Trail to the Silver Screen*, New York: Facts on File, 1994, p. 310.

于描写牛仔的文学艺术、影视作品和商业广告等。虽然一个多世纪来，美国学者研究牛仔的热情远超过其他历史人物，也出版了大量著作，但同已经产业化的影视、广告、竞技产品和文学作品相比要差得多。第三个不足是美国长期存在种族歧视，少数族裔牛仔往往被史家忽视，大量牛仔著作多是研究白人牛仔的。少数族裔牛仔的研究只是在近半个多世纪才逐渐被重视，但成果远少于对白人牛仔的研究。第四个不足，是史家把注意力更多地放在了诸如牛仔总数和少数族裔牛仔所占比例等难以统一认识的考据和争论上，影响了对牛仔进行综合全面的深入研究。第五个不足，是一些曾当过牛仔的人由于受文学和影视作品中渲染的牛仔神话的影响，在他们写的回忆文章和回忆录中，也添加了些夸张浪漫的东西。这给研究者增加了辨别真伪的困难。由于上述原因，美国牛仔真实的历史产生的影响，远远抵不过大量牛仔文学、影视作品和网络产生的影响。美国的中小学生乃至大学生对牛仔的认识和了解，更多是文学、影视作品和网络节目、游戏中来的，而非从历史教材和牛仔史学著作中学到。

至今，西部牛仔在美国依然是无人能替代的英雄人物。到美国西部去的除了牛仔外，还有捕兽者、淘金者、伐木者、牧场主、牧羊人、拓荒农场主、铁路工人和联邦军队的骑兵等，然而一个多世纪来只有牛仔最为多数美国人所崇拜，只有牛仔最能启发美国人的想象力，使一切文学艺术形式不遗余力地去讴歌和神化。这是因为美国人认为，如果没有牛仔这个形象，他们很难想象不管是低俗或高雅的美国文化会成什么样子。正如小威廉·W. 萨维奇所言，要找其他形象取代牛仔"简直太难了。什么猿人、太空人、联邦调查局侦探，还有超人，都曾名噪一时，可哪一个也不能把牛仔的形象压下去"①。虽然刘易斯·阿瑟顿极力想用"牧牛大王"取代牛仔，但和者甚寡。之所以如此，是因为牛仔在美国人心中的地位是不可动摇的，很多美国人依然相信，他们界定的边疆经历对美国历史发展的巨大影响力。在美国人看来，牛仔不仅仅是一个开拓者，还象征着美国西进的岁月。他们怀念年轻的好牛仔打败坏人的质朴的日子。在美国社会动荡和社会矛盾尖锐的时期，牛仔影视和牛

---

① 　William W. Savage, Jr., *Cowboy Life: The Reconstructing American Myth*, Norman: University of O-klahoma Press, 1975; Niwot, Colorado: University Press of Colorado, 1993, p. 5, 9.

仔政治呼吁那种清楚、简单和黑白分明的世界。这是因为在美国人看来，牛仔是勇气、荣耀、侠义和个人英雄主义等许多东西的象征，牛仔的象征意义反映出不少美国人自己的情况。[①]牛仔产生了美国最有影响的神话，并被人顶礼膜拜。在啤酒广告中，牛仔表现出豪放的个人主义；在香烟宣传中，牛仔体现出十足的男子汉气概；在小说和电影中，牛仔展现出极端的英雄主义；在大众娱乐中，人们对牛仔们在特定环境下的行为举止已经耳熟能详。

　　牛仔的形象在美国人的思维中已经根深蒂固。[②]在美国，无处不能感受到牛仔的存在。牛仔服饰，带有牛仔标志的家居装修，牛仔幽默的语言，牛仔的物质和精神产品等等，已融入美国人的衣食住行和娱乐休闲之中。甚至连教儿童学英文字母的图书，也用与牛仔相关的知识予以解释说明，且不同版本还更换新的内容。[③]一个多世纪前"牧牛王国"和西部牛仔铸成的不可思议的诱惑力，至今仍然具有巨大的影响。在美国，成年人仍在观看西部主题的影片，电视频道还定期播放牛仔的节目。美国的儿童玩扮演牛仔和原住民的游戏，读着詹姆斯·赖斯编写的大本彩绘牛仔儿童系列丛书。随着美国牛仔文化的广泛传播，它已成为一种国际文化现象，几乎遍及世界一切角落。然而，现在为世人所知的牛仔形象已与美国历史上真实的西部牛仔相去甚远了。

　　中国改革开放以来，美国牛仔和牛仔文化也传入国内并广泛流行起来。如果说在1980年前，我们只能在国家图书馆里找到为数不多的与牛仔相关的图书，那么近30多年来，牛仔服饰、牛仔歌曲、牛仔影视作品、网络牛仔游戏和牛仔文化、艺术、历史书籍等越来越多。就对国家图书馆截至2015年牛仔图书和音像资料的统计来看，网络检索"牛仔"（cowboy）可以搜得229条，与牛仔直接有关的为77条，其中牛仔历史有29条，牛仔百科全书2条，牛仔文学、音乐、诗歌和传记类为37条，录音录像为9条。国内一些大学图书馆里也藏有数量不等的牛仔图书和音像资料。可见，国内现在对牛仔图书资料的收藏比改革开放前丰富多了。如果说在30多年前我国

① William W. Savage, Jr., *Cowboy Life: The Reconstructing American Myth*, p. 6.
② William W. Savage, Jr., *The Cowboy Hero: His Image in American History and Culture*, p. 3.
③ James Rice, *Cowboy Alphabet*, Austin, Texas: Shoal Creek Publishers, Inc., 1990; Gretna: Pelican Publishing Company, 1998.

大多数人对美国牛仔还较为陌生，那么现如今从儿童到长者，很多人都穿牛仔服、听牛仔歌曲、看过牛仔的影视作品。不少青少年也喜欢牛仔的网络游戏。在我国，美国牛仔比一些美国总统的知名度高，或许对美国历史上的某些总统国人知之甚少，但谈到美国牛仔的话题不少。然而，国内大多数人并不是通过牛仔史了解美国牛仔，我们谈论的牛仔也不是开拓美国西部牧业边疆的真实的牛仔。我们对美国牛仔的了解大多是从文学、影视作品和网络游戏中获得的，我们认知的牛仔是被神化或异化的牛仔，是英勇好斗、以六响枪说话、与原住民枪战的英雄，经历着浪漫传奇的爱情故事。这是因为在国内几乎没有中文的牛仔历史著作可读。

与美国牛仔和牛仔文化在我国的广泛传播相比，我们对牛仔史的研究似显薄弱和滞后。这一方面表现在国内关于牛仔历史研究的图书资料还不够充分。早期牛仔的经典英文著作，只有清华大学图书馆藏有菲利浦·罗斯1922年出版的《牛仔》。弗朗茨和乔特合著的《美国牛仔：神话和现实》在1955年出版后被认为是最好的牛仔著作之一，但国内没有收藏。美国少数族裔牛仔的论著国内也难找到。属于研究牛仔史论的著作更是严重匮乏。在此情况下，要做牛仔史的研究困难较大。表现之二是研究的兴趣多在牛仔文学和影视作品方面。查国家图书馆截至2015年底收藏的博士、硕士论文，共得到10篇。其中，博士论文1篇，探讨《早期牛仔小说的历史价值》；硕士论文9篇，除一篇是关于"牛仔生活"外，其余都是关于牛仔文化、影片和文学作品中的牛仔。上述论文均未出版。在已出版的美国小说史、美国文学史和美国西部小说中，也或多或少有一些涉及牛仔小说的内容。已出版的中文牛仔著译中，福建人民出版社2000年出版的《美国西部牛仔》篇幅不多，是一本关于牛仔和牛仔文化的通俗读物。近年翻译出版的《德州牛仔》、《牛仔比利》、《玩枪的牛仔：失落的摩门教，失落的印第安世界》、《牛仔与拓荒农场主》（内容为你可能向往或害怕的19世纪美国的100种职业）等，并不是研究美国牛仔史的重要著作。欧文·威斯特的《弗吉尼亚人》在1993年和2009年，分别由两家出版社出版了两个中译本。① 安迪·

---

　① http://opac.nlc.cn/F/B2LYQVUJH7V1LX1Q879MVTBI6FSA3XR8QTFMLLTCE1I6DSNA8G　－84640? func = file&file ＿ name = login－session.

亚当斯的《一个牛仔的日志》国内有 1969 年版的英文本，却没有人去把这一被称为描写牛仔长途赶牛最成功的著作译成中文。原因可能是《弗吉尼亚人》写的是牛仔英雄浪漫传奇的爱情故事，而《一个牛仔的日志》是没有女性相随的牛仔在牛道上鞍马劳顿的历史纪实。总之，国内对美国西部牛仔真实历史的研究确实不多，读者也无什么中文牛仔著作可读。

　　虽然牛仔是美国一个多世纪以来长盛不衰的"热门"研究领域，但在国内，有人并不认为"牛仔"是我们研究美国史的重要课题。然而，面对美国牛仔和牛仔文化在我国传播越来越广、影响越来越大的状况，我们不能不重视对美国牛仔真实历史的研究。因为在大量涌入的牛仔文化、影视作品和网络游戏中，既有美国大众文化的精华，也有腐朽的糟粕。为了商业利益，我们现在见到的牛仔文化产品中不乏色情、暴力、凶杀和低俗的东西。这对我国大多数对美国西部开发了解不多的青少年来说，会误以为那些牛仔歌曲、影视作品和网络游戏传播的东西都是真实的，长此下去还会受到负面影响。随着经济全球化和各国文化的不断交融，美国牛仔文化在我国的受众会越来越多。因此，从事美国史教学和研究的人，有责任去研究美国牛仔的历史，写出更多牛仔史论著。史学工作者有责任去引导青少年正确认识美国牛仔和牛仔文化，在接受牛仔文化时能取其精华，弃其糟粕。

参 考 书 目

一、原始文献、工具书

(一) 原始文献

1. Abbott, E. C. ("Teddy Blue Smith") & Smith, Helena H. , *We Pointed Them North*: *Recollection of a Cowpuncher*, Norman: University of Oklahoma Press, 1939, 1955.

2. Adams, Andy, *The Log of A Cowboy*: *A Narrative of the Trail Days*, Lincoln: University of Nebraska Press, 1903.

3. Bard, Floyd C. , *Horse Wrangler*: *Sixty Years in the Saddle in Wyoming and Montana*, Norman: University of Oklahoma Press, 1960.

4. Brown, Dee, *Trail Driving Days*, New York: Bonanza Books, 1952.

5. Clay, John, *My Life on the Range*, New York: Antiquarian Press Ltd. , 1961, reprint.

6. Cornmager, Henry S. , ed. , *Documents of American History*, New York: Appleton-Century-Crofts, 1963, Vol. 1.

7. Duke, Cordia & Frantz, Joe B. , *Six Thousand Miles of Fence*: *Life on the XIT Ranch of Texas*, Austin: University of Texas Press, 1961.

8. Freeman, James W., ed., *Prose and Poetry of the Live Stock Industry of the United States*, Daver and Kansas City: Authority of the Live Stock Association, 1904 and 1905.

9. Lanning, Jim & Lanning, Judy, eds., *Texas Cowboys: Memories of the Early Days*, College Station: Texas A&M University, 1984.

10. Love, Nat, *The Life and Adventures of Nat Love: Better Known in the Cattle County as "Deadwood Dick"*, Los Angles, 1907; reprinted, New York: Arno Press, 1968.

11. Oden, Bill, *Early Days on the Texas – New Mexico Plains*, Canning: Y Palo Duro Press, 1965.

12. Roosevelt, Theodore, *Ranch Life and the Hunting Trail*, Reprinted from first edition published in 1888, Lincoln & London: University of Nebraska Press, 1983.

（二）工具书

1. Adams, Ramon, *Western Words: A Dictionary of the Range*, Norman: University of Oklahoma Press, 1944, 1946.

2. Cusic, Don, *Cowboys and Wild West: An A–Z Guide from the Chisholm Trail to the Silver Screen*, New York: Facts on File, Inc., 1994.

3. Hanes, Colonel Bailey C., Pickett, Bill, *Bulldogger: The Biography of a Black Cowboy*, Norman: University of Oklahoma Press, 1977.

4. Lamar, Howard R., ed., *The Reader's Encyclopedia of the American West*, New York: Thomas Y. Crowell Company, 1977.

5. 北京外国语学院西班牙语系《新西班牙语词典》组编：《新西汉词典》，商务印书馆 1982 年版。

6. 刘绪贻、李世洞主编：《美国研究词典》，中国社会科学出版社 2002 年版。

7. 陆谷孙主编：《英汉大字典》（第 2 版），上海译文出版社 2008 年版。

二、英文论著

(一) 专著

1. Adams, Ramon F. , *Come and Get It*: *The Story of Old Cowboy Cooks*, Norman: University of Oklahoma Press, 1952.

3. Allen, Ruth, *Chapters in the History of Organized Labor in Texas*, Austin, 1941.

4. Athearn, Robert C. , *High Country Empire*: *The High Plains and Rockies*, Lincoln: University of Nebraska Press, 1960.

5. Atherton, Lewis, *The Cattle Kings*, Lincoln: Indiana University Press, p. 1961.

6. Bailey, Thomas A. & Kennedy, David M. , *The American Pageant*: *A History of Republic*, Vol. 2, 7th Ed. , Lexington, Massachusetts. Toronto: D. C. Heath and Company, 1983.

7. Billington, Ray A. , *Westward Expansion*: *A History of the American Frontier*, 4th Edition, New York: Macmillan Publishing Co. , Inc. , 1974.

8. Branch, Douglas, *The Cowboy and His Interpreters*, New York: Cooper Souare Publisher, Inc. , 1961.

9. Bryant, Jack & Dahlberg, Clay, et al, *The American Cowboy*, Birmingham: Oxmoor House, Inc. , 1975.

10. Carlson, Paul H. , ed. , *The Cowboy Way*: *An Exploration of History and Culture*, Labbock, Texas: Texas Tech University Press, 2000.

11. Carlson, Paul H. , *Empire Builder in the Texas Panhandle*: *William Henry Bush*, College Station: Texas A&M University Press, 1996.

12. Clayton, Lawrence, Hoy, Jim & Underwood, Jerald, *Vaqueros, Cowboys and Buckaroos*, Austin: University of Texas Press, 2001.

13. Coolidge, Dane, *Texas Cowboy*, Tucson, Arizona: University of Arizona Press, 1985.

14. Dale, Edward E. , *Frontier Ways: Sketches of Life in the Old West*, Austin: University of Texas Press, 1959.

15. Dary, David, *Cowboy Culture: A Saga of Five Centuries*, Lawrence: University Press of Kansas, 1981, 1989.

16. Debo, Angie, ed. , *The Cowman's Southwest: Being the Reminiscences of Oliver Nelson*, Lincoln and London: University of Nebraska Press, 1986.

17. Dobie, J. Frank, *A Vaquero of the Brush Country*, Dalas: The Southwest Press, 1929.

18. Dobie, J. Frank, *Guide to Life and Literature of the Southwest*, Dallas: Southern Methodist University Press, 1952.

19. Dobie, J. Frank, *The Longhorns*, New York: Grosset & Dunlap, 1941.

20. Dobie, J. Frank, *The Mustangs*, Boston: Little, Brown and Company, 1952.

21. Dobie, J. Frank, *Up to the Trail from Texas*, New York: Random House, Inc. , 1955.

22. Drago, Harry S. , *Wild, Wooly & Wicked: The History of the Kansas Cow Towns and the Texas Cattle Trade*, New York: Clarkson N. Porter Inc. /Publisher, 1960.

23. Durham, Philip & Jones, Everett L. , *The Negro Cowboys*, Lincoln & London: University of Nebraska Press, 1965.

24. Durham, Phillip & Jones, Everett L. , *The Adventures of the Negro Cowboy*, New York: Dodd, Mead, 1966.

25. Fehrenbach, T. R. , *Lone Star: A History of Texas and Texans*, New York: Wings Book, 1990.

26. Fletcher, Sydney E. , *The Big Book of Cowboys*, New York: Grosset & Dunlap, Inc. , 1973.

27. Fletcher, Sydney E. , *The Cowboy and His Horse*, New York: Grosset & Dunlap, Inc. , 1951.

28. Forbis, William H. , *The Cowboys*, New York: Time-Life Books, 1973.

29. Frantz, Joe B. & Choate, Julian Ernest, Jr. , *The American Cowboy*:

The Myth & The Reality, Norman: University of Oklahoma Press, 1955; Westport: Greenwood Press, Publishers, 1981.

30. Freedman, Russell, *In the Day of the Vaqueros: America's First True Cowboys*, New York: Clorion Books, 2001.

31. Gibson, Charles M. , *Organized Labor in Texas from* 1890-1900, master's thesis, 1973. http: etd. lib. ttu. edu/theses/available/etd-08072009312950022267309/unrestricted/3129500226730.

32. Gressley, Gene M. , *Bankers and Cattlemen*, New York: University of Nebraska Press, 1966.

33. Grinnell, George B. , *Jack the Young Cowboy: An Eastern Boy's Experience on a Western Round-up*, Frederick A. Stokes Company, 1913.

34. Hafen LeRoy R. , Hollon, W. Eugene, Rister, Carl. C. , *Western America*, Englwood Cliffs: Prentice-Hall, Inc. , 1970.

35. Haley, J. Evetts, *George W. Little Field* , Texan, Norman: University of Oklahoma Press, 1943.

36. Haley, J. Evetts, *The XIT Ranch of Texas and the Early Days of the Uano Estacado*, Norman: University of Oklahoma Press, 1953.

37. Haley, James E. , *Charles Goodnight: Cowman & Plainsman*, Boston: Houghton Mifflin, 1936; Norman: University of Oklahoma Press, 1949.

38. Hine, Robert V. , *The American West: An Interpretive History*, Boston: Little Brown & Company, 1973, 1984.

39. Hollon, W. Eugene, *Frontier Violence*, New York: Oxford University Press Inc. , 1974.

40. Hough, Emerson, *The Story of the Cowboy*, New York and London: D. Appleton Company, 1897, 1930.

41. Hudson, Wilson M. , *Andy Adams: His Life and Writings*, Dallas: Southern Methodist University Press, 1964.

42. Hunter, John Marvin, *The Trail Drivers of Texas*, Austin: University of Texas Press, 2000.

43. Jamieson, Stuart M. , *Labor Unionism in American Agriculture*, Wash-

ington: Arno Press, 1976.

44. Jordan, Terry G. , *North American Cattle Ranching Frontier: Origins, Diffusion and Differentiation*, Albuquerque: University of New Mexico Press, 1993.

45. Jordan, Terry G. , *Trail to Texas: Southern Roots of Western Cattle Ranching*, Lincoln: University of Nebraska Press, 1981.

46. Katz, William L. , *The Black West*, Arden City, New York: Doubleday & Company, Inc. , 1971; Anchor Books Revised Edition, 1973.

47. Lomax, John A. , *Cowboy Songs and Other Frontier Ballads*, New York: Macmillan Publishing Co. , 1918.

48. MacDowell, Bart, *The American Cowboy in Life and Legend*, Washington, D. C. : National Geographic Society, 1977.

49. Massey, Sara R. , ed. , *Black Cowboys of Texas*, College Station: Texas A&M University Press, 2000.

50. McCarty, John L. , *Maverick Town: The Story of Old Tascosa*, Norman: University of Oklahoma Press, 1946.

51. McCauley, James E. , *A Stove-Up Cowboy's Story*, Dallas: Southern Methodist University Press, 1965.

52. McCoy, Joseph G. , *Cattle Trade of the West and Southwest*, Ann Arbor: University Microfilms Inc. , 1996.

53. McCoy, Joseph G. , *Historic Sketches of the Cattle Trade of the West and Southwest*, Kansas City: Amsey, Millett, and Hudson, 1874.

54. McGee, Patrick, *From Shane to Kill Bill: Rethinking the Western*, Hoboken: Wiley Blackwell Press, 2006.

55. Mercer, A. S. , *The Banditti of the Plains, Or the Cattlemen's Invasion of Wyoming in 1892*, Norman: University of Oklahoma Press, 1954.

56. Moor, John H. , *The Cheyenne*, Cambridge: Blackwell Publishing, 1996.

58. Morison, Samuel E. , *Admiral of Oceans*, Boston: Little, Brown and Company, 1942.

57. Myres, Sandra L. , *The Ranch in Spanish Texas, 1690-1800*, The U-

niversity of Texas at EL Pasa: Texas Western Press, 1969.

58. Nordyke, Lewis, *Great Roundup: The Story of Texas and Southwestern Cowmen*, New York: William Morrow & Company, 1955.

59. O' neil, Paul, *The End and the Myth*, Alexandria, Virginia: Time-Life Books, Inc. , 1979.

60. Osgood, Ernest S. , *The Day of the Cattleman*, Chicago and London: University of Chicago Press, Fifth Impression, 1968.

61. Pelzer, Louis, *The Cattleman's Frontier: A Record of the Trans-Mississippi Cattle Industry, 1850–1900*, Glendale: Arthur H. Clark Company, 1936.

62. Pirtle, Caleb, ed. , *The American Cowboy*, Birmingham: Oxmoor House, Inc. , 1975.

63. Porter, Kenneth W. , *The Negro on the American Frontier*, New York: Arno Press, 1970.

64. Richard W. Slatta, *Comparing Cowboys and Frontiers*, Norman & London: University of Oklahoma Press, 1997.

65. Richardson, Rupert N. , Anderson, Adrian, Wallace, Ernest, *Texas: The Lone Star State*, Prentice-Hall Inc. , 1997.

66. Ridge, Martin & Billington, Ray A. , ed. , *America's Frontier Story: A Document History of Western Expansion*, New York. Chicago: Holt Rincent Winstoy, 1969.

67. Riegel, Robert E. & Athearn, Robert G. , *America Moves West*, New York, Chicago: Holt, Rinehart and Winston, 1971, fifth edition.

68. Rollins, Philip A. , *The Cowboy: An Unconventional History of Civilization on the Old – Time Cattle Range*, Norman: University of Oklahoma Press, 1997.

69. Rollins, Phillip A. , *The Cowboy*, New York: Charles Scribner's Sons, 1922; Revised and Enlarged Edition, 1963.

70. Rollinson, John K. , *Wyoming: Cattle Trails*, Idaho Caldwell: The Caxton Publishing Company, 1948.

71. Santee, Ross, *Cowboy*, New York: Grosset & Dunlap, 1928.

72. Santee, Ross, *Men and Horses*, New York and London: Century Co., 1926.

73. Savage, William W., Jr., *Cowboy Life: Reconstructing an American Myth*, Norman: University of Oklahoma Press, 1974.

74. Savage, William W., Jr., *The Cowboy Hero: His Image in American History and Culture*, Norman: University of Oklahoma Press, 1979.

75. Schofield, Donald F., *Indians, Cattle, Ships and Oil: The Story of W. M. D. Lee*, Austin: University of Texas, 1985.

76. Seidman, Laurence I., *Once in the Saddle: The Cowboy's Frontier*, 1866–1986, New York: Alfred A. Knopf, Inc., 1973.

77. Siringo, Charles A., *A Lone Star Cowboy*, Santa Fe, New Mexico, 1919; Santa Fe: Sanstone Press, 2006 reprint.

78. Siringo, Charles A., *Riata and Spurs: The Story of a Lifetime Spent in the Saddle as Cowboy and Ranger*, Boston: Houghton Mifflin, 1931.

79. Sirrngo, Charles A., *A Cowboy Dective*, New York: J. S. Orgilive Publishing Company, 1912.

80. Slatta, Richard W., *Cowboys of the Americas*, New Haven and London: Yale University Press, 1990.

81. Slatta, Richard W., ed., *Cowboy Encyclopedia*, Santa Barbara, California: ABC-CLIO, Inc., 1994.

82. Smith, Helena H., *The War on Powder River*, New York: McGraw-Hill Book Company, 1966.

83. Sonichson, Charles L., *Cowboys and Cattle Kings: life on the Range Today*, Norman: University of Oklahoma Press, 1950.

84. Sringo, Charles A., *A Texas Cowboy*, New York: William Sloane Associates, 1950.

85. Stewart, Paul W. & Ponce, Wallace Yvonne, *Black Cowboys*, Colorado, Denver: Black American West Museum and Heritage Center, 1986.

86. Sullivan, Dulcie, *The LS Ranch: The Story of a Texas Panhandle Ranch*, Austin & London: University of Texas, 1966.

87. Terris, Robert G. , *Prospector*, *Cowhand*, *and Sodbuster*: *Historic Places Associated with the Mining*, *Ranching*, *and Farming Frontiers in the Trans - Mississippi West*, Vol. 11, Washington: United States Depart of the Interior, National Park Service, 1967.

88. Thorp, N. Howard, *Whose Old Cow? N. Howard Thorp "Jack Thorp"*, *Songs of the Cowboys*, Boston · New York: Houghton Mifflin, 1921.

89. Todd, Bruce G. , Hooks, Bones, *Pioneer*: *Negro Cowboy*, Gretna: Pelican Publishing Company, Inc. , 2005.

90. Wagner, Tricia Martineau, *Black Cowboys of the Old West*, Guilford: Two dot Book, 2011

91. Ward, Don, *Cowboys and Cattle Country*, New York, American Heritage Publishing Co. , Inc. , 1961.

92. Ward, Fay E. , *The Cowboy at Work*, Norman and London: University of Oklahoma Press, 1958.

93. Webb, Walter Pescott, *The Great Plains*, Waltham, Massachusetts: Blasdell Publishing Company, 1931, 1959.

94. Westermeier, Clifford P. , ed. , *Trailing the Cowboy*, Caldwell, Idaho: The Caxton Printers, Ltd. , 1955.

95. Woodman, David, Jr. , *Guide to Texas Emigrant*, Waco: Texan Press, 1974.

96. Worcester, Don, *The Chisholm Trail*: *High Road of the Cattle Kingdom*, New York: Indian Head Books, 1980.

（二）论文

1. "A Cowboy Strike", *Texas Live Stock Journal*, March 12th 1883, Clifford P. Westermeier, ed. , *Trailing the Cowboy*, Caldwell, Idaho: The Caxton Printers, Ltd. , 1955.

2. "Great Southwest Railroad Strike", *History before* 1886, http://www. labordallas. org/hist/1886. htm.

3. "Lewis Atherton", http://shs. umsystem. edu/manuscripts/columbia/3603. pdf.

4. "Strikes", http: //www. tshaonline. org/handbookonline/articles/oes02.

5. "Texas Round – Up", *Denver Republican*, April 25th 1883, Clifford P. Westermeier, ed. , *Trailing the Cowboy*, Caldwell, Idaho: The Caxton Printers, Ltd. , 1955.

6. Atherton, Lewis, "Cattleman and Cowboy: Fact and Fancy", *Montana the Magazine of Western History* , vol. 11, N. 4, 1961.

7. Atherton, Lewis, "Cattleman and Cowboy: Fact and Fancy", Michael S. Kennedy ed. , *Cowboys and Cattlemen*, New York: Hastings House, Publisher, 1964.

8. Bowens, Doreen C. , "Black Cowboys Have Rich, Respectful History in South Texas", Apr. 11, 1999, http: //www. chautos. com/autocon. v/newslocal/99/newslocal 1883. html.

9. Brown, Amanda Wardin, "A Pioneer in Colorado and Wyoming", *Colorado Magazine*, Vol. 35, 1958, Oct.

10. Carlson, Paul H. , "A Cowboy Bibliography", Paul H. Carlson, ed. , *The Cowboy Way: An Exploration of History and Culture*, Lubbock: Texas Tech University Press, 2000.

11. Cornyn, John, "The Cowboy Strike",September 9th, 2008, http: //www. calfarleysboysranch. org /visitors /Pages /The cowboy Strike. aspx.

12. Dale, Edward E. , "Cow Country in Transition", *Mississippi Valley Historical Review*, vol. 24, No. 1, 1937.

13. Durham, Phillip & Jones, Everett L. , "Slave on Horseback", *The Pacific Historical Review*, Vol. 33, No. 4 (Nov. , 1964) .

14. Durham, Phillip & Jones, Everett L. , "The Negro Cowboy", *American Quarterly*, Vol. 7, No. 3 (Autumn, 1955) .

15. Fletcher, Robert S. , "That Hard Winter in Montana, 1886–1887", *Agricultural History*, Vol. 4, No. 4 , 1930.

16. Fugate, Francis L. , "Origins of the Range Cattle Era in South Texas", *Agriculture History* , Vol. 35, No. 3, 1961.

17. Graham, Richard, "The Investment Boom in British–Texas Cattle Companies", *Business History Review*, vol. 34, No. 4, 1960.

18. Hardway, Roger D. , "African American Cowboys on the Western Frontier", *Negro History Bulletin*, Jan. - Dec. , 2001, http: //findarticles. com/ plarticles/mim1175 /is2001Jan-Dec/ai95149972.

19. Hart. J. S. , "Jesse Hart, Callahan Country Pioneer", *Frontier Times*, 1953, June.

20. Haywood, C. Robert, "No Less a Man: Blacks in Cow Town Dodge City, 1876-1886", *Western Historical Quarterly*, Vol. 19, No. 2, 1988.

21. Holden, William C. , "The Problem of Hands on the Spur Ranch", *Southwestern Historical Quarterly*, Vol. 35, No. 3, 1932.

22. Hutchinson, W. H. , "The Cowboy and Karl Marx", *Pacific Historian*, vol. 20, No. 2, 1976.

23. Hutchinson, William H. , "The Cowboy and the Class Struggle (or, never Put Marx in the Saddle)", *Arizona and the West*, vol. 14, No. 4, 1972.

24. Jackson, W. Tarrentine, "'The Wyoming Stock Growers' Association: Its Years Temporary Decline, 1886 - 1890", *Agriculture History*, vol. 22, No. 4, 1848.

25. Jackson, W. Tarrentine, "'Wyoming Turrentine Growers' Association Political Power in Wyoming Territory", *Mississippi Valley Historical Review*, vol. 33, No. 4, 1947.

26. JBHE Foundation, "Deadwood Dick and the Black Cowboys", *The Journal of Blacks Education*, No. 26 (Winter, 1998-1999) .

27. Jordan, Terry G. , "The Origin and Distribution of Open-Range Cattle Ranching", *Social Science Quarterly*, Vol. 33, No. 1, Jan, 1972.

28. Jordan, Terry G. , "The Origin of Anglo-American Cattle Ranching in Texas: A Documentation of Diffusion from the Lower South", *Economic Geography*, Jan, 1969.

29. Moore, Michael Rugeley, "Peter Martin: A Stockraiser of the Republic Period", Sara R. Massey, ed. , *Black Cowboys of Texas*, 2000.

30. Muir, Andrew Forest, "The Free Negro in Jefferson and Orange Counties, Texas", *Journal of Negro History*, Vol. 35, No. 2, 1950.

31. Mundis, Jerrold J. , "He Took the Bull by the Horns", *American Heritage*, *Vol.* XIX, December, 1967, http: //www. americanheritage. com/ articles/magazine/ah/1967/1/ 1967_ 1_ 50. shtml.

32. O'Cornnor, Louise S. , "Henrietta Williams Foster, Aunt Ruttie: A Cowgirl of the Texas Coastal Bend", Sara R. Massey, ed. , *Black Cowboys of Texas*, 2000.

33. Parkins, John, "What Cowboy Ever Wished to Join a Union? Wild West Industrial Relations before 1914", *The Journal of Industrial Relations*, Vol. 36, No. 3, 1994.

34. Porter, Kenneth W. , "Black Cowboys—Part I", excerpt from the book "*Negro on the American Frontier*", http: //www. coax. net/people/lwf/bkcowboy. htm/and http: //www. coax. net/people/lwf/bkcowboy2. htm/.

35. Porter, Kenneth W. , "Negro Labor in the Western Cattle Industry, 1866–1900", *Labor History*, Vol. 10, No. 3 (Summer, 1969) .

36. Pryor, Col. Ike T. , "The Cost of Moving A Herd to Northern Markets", J. Marvin Hunter, ed. , *The Trail Drivers of Texas*, 2000.

37. Quintard & Taylor, "African American Men in the American West, 1528–1990", *Annals of the American Academy of Political and Social Science*, Vol. 569 (May, 2000) .

38. R. I. P. , *Black Cowboys*, http: // www. vincelwis. net/blackcowboys. html.

39. Rippy, J. Fred, "British Investments in Texas Lands and Livestock", *Southwestern Historical Quarterly*, vol. 58, No. 3, 1955.

40. Scheckel, Susan, "Home on the Train: Race and Mobility in the Life and Adventures of Nat Love", *American Literature*, Vol. 74, No. 2 (June, 2002), Duke University Press, 2002.

41. Thone, Frank, "'Deadwood Dick': Indian Version", *The Science News - Letter*, Vol. 27, No. 738 (Jun. 1, 1935), Stable UBL: http: //www. jstor. org/ stable/ 3911195.

42. Zeigler, Robert E. , "The Cowboy Strike of 1883: Its Causes and Meaning", *West Texas Historical Association Yearbook*, vol. XLVII, 1971.

43. Zeigler, Robert E., "The Cowboy Strike of 1883", Paul H. Carlson, ed., *The Cowboy Way*: *An Exploration of History and Culture*, Labbock, Texas: Texas Tech University Press, 2000.

44. http://oasis. lib. harvard. edu/oasis/dever/~pea00048.

45. http://shs. unsystem. edu/manuscripts/columbia/3603. pdt.

46. http://www. accessgenealogy. com/kansas/biography - of - edward - norris-wentworth. htm.

47. http://www. blackpast. org/contributors/slatta-richard.

48. http://www. marvsvilleonline. net/articles/2015/02/11/news/obituaries/doc54c0 56bc9019691656174. txt.

49. http://www. tshaonline. org/handbook/online/articles/fmymg.

三、中文论著

1. H. N. 沙伊贝等著，彭松建等译：《近百年美国经济史》，中国社会科学出版社 1983 年版。

2. 丹尼尔·布尔斯廷：《美国人：民主的历程》，生活·读书·新知三联书店 1993 年版。

3. 丁则民主编：《美国内战与镀金时代》，刘绪贻、杨生茂主编：《美国通史》第 3 卷，人民出版社 2000 年版。

4. 刘绪贻主编：《战后美国史（1945—2000）》，刘绪贻、杨生茂总主编：《美国通史》第 6 卷，人民出版社 2002 年版。

5. 周钢：《牧畜王国的兴衰：美国西部开放牧区发展研究》，人民出版社 2006 年版。

6. 周钢：《美国历史上的牛仔罢工》，载《史学月刊》2013 年第 2 期。

专有名词对照

（按汉语拼音字母为序）

A

阿比林　Abilene

阿博特，E. C.　Abbott, E. C.

阿博特，特迪·布卢　Abbott, Teddy Blue

阿代尔，约翰　Atair, John

阿德　Add

阿尔门丁格，布莱克　Allmendinger, Black

阿尔塔　Alta

阿根廷　Argentine

阿瓜约，马奎斯·德　Aguayo, Marquez de

阿肯色河　Arkansas River

阿拉莫雷托斯　Alamocitos

阿拉莫斯塔支流　Alamocitas Creek

阿列克叔叔　Uncle Alec

阿伦，鲁思　Allen, Ruth

阿马里洛　Amerillo

阿纳康达铜和蒙大拿电力公司　Anaconda Copper and Montana Power Co.

阿帕奇人　Apache

阿帕切族　Apaches

阿瑟顿，刘易斯 Atherton, Lewis

埃弗利，比尔　Avery, Bill

埃弗利，比尔·"泰格"　Avery, Bill "Tiger"

埃弗斯，梅德加　Evers, Medger

埃里克森，约翰·R.　Reickson, John R.

埃利森　Ellison

埃斯图迪略，唐·何塞·若阿金　Estudillo, Don José Joaquin

艾奥瓦　Iowa

艾奥瓦州立学院　Iowa State College

艾弗森，彼得　Iverson, Peter

艾森豪威尔，德怀特·D.　Eisenhower, Dwight D.

艾森豪威尔总统　President Eisenhower

爱达荷　Idaho

爱尔兰　Ireland

安迪　Andy

安萨，胡安·比亚蒂斯塔·德　Anza, Juan Bautista de

盎格鲁—撒克逊人　Anglo-Saxon

奥尔雷德，B. W.　Allred, B. W.

奥加拉拉　Ogallala

奥利夫，艾拉　Olive, Ira

奥利夫，普林特　Olive, Print

奥尼昂支流　Onion Creek

奥斯汀，斯蒂芬　Austin, Stephen

B

"80 约翰"　"80 John"

巴德　Bard

巴尔，阿尔文　Barr, Alwyn

罢工委员会　Strike Committee

百老汇　Broadway

棒 C 牧场　"Bar C" Ranch

鲍德河　Powder River

鲍德河牧牛公司　Powder River Cattle Company

鲍德河南支流　South Fork of Power River

鲍恩斯，德伦·C.　Bowens, Dorren C.

鲍伊，詹姆斯　Bowie, James

北加拿大人河　North Canadian River

北卡罗来纳　North Carolina

北纬 36 度　North to 36

北小道　North Trail

贝克威斯，亨利　Beckwith, Henry

比利亚洛沃斯，格雷格里奥·德　Villalobos, Gregorio de

比林顿，雷·A.　Billington, Ray A.

彼得斯，T. W.　Peters, T. W.

波士顿　Boston

《波士顿先驱者》　Boston Herald

波特，肯尼斯·W.　Porter, Kenneth W.

波特兰　Portland

波特兰州立大学　Portland State University

伯查特，比尔　Burchardt, Bill

伯罗斯，G. O.　Burrows, G. O.

伯明翰　Birmingham

博里纳，W. B.　Borina, W. B.

博内斯　Bones

博思朗，唐纳德·J.　Berthrong, Donald J.

博斯沃思　Bos Worth

博兹曼　Bozeman

不在地所有权　Absentee Ownership

布法罗　Buffalo

戴维斯，布尔　Davis, Bull

戴维斯，戈登　Davis, Gordon

带刺铁丝网　Fences of Barbed Wire

《丹佛共和党人》　Denver Republican

道迪，阿萨　Dawdy, Asa

道奇城　Dodge City

得克萨斯大学　University of Texas

得克萨斯技术大学　Texas Tech University

《得克萨斯家畜杂志》　Texas Live Stock Journal

得克萨斯骑警　Texas Rangers

得克萨斯热病　Texas Fever

得克萨斯人　Texan

得克萨斯与西南部养牛者协会　Texas and Southwestern Cattle Raisers Association

德布斯，基德　Dobbs, Kid

德拉姆，菲利普　Durham, Philip

德南贝格，卡伦　Denenberg, Karen

邓巴，格雷·S.　Danbar, Gary S.

迪克，戴德伍德　Dick, Deadwood

第二次世界大战　World War II

第一次世界大战　World War I

第一得克萨斯铁骑　First Texas Cavalry

动物饲养系　Animal Husbandry Department

杜罗，帕拉　Duro, Palo

镀金时代　Gilded Age

多比，J. 弗兰克　Dobie, J. Frank

多布斯，W. L.　Dobbs, W. L.

多佛　Dover

多明哥茨，胡安·何塞　Dominquez, Juan José

E

23 赶拢区　Roundup No. 23

格兰姆斯，W. B.　Grimes，W. B.

格兰姆斯，布拉德菲尔德　Grimes，Bradford

格雷，马布里　Grey，Mabry

格雷厄姆　Graham

格里芬，罗伊　Griffin，Roy

格里森，J. L.　Grisson，J. L.

格利登，约瑟夫　Glidden，Joseph

格罗斯，阿列克　Gross，Alec

工具车头　Wagon Boss

古德奈特，查尔斯　Goodnight，Charles

古德奈特—洛文小道　Goodnight-Loving Trail

瓜达卢普　Guadalupe

瓜达卢普河　Guadalupe River

鬼镇　Ghost Town

H

HL 牧场　HL Ranch

哈里斯，汤姆　Harris，Tom

哈里斯，托马斯　Harris，Thomas

哈尼斯上校，贝利·C.　Hanes，Colonel Bailey C.

"海狮"　"Sea Lions"

海伍德，C. 罗伯特　Haywood，C. Robert

海因，罗伯特·V.　Hine，Robert V.

汉金斯，J. M.　Hanks，J. M.

何塞　José

赫尔·罗灵支流　Hell Roaring Creek

赫里福德　Hereford

赫利特，C. M.　Hullett，C. M.

黑脚印第安人保留地　Blackfoot Indian Reservation

黑利，奥拉　Haley，Ora

黑名单　Black List

亨利，约翰　Henry，John

亨利法官　Judge Henry

胡安　Juan

胡克斯，博内斯　Hooks，Bones

胡克斯，马修　Hooks，Mathew

胡克斯，托德　Hooks，Todd

华莱士，丹尼尔·韦伯斯特　Wallace，Daniel Webster

怀俄明北部农场主和家畜饲养者协会　North Wyoming Farmers' and Stock Growers' Association

怀俄明家畜放牧者协会　Wyoming Stock Grazers' Association

怀特，泰勒　White，Taylor

霍顿县　Wharton County

霍夫，埃默森　Hough，Emerson

霍弗，利厄特南特·约翰　Hoffer，Lieutenant John

霍格镇　Hog Town

霍华德，J. L.　Howard，J. L.

霍利迪，T. D.　Holiday，T. D.

霍姆斯，内普丘恩　Holmes，Neptune

J

JA 牧场　JA Ranch

基诺，欧塞维奥·弗朗西斯科　Kino，Eusebio Francisco

加顿，W. S.　Garden，W. S.

加尔布雷思，R. F.　Galbreath，R. F.

加勒特，帕特　Garrett，Pat

加拿大　Canada

加拿大人河　Canadian River

加拿大人河谷　Canadian River Valley

加特林，约翰·T.　Gatlin，John T.

加乌乔牧人　Gauchos

煎锅牧场　Frying Pan Ranch

《检疫法》 Quarantine Laws

《解放宣言》 Emancipation Proclamation

杰克 Jack

杰克兔 Jackrabbit

杰克县 Jack County

杰克逊，杰克 Jackson, Jack

杰罗姆，克拉拉 Jerome, Clara

杰罗姆，珍妮 Jerome, Jennie

金，小马丁·路德 King, Martin Luther, Jr.

金奇洛，本 Kinchlow, Ben

K

KC 牧场 KC Ranch

卡茨，威廉·L. Katz, William L.

卡尔森，保罗·H. Carlson, Paul H.

卡雷，贾奇 Crey, Judge

卡里罗，伊格西奥 Carrillo, Ignacio

卡罗尔顿 Carrollton

卡梅伦，尤恩 Cameron, Even

凯利，吉姆 Kelly, Jim

凯利，詹姆斯 Kelly, James

堪萨斯 Kansas

堪萨斯城 Kansas City

堪萨斯农业学院 Kansas State Agricultural College

坎贝尔，约翰·A. Campbell, John A.

坎宁，米切尔 Canyon, Mitchell

《柯林斯堡信使报》 Fort Collins Courier

科迪，布法罗·比尔 Cody, Buffalo Bill

科尔法克斯县 Colfax County

科尔特斯，埃兰多 Cortes, Hernando

科尔县 Coleman County

L

劳动骑士团　Knights of Labor

老巴特　Old Bat

老杰里　Old Jerry

老李　Old Lee

勒孔特，玛丽·卢　LeCompte, Mary Lou

雷德河　Red River

雷明顿，弗雷德里克　Remington, Frederic

雷诺，菲恩　Reynolds, Phin

雷诺牧牛公司牧场　Reynolds Cattle Company Ranch

雷诺土地牧牛公司　Reynold Land and Cattle Company

李，W. M. D.　Lee, W. M. D.

李，格斯　Lee, Gus

李—斯科特公司　Lee-Scott Company

"里蒂姑姑"　"Aunt Rittie"

里弗，布卢　River, Blue

理想国　Utopia

《历史教师》　History Teacher

利普克兰茨，H. T.　Lilliencrantz, H. T.

利特尔，"多克"　Little, "Doc"

联合太平洋铁路　Union Pacific Railroad

林哥堡　Lynchburg

林肯　Lincoln

路易斯安那　Louisiana

伦敦　London

罗得岛　Rhode Island

罗杰斯，威尔　Rogers, Will

罗克克里克　Roch Creek

落基山脉　Rocky Mountains

《落基山农民报》　Rocky Mountain Husbandman

罗林斯，菲利普·A.　Rollins, Phillip A.

罗斯福，西奥多　Roosevelt, Theodore

美国与加拿大有组织的行业与劳工联合会　An Economic Federation of Organized Trades and Labor Unions of the United States and Canada

美西战争　Spanish-American War

美洲　America

蒙哥马利　Montgomery

蒙哥马利，比尔　Montgomery，Bill

蒙特雷　Monterey

米勒，吉姆　Miller，Jim

米勒，扎克　Miller，Zack

米利斯，G. W.　Mills，G. W.

米切尔峡谷　Mitchell Canyon

密苏里　Missouri

密苏里大学　University of Missouri

《密西西比流域历史评论》　Mississippi Valley Historical Review

民权运动　Civil Rights Movement

秣市惨案　Haymarket Riot

莫比蒂　Mobeetie

莫里斯，J. S.　Morris，J. S.

莫里斯，杰西　Morris，Jesse

莫利斯，E. J.　Morris，E. J.

莫莉　Molly

莫兹奎，爱德华·"乔桑"　Mazique，Edward "Sancho"

墨西哥牛仔　Charros

牧场主　Cattleman

牧场主边疆　Cattleman's Frontier

牧场主时代　Cattleman Day

牧牛大王　Cattle King

牧牛女郎　Cowgirl

牧牛人　Herder

牧牛王国　Cattle Kingdom

牧牛协会　Cattle Association

N

纳科多奇斯　Nacogdoches

男孩牧场　Boys Ranch

南方宣言　Southern Manifesto

南卡罗来纳　South Carolina

南孔乔河　South Concho River

南美洲北部大草原骑马牧民　Ilaneros

南支流　South Fork

尼克尔，G. F.　Nickell, G. F.

尼亚图，曼纽尔　Nieto, Manuel

牛道道头　Trail Boss

牛仔罢工　Cowboy Stirke

牛仔的边疆　Cowboy's Frontier

牛仔名人堂　Cowboy Hall of Fame

牛仔时代　Cowboy Day

牛仔之王　The King of the Cowboy

牛仔之战　Cowboy War

《纽约时报》　New York Times

《农业史》　Agricultural History

努埃西斯河　Nueces River

诺兰，艾伦·T.　Nolan, Alan T.

O

欧诺特，约翰·巴特维亚　Hinnaut, John Battavia

P

PBK 联合会　Phi Beta Kappa

帕克斯，罗莎　Parks, Rosa

帕拉金斯　Palacios

帕洛杜罗峡谷　Palo Duro Canyon

潘汉德尔　Panhandle

潘汉德尔地区　Panhandle Region

潘汉德尔家畜协会　Panhandle Stock Association

潘汉德尔牧场主协会　Panhandle Cattlemen's Association

佩，吉姆　Perry，Jim

佩科斯地区　Pecos Country

佩科斯河　Pecos River

佩里，吉姆 Perry，Jim

蓬斯，华莱士·伊冯娜　Ponce，Wallace Yvonne

皮尔斯，埃布尔·"尚海"　Pierce，Abel "Shanghai"

皮尔斯，埃布尔·黑德　Pierce，Abel Head

皮尔斯，乔纳森　Pierce，Jonathan

皮科特，J. W.　Peacock，J. W.

皮科特，沃迪　Peacock，Waddy

皮克特，比尔　Pickett，Bill

皮马　Pima

皮普列斯，D. W.　Peples，D. W.

皮斯河　Pease River

皮托拉，加斯帕·德　Portolá，Gaspar de

普拉特河　Pratte River

普莱希控弗格森案　Plessy v. Ferguson

普赖尔，艾克·T.　Pryor，Ike T.

普韦　Pueblo

Q

7D 牧场　7D Ranch

七十一又四分之一圈牧场　Seventy-one Quarter Circle Ranch

骑马牧人　Vaqueros

钱皮恩，内森·D.　Champion，Nathan D.

乔丹，特雷莎　Jordan，Teresa

乔特，小朱利安·欧内斯特　Choate，Julian Ernest

切罗基族委员会　Cherokee National Council

琼斯，阿尔　Jones, Al

琼斯，艾迪生　Jones, Adison

琼斯，埃弗里特·L.　Jones, Everett L.

琼斯，詹姆斯　Jones, James

丘吉尔，伦道夫　Churchill, Randolph

S

萨宾河　Sabine River

萨卡特卡斯　Zacatecas

萨姆　Sam

萨维奇，小威廉·W.　Savage, William W. , Jr.

塞德曼，劳伦斯·I.　Seidman, Laurence I.

塞尔马　Selma

塞拉，胡尼佩罗　Serra, Junipero

赛伯茨，布鲁斯　Siberts, Bruce

"三K党"　Ku Klux Klan

桑伯恩，亨利·B.　Sanborn, Henry B.

桑德斯，乔治·W.　Saunders, George W.

沙利文，丹尼尔　Sullivan, Daniel

"山羊"　"Goat"

上加利福尼亚　Upper California

圣安东尼奥　San Antonio

圣安东尼奥河　San Antonio River

圣安吉洛　San Angelo

圣迭戈　San Diego

圣弗朗西斯基托　San Fransisquito

圣弗朗西斯科　San Francisco

圣弗朗西斯科神父，加西亚·德　Father San Francisco, Garcia de

圣哈辛托　San Jacinto

圣克拉拉教区　Mission Santa Clara

圣克劳斯　Santa Cruz

圣罗萨　Santa Rosa

圣佩德罗　San Pedro

圣佩德罗河　San Perdro Creek

圣萨巴　San Saba

圣萨巴要塞　Presidio San Saba

史密斯，海伦娜·H.　Smith, Helena H.

使成为基督徒、使基督化　Christianize

斯科特，卢西恩·B.　Scott, Lucien B.

斯科特，约翰·安东尼　Scott, John Anthony

斯科特—拜勒牧场　Scott and Byler Outfit

斯莱塔，理查德·W.　Slatta, Richard W.

斯劳特　Slaughter

斯劳特，约翰　Slaughter, John

斯皮斯，奥古斯特　Spies, August

斯塔福德，亨利　Stafford, Herry

斯泰克德平原　Staked Plains

斯特克斯，托马斯　Sturgis, Thomas

斯图尔特，保罗·W.　Stewart, Paul W.

斯图尔特，格兰维尔　Stewart, Granville

斯旺，亚历山大·H.　Swan, Alexander H.

斯旺土地牧牛公司　Swan Land and Cattle Company

斯威特沃忭—普拉特　Sweetwater-Platte

《饲养者报》　Breeders' Gazette

苏格兰肯塔基志愿者　Scotland Kentucky Volunteer

索尔特谷　Salt Valley

索尔特帕克　Salt Park

索诺拉　Sonora

索诺马　Sonoma

T

TA 牧场　TA Ranch

T—锚牧场　T-Anchor Ranch

塔斯科萨　Tascosa

泰格　Tige

泰勒，巴克　Taylor, Buck

泰勒县　Taylor County

汤普森，C. B.　Thompson, C. B.

特兰，唐·多明戈　Terán, Don Domingo

特兰普斯　Trampas

帕拉金斯，特雷斯　Palacios, Tres

图巴克　Tubac

图克，利奥　Tiucker, Leo

图森　Tucson

托德，布鲁斯·G.　Todd, Bruce G.

拓荒垦殖小子　Nester Kids

W

瓦尔德，唐　Ward, Don

瓦格纳，特里西亚·马蒂伊　Wagner, Tricia Martineau

瓦格纳，詹姆斯·R.　Wagner, James R.

万特，胡安·德　Oante, Juan de

威尔逊，比尔　Wilson, Bill

威尔逊，亚当　Wilson, Adam

威利斯，查利　Willis, Charley

威廉斯，托尼　Williams, Tony

威奇塔河　Wichita River

威瑟斯，G. B.　Withers, G. B.

威瑟斯，M. A.　Withers, M. A.

威瑟斯，理查德　Withers, Richard

威斯顿，杰克　Weston, Jack

威斯康星大学　The University of Wisconsin

威斯特，索尔　West, Sol

威斯特迈耶，约翰·克莱·克利福德·P.　Westermeier, John Clay Clifford P.

韦布，沃尔特·P.　Webb, Walter P.

韦哥斯　Weches

维多利亚　Victoria

维多利亚女王　Queen Victoria

维尔茨，吉迪恩　Wardz, Gideon

沃德，费伊·E.　Ward, Fay E.

沃尔夫溪　Wolfe Creek

沃伦，厄尔　Warren, Earl

沃特金斯，E. E.　Watkins, E. E.

沃希托河　Washita River

五个文明部落　Five Civilized Tribes

伍德　Wood

伍尔芬，查尔斯　Wulfien, Charles

伍尔芬，儿拉　Wulfien, Yira

"五一"大罢工　"May Day" Strike

X

XIT 牧场　XIT Ranch

西北得克萨斯养牛者协会　Northwest Texas Cattle Raisers Association

西部荒野剧　Wild West Show

《西部历史杂志》　The Magazine of West History

西部伟人名人堂　Great Westerners Hall of Fame

西弗吉尼亚　West Virginia

西林戈，查尔斯·A.　Siringo, Charles A.

西米诺尔人　Seminole

西南铁路大罢工　Great Southwest Railroad Stirke

西沃罗河　Cibolo River

西小道　Western Trail

希拉河　Gila River

锡马龙河　Cimaron River

锡那罗亚　Sinaloa

下加利福尼亚　Lower California

夏延　Cheyenne

夏延俱乐部　Cheyenne Club

鲜活历史图书馆　The Living History Library

宪法第 14 条修正案　Fourteenth Amendment of Constitution

宪法第 15 条修正案　Fifteenth Amendment of Constitution

向华盛顿进军　March on Washington

小石城事件　Little Rock Crisis

谢利，弗兰克　Shelly, Frank

谢里登　Sheriden

辛普森，吉姆　Simpson, Jim

新罕布什尔　New Hampshire

新墨西哥　New Mexico

新墨西哥北部小牧场主与牛仔联盟　Northern New Mexico Small Cattlemen and Cowboys' Union

休斯顿　Houston

休斯顿，萨姆　Houston, Sam

巡边骑手　Line-Riders

Y

101 牧场　101 Ranch

1834 年印第安人法　Indian Act of 1834

1883 年牛仔罢工　Cowboy Strike of 1883

《1884 年法律》　The Law of 1884

《1884 年马弗里克牛法》　Mavericks Law of 1884

1886 年牛仔罢工　Cowboy Strike of 1886

亚当斯，安迪　Adams, Andy

亚当斯，乔治　Adams, George

亚拉巴马　Alabama

烟草工人罢工　Tobacco Workers' Strike

扬县　Yong County

杨，约翰　Young, John

摇椅埃玛　Rocking Chair Emma

"野牛比尔"　"Buffalo Bill"

"野牛加尔斯"　"Buffalo Gals"

伊卡德，鲍斯　Ikard, Bose

伊图尔维德，阿古斯丁·德　Iturbide, Agustin de

因特纳斯省　Las Provincias Internas

《印第安历史杂志》　Indiana Magazine

印第安诺拉　Indianola

英格顿，哈里　Ingeton, Harry

英格兰　England

圆圈点牧场　Circle Dot Ranch

尤马　Yuma

邮政学院　C. W. Post College

约翰逊，格斯　Johnson, Gus

约翰逊县　Johnson County

约翰逊县战争　Johnson County War

约斯，圣弗朗西斯科·德　Ios, San Francisco de

Z

炸群惊逃　Stampedes

詹金斯，杰斯　Jenkins, Jess

詹姆斯敦　Jamestown

芝加哥　Chicago

《芝加哥论坛报》　Chicago Tribune

种族隔离　Racial Segregation

种族歧视　Racial Discrimination

种族主义　Racialism

朱莉，约翰娜　July, Johana

抓住牛角制服公牛者　Bulldogger
走马巡边　Line-Riding
最后通牒　Ultimatum
佐治亚　Georgia

Summary of Each Chapter

Chapter One   Labors on Horseback

For more than a century, various US media made a lasting charming cowboy myth, through cheap novels, Hollywood movies, TV series and commercials and others, and made up of many romantic legends of "cowboy heroes saving the beauties". This fictional "cowboy hero" myth has obscured the true history of pioneering cowboys in the west. Real cowboys in history were labors employed by the ranchers, with their horseback career in the "Cattle Kingdom".

After the American Civil War, "Cattle Kingdom" rose in the vast territory of the American West. Its rise has experienced the early development from the colonial period to the Civil War and prosperous cattle industry after the Civil War. The rise of the "Cattle Kingdom" made the Great Plains become the livestock production base in the United States, which not only met the huge demand for meat in the industrialization and urbanization and changed the American diet structure but also made the West become the important supplier of the live cattle and beef for the European market. In the early range development of the American West, the earliest pioneers were predecessors of the cowboys who served as the later American cowboy pioneers, including "Vaqueros", slaves on horseback and white cowboys. The golden age of "Cattle Kingdom" prosperity was after the American Civil War to the

1880s, also as the heyday of the American cowboy activities. These cowboys called horseback labors were made up of people of different ethnic groups, colors and nationalities. American cowboys in heyday have made important contributions for the formation of "Cattle Kingdom and the western frontier development". Some of the monographs called American western frontier "cowboy frontier".

Section 1　Cowboy Pioneers in American West

Since the influence of white supremacist doctrine, the majority of the American cowboy writings seldom mentioned Texas cattle industry before the Anglo-American settlement and the early pioneers. These works made the research from the 1820s when Anglo-American settled into Texas, covering mainly white cowboys. In fact, this was not consistent with historical facts. In the Spanish colonial period, the ranching industry has advanced from the heart of Mexico to Texas North of the Rio Grande River, and now New Mexico, Arizona and California. Diamond area in southeastern Texas became the cradle of the rise of the "Cattle Kingdom". Spanish ranchers forced black slaves brought to Mexico by them and the indigenous people converted to Mexican Catholics (ie, "Indians" named by colonizers) to manage their herds. These people were called "Vaqueros". After Mexico's independence in 1821, the Spanish colonizers left the nascent republic. After the independence of Texas, particularly after being annexed by the United States after 1845, Mexico ranchers returned to the south of the Rio Grande in Mexico. However, "Vaqueros" of Mexico stayed in Texas and became Mexican-Americans. When Anglo-American settled in Texas, slaves brought by them became slaves on horseback, who managed the herds. Before the Civil War, there were some white Americans employed as cowboys. Therefore, "Vaqueros", slaves on horseback and the white cowboys were early developers of the American western range as the cowboy pioneers.

Section 2　Cowboys' Experiences on Horseback

Although the origins of the American cowboy in Texas can be traced to "Vaqueros" during the period of Texas under the Spanish rule, its heyday was the 30-year-long period after the Civil War in the United States (1866-1896). In this period, the term "cowboy" was widely accepted by Americans, but also was spread to the world. Tens of thousands of cowboys of different colors, different ethnic groups and different nationalities entered into the American western range. This heyday synced with "Gilded Age", the transition from free capitalism to monopoly capitalism. Further urbanization and the rise of American industrial revolution after the civil war produced a huge demand for meat which caused an imbalance of production capacity. In order to solve this contradiction between supply and demand, the United States needed to establish a large-scale livestock production base in the western plains. Cattle industry became one of the most profitable industries after the Civil War and many Americans in the East wanted to get rich to establish ranches in the West. European Capital also invested in the Great Plains cattle ranching. Cattle ranchers and cattle companies hired cowboys to graze the cattle and to sell the cattle on the cow towns along the railway by Long Drive. In just 20 years, tens of thousands of cowboys extended the range from Texas to Canada border. Cowboys established a "Cattle Kingdom" with broad territory through hard work through toil in the 1/5 of the Great Plains. Cowboys must ride on horseback to control the wild "Texas Longhorn Cattle" to patrol and manage the cattle and to herd cattle into cow towns and new pastoring area after a long "cattle trail". Cowboy toil was hard and dangerous with harsh accommodation and conditions. They are labors on horseback employed by ranchers and cattle companies.

"Cattle Kingdom" history created by cowboys was full of hardships, fatigue and danger. The true history of "Cattle Kingdom" built by tens of thousands of cowboys was not as romantic as advocated in literature and western movies and television. Many cowboys on the ranches and trails protected the herd risking his own life and even lost their lives. Because the ranchers saw cattle's safety was more important than the life of a cowboy, as so far no statistics of the number of western cowboys who died was recorded. Some cowboys even did not leave names after their death.

Chapter Two　African-American Cowboys

African-American cowboys were an important part of the special social community of American cowboys. They mainly consisted of slaves on horseback who got freed after the Civil War and African Americans who could not bear southern racial discrimination and fled to the western ranches. African-American cowboys were alike with white cowboys, Mexican cowboys and aboriginal cowboys who rode on horse and pasture and attended the cattle in the vast range. After they were recruited into the cattle, African-American cowboys trailed the cattle to the market in the northeast, the calf fattening region and new ranges on the "cattle trail" from Texas. Many African-American cowboys conducted in the hard work in the pasture, and were faced with danger. Most African-American cowboys had good professional conduct and can work with people of different colors. They devoted their whole lives to the rise and prosperity of the "Cattle Kingdom" in the western Great Plains and some of them even lost their lives. However, due to the racial discrimination against blacks in the US, African-American cowboys in the "Cattle Kingdom" were long ignored by American historians and writers. Until the rise of civil rights movement in mid-20th century, American academia has begun to focus on the research on African-American cowboys.

Section 1　Sketches of African-American Cowboys

A large number of papers of American scholars' research on African-American cowboys focused on the case study of the famous African-American cowboys; while the situation of this unique social group in the ranch and the cattle trail and the reasons that they could keep a foothold in the "Cattle Kingdom" seemed weak. This section summarizes and conducts the primary study the basic situation of American western Afro-American cowboys from the aspects of the composition and regional distribution, the hard work in the pasture, the life of cattle and cattle, and the specific cases where this section is going to summary the basic situations of the African–American cowboys from the composition and distribution of African–American cowboys, the hard work of the ranch, the life of cattle and cattle, and the other specific cases. Historical facts showed that African–American cowboys made an important contribution to the rise of "Cattle Kingdom" in the harsh natural and social environment.

Section 2   "Cattle Kingdom" was not a "Utopia"

The African–American cowboys were the most hardworking group of western American cowboys who have won a place in the western pastoral area with skilled professional skills, outstanding talent, excellent professional conduct and unparalleled "loyalty" . However, the long–standing prevalence of racial discrimination and apartheid in the pastoral areas has kept African–American cowboys being insulted and harmed, and their important contribution to the development of western animal husbandry has also been neglected for a long time.

Chapter Three   Cowboy Strikes in the US

Two cowboy strikes in US history occurred in the 1880s, an important transitional period from American free capitalism to monopoly capitalism. An important feature of this period was the emergence of a large number of monopolies, and the organizational form of the company emerged quickly. In the United States period of social transformation, not only in the secondary industry and tertiary industry services and mining enterprises experienced rapid corporatization, but also the first industry in the western cattle industry also experienced the transition from individual ranch, partnership ranch to a modern enterprise company. During the transformation of American business organizations, frequent strikes in all American industries occurred. American cowboy strikes exactly happened during the transition period of cattle industry in the Great Plains. In American society during the transition period and organizational transformation of ranches, cowboys faced more difficulties and problems than other industrial and mining workers. In the increasingly tense labor relations, the cowboys held two strikes in order to change their deteriorating condition. The cowboys demanded only higher wages and better food, even shorter working hours not covered. Under the joint destruction by ranchers, cowboys strike failed. Two cowboy strikes had significance in American labor history.

Overall, the US academic research for the American cowboy strikes data is more fragmented, not as in-depth study of strikes by other industrial workers. Some commentators described the processes of the cowboy strikes, lacking in the in-depth analysis on the reasons for the failure of the strikes. Most discussions were lacking in analysis putting cowboy strikes under the background of transformation of American society and forms of ranch organization. Based on large amounts of data, this chapter is intended to made analysis on the associated issues of cowboy strikes combined with the transformation of the ranches in the American West.

Section 1   Reasons for the Cowboy Strikes

In 1880s, a lot of capital poured into the Great Plains' cattle industry from Europe and the eastern United States, which resulted in the transition of the original individual and partnership ranches into the company form. This change has greatly affected the cowboy living environment and future development. Early individual ranch, though, was to make money, which also served as a way to survive in the wilderness for rancher and cowboys. Corporatization of the ranches did not resulted in the increased wages and improved working conditions of the cowboys. On the contrary, they were placed under tighter control on the ranch. A rancher considered a ranch as a means of generating profits without taking into account the living conditions of the cowboys. In this case, the "American Dream" of becoming a small rancher for cowboys shattered, increasing labor tensions between the two sides, and the original "loyalty" of the cowboys on the employer was gradually replaced by resentment and hatred. At the same time, the situation of cowboy unemployment was more serious. These reasons eventually led to the two cowboy strikes in American history.

Section 2   Two Cowboy Strikes

There were two cowboy strikes recorded in US history, one in the spring of 1883 during the round-up in Texas Panhandle region and another in the spring of 1886 in south Power River of Wyoming Territory. Despite the strikes faced many unfavorable factors, but in order to change the situation deteriorating, American cowboys who have never a strike experience decided to take action. In 1883 cowboys made demands for higher wages and issued a strike "ultimatum" that if the employer could not meet the requirements, they would hold a strike. The strike lasted more than a month and was ultimately thwarted by employers; but the impact of the strike has lasted more than a year. In 1886, the cowboys in Power River primarily were against the policy that employers reduced wages and demanded wage increases to ordinary cowboys. Since the second cowboy strike was not prepared well, employers used means to disintegrate the strike.

Section 3   Reasons for the Failure and Historical Significance

Two cowboy strikes in US history have failed. There are two aspects of external and internal factors for the failure. "Cattle Association", a representative of ranchers and cattle barons was a strong group on the ranch with a huge political advantage, legislation control, armed forces, public opinion control and full of political struggle strategies. The above serve as the important external reasons for the failure. Strike cowboys' own shortcomings and problems leading to the failure of internal strike are the important internal reasons. Lack of funds was the economic reasons for the failure; there were not their own political organization for the cowboy strikes a lack of strict organizational leadership; there were some obvious flaws for the two strikes, mainly including different requirements of the strike leaders, lack of political experience of struggle, no widely mobilization of the masses, thought of "loyalty" to employers, and so on. Due to the interaction of internal and external causes, two cowboy strikes ended in failure. Two cowboy strikes failed, but had the nature of against monopoly capital. After two failed strikes, struggles between cowboys, small ranchers and bigger ranchers continued. Two cowboy strikes showed that cowboys have changed their track from early individual action negatively against the ranchers to joint struggle against monopoly capital. Two cowboy strikes were important parts of the US strikes and had a unique and important role in American history.

Chapter Four   Cowboys' Historical Evaluation and Hot Topics

There is an accepted agreement on how did the cowboys play a role and their status in the history of the western United States in today's academic research. Scholars in the United States have two diametrically different views on western cowboys: positive one and negative one. Lewis Atherton was a representative with negative view. Lewis Atherton's "*Cattle King*" published in 1961 was a representative with negative view. In the book, Atherton defined the ranchers as entrepreneurs, capitalists and railway builders. The author believed " the ranchers played a leading role in Cattle Kingdom" and they "had a great contribution to the far-reaching impact on American West and American culture". Instead of praise of ranchers, Atherton referred cowboys as "employee on horseback" and emphasized that cowboys "had little impact on American history". Atherton advocated ranchers as a "group" and called them "Cattle Kings". Lawrence I. Seidman held a different view. In the book "*Horseback Career: Cowboy Frontier* 1866 ~ 1896" (1973), Seidman wrote "cowboys have become folk heroes to the Americans and had more far - reaching and more lasting impact than any other frontier characters". The author believed that "cowboy era occurred in the Gilded Age, which is part of the great achievements of the American people in the establishment of an industrial empire". "Cowboy contributed a lot to the wealth of the Gilded Age, but they themselves did not acquire wealth. In this regard, his experience was is the most common symbol of American workers in that era. "

In the author's view, the emergence and development of the cattle kingdom, the accumulation of great wealth in the western animal husbandry were the result of the hard work of the majority of the cowboys. Cowboys made the greatest contribution to the cattle kingdom, which is in line with real historical scientific conclusions. The scholars with dual standards who held derogatory view on cowboys' contribution accounted for a small number. The reason for these scholars having derogatory view especially on African cowboys is the long-standing racial discrimination in the United States. In fact, African-American cowboys have made the same important contributions to the rise of "Cattle Kingdom".

Section 1   Western Cowboy's Historical Contribution

How to see cowboy's toil on the ranch and cattle trail? How about their contribution to the development and the rise of "Cattle Kingdom" in American western range? There are two opposite views in the academic community in the United States. In fact, cowboys and ranchers are the same, both as the founder of the history of the western United States and the direct creator of animal husbandry in western United States.

Section 2   Ever-popular Hot Topics on Cowboys

American cowboy has always been an important area of the US academic research; some books were published in the heyday of the cowboys. Throughout the 20th century, the books on cowboys published are innumerable. In the 21st century, the United States still continue to have a large number of books on cowboys published. For more than a century, in the United States, there are many scholars interested in the study of the cowboys with lasting interest. Many topics are "hot" issues. The origin of American cowboys caused a controversy in the "hot" issues by many scholars in the United States. Argument lasted from the 1930s and continued into the 21st century with two opposing views of origin from Spain, Mexico and origin from United Kingdom and US. Another "hot" issue is the study of African-American cowboys. The long-standing racial discrimination and deep-rooted "white supremacist" in US resulted in the study of African-American cowboys more than half a century later than the research on white cowboys. With the rise of civil rights movement in mid-20th century, African-American cowboys attracted the attention to some scholars. African-American cowboys became an important research topic; scholars from many angles explored African-American cowboys. To date, research on African-American cowboy in the American academia was more significant. In African-American cowboy studies, scholars have different views on "the number of African-American cowboys" and whether there is racial discrimination against African-American cowboys in the "Cattle Kingdom".

后　记

　　《美国西部牛仔研究》得以入选"国家哲学社会科学成果文库"，并由人民出版社付梓印行，让我深感荣幸和欣慰。本书是在国家社科基金项目"美国西部牛仔研究"的结项书稿基础上修改而成。该项目从立项到结项，历时近九年，研究的进展并不顺畅。在研究中，我遇到了诸多困难。如果不是得到了一些史学前辈、同辈学者和年轻学者的鼓励、支持和帮助，我恐怕很难坚持下来。

　　我在研究中遇到的第一个困难，是国内关于美国牛仔历史资料的匮乏。在2007年获得立项后，我用了一年多的时间在多个城市的大学图书馆查询收集关于美国牛仔的图书资料。结果发现，从国家图书馆到一些高校图书馆，虽有数量不等的牛仔图书资料，但多是关于文学、影视、音乐等方面的，关于牛仔的历史著作很少。在有限的牛仔历史著作中，多半还是通俗读物。关于研究美国西部牛仔的一手资料，非裔牛仔和原住民牛仔等少数族裔的论著，重要的牛仔经典论著，和不同观点的代表作，在国内几乎难以找到。直到2009年春，经多方努力，我获准去美国艾奥瓦州立大学"农业和乡村史研究中心"做短期研究，"美国西部牛仔研究"才得以起步。本来可以去美国做一年的研究，但因当年我有多位博士、硕士研究生在读，并有多人毕业，要上的课也已经排好，我只得把去艾奥瓦州立大学的研究压缩到三个月。在艾奥瓦州立大学期间，我白天去图书馆查资料借书，晚上回住处阅读整理资料，思考研究的重点难点问题，把所需资料分类整理拍照，输入电脑。在三个月的时间里，我从未走出过校园。其间，我收集到600余本与美国西部史相关的图书资料，其中包括百余本牛仔的论著，还从网上下载了大量资料，制成了电子版。另外购买（包括他人赠送）的牛仔英文原版图书资料也有150余本。我还听了几位教授讲授的课程，并就美国牛仔研究中的一些问题访谈了他们。在艾奥瓦州立大学近百日的时光，我不仅收集了研究美国西部牛仔的丰富图书资料，还进一步开阔了视野，了解了牛仔成为美国学术界研究对象的基本走势，和这一课题"研究热"经久不衰的原因，明确了自己研究的难点和重点。这些保证了我的研究得以进行下去。

　　我遇到的第二个困难是眼疾的加重。我因数十年的高度近视、眼底黄斑病变和白内障等，导致视力极差。2000年时，我的左眼只余光感，看不清字，而右眼也只有不到0.1的视力。靠右眼微弱的视力，我坚持着教学和科研工作。其间完成了国家社科基金项目"美国西部开放牧区发展研究"，并着手开展"美国西部牛仔研究"。然而，到2010年末，我的右眼原本微弱的视力也变得更差，重复着左眼由看字模糊到看不清的过程，因此不得不去向国内最好的眼科专家求医。经检查，是黄斑病变加重，腺络膜残缺不全。这种眼病无法医治，医生忠告，最好的办法是不读书看报，以延缓眼病恶化的进程。得知这样的结果，我一度非常纠结，想中止"美国西部牛仔研究"，但又觉得不妥。我感到，完成所承担的国家社科基金项目是自己对国家的责任。我认为，把美国西部牛仔的真实历史告诉我们的青少年，是一个史学工作者应尽的社会责任。于是，我不再过多地考虑眼睛的未来后果，把项目研究坚持了下来。

　　"美国西部牛仔研究"做起来难度比较大。2009年，艾奥瓦州立大学历史系的几位教授都对我谈及，要做好牛仔研究困难很多。2011年，在中国社科院世界史所举行的一次"环境史学术研讨会"上，我有幸遇到美国最有影响的环境史学家、堪萨斯大学教授唐纳德·沃斯特（Prof. Donald Worster）。交谈中，沃斯特教授也说，研究美国牛仔并不是件容易的事。在多年的研究中，我对几位美国教授所言深有体会。首先是研究美国牛仔要读的图书资料太多。从19世纪70年代至今，美国的"牛仔热"历经百余年长盛不衰，出版的著作多得难以计数。要了解一个多世纪以来美国牛仔研究的基本走势，单是需要阅读的经典著作就不下百余本，需要大量的时间。其次，大量牛仔著作的引文不做注释。文中引用了某人的一些讲述和评论，需要去找到被引的原著阅读查寻。其三，一些英文著作中夹杂着西班牙语的表述和资料，需要去查西语词典，弄清其内容含义。其四，著作引用大量牛仔在生活和劳作中创作使用的特殊表述用语和牛仔幽默，也需要翻查专门的工具书去弄清含义。其五，牛仔研究中的一些热点问题的论争，不同观点的代表作较多，必须通读这些论著以后，才能作出介绍、分析和评论。其六，19世纪和20世纪早期的一些论著多系影印复制，字迹小得无法辨认。最后，我的视力每年都在衰减，在灯光下、强光天、雨雪和雾霾天根本无法读书写字。即使在天气好的情况下，用放大镜读书也十分困难，经常会窜行。我只能拿彩色荧光笔画着读书，一本本书因此被画成了红、黄、绿、蓝、橙等各种颜色。

正是上述这些原因，导致我的研究进程并不顺畅，拖延了多年才能结项。

"美国西部牛仔研究"能够最终坚持下来，是因为我得到了国内多位专家、学者的关心、鼓励和帮助。

2010年底，我基本完成了《美国西部牛仔研究》的写作框架结构，也得知了上面述及的我的眼疾的未来后果。在内心十分纠结的情况下，我给著名历史学家、武汉大学刘绪贻教授写了一封信，并寄去写作提纲。刘老曾审阅过我《牧畜王国的兴衰》的全部书稿，提出了宝贵的修改意见，并为我的拙著作了序。2007年，"美国西部牛仔研究"获得国家社科基金立项后，我告知了刘老，他很高兴。2010年，刘老收到我的信后，不顾近98岁的高龄，给我写了回信。信中，刘老对我的写作提纲谈了他的看法，说到美国西部牛仔研究的重要性，鼓励我如果有可能，还是把研究做下去，可以做得慢一点。刘老的关心、鼓励，对我从纠结的状态下走出来帮助很大。2007年元旦前，我把拙著《牧畜王国的兴衰》寄给了著名历史学家、南开大学教授杨生茂先生，并谈及我准备进行美国西部牛仔研究，请杨老给予指教。杨老回函对拙著予以肯定，并说在此基础上做牛仔研究会容易些，还提供了与牛仔相关的"得克萨斯骑警"的信息。我后来在美国收集到了一些这方面的论著。杨老的鼓励有助于我的研究。荣誉学部委员、世界史所研究员张椿年先生多年来对我的研究工作也给予了关心和鼓励。特别是在研究不顺，需要延期结项时，张先生帮助同国家社科基金相关部门进行疏通，这对我能把研究坚持下来帮助很大。

在"美国西部牛仔研究"结项前，多位国内专家审阅了全部书稿，提出了许多宝贵的修改意见。世界史所的程西筠研究员、王章辉研究员、于沛研究员，北京师范大学的张宏毅教授，北京大学的郭华榕教授，华东师范大学的王斯德教授，都逐章逐节地审阅了我的初稿。他们从理论指导、章节安排、内容繁简、文字表述、材料使用、专有名词译法、打印差错、可适当增加地图和插图等多方面，提出了宝贵的修改意见。各位先生所提宝贵修改意见，使我受益良多。他们为我把了质量关。在结项书稿中，我遵照他们的宝贵意见进行了修改。张宏毅先生自己的科研任务很多，但在我请他为拙著作序时，他慷慨应允，令我十分感动。

还有一些国内专家对我的部分书稿和文章进行了审阅和指正。河南大学周祥森教授对我在《史学月刊》上发表的两篇长文提出了宝贵的修改意见，他对我的其他文稿也发表了独到的见解。武汉大学张德明教授在审阅了我的两篇长文后，提出了许多宝贵的修改意见，并写长信发给了我。东北师范大学的梁茂信教授对我提交给世界近代史年会的一篇文章进行了点评，且在电话中提出了不少宝贵的修改意见。中国青年政治学院的王文教授对我的书稿提出了宝贵的修改意见。世界史所的张丽编审和高国荣副研究员也对我的相关文章提出了宝贵的修改意见。多位专家的指教使我受益匪浅。

我的研究还得到了多位美国教授的帮助。到美国艾奥瓦州立大学的研究，是我进行"美国西部牛仔研究"中的重要一环。当时在该校历史系任教的刘晓原教授在促成我赴美、介绍历史系情况、解决生活住宿交通等方面，提供了诸多帮助。时任系主任的查尔斯·多布斯教授（Prof. Charles Dobbs）给我发来邀请函，提供办公室和电脑办公系统，为我的研究提供了帮助。"农业和乡村史研究中心"主任帕梅拉·里尼-克尔贝格教授（Prof. Pamela Riney-Kehrberg）为我听她讲授的美国史、接受访谈提供了方便，还赠送了她出版的新著和研究美国大平原的系统图书目录。汉密尔顿·克雷文斯教授（Prof. Hamilton Cravens）就美国的牛仔研究接受了我的访谈，允许我听他讲授的美国通俗文化选修课，并赠送了他主编的论文集。2007年，我参加了在南开大学举办的"美国早期史国际学术会议"，被分在俄亥俄大学历史系的露西·艾尔德斯韦尔德·墨菲教授（Prof. Lucy Eldersveld

Murphy）主持讨论的小组。当她得知我正在进行"美国西部牛仔研究"，就在回国后，寄赠给我一本《印第安人变成牛仔》的著作和一些关于少数族裔牛仔的论文资料。2008 年，高国荣研究员在堪萨斯大学做访问学者，我请他代购一些牛仔英文论著，唐纳德·沃斯特教授提供了参考建议。这使我购到了较多的重要原著。多位美国教授的帮助为我的研究提供了不少有利条件。

在我收集美国西部牛仔图书资料的过程中，得到多人相助和馈赠。高国荣研究员在堪萨斯大学做环境史研究时，为我选购了 70 本牛仔英文著作，并费心邮寄和托人带回北京。鲁东大学的黄兆群教授在美国访研时，为我复印了多本牛仔论著。南开大学的付成双教授把他所有的牧牛业和牛仔的英文著作都复印寄赠给我。武汉大学的张德明教授、四川师范大学的王晓焰教授、华东师范大学的刘敏博士，都为我查阅和复印了所在学校图书馆收藏的英文牛仔图书资料。澳大利亚亚泰集团董事长兼总裁周华先生购买了 20 多本英文牛仔著作相赠于我。

在研究过程中，我曾指导过的现在北京工作的博士和硕士研究生，给了我多方面的帮助。中国青年政治学院的王华副教授为我从网上下载了大量关于牛仔的图书和资料，帮我整理完善了结项书稿和结项报告。研究结项后，王华帮我对准备出版的书稿做了一些完善工作，诸如打印后记和补充的专有名词、查阅和复制地图与插图等。北京第二外国语学院的李国庆副教授2009 年同我一起去艾奥瓦州立大学做访问学者。在那里，他给了我的研究工作以多方面的帮助。回国后，李国庆帮助我从网上下载了大量英文资料，帮助我翻译了部分无法看清的资料，英文目录和英文摘要也由他协助完成。北京教育学院的李军副教授帮助我查阅了一些英文资料，打印了一些翻译书稿。国家博物馆的谭天副研究员帮助我从国外订购了 30 多本英文牛仔的著作。苏辉在工作之余，为我查寻资料，打印了初稿和多篇文稿，把所有收集的资料整理装订成册，打印了多部译稿。北京多家图书馆和其他城市图书馆的图书资料也是他们帮助我查询的。

多家图书馆为我借阅、复制牛仔图书资料提供了方便。我在国家图书馆、清华大学图书馆、北京大学图书馆、北京外国语大学图书馆、首都师范大学图书馆、北京第二外国语学院图书馆、复旦大学图书馆、华东师范大学图书馆、武汉大学图书馆和四川大学图书馆查阅、复印过相关的图书资料。美国艾奥瓦州立大学图书馆为我提供了大量的牛仔英文论著和网上资料。上述图书馆的帮助，为我的研究提供了丰富的资料支持。

我很感激国家社科基金项目各级管理部门的人性化管理。相关负责人考虑到我的眼疾不断加重的情况，允许我延期结项。首都师范大学社科处负责国家社科基金项目的杨阳老师，多年来给了我许多指导、关心和帮助。杨老师经常打电话询问我的项目进展情况，有什么困难，传达上级社科规划办的要求，并向上级部门反映我的困难。在杨老师的协调下，上级领导体谅我的困难，给了我较长的研究时间，使我的项目没有半途而废。首都师范大学社科处的褚怡敏老师也给我提供了诸多方便和帮助，在此一并致谢。

一些刊物也给了我很大帮助和支持。《史学月刊》2013 年第 2 期、2015年第 10 期分别发表了《美国历史上的牛仔罢工》和《美国"牧牛王国"里的非裔牛仔》两篇文章。《历史教学问题》2014 年第 2 期发表了《在美国西部牧区殉职的牛仔》一文。《历史上的美国牛仔》刊载在《光明日报》2013年 8 月 13 日第 7 版，又被《文摘报》2013 年 8 月 16 日第 5 版摘登。《美国"牧牛王国"里的非裔牛仔》被中国人民大学复印资料《世界史》2016 年第 2 期全文转载。上述阶段性成果的发表，表明"美国西部牛仔研究"产生了一定的社会影响。这与多家报刊杂志的推介密不可分。

从项目结项到优秀成果文库的申请过程中，多位评审专家对结项书稿提出了宝贵的修改意见。他们的意见对我进一步修改完善书稿极为重要。感谢全国哲学社会科学规划办公室的领导和同志，在书稿申请"国家哲学社会科学成果文库"过程中给予我大力的支持和帮助。

"美国西部牛仔研究"得到了时任首都师范大学历史学院院长的郝春文教授的支持。从申请研究立项、去美国访问研究，到申请资助，他都予以关心和帮助。人民出版社编审陆丽云编审对《美国西部牛仔研究》的出版给予了多方面的帮助。她曾是我的《牧畜王国的兴衰》的责任编辑。这次她作为《美国西部牛仔研究》的责任编辑，付出了很多心血。从决定出版、签订合同到书稿修改，她都提出了宝贵的意见。

我由衷地感谢给予我帮助的国内外专家、友人、学生、相关部门。没有他们的关心、鼓励、支持和帮助，我的研究不可能坚持下来，《美国西部牛仔研究》也不可能面世。

在拙著付印之际，我略觉欣慰的是研究没有夭折；我深为遗憾的是眼疾使我再也无法坚持这个课题的研究了。美国西部牛仔还有很多题目需要深入研究下去，但我没有能力再做了。由于个人的研究功力有限，拙著中定会有不少疏漏和谬误。在此，我敬请读者批评指正。

周　钢

2018 年 1 月于北京

责任编辑:陆丽云
封面设计:胡欣欣

图书在版编目(CIP)数据

美国西部牛仔研究/周钢 著. —北京:人民出版社,2018.3
ISBN 978-7-01-019070-9

Ⅰ.①美… Ⅱ.①周… Ⅲ.①美国-历史-研究 Ⅳ.①K712

中国版本图书馆 CIP 数据核字(2018)第 048495 号

美国西部牛仔研究

MEIGUO XIBU NIUZAI YANJIU

周钢 著

人民出版社 出版发行
(100706 北京市东城区隆福寺街 99 号)

北京中科印刷有限公司印刷 新华书店经销

2018 年 3 月第 1 版 2018 年 3 月北京第 1 次印刷
开本:710 毫米×1000 毫米 1/16 印张:22.5
字数:325 千字

ISBN 978-7-01-019070-9 定价:50.00 元

邮购地址 100706 北京市东城区隆福寺街 99 号
人民东方图书销售中心 电话 (010)65250042 65289539